속임수에
대한
거의 모든
것

속임수에 대한 거의 모든 것 DECEPTION

펴낸날 초판 1쇄 2012년 2월 15일 | 지은이 산타페연구소 속임수연구회 | 엮은이 브룩 해링턴 | 옮긴이 고기탁
만들어 펴낸이 정우진 강진영 김지영 | 펴낸곳 도서출판 황소걸음 | 북디자인 디자인 홍시 | 출판등록 제22-243호 (2000년 9월 18일)
주소 서울시 마포구 신수동 448-6 한국출판협동조합 내 | 편집부 02-3272-8863 | 영업부 02-3272-8865 | 팩스 02-717-7725
이메일 bullsbook@hanmail.net | ISBN 978-89-89370-76-5 03180

DECEPTION: From Ancient Empires to Internet Dating edited by Brooke Harrington with a foreword by
Nobel Laureate Murray Cell-Mann was originally published in English by Stanford University Press.

속임수에 대한 거의 모든 것

산타페연구소 속임수연구회 지음

브룩 해링턴 엮음 | 고기탁 옮김

황소걸음
Slow & Steady

Contents

진실과 거짓을 넘어서

브룩 해링턴

핵연쇄반응을 발견한 레오 실라르드^{Leó Szilárd}는 1940년대에 맨해튼계획(Manhattan Project : 원자폭탄 개발계획—옮긴이)을 진행하면서 일지를 써서 자신이 연구한 내용을 기록하기로 결심했다. 그는 함께 계획을 진행한 동료 한스 베테^{Hans Bethe}에게 일지를 책으로 출판할 의도는 없으며, 단지 "신께서 알도록 진실을 기록"하기 위함이라고 말했다. 베테가 "신이 모든 진실을 알고 계시다고 생각하지는 않나요?"라고 묻자 실라르드가 대답했다. "물론 신은 모든 진실을 꿰뚫고 계시지만, 진실이 이렇게도 해석될 수 있다는 사실은 모르실 걸세."[1]

실라르드의 재치 있는 대답은 이 책이 실질적으로 목표로 삼는 중요한 논제를 보여준다. 이 이야기가 암시하는 것처럼 신만 진실을

브룩 해링턴은 독일 쾰른에 소재한 막스플랑크사회연구소에서 알렉산더 폰 훔볼트^{Alexander von Humboldt}를 연구하는 특별연구원이다.

알 수 있고, 인간은 '진실에 대한 해석'을 내놓을 뿐이라면 과연 속임수를 정의하려는 시도가 가당키나 할까? 무엇이 진실인지 동의할 수 없다면 당연히 거짓에 대한 합의도 기대할 수 없는 게 아닐까? 이 근본적인 인식론 문제로 인해 우리는 수천 년 동안 의문을 품어왔는데도 속임수란 무엇이며, 속임수가 도덕적·윤리적으로 어떻게 평가될 수 있는가 하는 문제와 여전히 씨름하고 있다. 역사적으로 위대한 사상가들이 의견을 모으는 데 실패한 이런 문제들에 이 책이 성공적인 해답을 제시하길 기대할 수는 없다. 따라서 속임수를 정의하고, 속임수의 긍정적·부정적 효과를 정의하는 난해한 문제와 직면해서 이 책이 모든 화두에 해답을 제시할 수 없다는 사실을 기본 전제로 인정하자. 우리는 이 책에서 단정적이거나 편파적으로 진술하기보다 인문학과 과학 전반에 존재하는 속임수에 대한 연구를 통합하고자 노력했다.

놀랍게도 이런 노력은 그 자체만으로도 상당한 발전을 의미한다. 속임수와 속임수를 증명하는 것은 많은 연구 영역에서 오랫동안 중요한 문제로 간주되었지만, 여전히 단편적인 지식으로 존재할 뿐이다. 하지만 온라인 커뮤니케이션부터 현대전戰까지 다양한 영역에서 새로운 형태의 속임수가 등장하는 오늘날의 현실을 고려할 때 속임수 연구의 통합은 매우 시급한 문제다. 따라서 이 책이 속임수에 대한 논의를 종식시키는 완벽한 글이 될 리 만무하고 시기적으로도 많이 늦은 감이 있지만, 여러 분야에 복잡하게 얽힌 속임수에 관한 담론을 불러일으키는 계기가 될 수 있을 것으로 생각한다. 뒤에 이어질 각 장은 속임수를 주제로 한 실태 보고서라고 할 수 있으며, 생물학자와 사회학자, 시인, 컴퓨터 공학자 같은 전문가들이 상대에게서 무엇을 배웠고 또 배울 수 있는지 최신 정보를 독자들에게 제공할 것이다.

한편 단호한 합의를 강요하기 싫어한다고 해서 그것을 지적인 게으름이나 무능함의 표시로 받아들이지 않길 바란다. 오히려 단편적인 지식만 양성해온 일종의 성급하고 잘못된 결론들은 사람들이 속임수를 제대로 이해하지 못하도록 방해할 뿐이기 때문에, 이 책의 저자들은 성급한 결론을 내림으로써 초래될 수 있는 오류를 피하기 위해 노력한다. 뒤에 나올 여러 장에서 증명하듯이 속임수에 대한 불완전하고 불만족스런 정의들은 과학과 인문학을 어지럽힌다. 우리는 그런 어지러움을 단순히 가중하지 않도록 경계한다. 광범위한 연구를 종합하고 거기에 속임수에 대한 담론을 보태서 좀더 지속 가능한 기여를 하고자 하며, 이는 대부분 전례가 없는 새로운 시도가 될 것이다. 아울러 이 책에서는 서로 다른 전통적인 연구 방식 가운데 유익한 결합이 가능한 경우 결합을 시도하지만, 종전의 차이점과 논점은 그대로 인정한다. 이처럼 수렴과 논쟁의 여지가 있는 모든 영역을 강조하는 접근 방식은 속임수 연구의 신속한 발전과 향후 연구를 위해서 지금까지 가능했던 것보다 확고한 기틀을 마련하는 데 보탬이 될 수 있을 것으로 생각한다.

속임수의 정의에 대한 단호한 합의를 피하고자 하는 또 다른 이유는 선택 편향(실험할 때 피험자를 선택하거나 실험을 위해 특정 대상을 뽑을 때 생기는 편향—옮긴이)의 문제 때문인데, 그 문제는 궁극적으로 속임수를 연구하는 모든 영역에 영향을 미친다. 심리학자 모린 오설리번Maureen O'Sullivan이 이 책에서 언급한 것처럼 "우리는 거짓말을 그동안 보아온 조악한 수준의 간파하기 쉬운 것으로 생각한다". 이런 견해는 모든 속임수에 곧바로 일반화될 수 있다. 실제로 과학과 인문학 전반에서 발견되는 증거들은 일반적으로 알려진 것보다 훨씬 많은 속임수가 일어나고 있음을 일관성 있게 보여준다. 지난 수천 년 동안 철학자와 과학자, 예술가들이 심사숙고해온 '겉으로 드러난' 속임수들은 우리 이목을 속이는 데 성공한 속임수들과 질적으로 상당한 차이가 있다. 이런 사실은 학문적으로 다의성을 인정하고, 방법론적으로 다원론을 채택하는 이 책의 장점을 보여줄 뿐만 아니라 어떤 식으로든 속임수를 단정 짓는 과정에서 주의할 필요가 있음을 암시한다.

무엇이 속임수가 아닐까

속임수에 관한 정의는 학문의 분야와 시대, 문화에 따라 그때그때 달랐지만 무엇이 속임수가 아닌가 하는 문제와 관련해서는 무척 광범위하고 지속적인 합의가 존재해왔다. 예를 들면 사람들은 속임수가 거짓말의 동의어가 아니라는 점에 오랫동안 동의해왔다. 성 아우구스티누스가 수필집 *De Mendacio*(거짓말에 관하여)[2]에서 지적했듯이, 속임수는 아무런 의도적인 거짓 행위가 없는 상태에서도 행해질 수 있다. 사람들은 진실이라고 믿지만 실제로는 진실이 아닌 말로 다른 사람을 기만할 수 있다. 따라서 거짓말에는 허위 사실을 공표하려는 고의성이 필요하지만, 속임수는 속이는 당사자에게 고의성이 없거나 당사자가 허위 사실을 인식하지 않고도 얼마든지 가능하다. 이런 측면은 사람들에게 자기기만이란 문제를 초래해, 대인관계에서 발생하는 속임수의 정의를 더욱 복잡하게 만든다. 생물학에서도 유사한 쟁점들이 부각된다. 자연과학자들이 우리에게 상기시키는 것처럼 동물과 식물은 번식과 생존의 편의를 위해 속임수를 사용한다. 우리가 익히 아는 것처럼 보호색으로 몸을 위장하고 먹잇감이나 짝을 유혹하기에 적합한 형태를 취하는 행동은 의도하지 않아도 나타난다. 우리는 이 책에서 이런 요소들을 포괄적으로 고려해 의도적이거나 의도적이지 않은 모든 속임수를 설명하려고 노력했다.

마찬가지로 속임수에 대한 우리의 해석을 체계화하면서 한편으로는 윤리적인 측면을 지나치게 강요하지 않으려고 노력했다. 어떻게 보면 서구식 종교와 철학 규범은 모든 속임수를 형태와 상황에 상관없이 단호하게 비난하는 듯 보인다. 단테가 『신곡』 「지옥편」에서 사기꾼에게 가장 큰 지옥의 계를 배정하고, 사기꾼을 끓는 기름 호수에 던지거나 땅에 거꾸로 묻어놓고 발에 불을 붙이는 등 상상력을 발휘해 고안한 형벌로 그들을 다스린 이야기는 유명하다.

하지만 서구의 사조에는 상반된 흐름이 존재하며 이런 흐름은 종종 인정되지 않기도 하는데, 바로 '윤리적인 속임수'를 옹호하는 주장이다. 정치 분야를 예로 들면 플라톤은 『국가론』에서 정치 지도자들이 '국민의 이익을 위해 거짓말'을 할 수 있을 뿐만 아니라, 의무적으로 거짓말을 해야 하는 경우도 있다고 주장했다.[3] 마찬가지로 윈스턴 처칠은 "전시에는 진실이 너무나 소중해서 항상 거짓말이라는 경호원의 수행을 받아야 한다"고 말했다.[4] 히포크라테스가 의사들에게 남긴 "첫째, 해가 될 행동을 삼가라"는 금언 역시 속임수를 초래할 수 있다. 실제로 진료 과정에서 처방되는 플라세보효과부터 위독한 질병을 앓는 나약해진 환자에게 고통이나 악영향을 유발할 수 있는 진실을 의도적으로 은폐하는 행동까지 속임수는 의학 분야에서도 다양한 형태로 나타난다.[5] *New England Journal of medicine*에 실린 한 기사는 상당수 의사들의 입장을 대변해서 "환자에게 진실대로 말하는 것, 있는 그대로 사실만 이야기하는 것은 무의미한 행동이다. …가능하면 해가 될 행동을 삼가라. 의사는 '진실대로 말하는 우아한 과정'을 통해서 해를 끼칠 수도 있다"고 발표했다.[6]

생명을 구하기 위한 속임수는 '윤리적인 속임수'를 입증하는 예외적인 사례 이상이 될 수도 있다. 이 책의 몇몇 장에서는 속임수가 사회적·물리적 생존을 위해 실질적으로 필요하다고 제안한다. 심리학자 마크 G. 프랭크^{Mark G. Frank}와 모린 오설리번은 우리가 사회화되는 과정에서 일상적으로 특정한 속임수를 저지르고, 그런 속임수를 통해 어떻게 하루하루 사회적인 상호작용을 해나가는지 보여준다. 더불어 자연과학자들은 진화적인 적응 과정에서 나타나는 속임수의 중요성을 오래전부터 주장해왔는데, 동물들이 짝짓기를 위해 자신의 매력을 강조하거나 포식자의 눈에 덜 띄도록 시인성視認性을 낮추는 행위도 그런 속임수 가운데 하나다.[7] 이와 관련된 주제가 6장에서도 언급된다. 커뮤니케이션 학자 제프리 핸콕^{Jeffrey T. Hancock}은 온라인 데이트 모임에서 나타나는 속임수 조사 결과를 연구해 최근의 추세를 반영했다.

속임수는 인간 사회나 동물사회에서 짝짓기 혹은 생존 문제와 외견상 불가분의 관계로 연결되며, 이런 관계는 많은 사회적·윤리적

배척에도 속임수가 일상생활에서 왜 그토록 빈번하게 일어나는지 설명해준다. 최근에 실시된 심리 조사는 인간에게 거짓말이란 사회적 상호작용에서 이례적으로 나타나는 변종이 아니라 인간의 전형적인 행동 양식에 가깝다는 사실을 보여준다.[8] 실제로 어떤 연구에서는 10분간 대화하는 동안 피험자 중 60퍼센트 이상이 최소한 한 번씩 거짓말을 한 것으로 나타났다. 동일한 시간 동안 평균적으로는 두세 번 거짓말을 했다.[9] 일반적으로 인간관계의 친밀도가 높아질수록 속임수는 줄어든다고 알려졌지만, 이 조사에 참여한 사람들이 연인이나 어머니와 대화할 때 3분의 1에서 2분의 1은 거짓말로 드러났다. 일부 언어학자들은 심지어 속임수가 인류의 언어가 발달하는 토대가 되었다고 주장한다.[10] 따라서 우리는 모린 오설리번이 이 책에서 지적한 대로 타인과 관계 때문에 어쩔 수 없이 속임수라는 거미줄에 걸려들고 만다. "일상적인 사회생활에서 성인聖人이나 독실한 종교인, 정신이상자를 제외한 모든 사람들은 거짓말쟁이들과 은밀하게 결탁하는 셈이다."

또 인간관계에 만연한 속임수는 다른 경우라면 비난 받아 마땅한 '공인된' 속임수 사례들이 인간 사회에 왜 그토록 넘쳐나는지 고려해볼 필요가 있음을 암시하기도 한다. 예를 들어 스포츠 경기나 공연 예술에서 속임수는 감상과 존경의 대상으로 간주된다. 야구에서 타자를 속이기 위해 사용하는 체인지업이나 슬라이더, 싱커 혹은 최근 일본에서 개발된 자이로볼(직구와 속도가 비슷한 패스트볼이 타자 앞에서 갑자기 떠오르거나 가라앉아 타자의 입장에서 사라지는 것처럼 보이는 변화구—옮긴이) 같은 변화구가 없다면 어떨까? 타자의 입장에서 이런 변화구는 마운드에서 출발할 때 모두 속구速球처럼 보이지만, 홈 플레이트 근처에 도달하면 예상과 완전히 다른 속도나 궤도로 움직인다. 이런 투구가 게임을 승리로 이끌고, 『오디세이아』에서 오디세우스가 교묘한 계략 덕분에 영웅 대접을 받은 것처럼 그런 투구를 한 투수는 타자를 현혹한 기술 덕분에 영웅이 된다(영웅적인 책략가들에 대한 보다 자세한 이야기는 케니스 필즈^{Kenneth Fields}가 이 책의 결론을 내리는 15장에서 확인하자). 똑같은 특징에 의해 극장에서 행해지는 연극부터 마술이나 영화에 등장하는 특수 효과까지 공연 예술은 해당 공연에 사용된 교묘한 계략이 성공하느냐 실패하느냐에 따라 그 우수성이 어느 정도 결정된다. 성공적인 계략은 관중이 불신을 유예하게 만들거나, 그들이 공연을 관람하고 있다는 사실을 송두리째 잊게 만드는 능력과 직결된다.

그렇다면 근본적으로 속임수를 비난하는 인간 사회가 왜 이처럼 필요성 – 이를테면 생명의 보존 같은 – 을 주장할 수 없는 경우에도 속임수를 인정할까? 시각예술에서 속임수를 다루는 방식은 한 가지 가능성을 암시한다. 회화의 트롱프뢰유(trompe-l'oeil : 실물로 착각할 정도로 세밀하게 묘사한 그림 –옮긴이) 기법이나 포토리얼리즘은 역사적으로 높이 평가되고 예술의 한 특징으로 인정받았지만, 수정된 사진들은 (이 책의 5장에서 묘사한 것처럼) 사기로 치부되며 비난받았다. 예술과 사기의 구별은 환경에 따라 좌우된다. 사람들이 그 작품을 보는 곳(박물관 벽에서 볼 수도 있고 타블로이드 신문 1면에서 볼 수도 있다), 해당 환경에 의해 조성된 기대감 또한 중요하게 작용한다. '예술'이란 환경은 교묘한 착상에 대한 심미적인 즐거움을 의미하는 반면, '신문'이란 환경은 관습적으로 정보를 (그리고 정확성과 진실을) 의미한다.

사랑이나 전쟁과 마찬가지로 쇼를 관람하는 경우에도 사람들은 극장이나 공연장 같은 시설로 들어갈 때 속임수가 펼쳐질 것임을 알고 있으며, 그에 따른 기대감이 '합의된 현실'의 전제가 된다. 그런 쇼에 참여한 사람들은 속아도 좋다고 동의한 것으로 간주된다. 마크 프랭크가 이 책에서 이야기한 것처럼 "우리는 가상현실에 대해서는 연기演技 같은 속임수를 인정하고 능동적으로 그 속임수에 동참한다. …하지만 이를테면 거짓말 같은 속임수가 진행되고 있다는 사실을 암시하는 인물이나 정황이 없어 모르는 경우 우리는 해당 가상현실을 곧이곧대로 믿는다". 이 '공인된 속임수' 영역의 경계는 지역과 시대에 따라 매우 다양했을 것이다. 동일한 사회와 시대에 사는데도 각각의 구성원이나 집단은 어떤 종류의 속임수가 용인될 수 있는지와 관련해 심각한 의견 차이를 보이기도 한다(내가 집필한 13장을 참조하자). 그렇지만 다양한 연구 분야에서 나타나는 속임수의 결정적인 특징이 비非합의적인 성격이라는 점은 주목할 만하다. 즉 속임수 상황에서 일반적으로 나타나는 특징 가운데 하나는 사회적 상호작용으로 연결된 하나 혹은 그 이상의 집단들이 속아도 좋다고 은연중이든 명시적이든 동의한 적이 없다는 점이다.

이 책에서 소개하는 연구 영역에서 추가적인 규칙성을 도출하고 논쟁의 핵심 요소를 강조하기 위해 각각의 장은 속임수의 정의와 간파, 속임수와 테크놀로지의 역할, 속임수와 신뢰의 관계, 속임수를 쓰고 이를 일반화하는 주요 사회 기구 등 네 가지 큰 주제로 구분되었다. 한 권으로 편집된 많은 글이 공통된 주제로 연결되었을 뿐, 각기 연관성이 없는 별개의 에세이로 읽힐 수 있다는 점에 유의하여 이 책에서는 보다 야심찬 시도를 하고 있다. 바로 우리가 산타페연구소에서 시작한 여러 학문 분야에 걸친 대담을 인쇄물로 담아내는 것이다. 이를 위해 각각의 장은 기본 전제와 분석 수준, 방법론, 결론 등에서 유사점과 차이점을 강조하면서도 이 책에 소개된 다른 글들과 어떻게 연결되는지 분명하게 보여준다. 우리가 다루고자 하는 주제를 단일 학문의 관점에서 바라보는 것보다 풍부하고 폭넓은 시각을 제공하기 위해 노력했다.

1부
속임수의 정의와 간파

이 책의 첫 부분은 정의正義에 관한 문제를 직접적으로 검토하는 네 장으로 구성된다. 진화생물학자 칼 버그스트롬Carl T. Bergstrom은 "유기체들이 예상되는 이득을 취하기 위해 상상 가능한 모든 방식으로 상대를 기만"하는 세계를 소개한다. '생물학에서 나타나는 속임수'를 이야기하는 1장에서는 '갑각류가 허물을 벗으면서 보여주는 허세 가득한 위협'의 경이로움을 비롯해, 먹잇감을 유혹하려고 거짓 짝짓기 신호를 보내는 육식성 개똥벌레까지 자연계의 사기꾼 피의자들로 화려하게 장식된 전시장이 등장한다. 칼 버그스트롬의 글을 서두에서 다루는 두 가지 이유가 있다. 첫째, 그가 우아한 속임수 모델을 제시하기 때문이다. 그는 속임수가 그에 따른 불이익에도 불구하고 왜, 어떻게 수많은 생명체들에게 생존을 위한 이점으로 작용할 수 있는지 설명하면서 책의 나머지 장을 이해하는 데 필요한 배경 지식을 제공한다. 둘째, 이 장이 이 책에서 발전시키고자 하는 초학문적인 접근 방식의 전형을 제시하면서 과학과 인문학을 세련되게 아우르기 때문이다.

동물의 왕국 다음에는 철학의 세계로 이동한다. 프레드릭 샤우어Frederick Schauer와 리처드 제크하우저Richard Zeckhauser는 2장에서 속임수의 철학적이고 법률적인 정의를 검토할 뿐만 아니라, 가장 일반적인 속임수 형태의 두 가지 발로인 거짓말과 둘러대기의 차이점을 강조하면서 속임수를 둘러싼 정의를 재검토한다. 둘러대기, 즉 '폴터링paltering'이란 말이 수세기 전 바이킹에 의해 영어권으로 전파된 단어라는 사실은 주목할 만하다. 오늘날 덴마크어와 스웨덴어에 이 단어는 각각 '피에타pielter'와 '팔투paltor'라는 단어로 남아서 '걸레' '넝마'라는 의미로 사용되는데, 둘러대기와 속임수의 관계가 진실을 바탕으로 하찮고 시시한 것들을 이야기함으로써 착각을 조장하는 행위와 관련이 있음을 암시한다. 일반적으로 거짓말이 허구와 관련된 행위라면, 둘러대기는 날조와 비틀기, 왜곡, 과장, 선택적 보고 등의 수단을 동원해서 진실을 조작하는 행위다. 따라서 사실적인 측면에서 볼 때 전혀 거짓이 아닐 수도 있지만, 여전히 속임수의 범주에 포함된다.

인상 관리와 해석이 다음 두 장의 주제로, 두 편 모두 속임수를 연구하는 데 헌신한 심리학자들이 저술했다. 마크 프랭크가 저술한 3장은 안면 근육－특히 눈과 입 주위에 있는 근육－의 변화만 보고 잠재적인 사기꾼을 찾아내는 마이크로메커니즘을 해부한다. 자신의 연구 결과를 바탕으로 법률 집행 과정과 테러에 대비한 훈련 과정을 수료한 마크 프랭크는 속임수를 간파하기 위해서는 단편적인 지표를 찾는 것보다 정황과 행동 패턴을 고려하는 게 얼마나 중요한지 설명한다. 지나치게 신뢰하거나 의심하는 성향은 보거나 들은 정보를 해석하는 관찰자의 능력을 저해할 수 있다. 이 장은 상호작용과 환경에 따라 좌우되는 속임수의 본질을 강조한다. 이런 본질은 이 책 전체에서 반복되어 나타나는 주제이기도 하다.

모린 오설리번은 '진실의 마법사들'이라는 속임수를 간파하는 능력이 다른 사람들보다 놀라울 정도로 뛰어나다. 그는 소수의 피험자들을 지속적으로 관찰하면서 상호작용이 속임수에 미치는 영향을 깊이 파헤친다. 진실의 마법사들은 제각각 다양한 배경이 있지만 공통적으로 한 가지 특징을 보이는데, 바로 속임수를 간파하기 위해 필요한 인식적·감정적 손실을 감수하려는 의지다. 속임수를 분간하기 위한 노력은 상호작용 환경에서 세심한 주의가 필요할 뿐만 아니라, '비난조의 반감' 같은 사회적 부담을 동반한다. 인간관계가 훼손될 수 있는 위험을 무릅쓰고 어느 사람이 신뢰할 수 없는 행동을 보인다고 의심에 찬 목소리를 내야 하는 경우, 많은 사람들이 이를 망설인다.

오설리번은 일반적으로 이런 측면 때문에, 즉 정확성을 추구함으로써 사회적·정서적으로 발생할 수 있는 과중한 손실이 진실을 수호하거나 정직한 커뮤니케이션을 완전한 상태로 유지함으로써 얻을 수 있는 이득을 능가하기 때문에 진실의 마법사들이 극히 소수에 불과하다고 주장한다. 루이 14세 왕정을 철저하게 감시한 라로슈푸코La Rochefoucauld의 유명한 금언처럼 "사람들이 서로 인정하고 받아들이지 않았다면 사회는 이처럼 오랫동안 지속되지 않았을 것이다".[11]

라로슈푸의 금언은 이 책 전반에서 되풀이되는 한 가지 의문을 초래한다. 속임수가 해로운 것이라면 과연 어떤 해를 끼칠 수 있을까? 둘러대기는 부분적인 진실들이 선사하는 달콤함 중에서 어떤 것이 해가 될 수 있을까? 샤우어와 제크하우저는 둘러대기가 내용적인 면에서 거짓말보다 '진실'에 가까울 수 있지만, 그 결과는 노골적인 조작의 결과보다 훨씬 위험하다는 입장을 취한다. 둘러대기를 구별하고 제재를 가하는 메커니즘이 극히 드물고, 둘러대기의 진실스러움(truthiness : 미국의 TV 쇼 '콜버트 리포트'에서 사용된 신조어를 차용. 객관적인 증거나 논리에 따른 진실이 아니라 직감이나 결단, 용기에 근거해 진실이라고 믿고 싶어하는 개념이나 사실―옮긴이)이 둘러대기를 간파하기 더욱 어렵게 만들기 때문이다. 신뢰와 진실의 격을 낮추는 데 따른 사회적 비용은 이 책 전반(특히 11장)에서 자세히 다뤄지며, 둘러대기와 같은 보다 포착하기 어려운 속임수에 대한 제도적 안전장치 문제는 12장을 참고하자. 속임수를 세밀하게 관찰하는 과정에서 우리는 믿음과 진실의 의미가 과연 무엇인지 한바탕 씨름을 벌여야 한다. 이 책 3부의 주제이기도 하다.

2부
속임수와 테크놀로지

테크놀로지의 역할에 대해 언급하지 않고는 속임수를 다루는 21세기의 어떤 논의도 절대 완전할 수 없다. 대중적인 담론이 흔히 속임수 탐지를 보조하는 테크놀로지의 역할에 집중하는 반면, 2부 '속임수와 테크놀로지'에서는 디지털 시대에 이르러 이전과 비교해 속임수가 어떻게 쉬워졌는지, 어떤 경우에 속임수를 간파하기가 좀더 어려워졌는지 살펴본다. 해니 패리드^{Hany Farid}는 5장에서 우리가 슈퍼마켓 계산대 앞에 줄 서 있을 때마다 직면하는 문제를 다룬다. 즉 우리는 대부분 감각을 통해 인지하는 증거를 거의 습관적으로 믿을 만하다고 여기지만, 정작 그런 태도 때문에 오해를 살 수 있다는 사실이다.

우리는 잡지기자가 '극적인' 효과를 위해 얼굴 따로, 몸 따로 합성하거나 오려붙이기를 이용해 '연인'을 만들어내는 등 사진을 조작한다는 사실을 인지할 정도로 약아졌을 수도 있다. 하지만 이를테면 수많은 미국 역사책에 등장하는 에이브러햄 링컨의 전신 초상 같은 인물 사진이 *National Enquirer*(가십이나 연예 기사를 주로 싣는 타블로이드판 주간지 —옮긴이)에 실리는 저명인사들의 합성사진만큼이나 속임수라는 사실을 발견하는 건 여전히 당혹스런 일이다. 그런 속임수를 발견하는 것은 1969년 아폴로 11호가 달에 착륙하는 모습을 찍은 사진처럼 역사적으로 중요한 다른 사진들이 모두 가짜라고 믿는 사람들의 망상증과 놀라울 정도로 유사한 어떤 것을 초래할 수도 있다. 신뢰가 훼손됨으로써 나타날 수 있는 결과들이 도시괴담(확실한 근거가 없는데도 사람들 사이에서 사실인 것처럼 퍼지는 놀라운 이야기 —옮긴이)의 사회심리를 다룬 10장에서 깊이 있게 탐구된다.

6장은 이메일이나 전화, 직접적인 만남 등 사람과 사람 사이의 다양한 커뮤니케이션 방법이 속임수의 횟수와 내용에 어떻게 영향을 주는지 조사하면서 테크놀로지의 기만적인 사용 사례를 더욱 깊이 파헤친다. 제프리 핸콕은 "테크놀로지의 어떤 속성이 우리의 정직성과 자기 공개에 얼마나, 왜 영향을 미치는가?" 하는 질문을 살펴본다.

  그의 연구 결과는 다소 의외지만 전자 커뮤니케이션이 잠재적인 사기꾼에게 가장 호의적인 환경이 아님을 암시한다. 오히려 전화 통화가 속임수에 보다 호의적인 것으로 나타난다. 전화 통화는 사람들이 얼굴을 마주한 경우 속임수를 간파하기 위해 사용하는 시각적인 단서가 제한되고, 이메일과 달리 문서를 남기지도 않기 때문에 속임수가 발생하기 쉬운 가장 보편적인 매개체로 남았다. 전자 커뮤니케이션 분야와 관련해서 온라인 데이트 사이트에서 행해지는 무수한 속임수를 연구한 핸콕의 연구 결과는 결코 놀라운 사실이 아니다. 그 안에서 사람들은 자기 사진을 조작할 뿐만 아니라, 온라인 프로필을 작성할 때도 거짓말을 한다. 일반적으로 남자들은 실제보다 키를 부풀리고, 여자들은 몸무게를 줄인다.

  폴 톰슨^{Paul Thompson}은 7장에서 21세기를 살아가는 데 골칫거리가 된 '피싱^{phishing}'이나 신분 도용 같은 메커니즘을 파헤치고, 속임수의 개념 구조와 실행 과정을 집중적으로 조명한다. 톰슨은 이런 현상에 존재하는 기술적·사회적 측면을 전체적으로 검토하면서 해커들이 어떻게 이메일 발송 프로그램을 만들고, 그럴싸한 이메일 수백만 통을 보내 수취인이 은행 계좌 번호나 사회보장 번호 같은 개인 정보를 누설하도록 꾀어내는지 살펴본다. 그런 속임수가 성공하려면 해커에게는 심리학자들이 타인을 대상으로 한 마음 이론(Theory of Mind : 신념, 의도, 바람, 이해 등 자신의 정신적 상태가 자신이나 상대방의 행동에 영향을 미친다는 것을 이해하는 능력. 마음 이론이 잘 발달된 사람은 타인의 마음 상태를 인지하고 이해하는 공감 능력이 우수한 반면, 마음 이론에 결함이 있는 사람은 타인의 입장보다 자신의 시각에서 상황을 이해하여 호혜적인 상호작용을 하는 데 어려움을 보인다. ― 옮긴이)을 개발할 수 있는 재능이 필요하다. 따라서 훌륭한 해커는 기술적으로 노련할 뿐만 아니라 심리학적으로도 날카로운 통찰력이 있고, 비교적 척박한 커뮤니케이션 매체라고 할 수 있는 이메일에서 어떤 신호가 믿을 만하게 받아들여질지 예측할 수 있다.

3부
신뢰와 속임수

3부에서는 곧장 신뢰에 대한 토론으로 이어진다. 톰슨의 글에서 묘사된 해커는 패리드와 핸콕의 조사에 등장한 디지털 사기꾼과 마찬가지로 대부분 성공을 거둔다. 우리가 거의 모든 상호작용에서 제도적으로 보장된 신용과 정직에 무임승차하고 있기 때문이다. 오설리번이 지적한 대로 우리는 그렇지 않은 것으로 밝혀지기까지 대다수 사람들이 정직하다고 믿으려는 성향이 있다. 말하자면 속임수를 예상하지 않는 것이 가장 합리적인 행동 방침이다. 하지만 안타깝게도 귀도 묄러링Guido Möllering이 8장에서 지적한 것처럼 이 보편화된 믿음은 잠재적인 사기꾼에게 유용한 위장막을 제공한다. 대다수 사람들이 타인과 교류할 때 우선적으로 속임수를 예상한다면 속임수를 들키지 않고 넘어가기가 더욱 어려울 것이다.

신뢰에 대한 묄러링의 깊이 있는 이론적 논고는 속임수와 신뢰의 상호 보완적이고 수행적인 본질을 보여줄 뿐만 아니라, 이 책 앞부분에서 은연중에 나타난 몇 가지 주제를 명백하게 드러낸다. 묄러링은 우리가 '마치 ~처럼' 모드로 처신한다고 말한다. 즉 우리는 개개인이나 단체에게 신뢰를 주고, 그들에게 우리의 기대에 맞춰 행동하도록 의무를 부여한다(그들은 이 의무를 수락할 수도 있고 거절할 수도 있지만, 우리는 그들이 반드시 우리의 기대에 부응하여 행동해야 할 것처럼 생각한다). 뮐러링에 따르면 "신뢰는 거의 강제하는 힘을 발휘한다". 따라서 신뢰 ― 함축적인 의미에서 속임수도 ― 는 선험적 관념에 따라 존재하는 게 아니라 상호작용과 기대의 결과로 나타난다.

그러므로 상호작용을 하는 당사자들은 상대에게서 신뢰할 만한 이유를 찾으려고 하기보다 속임수를 쓸 거라고 가정할 만한 이유를 찾으려고 하는 편이 나을지도 모른다. 이런 문제는 뮐러링이 날카로운 통찰력으로 '실생활에서 나타나는 기호학적 혼돈과 모호성'이라고 칭한 부분에서 당사자들이 어떤 의미를 이끌어내는가에 전적으로 좌우된다. 이 불확정성은 9장에서 명백하게 설명되는데, 게리 어튼Gary Urton은 상호 신뢰가 상대방에 대한 의심과 상대방이 쓴 속임수에 대한 비난으로 바뀌는 과정을 보여준다. 그의 이야기는 잉카제국과 스페인 정복자들의 조우에서 시작된다. 스페인 정복자들은 처음에 잉카제국의 회계사들 ― 제국의 부를 표시하기 위해 고안된 매듭지어진 끈, 즉 키푸khipu를 지키는 수호자들 ― 이 제시하는 '침범할 수 없는' 정직함을 액면 그대로 받아들인다. 이런 균형이 돌연히 깨진 까닭은 알려지지 않지만, 이들의 상호작용이 어떻게 끔찍한 반목으로 바뀌었는지는 충분히 상상할 수 있다.

뮐러링이 이 책에서 언급한 것처럼 서로 비난하고, 상대방의 의도를 부정적으로 해석하는 악순환이 시작되기까지는 그리 긴 시간이 필요하지 않다. "속임수를 쓰는 사람은 최초의 속임수를 감추려고 하거나 그 상황을 점점 더 이용하려는 자체 강화적인 동기가 있기 때문에 한 번의 눈에 띄지 않은 속임수는 종종 그와 유사한 더 많은 속임수를 유발하고, 잠재적으로는 속임수의 단계적인 확대를 유발한다." 아마도 잉카제국이나 스페인 정복자 중 어느 사람이 실수를 저질렀거나, 초반에 두 집단 사이에서 넘쳐흐르던 신뢰를 의도적으로 악용했을 것이다. 그 행동이 연쇄반응을 일으키기 시작했을 테고, 그로 인해 진작부터 문화와 언어의 차이 때문에 위태롭던 관계가 급속도로 와해되었을 것이다.

어튼의 글을 '오셀로의 오류'에 관해 언급하는 마크 프랭크의 연구 관점에서 살펴보면 유사한 해석이 가능하다. 즉 다른 사람이 당신을 속일 거라는 예상을 말로 표현하는 것은 어떤 면에서 그 사람이 해당 행동에 대한 기대치를 낮추게 만들어, 그 사람에게 당신을 속이고자 하는 유혹을 유발한다. 그 사람의 입장에서 봤을 때 지금까지는 정직했지만 이제 의심의 대상이 되었기 때문에 자신에 대한 새로운 기대(예를 들어 그 사람은 사기꾼이라는 식의)에 '부응'하는 것이 자신의 정직성을 증명하는 것보다 때로는 훨씬 쉬운 일이 될 수도 있다.

기대에 따른 문제는 10장에서 중요하게 다뤄진다. 게리 앨런 파인Gary Alan Fine의 설명처럼 루머는 선행된 기대를 확인해주기 때문에 어느 정도 '효과'를 발휘한다. 그 결과 어떤 루머는 '너무나 확실해서' 사실이 아닐 수 없는 이야기가 되기도 하는데, 심지어 그 이야기가 거짓이라는 강력한 증거가 있는데도 영원불멸한 사실이 된다. 루머의 강력함은 4장에서 묘사된 것처럼 부분적으로는 인식의 게으름에서 비롯된다고 할 수 있다. 그렇지만 속임수에 존재하는 오락적인 가치 또한 루머를 강력하게 만드는 요소다. 오락적인 가치의 간단한 예를 들어보면 마술이나 영화, 트롱프뢰유 그림이 우리에게 즐거움을 선사하는 데 필요한 '믿으려는 의지' 혹은 불신의 유예가 있다. 이 문제는 13장과 15장에서 보다 자세하게 다뤄진다.

상호작용에 존재하는 '기호학적인 혼돈'에 대한 뮐러링의 통찰력 있는 분석으로 돌아가서 3부의 결론이기도 한 11장에서는 명백히 구별되는 신뢰와 속임수의 개념 문제를 살펴본다. 톰 루츠^{Tom Lutz}는 젊었을 때 나중에 자신의 아내가 되는 사람과 교제하면서 경험한 자전적인 이야기를 통해 사기꾼에게 고의성이 없는 경우에도 얼마든지 속임수가 일어날 수 있다고 주장한다. 이런 주장은 프레드릭 샤우어와 리처드 제크하우저가 2장에서 주장한 속임수의 정의와 대립된다. 샤우어와 제크하우저는 고의성이 어떤 행동을 속임수라고 정의하는 데 반드시 필요한 세 가지 요건 가운데 하나라고 간주한다. 따라서 고의성은 속임수와 다른 형태의 상호작용 사이에 명확한 선을 긋고, 그들의 주장에 정확성과 명쾌함을 부여한다고 할 수 있다. 하지만 고의성을 배제하면 원래 예술이라는 인간의 중요한 행동에 집중되던 속임수의 연구 영역은 동물의 행동까지 곧장 확장된다.

조앤 디디온^{Joan Didion}은 자신의 가장 잘 알려진 수필에서 "자기기만은 가장 난해한 속임수다. 다른 사람에게 행해지는 속임수는 자신과 은밀한 약속을 지키는 매우 환하게 불이 밝혀진 뒷골목과 같다는 점에서 아무런 의미가 없다"고 주장한다.[12] 타인의 내면에 존재하는 자기기만은 말할 것도 없고, 자기 자신에게 존재하는 자기기만도 알아차리기 어렵다. 자기기만의 존재를 인정하는 경우 속임수를 둘러싼 이해가 더욱 복잡해지기도 하는데, 이는 루츠가 눈물을 참된 동시에 꾸며낸 것으로 묘사하는 과정에서 보여주듯이 진실이나 거짓을 각각 다른 범주로 구분하면 경험적인 사실이 왜곡되기 때문이다.

책은 이 부분에서 거시적인 수준의 분석에서 미시적인 분석으로 옮겨간다. 그리고 문화 전반을 분석하던 단계에서 특정한 두 당사자의 관계를 분석하는 단계로 넘어가면서 지나친 단순화에 따른 위험성을 점점 더 명백하게 보여준다. 루츠는 이 문제를 "신뢰와 속임수를 고찰하는 동안 우리가 계속해서 강요받는 이분법적 사고로는… 끊임없이 되풀이되며 친밀한 관계를 특징짓는 다양한 동기와 상호 이해를 설명하는 데 실패할 수밖에 없다"는 점을 들어 정리한다. 루츠의 주장은 가장 노련하고 효과적인 속임수는 자기기만에서 비롯된다는 데서 콘래드가 『로드 짐^{Lord Jim}』에서 주장한 '거짓의 본질적인 진실성'을 연상시킨다. 이 사실은 우리가 속임수 ― 어쩌면 사회에서 일어나는 다른 복잡한 현상까지 포함해서 ― 를 다루기 위해 왜 인문학에서 이끌어낸 통찰력이 필요한지 암시한다.

문학은 행동을 구체적인 범주로 분류하기 전에 (혹은 분류하는 대신) 그 행동을 정확하게 묘사하려고 노력한다. 콘래드와 디디온의 힘은 관찰의 정확성에서 유래한다. 그들이 글을 통해 우리에게 남긴 실마리는 종전의 개념적인 틀과 맞아떨어지지 않을지 모르지만, 관심을 기울일 가치가 충분한 현상을 학자들이 연구하도록 도움을 줄 수 있다.

4부
속임수와 기관

이 책의 마지막 부분에서는 속임수의 대리인이자 단속자인 기관들의 역할을 살펴본다. 3부까지 개인과 무리에서 나타나는 속임수를 관찰한 반면, 4부에서는 정부 기관이나 금융, 군사 조직, 문화 영역 등을 분석의 단위로 삼는다. 이들 기관은 대규모로 진행되는 획기적인 속임수 기술 때문에 신용을 잃거나 얻기도 한다. 과장 광고나 언론 플레이가 전통적인 의미의 거짓말을 사용하는 대표적인 사례다. 하지만 기관들이 거짓말을 하지 않고도 속임수를 사용하는 데 점점 더 노련해진다는 측면에서 볼 때 새로운 방법일수록 둘러대기에 가깝다. 이런 현상은 특히 월드와이드웹 같은 매스컴 기술이 주도하며, 이런 기술은 사실을 확인하기 위한 증거 조사를 보다 쉽게 만들기도 하지만, 정보의 과도한 노출처럼 속임수를 위한 새로운 기회를 제공하기도 한다.

정치기구나 경제 단체에 사용되는 단어 중 '투명성'이 가장 중요하게 여겨지는 오늘날에는 과도한 정보 제공이 속임수에 효과적인 도구가 될 수 있다. 이런 기술은 필요한 것보다 훨씬 많은 정보를 노출함으로써 전혀 관련이 없는 정보들 사이에서 본질적인 핵심 자료를 찾기 어렵게 만든다. 그 어려움은 건초 더미에서 바늘을 찾거나, 말똥을 보고 조랑말을 찾는 것과 견줄 수 있을 정도다. 어쨌든 이 기술은 정보 찾기와 관련하여 잘 알려진 인간의 인식 한계 — '제한된 합리성'[13](목표 달성 정도가 정보처리 체계의 한계와 과제가 발생하는 맥락 때문에 제한되는 것 — 옮긴이)이라고 명명된 현상 — 를 이용한다. 예를 들어 대통령 선거에 출마한 존 매케인John McCain 공화당 후보의 직원들은 기가 막힌 수완을 발휘했다. 그들은 일흔이 넘은 상원의원의 건강 기록을 공개하라는 대중의 요구를 수락하면서 교묘하게도 해당 정보를 정보의 산에 묻어버렸다. 기자들은 전몰장병 추모일Memorial Day이 있는 주 금요일 오후, 언론에서 예측한 400여 페이지 분량의 보고서 대신 1173페이지짜리 보고서를 받았다. 기자들이 서류를 검토할 수 있는 시간은 네 시간뿐이었다. 그 짧은 시간에 엄청난 자료를 자세히 검토하는 것은 불가능에 가까웠기 때문에, 매케인의 건강 문제는 결국 뉴스거리가 되지 않았다.

이 책은 전술의 변화에도 주목한다. 민감한 정보가 유출되는 것을 차단하기 위해 정당 같은 정치 기관들은 전통적이고 일반적인 대응 방식을 취하기보다 대중의 관심을 다른 곳으로 유도하려고 하는데, 이런 기술을 '속임수를 위한 정보의 과잉 공급 접근 방식'이라고 부른다. 이 방식은 대중에게 정보를 공개해서 높은 도덕성을 유지하도록 해주는 한편, 기만적인 엄폐물을 제공한다.

눈속임용에 불과한 투명성이 기관에 대한 추가적인 정보 공개 요구를 단념시킬 수는 있지만, 반드시 이들 기관의 신뢰도를 높여주는 건 아니다. 포드 로언Ford Rowan이 12장에서 보여주는 것처럼 미국 정부가 속임수를 쓴다는 의혹은 이제 너무나 만연해서, 미국인들은 생화학 테러가 발생할 경우 질병관리본부보다 지역 소방대장이 제공하는 정보를 신뢰할 거라고 이야기할 정도다. 이런 결과는 한편으로 워터게이트, 앱스캠(ABSCAM : 뇌물 수수와 관련된 FBI의 함정수사에 하원의원 여섯 명과 상원의원 한 명이 걸려든 정치 스캔들 ― 옮긴이), 이란-콘트라 사건(미국 정부가 레바논의 친親 이란 무장 단체에 납치된 미국인을 구하기 위해 '적대국' 이란에 무기를 팔고 그 대금으로 니카라과의 콘트라를 지원하다가 들통 난 사건 — 옮긴이), 모니카게이트 같은 사건과 연방정부 대변인들이 성실하게 정보를 제공해야 할 국민에게 오히려 거짓말이나 둘러대기를 했다가 발각된 무수한 사건에서 비롯된 필연적인 결과라고 할 수 있다.

다른 한편으로는 엄청난 정보가 있으나 해당 정보의 질이 떨어지는 현상과도 관련이 있다. 생화학 테러와 관련해서 수집할 수 있는 방대하지만 상반되는 자료들은 질병관리본부의 입장을 지지 혹은 반대하는 내용이 공존하기 때문에 소방대장 같은 지역 인사들의 중요성을 부각한다. 지역 인사들이 필터처럼 단순히 걸러주기만 해도 압도적인 규모의 정보 흐름이 처리 가능한 수준으로 줄어들 수 있기 때문이다.

톰 루츠의 비틀기와 더불어 이 책의 마지막 세 장에서는 속임수가 보상을 받고, 칭송되며, 때로는 기대되기도 하는 기관의 활동 무대를 살펴본다. 내가 쓴 13장은 금융시장에서 분별 있고 합리적인 비즈니스 관행으로 여겨지는 행위들이 대부분 속임수와 관련 있다는 증거를 보여준다. '매수자 위험부담 원칙'과 '정보 비대칭' 같은 용어는 이런 속임수에 고상한 가면을 씌운 것에 불과하지만, 이 용어들은 어떤 수준의 둘러대기와 노골적인 거짓말이 표준 운영 절차의 일부분으로 용인되는지 시사한다. 따라서 금융 사기로 비난받는 마사 스튜어트 같은 사람들이 자신이 어떤 불법행위를 저지르고 있는지 몰랐다는 이야기는 적어도 부분적으로는 그럴듯해 보이며, 속임수를 정의하는 데 다시 한번 고의성과 인식이라는 까다로운 문제를 제기한다.

금융거래에서 나타나는 '공인된' 행위로서 속임수의 모호한 위치는 군사전략에서 나타나는 속임수의 역할 변화와 유사하다. 윌리엄 글레니 4세가 쓴 14장을 살펴보면 아시아에서 유래한, 특히 『손자』 같은 책에서 언급된 기만적인 전술들은 최근까지도 미개하고 남자답지 못하다는 이유로 서양의 군사전략에서 제외되었다. 하지만 정치적인 범주를 초월하는 테러리스트의 네트워크처럼 게릴라전과 초국가적인 전쟁이 등장하면서 속임수의 역할이 서양의 군사전략으로 재고되기 시작했다. 그러나 이 변화는 지극히 느리고 경험적인 근거를 따라오지 못했다. 역정보와 유언비어를 오랫동안 전쟁 무기로 인정해왔는데도 다른 형태의 속임수에 대해서는 뿌리 깊은 편견으로 수십 년 전에 일어난 (베트남전 같은) 전투에서 얻은 교훈들이 이제 겨우 미국과 유럽 군대의 조직과 편성에 활용되기 시작했다.

이 책은 케니스 필즈가 집필한 15장에서 지난 1000년 동안 찬사받을 만한 사기꾼, 거짓말쟁이, 허풍선이들을 정리하면서 끝맺는다. 이 장은 동물을 속임수의 행위자로 생각하는 이 책의 출발점(1장)으로 돌아가서 속임수를 비난하는 서양의 오랜 도덕적 전통(2장)에 이의를 제기한다. 필즈는 얼마나 많은 문화가 서양의 도덕적 전통과 정확히 반대되는 관점을 취하는지 보여준다. 예를 들면 근대화 초기의 아프리카(노예무역을 통해 미국으로 유입된 민담의 발생지며, 속임수의 원조라고 할 수 있는 브레어 토끼$^{Brer\ Rabbit}$가 등장한다)와 원시 아메리카 대륙(대다수 이야기에서 코요테가 거짓말을 밥 먹듯 하는 반反영웅으로 등장한다), 오디세우스의 교묘한 속임수를 추어올리는 그리스 등이 있다. 세 가지 이야기에서 속임수는 문화적 관습의 필수 요소이자 교육 수단(생존과 관련된 교훈을 줄 때)으로써, 사회화 메커니즘으로써, 전쟁이나 식민주의에 위협받는 전통을 수호하기 위한 수사학적 수단으로써 다양한 목적을 충족한다.

참과 거짓을 넘어

　　　포드 로언이 열거한 정부 기관의 속임수들은 오로지 부정적인 사건이라는 인상을 주는 데 반해, 필즈가 묘사한 속임수들은 속임수에 대한 뚜렷한 도덕적 입장이나 적어도 실용적인 비용편익 분석(가장 효과적인 대안을 찾기 위해 각 대안이 초래할 비용과 편익을 비교·분석하는 기법 — 옮긴이)을 손에 든 채로 이 책을 덮기 어렵게 만든다. 이 책의 저자들이 의도하는 바가 그것이다. 궁극적으로 이 책의 목표는 속임수가 복잡하고 정의하기 어려운 현상이며, 속임수에 다양한 측면이 존재한다는 점을 알리는 것이다. 이런 본질을 부정하는 건 속임수가 세계사에서 차지하는 중요성과 역사적으로 위대한 사상가들을 매료하고 고민하게 만든 속임수의 힘을 박탈하는 것이나 다름없다.

　이 책은 지나친 단순화를 경계하면서도 장 구분 없이 다양하고 일반화된 규칙들을 보여주며 강조한다. 다음에 열거하는 주제들은 과학과 인문학이라는 본질적으로 다른 분야의 연구를 한데 묶어주며 책 전반에 반복해서 등장한다.

- 속임수의 정의는 언제나 논쟁을 불러일으키지만, 고의성이나 의도적인 거짓이 전혀 없어도 속임수가 일어날 수 있다는 점에는 광범위한 합의가 존재한다. 동물계에서 나타나는 적응성 속임수나 인간에게서 나타나는 자기기만이 그 예다.

- 거짓말은 문제를 적게 야기하는 속임수 유형 가운데 하나인데, 거짓말에 대한 정의와 제재가 일반적으로 분명하기 때문이다. 하지만 거짓이 수반되지 않는 속임수는 일부만 진실이거나, 자기기만을 다루기 위한 개념적으로 규격화된 메커니즘이 거의 없다시피해서 잠재적으로 더욱 교활하고 파괴적인 문제가 된다.

- 속임수를 둘러싼 역사적 · 문화적으로 변덕스러운 정의에도 속임수의 개념은 필연적으로 진실이나 신뢰의 개념과 연결된다. 암묵적으로든 명시적으로든 진실과 신뢰를 고려하지 않고는 속임수에 대한 논의 자체가 불가능하다.

- 속임수는 보편적으로 둘이나 그 이상의 당사자들 사이에서 일어나는 상호작용과 관련된다. 속임수의 비율이나 유형은 관례적이고 기술적인 환경에 따라 결정된다. 예를 들어 전시와 평시가 다르고, 온라인 커뮤니케이션과 직접 커뮤니케이션이 다르다.

- 유대교와 기독교 문화는 속임수에 대한 도덕적 입장 때문에 갈등을 겪는다. 수많은 종교계와 철학계 인사들이 상황을 불문하고 모든 속임수를 비난한다. 하지만 사랑과 전쟁에서 '완화제'(이를테면

육체적·정신적으로 유약하다고 생각되는 사람을 상황을 악화할 수 있는 진실에서 보호하기 위해)의 목적으로, 유희(불신을 잠시 접어둠으로써 속는 사람이 속임수를 쓰는 사람에게 협조하는 경우처럼)를 위해 행해지는 속임수는 암묵적으로 용인된다.

- 서구권이 아닌 많은 문화들이 명백히 긍정적인 시각으로 속임수를 대하고 적응이나 교육, 사회화, 생존 같은 중요한 목적으로 속임수를 사용한다.

진실의 마법사들을 연구한 결과 속임수를 간파하는 가장 좋은 방법이 정보를 열린 마음으로 대하고, 성급한 결론을 피하는 것과 관련이 있음을 보여준다. 이 책은 위에서 표시한 여섯 가지 주제문의 의미를 독자들에게 질문한다. 이런 점에서 이 책은 속임수를 바라보는 통찰력을 제공하는 동시에, 복잡하게 작용하는 속임수의 시스템을 연구하는 과정이라고 할 수 있다.

PART 1

속임수의
정의와
간파

_ **칼 버그스트롬**Carl T. Bergstrom

워싱턴대학의 생물학과 부교수며, 산타페연구소의 외부 고문이다. 그는 사회 · 생물학적 시스템에서 정보의 역할을 연구한다. 최근에 진행한 연구 프로젝트로는 커뮤니케이션과 속임수의 게임이론game theory, 복잡한 네트워크의 이해를 위한 정보이론information theory의 적용, 과학 학술지를 등급에 따라 분류 · 조사하는 출판물의 통계적 분석, 질병의 진화에 관한 다수의 응용 연구 등이 있다.

생물학에서 나타나는 속임수

칼 T. 버그스트롬

삶은 복잡해질수록 흥미로워지며, 사회만큼 인간의 삶을 복잡하게 만드는 것도 없다. 문명사회를 가능케 하는 사회적 관습과 제도, 의무, 기대의 그물망 사이로 때로는 공통되고, 때로는 상반되는 개인적이고 복잡한 동기들이 있으며, 그 동기들을 바탕으로 얄팍한 동맹이 형성되거나 깨지기도 한다. 인간은 이 같은 복잡성에 매료되고, 자기도 모르게 이끌린다. 바로 여기에서 암석처럼 단단하고 우호적인 관계를 헤집고 쑥덕공론이 비집고 들어온다. 정치는 우리가 최선의 판단을 내리지 못하도록 꼬드기기 일쑤다. 연극은 각종 음모가 난무할 때 흥미를 끈다. 스코틀랜드 문학가 월터 스콧Walter Scott 경이 『마미온Marmion』에서 이야기한 복잡한 거미줄은 우리에게 남들의 속임수는 밝혀내고, 자신의 속임수는 먹히도록 모든 인식 능력을 남김없이 발휘하라고 요구한다.[1] 사회는 신뢰와 조화, 커뮤니케이션을 기반으로 존립하지만 속임수가 잠복할 수 있고, 그 속임수의 모태가 된 사회의 질서를 뒤흔들고 위협할 수 있도록 수많은 여지를 제공한다.

생물학도 전혀 다르지 않다. 단순한 조직들이 합쳐지고 다양해지면서 더 크고 복잡한 유기체 단위로 변해갈 때 생물학은 흥미를 더해간다. 세포는 한때 분할을 거쳐 분리되던 세포기관들이 모여서 만들어지고, 수십억 개 세포가 모여서 한 생명체가 되며, 이런 생명체 수천 개체가 모여 종을 구성하고, 생태계는 경쟁하거나 협력하며 공존하는 수많은 종이 모여 그물 모양 조직을 구성한다. 생물학계의 다양성과 복잡성은 사회조직의 분류 체계에서, 그리고 이 분류 체계가 개별적인 유인誘因으로 붕괴되지 않도록 유지하기 위해 꼭 필요한 복잡한 메커니즘에서 비롯된다.

이것이 1995년에 발표되어 동시대 진화생물학자들에게 공동 연구 과제를 남긴 *The Major Transitions in Evolution*(진화의 주요한 변환)의 핵심 논제다.[2] 이 책을 집필한 존 메이너드 스미스^{John Maynard Smith}와 오르스 스자트마리^{Eörs Szathmáry}는 생명체의 역사가 일련의 커다란 진화적 변환이나 변화에 관한 이야기며, 그 과정에서 유기체와 사회가 더욱 복잡해지고 효율성이 증가했다고 본다.[3] 이런 변화 과정 중 일부 ─ 이를테면 단세포에서 다세포로 변하거나 비非집단성에서 집단성으로 변하는 것 ─ 는 독립적이던 개체들을 관련된 재생산 원기(原基 : 발생학적으로 더욱 복잡한 구조로 발달하는 초기 혹은 기초적인 구조 ─ 옮긴이)들과 하나로 합쳐서 협동 작용을 촉진했다. 그에 따른 결과는 개체들이 규모의 효율성을 취하게 하고, 분화를 증가시켰다. 또 다른 변화 과정은 관련된 개체들을 물리적으로 통합하는 대신 게임의 규칙을 바꿈으로써 협동 작용과 신뢰를 이끌어냈다. 후자의 변화에서는 개체들이 전자와 마찬가지로 규모의 효율성과 분화의 증가를 촉진하는 전략적인 유인을 강요하지만, 한편으로는 규모의 효율성을 촉진하면서도 계속 독립적으로 움직인다.

이것이 속임수와 무슨 관련이 있을까? 밀접한 관련이 있다. 첫째, 위에 언급한 식의 집적集積이나 협동을 통해 이득을 얻으려면 구성원들의 행동을 조율할 수단이 필요하다. 그런 조율 수단이 바로 커뮤니케이션이다. 그리고 커뮤니케이션이란 속임수의 세계로 들어가는 문을 여는 행위나 다름없다. 커뮤니케이션이 존재하는 곳에는 언제나 속임수가 존재하기 때문이다.[4] 속임수 문제는 메이너드 스미스와 스자트마리가 주목한 주요 변화 과정을 거치기 위해 반드시 극복해야 할 문제다.

둘째, 사회적인 협동 과정에서 공유하기 쉬운 것 중 하나가 정보다. 메이너드 스미스와 스자트마리가 주장하는 핵심적인 견해는 이들 변화가 대부분 유기체나 사회가 정보를 획득하고, 저장하고, 가공하고, 발송하는 규모를 늘린다는 것이다. 유전자 정보가 RNA(뉴클레오티드의 긴 사슬로 연결된 분자 형태며, 각각의 뉴클레오티드는 질소 염기, 펜토스, 인산 한 분자씩 결합된다 — 옮긴이) 기반에서 DNA 기반으로 바뀌거나, 단순 신호에서 조합을 갖춘 상징적인 언어로 바뀌는 등 급격한 변화는 한 개체가 주변 환경에서 정보를 끌어내고 해당 정보를 다른 개체에게 전달하기 용이하도록 정보 기술의 도약적인 발전을 제공한다.

정보와 정보의 공유는 진화의 주요한 변환을 일으키는 과정에서 왜 그토록 중요할까? 협동과 공유는 특히 물질보다 정보 자원을 교환할 때 발생하는데, 이는 정보의 독특한 화학량론(stoichiometry : 원소나 화합물이 어떤 비율로 반응하는지 수량적으로 나타낸 관계 — 옮긴이) 때문이다. 라흐만과 그 동료들이 정보의 획득과 교환을 설명하기 위해 만든 정교한 설계도에서 보여준 것처럼 정보의 공유는 물리적 자원의 공유와 다른 방식으로 진행된다.[5] 조지 버나드 쇼George Bernard Shaw가 이야기한 것으로 알려진 아래 인용문은 그들이 제시한 모형의 기본 개념을 요약하고 있다.

> 당신과 내가 사과를 한 개씩 가졌고, 우리가 그 사과를 교환한다면 당신과 나는 여전히 사과를 한 개씩 가진 셈이다. 하지만 당신과 내게 아이디어가 하나씩 있고, 우리가 그 아이디어를 교환한다면 각자에게 아이디어가 두 개씩 생긴다.

유명한 사회주의자들이 강론하는 공유에 대해 정치적인 성향 때문에 회의적인 생각을 하는 독자들은 토머스 제퍼슨Thomas Jefferson의 이야기가 훨씬 타당하다고 여길 수도 있겠다.

> 사람들이 내 아이디어에서 얻은 영감을 각자의 지식으로 수용한다고 해서 내 아이디어가 줄어드는 것이 아니다. 내 촛불로 그들의 양초에 불을 붙인다고 해서 내 촛불이 빛을 잃고, 그 사람의 촛불만 빛을 발하는 게 아닌 것과 같은 이치다. 아이디어는 인간의 윤리 교육과 개인의 발전을 위해 전 세계적으로 이 사람 저 사람에게 자유롭게 퍼져나가야 한다. 애초에 자연이 아이디어를 만들어낼 때 이를테면 불처럼 어떤

식으로든 밀도가 전혀 줄어들지 않고도 모든 종에게 고루 돌아갈 수 있게 독특하고 호의적인 방식으로 설계한 듯 보이기 때문이다.[6]

두 인용문 중 어느 쪽으로 마음이 끌리든, 정보의 공유에는 그에 알맞은 화학량론이 명백히 존재한다. 하지만 공유된 정보를 수용하는 행위는 유리한 일인 동시에 위험할 수도 있다. 정보를 제공하는 송신자들은 그들이 신호를 보내는 대상의 행동에 변화를 일으킬 수단이 있다고 할 수 있다. 송신자와 수신자의 이해가 갈리는 곳에는 잘못된 정보를 보내 속임수를 쓸 수 있는 동기 유발 요인과 기회가 존재한다. 속임수는 정보 공유를 방해하는 주된 장애물이다. 뿐만 아니라 생물의 세계에는 온갖 속임수가 만연하다. 아귀anglerfish가 먹이를 유혹하기 위해 사용하는 가짜 미끼부터 딱새가 다른 경쟁자들을 단념시키려고 내는 허위 경보에 이르기까지, 암컷처럼 가장해서 몰래 짝짓기를 하는 수컷 블루길선피시bluegill sunfish부터 독이 있는 수많은 생물이나 물속에 있는 다른 대상을 모방할 수 있는 흉내쟁이 문어에 이르기까지, 육식성 개똥벌레가 보내는 가짜 짝짓기 신호부터 재생된 것처럼 보이는 꽃발게의 가짜 집게발에 이르기까지, 나비 유충이 개미의 보금자리에 침입하려고 사용하는 화학적 의태부터 허물을 벗는 갑각류의 허세에 불과한 위협에 이르기까지 유기체들은 이익을 극대화하기 위해 상상할 수 있는 모든 방식으로 상대를 속인다.[7]

여기에서 의문이 생긴다. 커뮤니케이션은 한편으로 생명체에게 속임수의 수단을 제공하고, 실제로도 동물의 신호에서 속임수는 빈번하게 나타난다. 다른 한편으로 동물의 커뮤니케이션 체계가 발전하기 위해서는 해당 체계가 그 동물에게 반드시 유익해야 하며, 짐작컨대 어느 정도까지는 정직해야 한다. 커뮤니케이션 체계가 유익하지 않다면 신호의 대상이 된 수신자는 결과적으로 해당 신호를 무시하도록 진화할 것이다. 더불어 수신자가 신호를 무시한다면 그 신호는 쓸모없어질 테고, 송신자는 궁극적으로 더는 신호를 보내지 않도록 진화할 것이다. 메이너드 스미스와 하퍼는 이 같은 측면을 게임이론으로 설명한다. "신호가 일반적으로 수신자에게 가치 있는 정보를 내포하지 않으면 수신자는 (해당 신호에 반응하여) 지속적으로 자신의 행동을 조정하는 방향으로 진화하지 않는다."[8] 이런 견해는 정보의 가치라는 개념이 적용되어 게임이론에서 구체화된다.[9]

이런 의문을 해결하기 위해 생명체가 속임수에 대처하는 방식을 살펴보자. 우리는 이 작업을 보다 명료하게 진행하고자 생명체가 반드시 저지하거나 간파해야 하는 속임수의 두 가지 형태를 다음과 같이 구분한다.

1 사회 구성원에 의한 속임수 | 사회적 상호작용을 하거나 신호를 보내는 입장에 있는 '정당한 참여자들'은 저마다 이해관계가 다르며, 속임수를 이용해 상대를 기만하려는 유인이 있다.[10]

2 제3의 사기꾼에 의한 파괴 | 사회적 상호작용 체계나 신호체계에 속한 정당한 참여자들은 공통된 이해관계가 있지만, '제3의 사기꾼들'은 온갖 구실로 해당 체계에 기생하려고 한다.

우리는 동물(혹은 인간!)이 구애하는 모습에서 첫째 유형의 속임수를 발견할 수 있다. 구혼자가 잠재적인 배필에게 감정을 표현하는 경우, 구혼자와 구혼을 받는 당사자는 모두 해당 상호작용의 정당한 참여자다. 하지만 구혼자는 상대의 마음을 사로잡기 위해 노력하는 과정에서 자신의 장점을 과장되게 표현하려는 동기가 있다. 둘째 유형의 속임수는 나비 유충의 사례에서 볼 수 있다. 개미들은 탄화수소가 함유된 분비물을 이용해서 보금자리를 공유하는 짝을 확인하는데, 나비 유충은 개미 유충이 있는 방에 접근하기 위해 개미들의 신호를 모방한다. 두 가지 속임수 사례는 뒤에서 좀더 자세히 다룰 예정이다.

그 전에 우리는 인간이 최근에 만든 조직을 살펴봄으로써, 약간 우회적인 방법으로 두 가지 속임수 유형을 비교할 수 있다. 인터넷 경매 사이트 이베이eBay는 개인 간 소규모 상거래의 범위를 지역에서 전 세계로 확대하며 놀라운 성공을 거두었다. 이베이의 비즈니스 모델에서 명백히 볼 수 있듯이 이런 유형의 비즈니스가 성공하기 위해서는 공동체 안에 신뢰가 구축될 필요가 있으며, 아울러 적재적소에서 속임수의 위협에 대응할 수 있는 효율적인 메커니즘이 존재해야 한다.[11] 이베이에서 진귀한 책을 구매할 때 직면할 수 있는 다양한 위험을 생각해보자. 정직하다고 할 만한 판매인이 어떤 책을 '초판'이라고 명시한 다음 그 책은 초판이라는 사실이 거의 의미가 없을 정도로 많이 인쇄되었다는 세부 사항을 생략할 수도 있을 것이다. 보다 심각한 속임수가 행해지는 상황을 예로 들면, 파렴치한 골동품 판매상이 판매 가격을 높이려고 희귀본의 상태와 품질을 과장할 수도 있다.

이 두 가지 경우는 사회 구성원에 의해 속임수가 행해지는 사례다. 판매상과 잠재적인 매입자는 둘 다 경매 시스템에 반드시 필요한 의도된 참가자다. 유일한 문제는 판매인에게 속임수를 써서라도 이윤을 늘리려는 유인이 있다는 점이다. 이베이 시스템은 다양한 방식으로 이런 위협에 대처한다. 이를테면 광범위한 평판 시스템, 일련의 분쟁 해결 수단과 절차, 일부 거래에 대해서는 일정한 자격을 갖춘 제삼자가 보증을 서도록 하는 방법 등이다.

이것을 제3의 사기꾼에 의한 속임수, 이를테면 폴 톰슨이 이 책의 뒷부분에서 자세하게 묘사하는 '피싱' 계략과 비교해보자. 예를 들어 범죄자가 이베이처럼 보이도록 설계된 가짜 웹사이트를 개설하고, 이베이 이용자들에게 이메일을 보내 자신의 사이트로 유인해서 신용카드 정보나 다른 중요한 데이터를 입력하도록 속임수를 쓸 수도 있다. 이 같은 시나리오에서 범죄자는 의도된 참가자가 아니며, 그 사기꾼은 속임수를 사용해서 의도된 당사자들 사이에 일어나는 커뮤니케이션 흐름에 개입한다. 기업은 이용자들이 이런 속임수에서 자신을 보호하도록 피싱 계략이나 다른 기만적인 술책에 희생되지 않는 법을 안내하는 지침서를 마련하는 등 광범위한 도움을 제공한다.[12] 더욱이 이베이는 수준 높은 보호 경로, 즉 이베이 사이트 내부에 마련된 메시지 기능을 통해서 이용자들과 소통할 뿐 쉽게 '모방'될 수 있는 일반 이메일은 절대 사용하지 않는다.

여기까지가 이베이에 관한 이야기다. 다른 수많은 인터넷 커뮤니티와 인간 사회의 조직들이 유사한 문제에 봉착하고 있다. 그렇다면 생물학은 어떨까? 인간 사회 말고도 생물학적인 시스템 어디에 이런 속임수 기회가 존재하고, 속임수를 간파하기 위해 어떤 메커니즘이 발전해왔을까?

사회 구성원에 의한 속임수

정직한 커뮤니케이션의 기본적인 문제는 다음과 같다.

- **정보의 불균형** | 정보를 제공하는 송신자에게는 수신자가 모르는 자신만의 은밀한 정보가 있다.
- **정보교환의 이점** | 상호작용의 두 당사자는 정직하게 정보를 공유해서 이득을 얻는다.
- **전략의 충돌** | 송신자와 수신자가 기대하는 수신자의 행동이 서로 다르다. 그렇기 때문에 송신자에게는 속임수를 사용해서 수신자를 기만하려는 유인이 있을 수 있다.

어떻게 해야 정직한 커뮤니케이션이 가능할까?

생명체의 세계 곳곳에 신호가 넘쳐난다는 사실에서 우리는 정직한 커뮤니케이션의 문제가 어느 정도 해결될 가능성이 있다는 결론을 도출할 수 있다. 우리가 바위투성이 해변을 따라 걷든, 숲길을 따라 자전거를 타든, 산으로 둘러싸인 목초지에서 햇빛을 만끽하든 감각적인 경험은 상당 부분 엄밀히 신호의 역할을 하도록 진화된 자극에서 나온다. 소리나 패턴, 색, 향기 같은 요소들은 신호를 보내고 받는 몇 가지 방식에 불과하다.

1970년대 초 경제학자 마이클 스펜스Michael Spence와 생물학자 아모츠 자하비Amotz Zahavi는 이 문제에 기본적으로 동일한 해결책을 내놓았다.[13] 스펜스는 보다 수준 높은 교육이 어떻게 피고용자에서 고용자에게 전해지는 신호로 작용하는지 설명하기 위한 해법을 제안하고, 이를 뒷받침하기 위해 공인된 게임이론의 원형을 발전시켰다. 이 연구 덕분에 그는 조지 애컬로프George Akerlof, 조지프 스티글리츠Joseph Stiglitz와 공동으로 노벨상을 수상했다. 자하비는 종종 동물들이 터무니없이 과장된 외모나 형태를 취하는 이유를 알아내기 위한 노력의 일환으로 자신의 해법을 제시했다. 하지만 엄밀히 말해서 이론에 불과한 그의 주장은 회의적인 반응에 시달렸고, 몇 년 뒤에야 비로소 다른 학자들에 의해 수학적으로 체계화되었다.[14] 구체적인 사례를 언급하기 전에 그가 제시한 개괄적인 해법을 정리하면 다음과 같다.

> **스펜스와 자하비의 해법** | 신호를 보내는 데 비용이 많이 들고 거짓말이 정직보다 큰 대가를 치른다면, 모든 사람들이 오로지 진실을 말하려고 최선을 다할 것이다.

하지만 왜 그래야 할까? 거짓말은 왜 정직한 신호보다 큰 대가를 치러야 할까? 자하비는 이 질문에 대답하기 위해 인도공작 수컷의 꽁지깃이라는 전형적인 사례를 제시한다.[15]

이 사례에서 수컷은 정보를 발송하는 송신자며, 잠재적으로 짝이 될 암컷이 수신자다. 수컷은 자신의 상태를 알려주는 개인적인 정보가 있다. 이를테면 자신이 튼튼한지 허약한지, 영양 상태가 좋은지 나쁜지, 건강한지 기생충이 들끓는지는 그 수컷만 안다. 암컷이 이런 정보를 안다면 암컷에게 분명 이익이 될 것이다. 해당 정보를 바탕으로 그 수컷을 짝으로 받아들일지 말지 올바른 선택을 할 수 있기 때문이다(암컷은 새끼를 위해 우량한 수컷을 선택함으로써 당연히 이득을 취하려고 할 것이다). 하지만 수컷은 암컷을 속이려는 유인이 있을 수 있다. 수컷의 입장에서는 자기의 조건이 열등해도 암컷에게 퇴짜 맞기 싫으면 그렇지 않은 척하는 게 현명하다.

이 상황에서 어떻게 하면 정직한 커뮤니케이션이 일어날까? 수컷의 화려한 꽁지깃이 그 열쇠다. 허약하거나 병약한 수컷은 생존에 필요한 기본적인 부분에 자기의 에너지를 사용하느라 좀처럼 멋진 꽁지깃을 만들 수 없고, 긴 꽁지깃 때문에 나는 데 지장을 받으면 포식자에게서 벗어나기 어려워진다. 반대로 튼튼하고 건강한 수컷은 길고 화려한 꽁지깃을 만드는 데 들어가는 부가적인 비용을 충분히 감당할 능력이 있고, 대부분 꽁지깃의 길이와 상관없이 포식자에게서 벗어날 수 있다.

길고 화려한 꽁지깃은 우량한 수컷의 특징이기 때문에 암컷은 그런 짝을 선호한다. 우량한 수컷의 입장에서는 암컷에게 짝으로 확실히 선택받기 위해 길고 화려한 꽁지깃을 만든다. 열등한 수컷은 그렇게 할 수 없으니, 꽁지깃이 짧고 색깔도 단조로울 것이다. 그들도 이듬해가 되면 튼튼해져서 좀더 길고 화려한 꽁지깃을 자랑할 수 있을 것이다.

자하비와 그 동료들의 설명은 감탄할 만한 개념이라고 할 수 있다. 진화생물학에 존재하는 두 수수께끼가 서로 다른 쪽의 수수께끼에 대한 실질적인 해답이라는 사실을 설명함으로써 커다란 수수께끼 두 개를 모두 풀어냈기 때문이다. 그 수수께끼를 부연하면 다음과 같다.

1 속이고자 하는 유인이 있는데도 신호들은 왜 정직한가?

2 자원을 효율적으로 사용하는 것이 자연선택에 유리하다면 왜 사치스런 생물학적 신호들이 그토록 많은가?

자하비의 해법이 도움이 될까? 게임이론의 원형이 가리키는 바에 따르면 그렇다. 왜 그런지 엄밀하게 보여주기 위해 우리는 송신자의 신호 전략과 수신자의 반응 전략을 동시에 다룰 필요가 있으며, 각각의 전략이 상대편에 대한 최선의 대응이라는 것을 보여줄 필요가 있다. 버그스트롬 외 여러 학자들의 연구 논문은 이를 위해 포괄적인 방법론을 제시한다.[16] 우리는 그런 방법론이 취하는 수학적으로 복잡한 접근 방식을 자세히 들여다보지 않고도 간단한 그래프 모형을 통해 이 메커니즘이 제대로 동작하는 까닭을 상당 부분 직관적으로 파악할 수 있다.[17] 여기에서 우리는 다양한 신호에 대응하는 수신자의 반응을 고정된 것으로 간주하고, 수신자의 대응에 직면해서 송신자들이 취할 수 있는 최선의 신호 전략을 살펴본다.

도표 1.1은 '짝짓기 게임'을 하는 인도공작 수컷 입장에서 적응도(생존과 번식력을 측정하는 척도로, 자연선택에 대한 개체의 유리함과 불리함의 정도를 나타내는 것 — 옮긴이)에 따른 비용과 이점을 설명하는 가설을 보여준다. 적응도에 따른 이점이라고 표시된 굵은 곡선은 짝짓기의 성공이라는 측면에서 꽁지깃의 길이에 비례하여 수컷이 얻는 이점을 나타낸다. 가늘고 오목한 곡선들은 에너지의 소비라는 관점에서 포식자에게 잡아먹힐 위험성 같은 적응도와 열등하거나 보통 수준 혹은 우량한 수컷들이 저마다 꽁지깃을 만드는 데 필요한 비용을 보여준다. 우량한 수컷은 보통 수컷보다 긴 꽁지깃을 좀더 수월하게

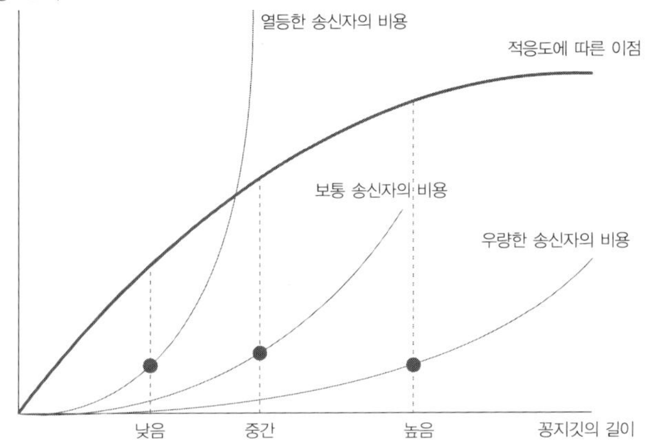

도표 1.1 신호 비용

출처 | M. 라흐만, S. 스자마도(S. Számadó), C. 버그스트롬, 「동물의 신호와 인간의 언어에서 나타나는 비용과 충돌」, 『미국국립과학원회보』, 2001, p. 98: 13189-94.

만들 수 있다. 마찬가지로 보통 수컷은 열등한 수컷보다 긴 꽁지깃을 좀더 수월하게 만들 수 있다.

수컷은 자신의 적응도를 최대화하고, 적응도에 따라 얻을 수 있는 이점과 꽁지깃을 생산하는 비용 사이에서 최대의 격차가 생기는 지점에서 꽁지깃의 길이를 결정한다. 도표 1.1에서 점선은 열등하거나 보통 혹은 우량한 수컷의 입장에서 최선의 꽁지깃 길이를 가리킨다. 점은 수컷의 우량성에 따른 적응도의 비용을 나타낸다.

우리는 이 도표에서 고비용의 신호 보내기가 시행되는 것을 볼 수 있다. 수컷이 주어진 상황에서 최선의 꽁지깃 길이를 '자유롭게 선택'할 수 있지만, 우리는 다음과 같은 사실을 발견한다.

1 신호에는 비용이 많이 든다 | 적응도에 따른 비용을 감수하지 않고는 어느 공작도 화려한 꽁지깃을 만들 수 없다.

2 모든 신호는 정직하다 | 우량한 수컷은 긴 꽁지깃을 만들고, 암컷은 수컷의 꽁지깃 길이를 보고 우량함 정도를 추측할 수 있다.

도표 1.1의 그래프는 자하비의 견해를 수학적으로 증명한다. 고비용 신호는 생물학적 시스템에서 속임수를 다루는 한 가지 방법을 제공할 수 있지만, 지극히 소모적인 정보 전달 방법처럼 보이기도 한다. 실제로 위에서 소개한 것 같은 고비용 신호를 이용할 경우, 신호를 전혀 보내지 않는 경우와 비교했을 때 송신자와 수신자 모두 더욱 빈곤해지기도 한다.[18] 그렇다면 좀더 저렴한 비용으로 정직한 신호를 보내는 방법은 없을까?

우리는 이 질문의 답을 찾기 위해 참새에게서 힌트를 얻을 수 있다. 이 종은 (이외에도 흔히 연구되는 검은머리참새를 비롯해 유사한 많은 종은) 목 아랫부분이나 이마에 있는 변이가 가능한 깃털에 눈에 띄지 않을 만큼 미세한 변화를 주어 자신의 우월성이나 전투력을 과시한다.[19] 참새는 목에 검은색 깃털이 난 부위의 크기가 바로 신호다. 검은색 부위의 크기는 전투력을 나타내는 정직한 신호, 즉 식별 표식이다. 식별 표식이 큰 새들은 식별 표식이 작은 새들에 비해 도전받는 경우가 상대적으로 드물뿐더러, 설사 도전받는다고 해도 싸움에서 이길 가능성이 매우 높다.

인도공작 수컷과 반대로 참새는 실질적으로 신호를 생산하는 비용이 매우 적다. 깃털 몇 개를 더 짙게 만드는 데 들어가는 비용은 무시해도 좋을 정도다. 그렇다면 이 신호 시스템을 정직하게 만드는 요소는 무엇일까? 서열이 낮은 새들은 왜 우월성을 가장하기 위해 속임수를 써서 목 부분에 커다란 식별 표식을 만들지 않을까? 그 해답은 같은 무리에 속한 다른 참새들의 행동에서 나타난다. 요컨대 식별 표식의 크기를 선택할 때 자신의 능력을 과장해서 '속임수'를 쓴 참새는 동족에게 공격당하고, 처벌을 받기 때문이다.[20]

여기에서 우리는 다른 유형의 정직한 신호를 발견한다. 신호를 생성하는 데는 그 자체로 많은 비용이 들지 않지만, 다른 참새들의 처벌에 의해 추가적인 비용이 발생하는 것이다. 참새들은 자신의 위치에 비해 지나치게 큰 식별 표식을 만든 참새를 무조건 공격하면서 신호 생성과 관련된 약속을 강요한다. 수신자들의 처벌 행동에 의해 신호 비용이 발생하는 경우 정직한 신호라면 비용이 전혀 들지 않을 수 있지만, 기만적인 신호라면 지극히 비싼 대가를 치러야 할 수도 있다.[21]

도표 1.2는 이처럼 정직한 유형의 신호에서 비용이 기하학적으로 증가하는 그래프를 보여준다. 도표 1.1에서 본 인도공작 수컷의 사례와 마찬가지로 여기에 있는 신호도 모두 정직하다. 하지만 낮음, 중간, 높음으로 표시된 점은 각각의 송신자가 선택할 수 있는 최선의 신호를 가리키며, 이 신호들은 많은 비용이 들지 않는다. 이 도표에 따르면 신호의 정직성을 강요하는 것은 특정한 신호를 만들어내는 데 따른 전체적인 비용이 아니라 오히려 부가적으로 발생하는 비용이다. 바꿔 말하면 정직성을 강요하는 것은 정직한 신호를 보내는 데 드는 비용의 문제가 아니라 부정직한 신호를 보냄으로써 부담해야 하는 비용 증가의 문제다.

왜 인도공작 수컷은 자신의 우량함을 알리기 위해 화려하고 비싼

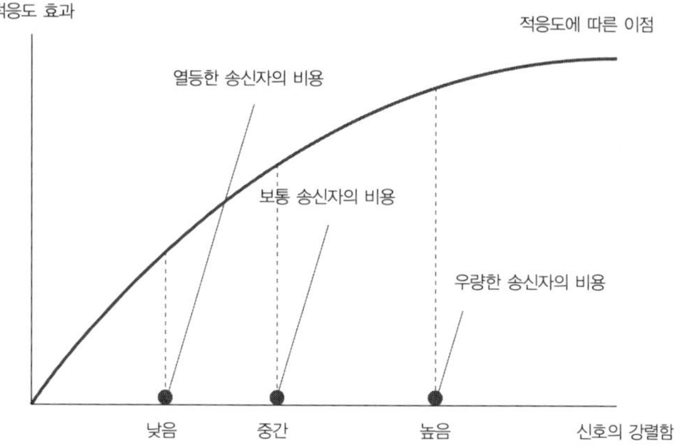

도표 1.2 비용이 들지 않는 신호

출처 | M. 라흐만, S. 스자마도, C. 버그스트롬, 「동물의 신호와 인간의 언어에서 나타나는 비용과 충돌」, 「미국국립과학원회보」, 2001, p. 98: 13189-94.

꽁지깃을 만들어서 유지하는 반면, 참새는 목에 진한 색을 넣는 단순하고 저렴한 방식으로 자신의 우월함을 표현할까? 그 차이는 다음과 같다. 인도공작 수컷은 암컷 수신자가 수컷이 보내는 메시지의 정확성을 확인할 손쉬운 방법이 없다. 해당 수컷이 자신이 뽐내는 것처럼 정말 좋은 유전자가 있는지 확인하려면 암컷은 그 수컷과 짝짓기를 하고, 새끼를 길러보고, 살아남는 새끼의 숫자를 세어봐서 그 수컷이 자신의 유전자 품질을 속였는지 아닌지 결정에 필요한 통계를 내보는 수밖에 없을 것이다. 물론 그때쯤이면 수컷은 도망간 지 오래일 터다. 이런 시스템에서는 수신자가 잘못된 신호를 보내는 송신자를 간파하고 처벌할 편리한 방법이 없고, 신호를 생산하는 데 드는 비용에 따라 정직성이 유지되어야 한다. 이와 달리

참새는 목에 있는 식별 표식의 정직성을 평가하기 쉽다. 송신자가 자신의 채색 정도에서 보여주듯이 정말 싸움을 잘하는 녀석인지 확인하고 싶으면 해당 송신자와 싸움을 해보면 된다. 이 경우 신속하고 손쉬운 평가가 가능하기 때문에 신호 비용은 수신자에 의해 부과될 수 있고, 해당 신호를 생산하는 것과 반드시 연관되지 않을 수도 있다.[22]

동물들이 사용하는 신호 유형에서 관심을 돌려 인간의 언어에 나타나는 복합 구문이나 지시적 의미 같은 보다 복잡한 커뮤니케이션 형태를 살펴보면 다음 두 가지 문제가 발생한다. ❶특정 신호에 적절한 생산 비용을 부과해서 정직한 신호를 안정화할 수 없다.[23] ❷기만적인 커뮤니케이션이 발생할 수 있는 완전히 새롭고 다양한 가능성이 끊임없이 등장한다.[24] 속임수와 관련된 비용은 거의 신호나 정보를 받아들이는 수신자의 대응에 따라 결정된다. 그런데도 도표 1.1과 1.2에서 설명한 기본적인 논리들이 대부분 그대로 적용될 수 있다. 인도공작과 마찬가지로 호모에코노미쿠스(영리적인 계산에 근거하여 행동하는 인간 — 옮긴이)에게 속임수를 사용하거나 사용하지 않는 선택의 문제는 특정한 신호를 보냄으로써 기대되는 이익과 그에 따른 비용을 분석하는 비용편익분석 문제로 귀결된다. 송신자는 어떤 신호를 좀더 밀어붙이는 데 드는 한계비용이 그렇게 함으로써 기대되는 한계이익을 초과하지 않는 선에서 자신의 목적을 추구할 것이다.

인간의 커뮤니케이션 과정에서는 이런 선택이 대부분 평판 시스템을 통해 조정될 수 있다. 내가 당신에게 거짓말을 한다면 당신은 직접적으로 앙갚음할 수도 있다. 하지만 당신은 내 인격이나 신뢰성, 파트너—그것이 상업적·학문적·애정적 경우든 상관없이—로서 적합성에 대한 자체적인 평가를 수정하는 데 그칠 확률이 좀 더 높다. 인간의 커뮤니케이션이 정직성을 강요하기 위해 평판에 의존한다면, 인간의 언어는 평판을 통해 사회적인 강제를 용이하게 하는 특징이 있다고 할 수 있다. 나는 복잡한 지시적 커뮤니케이션을 통해 내게 악행을 저지른 사람들의 정보를 다른 사람들과 공유할 수 있으며, 직접 경험해보지 않고도 그 사람의 평판이 어떤지 정보를 얻을 수 있다.

지금까지 우리는 생물학적 시스템이 속임수를 쓰려는 유인에 맞서 어떻게 정직한 커뮤니케이션을 용이하게 하는지 살펴봤다. 간단히 말해 속임수에 대처하는 방법에 대한 게임이론의 해답은 커뮤니케이션 '게임'이 구조적으로 거짓말에 대비한 적절하고 전략적인 유인을 반드시 포함해야 한다는 점이다. 이 유인들은 신호 비용이나 평판 효과, 협동을 부추기는 상호 의존이나 파트너 선택, 제재 등 다른 메커니즘의 형태를 취할 수도 있다.[25] 게임이론을 바탕으로 한 신호 연구는 이 유인들이 취할 수 있는 수많은 형태를 탐구하는 데서, 그런 형태들을 초래하는 역동적인 과정을 연구하는 데서 지속적인 학문적 호기심을 끌어낸다. 속임수에 대처하는 적절한 유인(동기 유발 요인)과 비동기 유발 요인은 자연선택(동물의 신호인 경우)에 의해 어떻게 진화할 수 있으며, 속임수에 대처하는 각종 장치(인간의 수많은 커뮤니케이션 시스템인 경우)를 고안하는 사람들은 어떻게 동기 유발 요인과 비동기 유발 요인을 만들어낼 수 있을까?

적절한 유인을 구성하는 것과 관련해 다시 이베이의 사례를 살펴보자. 지금의 이베이가 가능했던 이유, 이베이가 신뢰받는 기업으로서 사회적·지리적 영역을 확장할 수 있었던 이유는 평판에 관한 정보를 유포하는 고도로 효율적인 방식을 채택한 덕분이다. 즉 모든 참가자들이 전에 해당 인물과 거래한 다른 사람들의 경험을 열람할 수 있는 중앙 집중적이고 검색 가능한 데이터베이스를 구축한 것이다.[26] 자신의 사회 네트워크를 통해 다른 사람의 특징을 물어보는 이전의 접근 방식과 비교했을 때 이런 데이터베이스의 구축은 잠재적인 상거래 파트너들과 그들이 속임수를 쓸 가능성에 대한 정보를 확인할 수 있는 효과적인 방식이다. 따라서 이베이는 속임수를 예방하기 위해 상거래 파트너들에게 인도공작 수컷의 긴 꽁지깃을 담보로 요구하지 않으면서도 자신은 시장에서 긴 꽁지깃을 가질 수 있었다.[27]

이제 생물학의 영역으로 돌아와서 생물학적 시스템이 제3의 사기꾼에 의한 속임수를 어떻게 피하는지 살펴보자. 우리는 지금까지 새 한 마리가 다른 새들에게 신호를 보내는 경우에 집중해왔다. 하지만 이제부터는 제3의 사기꾼에 의한 속임수에 집중하기 위해 동물들 사이에 나타나는 커뮤니케이션에서 개별적인 동물의 내부에 존재하는 세포들 사이에서 일어나는 커뮤니케이션으로 관심을 옮겨보자. 척추동물의 적응 면역계에 존재하는 세포를 전형적인 '사회'로 정해놓고, 박테리아나 바이러스 같은 병원균을 제3의 사기꾼으로 간주하려는 것이다. 특히 면역 세포들이 해당 세포 사이에 커뮤니케이션을 주고받으면서 그들의 커뮤니케이션을 방해하려는 병원균의 속임수를 회피하는 과정을 살펴보고자 한다.

나는 의도된 참가자들 사이의 신호를 둘러싼 이 논의를 통해 전략적인 충돌이 발생하는 과정에서 그런 충돌이 어떻게 해결될 수 있는지 확실하고 명쾌한 그림을 제공하고자 했다. 앞부분에서 다룬 이론은 불필요할 정도로 세부적인 내용은 제외하면서 주어진 문제의 중요한 측면만 강조하는 간결한 게임이론의 원형이라는 잘 만들어진 기틀을 토대로 했다. 하지만 제3의 사기꾼이 일으키는 파괴작용에 대한 연구는 아직까지 그런 수준에 이르지 못했다. 이와 관련해서 학자들은 여전히 이 문제의 본질을 꿰뚫지만, 결코 과장되지 않은 명백하고 단순한 원형을 제시할 필요가 있다. 이 부분에 대한 연구가 아직 미진한 원인 중 하나는 제3의 사기꾼에 의한 속임수 문제가 이론적인 행동생태학과 게임이론 연구에서 관심을 덜 받아왔기 때문이다. 제삼자가 저지를 수 있는 잠재적인 속임수의 범주를 밝혀내기 어려운 이유도 있다. 같은 이유로 뒤에 이어지는 부분도 이제까지 사례와 달리 좀더 추상적일 수 있으며, 뚜렷한 결론이 없을 수도 있다. 하지만 향후의 이론적인 발전을 위해 좀더 깊이 있는 영역을 다룬다는 점에서 흥미로운 토론이 될 것이다.

제3의 사기꾼에 의한 파괴

인간의 면역계가 주어진 고유한 역할을 수행하는 과정에서 직면할 수 있는 당혹스러운 도전에 대해 생각해보자. 면역계가 올바르게 작동하기 위해서는 자기self와 비자기nonself에 대한 정보가 필요하다. 비자기의 낌새가 없는지 몸 안의 세포들을 계속 조사하고, 만약의 경우에 대비해서 적당한 대응책을 갖추기 위해 관련 정보들을 처리해야 한다. 아울러 그와 같은 외부 신호에 대응해 수백만 개 세포 사이에서 일어나는 반응을 조화시켜야 하며, 원칙적으로는 미래를 위해 이런 정보들을 면역 기억으로 저장해야 한다.

이 모든 일을 하는 과정에서 우리의 면역계는 어떤 감염을 통해 병원균이 늘어나는 것을 초기에 재빨리 간파할 수 있을 정도로 예민해야 한다. 앞에서 언급한 속담처럼 개별적인 세포에 존재하는 자체 단백질이라는 건초 더미에서 비자기 단백질(예를 들어 바이러스에 의해 생성된 단백질 같은)이라는 바늘을 찾아내야 하는 것이다. 진화의 세월을 통해 발생할 수 있는 수많은 병원균 중 어느 것 하나도 놓치지 않고 인식하고 반응해야 한다. 동시에 병원균이나 병원균에 감염된 세포만 정확하게 목표로 삼아서 신체의 다른 부분은 공격하지 말아야 한다. 끝으로 우리 면역계에서는 제1종 오류(가설검정에서 해당 가설이 옳은데도 이를 옳지 않은 것으로 간주하는 오류 — 옮긴이)의 확률이 매우 낮아야 하는데, 그런 실수는 잠재적으로 재앙에 가까운 자기 면역 반응을 촉발할 수 있기 때문이다.

이런 요건들 사이의 필연적인 균형은 제어 이론가에게 악몽이 될 수 있지만, 그것은 시작에 불과하다. 병원균들이 일반적으로 숙주의 몸 안에서 자기 복제를 하고, 방해 활동이나 속임수로 면역 기능을 파괴할 기회가 많다는 사실은 문제를 한없이 악화시킨다.[28] 예를 들어 수두나 천연두 같은 마마바이러스는 면역계의 감시망을 벗어날 정도는 아니라도 면역계를 교란하고 무력화할 정도로 진화했다.[29] 무엇보다 이 바이러스는 면역계가 반응을 통제하고 조화시키는 데 사용하는 키모카인(세포에서 발현되는 단백질로, 특정 부위에 특정한 세포들을 불러들이는 역할을 함 — 옮긴이) 신호를 운반하는 분자들을 공격한다. 이 마마바이러스는 상상할 수 있는 거의 모든 방법을 동원해서 키모카인 신호체계를 방해한다. 예컨대 일종의 효소를 만들어 신호를 운반하는 분자들을 줄임으로써 키모카인 신호를 방해한다. 가짜 신호를 생성하는 단백질을 만들고 키모카인 수용 기관을 자극해서 해당 수용 기관이 다른 정상적인 키모카인 신호를 받아들이지 못하도록 교란하고, 숙주의 유전자 표식을 조작해서 키모카인 신호가 다른 식으로 변형되어 생성되도록 하기도 한다. 때로는 키모카인 신호를 수용하는 기관을 직접 공격하는 방법이나, 숙주의 키모카인 신호를 운반하는 분자들을 유혹하여 이 신호들이 원래 의도한 목적지에 도달하지 못하도록 하는 가짜 키모카인 수용 기관을 만드는 방법으로 정상적인 수용 기관들을 방해하기도 한다.[30]

이처럼 다양한 속임수가 존재하기 때문에 면역계는 직접적인 방해 신호에 대비해서 견고해야 할 뿐만 아니라 외부 바이러스가 특정 대상을 목표로 만들어낸 허위 정보 혹은 다른 형태의 기만적인 신호나 정보를 이용한 공격에도 잘 버텨내야 한다. 즉 면역계는 전략적으로 견고해야 한다. 컴퓨터와 관련된 다른 유사한 사례가 견고함과 전략적인 견고함의 차이를 상세하게 보여준다. 어떤 임무를 수행하는 데 필요한 컴퓨터 시스템을 만들 때 기술자들은 이따금 발생하는 과전압 문제나 전기 합선에도 시스템이 제 기능을 발휘하도록 직접적인 방해 요소는 물론이고, 예측 불가능한 사고로 시스템의 오작동을 유발할 수 있는 요인에 대비해 견고한 시스템을 구축할 필요가 있다. 기술자들은 해당 시스템이 일정한 수준의 온도 변화에도, 심지어 저항기가 몇 개쯤 타거나 메모리 칩이 한두 개 고장 나더라도 계속 작동하도록 해야 한다. 이것이 견고한 시스템이다. 한편 전략적으로 견고한 시스템을 설계하는 일은 이보다 어려운 문제다. 이를테면 컴퓨터 시스템의 내부에 접근할 수 있는 전문 기술자가 의도적으로 전기 합선을 일으켜서 컴퓨터를 고장 내거나, 악의적인 소프트웨어 프로그램을 설치하거나, 핵심 부품을 제거해서 시스템을 방해하려고 해도 기능이 제대로 작동하는 컴퓨터 시스템을 구축해야 한다.

면역계는 이런 도전에 어떻게 대응할 수 있을까? 면역계는 병원균들이 보내는 기만적인 신호에 대항하여 전략적으로 견고함을 유지하는 동시에, 전문적이고 광범위하며 정확하고 세밀한 대응을 위해 어떻게 조화를 이루고 커뮤니케이션할 수 있을까? 면역학자들은 면역학이나 인식, 신호, 규칙, 기억과 관련된 복잡한 분자생물학을 점점 더 잘 이해하면서 이 문제에 대한 해답을 밝혀내고 있다. 그리고 진화생물학자들은 척추동물의 적응 면역계가 내부적인 속임수를 극복하기 위해 사용하는 기술과 전술을 다른 면역계에서 사용하는 전술과 비교함으로써, 생물학적 시스템이 내부에서 발생하는 속임수에 대응하기 위해 어떻게 진화하는지 보편적인 이론을 도출할 수 있다.[31]

그런데도 생물학에서 이런 연구는 여전히 초보적인 단계에 머물러 있다. 우리에게는 시스템이 내부적인 속임수와 파괴 활동을 피하기 위해 어떻게 진화해왔는지 세부적인 이론조차 없다. 하지만 나는 생물학에서 발견되는 일련의 지혜와 관련된 이야기로 들어가기 전에 척추동물의 적응 면역계에서 가져온 사례들을 가지고 내적인 속임수와 파괴 활동을 피하는 몇 가지 보편적인 메커니즘을 간단히 설명하려고 한다. 아울러 보다 자세한 논의와 다른 면역계에

서 발견되는 사례들에 대해서는 버그스트롬과 안티아의 2006년 논문을 인용할 것이다.[32]

가외성(加外性, redundancy)

방해 신호나 실패 요소, 방해 활동, 속임수에도 시스템이 순조롭게 기능할 수 있도록 해주는 간단한 메커니즘 가운데 하나는 의도한 기능을 수행할 수 있도록 경로를 필요 이상으로 만들어두는 것이다. 예를 들어 전력을 안정적으로 공급받으려면 주요 전력 공급원에 문제가 생길 경우에 대비해서 예비용 발전기를 한두 대쯤 마련해두는 편이 안전하다. 시스템이 여분의 경로가 있고, 그중 하나가 X라는 확률로 고장난다면 모든 경로가 동시에 고장 나서 시스템 전체가 멈출 확률은 x^k(k는 경로 수)보다 훨씬 작다.

이처럼 여분의 경로를 준비하는 전략은 척추동물의 적응 면역계에서도 발견되는데, 면역계는 병원균의 침략에 맞서려는 노력의 일환으로 불특정하고 본질적으로 다른 형태의 면역성이나 세포와 세포를 통해 중개되는 면역성(킬러 T세포), 체액에서 일어나는 면역성(항체반응) 등 여러 지로支路를 만들어두고 있다. 설사 방해 활동이나 속임수에 의해 지로 하나가 폐쇄되더라도 다른 지로들은 그대로 유지되고, 남은 지로만으로 충분히 위협을 제거할 수 있다. 예비 방어책을 여러 개 마련해두면 병원균이 면역계 안에서 다양한 방식으로 진화하기가 더욱 어려워진다. 예를 들어 병원균이 한 지로의 면역계를 속이는 데 성공하더라도 다른 지로들이 해당 병원균을 제거할 수 있다. 즉 병원균이 면역 경로나 지로 중 어느 하나를 기만했다고 해도 그것으로 얻을 수 있는 적응 이점은 거의 전무하다.

분산 제어

내부의 속임수가 그다지 문제 되지 않는 시스템에서 분산된 구성 요소들을 조화시키는 가장 효율적인 방식은 방송 신호를 통해 시스템의 많은 구성 요소들에게 정보를 제공하는 중앙 제어 기관을 두는 것이다. 이런 방식은 생체 시스템의 내분비계 호르몬을 조절하는 과정에서 그대로 적용되고 있다. 뇌하수체는 일련의 호르몬 신호를 보냄으로써 수많은 기관과 조직의 작용을 통제하여 신진대사와 발육, 재생산 과정을 조절하는 중앙 제어 기관이다. 하지만 이 중앙 제어 기관에 의해 조절되는 시스템은 속임수에 무척 취약할 수 있다. 병원균 같은 적대적인 행위자가 중앙 제어 기관을 점령해서 신호의 성질과 발송 시기를 조작하거나 가짜 방송 신호를 만들어낼 수 있다면 그 적대적인 행위자는 중앙 제어 기관의 신호를 받는 분산된 구성 요소들을 손쉽게 기만하고, 전체적인 시스템을 제멋대로 조종할 수 있을 것이다.

비슷한 예로 내가 일단의 동료들을 일괄적으로 행동하도록 통제해서 그들이 모두 같은 날, 같은 시각에 내게 보고서를 제출하도록 하는 상황을 가정해보자. 이를 추진하는 방법 중 한 가지는 그들에게 작은 라디오 수신기를 주고, 적당한 시점이 되면 "지금 보고서를 제출하시오!"라고 방송하는 것이다. 하지만 이 방법은 적대적인 행위에 취약하다. 이를테면 다른 사람이 내 송신기를 훔치거나 내 메시지를 모방해서 동료들의 행동을 조종할 수 있다. 그런 적대적인 행위가 큰 문제가 된다면 보다 안전한 대안을 선택할 수 있다. 즉 동료들에게 날짜가 표시되는 손목시계를 주고, 그들이 자기 시계를 확인해서 1월 1일 정오처럼 약속된 시간에 행동하도록 하는 것이다. 이런 계획이 실행되면 적대적인 행위자가 목표로 삼을 수 있는 중심점이 없을뿐더러, 개개인의 행동을 통제할 수 있는 방송 신호의 모방도 불가능해진다. 적대적인 행위를 하고자 하는 사람이 해당 그룹의 행동을 바꾸려고 한다면 동료들에게 나눠준 모든 손목시계에 하나씩 접근해서 손목시계의 정보를 고쳐놔야 할 것이다.

척추동물의 면역계는 병원균의 위협을 제거하는 기능을 수행하므로 당연히 병원균에 의한 파괴와 속임수의 주된 목표가 되는 까닭에 중앙 제어 기관과 방송 신호를 거의 사용하지 않는다. 대신 분산처리시스템에 광범위하게 의존한다. 결정과 지시를 '말초신경에게 일임'하는 것이다. 즉 개별적인 구성 요소들(면역 세포들) 사이를 오가며 몸 전체를 순환하는 신호에 따라 감각기능과 통제 기능이 지엽적이고 소규모로 일어난다. 면역계는 자기면역 반응(자기항원에 대한 항체를 형성하는 일종의 알레르기 반응 — 옮긴이)으로 발전했거나 효과가 없어진 면역반응을 중지시키기 위한 다수의 메커니즘을 갖추고 있지만, 이 메커니즘들은 극히 국부적으로 작용한다. 요컨대 병원균은 지휘 본부를 점령하거나 모방해서 신호 한 번으로 면역반응을 취소하려고 들 테지만, 면역계에는 그런 지휘 본부가 없는 셈이다. 세포 내부에 존재하는 RNA 간섭(세포 내에서 활성화 상태의 유전자와 그렇지 않은 유전자를 구별하는 역할을 한다 — 옮긴이) 면역계에서도 유사한 원리로 운영되는 통제 기관이 발견된다.[33]

피드백 제어를 대신하는 위임 현상

제어장치 설계의 기본 중 하나는 피드백을 사용하거나 피드백 기구로 자동 조정되는 폐회로(閉回路) 제어장치를 사용하는 것이다. 피드백 제어장치는 시스템의 산출량이나 진행을 평가하고, 이 산출량을 목표치와 비교한 다음 그에 따라 투입량을 조정한다.[34] 피드백 제어장치는 또 시스템을 일련의 상황에서 효과적으로 기능하게 해주고, 불안정하고 역동적인 진행 과정을 안정화하며, 목표치에 대한 보다 면밀한 추적을 용이하게 한다. 시스템의 진행을 감독하고 적절하게 대응하는 메커니즘이 없는 개회로(開回路 : 피드백이나 자동 수정 장치가 없는 제어장치 ─ 옮긴이) 제어장치와 비교했을 때 폐회로 제어장치는 시스템의 작용을 조정하고 조화시키는 지극히 효율적인 방식이다. 따라서 체내 시계의 조정에서 신진대사까지, 세포 신호에서 호르몬 조절까지, 세균 양에서 DNA 복제와 사지(四肢) 생성까지 생물학적 시스템 전반에서 피드백 제어장치가 폭넓게 사용된다는 사실은 놀라운 일이 아니다.[35]

하지만 피드백 제어장치는 잠재적인 내부 속임수에 취약하다. 피드백 제어라는 개념에는 시스템이 특정 유형의 자극에 반응하고, 그 자극이 가짜인 경우 해당 시스템 전체가 속임수에 말려들 수 있다는 사실이 내포되기 때문이다. 바꿔 말하면 제어장치를 신뢰할 수 없거나 시스템 진행에 대한 평가를 믿을 수 없을 때 피드백 제어장치가 위험해질 가능성이 있다는 뜻이다.

따라서 척추동물의 적응 면역계가 일부 조절 장치에서 피드백 제어 과정을 생략한다는 사실은 놀라운 일이 아니다. 놀라운 사례 중 하나로 최근 실험과 수학적 모형들은 바이러스 감염에 대응하는 CD8 T세포의 수치가 보편적인 믿음과 달리 체내에 있는 병원균의 현재 밀도와 비례하여 증가하지 않음을 보여준다.[36] 오히려 특정한 병원균을 목표로 삼는 CD8 세포의 숫자는 면역계의 활동이나 인공적인 수단을 동원해서 병원균이 완전히 제거된 한참 뒤에도 때때로 계속 증가한다. CD8 계열의 세포들은 피드백 제어장치에 의존하기보다 감염 과정 초기에 병원균이 완전히 사라지더라도 정지할 수 없는 '정해진' 증식 프로그램을 따르는 것으로 나타난다. 이것은 타당하다. 감염 과정 초기에 병원균은 밀도가 낮아서 면역 감지 체계와 신호를 조작할 가능성이 매우 적기 때문이다. 따라서 면역계에 있는 이 세포들은 해당 시점에 정해진 행동 계획에 따라 움직이되, 피드백 제어장치 없이 운용하는 데서 비롯되는 약간의 비효율성에도 나중에 잠재적으로 병원균의 밀도가 더 높아지거나 병원균이 면역 제어에 영향을 미칠 수 있는 시점에 대비하여 이 행동 계획을 병원균의 밀도에 맞춰서 그때그때 조정하지 않는다.

교차 검증

제3의 사기꾼이 보내는 불온한 신호에 속지 않는 또 다른 방법은 어떤 신호에게도 잠재적으로 위험한 행동 방침을 제시할 수 있을 정도로 충분한 자격을 부여하지 않는 것이다. 허풍선이한테 속아 넘어가서 어리석은 행동을 하고 싶지 않다면 해당 정보를 처음 제공한 송신자에게서 얻은 메시지뿐만 아니라 그 메시지를 뒷받침하는 다른 사람들의 다양한 메시지를 확인해야 할 것이다. 교차 검증은 여러 독립적인 시스템 중 하나가 불능이 되었을 때 서로 지원하는 가외성의 개념과도 밀접한 관련이 있지만, 어떤 행동을 취하기 전에 다양한 정보 제공자에게서 수집된 자료들이 필요한 단일 시스템이라는 특징이 있다.

예를 들어 어떤 면역반응이 하나의 키모카인 신호에 따라 취소될 수 있다면 해당 시스템은 마마바이러스가 일반적으로 생산하는 가짜 키모카인에 의한 속임수에 매우 취약해질 것이다. 하지만 그 시스템이 종류가 다른 여러 화학물질에게서 다양한 신호를 받아야 면역반응을 낮출 수 있다면 속임수에 넘어갈 확률이 줄어든다. 이런 필수적인 신호들이 복잡한 방식으로 연결되었다면, 예컨대 한 신호가 다른 신호들에게 검사합(檢査合 : 데이터의 정확성을 검사하기 위해 사용되는 합계 — 옮긴이)으로 작용한다면 모방에 의한 속임수는 더욱 어려워진다. 교차 검증이 면역 신호 체계의 구조에서 중요한 사항으로 간주되는 것도 이 때문이다.

면역학은 세포 유형과 신호, 수용 기관과 조정자 등으로 구성된 요소들과 대책 없이 얽힌 커뮤니케이션, 제어 경로들 때문에 모든 생물학 연구 중에서 가장 까다로운 분야로 악명이 높은 듯하다. 농담 반 진담 반으로 이와 같은 악명이 절대로 우연히 얻어진 것이 아니라는 추측을 해볼 수 있다. 예컨대 면역학이라는 분야가 오랜 진화를 거치면서 복잡해졌기 때문일 수 있다. 면역학에 존재하는 복잡성은 수많은 의대생을 좌절시키기도 하지만, 수많은 동시대의 학자들을 매료하기도 한다. 면역계는 왜 그토록 복잡하게 발전해왔을까? 아마도 면역 체계가 학생들이나 학자들이 금방 배울 수 있는 것이라면, 병원균도 수백만 년 동안 수십억 개에 달하는 세포가 있는 각각의 숙주 내에서 하루에도 몇 번씩 증식 활동을 하는 헤아릴 수 없이 많은 바이러스 입자들에 대한 자연선택을 통해 배울 수 있을 것이기 때문이다.

이 장에서 우리는 특정한 생물학적 시스템, 즉 척추동물의 면역계가 급속히 진화하는 병원균의 속임수 위협에도 해당 면역계에 필요한 광범위한 정보 수집과 신호 보내기를 어떻게 수행하는지 살펴봤다. 다른 면역 체계들의 구조를 살펴봐도 유사한 교훈을 얻을 수 있다.[37] 제3의 사기꾼에 의한 속임수를 방지하기 위해서는 전략적인 유인을 발전시키거나, 의도된 송신자에게 해당 유인을 부여하는 것만으로는 충분하지 않다. 의도된 송신자가 잠재적으로 문제를 유발하는 존재가 아니기 때문이다. 해당 시스템을 악용할 방법을 찾으려고 끝이 보이지 않을 정도로 늘어선 추가적인 개별 요소들이 존재할 수 있으며, 그런 요소들은 반드시 제지되어야 한다. 어쩌면 이를 위한 매우 엄격한 규칙이란 애초에 존재하지 않을지도 모른다. 하지만 우리는 면역계의 구조와 제어되는 원리를 관찰하면서 가외성과 분산 제어, 수용, 교차 검증을 포함해 몇 가지 핵심 설계 원칙이 반복해서 사용되는 것을 발견한다.

사회에는 조화가 필요하며, 그 조화는 사회 구성원들의 정직한 커뮤니케이션을 전제로 한다. 따라서 사회의 구성과 상호작용을 용이하게 하기 위해서는 속임수의 위협에 대처할 수 있는 수단이 필요하다. 자연선택은 생물학적 경쟁이라는 혹독한 시련 속에서 접근법 하나하나, 해결책 하나하나를 혁신하고 시험하면서 수십억 년 동안 속임수 문제와 싸워왔다. 우리는 생물학에서 얻은 영감을 다른 과학기술 분야에 적용함으로써 이득을 얻어왔듯이 사회와 제도, 커뮤니케이션 시스템에 존재하는 속임수에 대처하는 방법을 연구하는 과정에서 자연선택이 채택한 방법을 통해 많은 것을 배울 수 있을 것이다.

_ 프레드릭 샤우어^{Frederick Schauer}

하버드대학 산하 존 F. 케네디 행정대학원의 수정헌법 제1조 프랭크 스탠턴^{Frank Stanton} 명예교수고, 버지니아대학의 법학과 데이비드와 메리 해리슨 특훈교수다. 그는 헌법과 언론의 자유, 다양한 법적 추론과 법률 논쟁을 연구한다. 저서로 *Free Speech: A Philosophical Enquiry*(자유로운 언론 : 철학적 연구), *Playing by the Rules: A Philosophical Examination of Rule-Based Decision-Making in Law and in Life*(게임의 규칙 : 법과 생활에서 규칙에 의거한 의사 결정), *Profiles, Probabilities, and Stereotypes*(프로파일, 가능성, 틀), *Thinking Like a Lawyer: A New Introduction to Legal Reasoning*(변호사처럼 생각하라 : 법적 추론으로 새로운 소개) 등이 있다.

_ 리처드 제크하우저^{Richard Zeckhauser}

하버드대학 산하 존 F. 케네디 행정대학원의 정치경제학과 프랭크 P. 램지^{Frank P. Ramsey} 교수다. 정책 분석 분야의 개척자인 그는 결정 해석과 미시경제학을 이용해서 개념과 정책 연구를 지휘한다. 최근 저서(공동 저서 포함)로 *Avoiding Bad Bets, Removing Bad Apples*(부정한 내기를 피하고 썩은 사과를 제거하기), *The Patron's Payoff: Conspicuous Commissions in Italian Renaissance Art*(후원자의 사기도박 : 이탈리아 르네상스에서 나타나는 의심스러운 커미션) 등이 있다. 속임수와 관련한 그의 경험은 브리지 게임에서 나온다고 할 수 있는데, 그는 2007년 브리지 게임 혼성 페어 챔피언십에서 우승했다.

둘러대기

프레드릭 샤우어, 리처드 제크하우저

아리스토텔레스, 아우구스티누스, 토마스 아퀴나스, 그 밖의 수많은 사람들과 마찬가지로 이마누엘 칸트Immanuel Kant의 관점에서 거짓말은 단순히 그리고 절대적으로 옳지 못한 행동이었다.[1] 칸트가 볼 때 사실상 거짓임을 알면서도 주장하는 의도적인 단언은 거짓말쟁이가 인간으로서 품위를 갖추지 못해 나타나는 도덕적으로 용인할 수 없는 행동이었다. 이와 반대로 어떤 사람들은 희생자에게 선택할 수 있는 권리를 강탈하고, 자율성을 빼앗기 때문에 거짓말이 부당하다고 주장해왔다.[2] 그리고 또 다른 사람들은 실리주의적인 관점에서 거짓말이 용인될 수 없다고 평가해왔다.[3] 하지만 거짓말쟁이나 거짓말의 희생자 혹은 일반적인 사회적 안녕 등 어떤 측면에 주목하든지 우리가 거짓말을 잘못된 행동이라고 비난하길

주저하지 않는 매우 오래된 전통을 계승해오고 있다는 사실은 변함이 없다.

오늘날 칸트의 관점에 전적으로 동조하는 사람은 거의 없겠지만, 거짓말은 여전히 도덕적으로 반대할 만한 것으로 간주된다. 하지만 거짓말이 절대적이지 않더라도 잠정적으로 잘못이라는 관점에 사실상 모든 사람이 동의하는데도 어떤 부분이 거짓말을 잘못으로 만드는 데 주로 기여하는지, 그런 요소가 있다는 자체로 거짓말이 나쁜 것이라고 하기에 충분한지 그렇지 않은지도 확실치 않다. 좀더 정확히 말하면 우리는 자신이 거짓임을 아는 것을 의도적으로 발설하는 사람을 거짓말쟁이라고 판단한다. 이때 발화된 내용은 글자 그대로 거짓이고, 그 거짓말 때문에 청자聽者가 사실이 아닌 것을 사실로 믿거나 믿을 가능성이 높아지는 효과가 있어야 한다.[4] 따라서 진정한 거짓말은 의도, 글자 자체의 의미, 효과 같은 요소를 포함한다. 이 요소들 중에서 하나 혹은 그 이상이 빠졌을 때 우리는 해당 행동이 도덕적으로 미심쩍거나 사회적으로 해로울지라도 거짓이라고 말하기를 망설일 것이다.

거짓말이 성립하기 위해서는 이 세 가지 요소를 모두 만족시켜야 하는 것과 마찬가지로, 세 가지 요소 중 어느 것에도 해당하지 않는 경우 가장 순수한 형태의 진실한 이야기 — 진실이라고 믿기고 실제로 진실인 명제를 진심으로 진술하는 것, 그 진술이 청자에게 진실한 명제를 믿도록 하거나 종전의 믿음을 강화하는 상황 — 가 된다. 하지만 우리가 이렇게 진실과 거짓말을 구별한다 해도 세상에는 거짓말도, 진실도 아닌 모호한 진술이 많다. 오히려 그처럼 모호한 진술이 도덕적·사회적으로 문제의 소지가 있는 명제나 제안을 구성한다고 할 수 있다. 그런 진술에는 진정한 의미의 거짓말을 만드는 요소 가운데 하나 혹은 그 이상이 빠졌을 수도 있고, 진정성 있는 진실을 구성하는 요소 가운데 한두 가지가 결여되었을 수도 있기 때문이다. 우리는(혹은 법은) 이따금 '허위 진술'에 대한 논의를 벌이기도 하고 타인을 '호도한' 사람을 비난하거나 처벌하기도 하는데, 이런 경우 화자話者의 도덕적 가치나 사용된 말의 문자적인 의미에 관심을 두기보다 해당 허위 진술이 청자에게 끼친 결과에 집중한다.

이 장에서 우리는 '거짓말이나 다름없는' 영역을 탐험하고 날조, 비틀기, 감추기, 관심 돌리기, 늘이기, 왜곡, 과장, 뒤틀기, 호도, 선택적 보고 등 만연한 관행을 집중적으로 살펴볼 것이다. 이런 기만적인 행위들은 보편적인 단어는 아니지만 종종 '둘러대기'라고 표현되며, *The American Heritage Dictionary*(아메리칸 헤리티지 사전)에서는 이 단어를 불성실하거나 호도하는 행동이라고 정의한다. 비록 의도된 효과가 동일할지라도 둘러대기와 거짓말을 사전적인 정의와 일상적인 용례를 근거로 살펴보면 둘러대기는 철두철미한 거짓말에 비교될 수는 없지만 문젯거리다. 좀더 구체적으로 말하면 둘러대기와 거짓말은 두 가지 측면에서 중요한 차이가 있다.

첫째, 둘러대기는 그 자체만 놓고 봤을 때 거짓이 아니다. 우리 중 한 명이 가구 제조업자고, 친구들 사이에서 가구 제조업자로 알려졌다고 가정해보자. 한 친구가 가구 제조업자의 사무실에 있는 기성품 책상을 보고 훌륭한 솜씨를 칭찬할 때 가구 제조업자가 "고맙다"고 말하면 그는 명백히 거짓말을 하진 않았지만, 자신이 직접 그 책상을 만든 양 거짓 인상을 남겼기 때문에 둘러댄 셈이다.[5] 일반적으로 둘러대기는 다소 능동적이고 창의적이다. 우리 가운데 어느 사람은 브리지 게임 선수일 수 있다. 그는 성적에 대한 질문을 받았을 때 페어 대회에서는 상당수 출전자들이 — 이를테면 전체 참가자의 10퍼센트가 — 결승에 간다는 사실을 의도적으로 생략하고, 자신이 그보다 저조한 성적을 내는 경우가 빈번하다는 사실도 생략한 채 "나는 최근에 세계 페어 챔피언십 결승에 진출했습니다"라고 말할지도 모른다. 이처럼 전형적인 둘러대기는 글자 그대로 거짓말을 전혀 하지 않고도 속이는 효과를 얻는다.

전형적인 둘러대기는 속임수를 위해 거짓말에 의존하지 않을뿐더러, 방금 전에 언급한 사례들처럼 종종 전형적인 거짓말에 비해 적어도 약간은 덜 해로운 것처럼 보인다. 우리는 둘러대기를 때로는 운이 나쁘거나 별일 아닌 것으로 여기지만, 의도적으로 둘러대기를 한 사람의 행동을 책망할 때도 그를 거짓말쟁이라고 부르는 것은 부적합하다고 느낀다. 실제로 우리는 많은 경우 둘러대는 사람을 전혀 비난하지 못한다. 이는 자신이 바보 취급을 당했다는 사실이 당혹스럽기 때문이기도 하지만, 부분적으로는 글자 그대로 거짓이 없다면 그만큼 덜 해롭고 큰 잘못이 아니라는 칸트에게서 비롯된 믿음이 남아 있기 때문이다.

둘러대는 사람들은 흔히 아무런 불이익이나 비난도 받지 않으면서 곤란한 상황을 모면하지만, 우리는 이 글에서 둘러대기를 일반적으로 무해하거나 거의 무해하다고 보는 건 잘못이라고 주장하고자 한다. 특정한 둘러대기가 동일하거나 유사한 상황에서 행해지는 거짓말만큼 유해한 경우가 빈번하며, 그에 따른 결과 역시 거짓말이 초래한 만큼 심각한 경우도 비일비재하다. 실제로 특정한 둘러대기가 유발할 수 있는 잠재적인 해악은 경우에 따라 동일한 여건에서 행해지는 유사한 거짓말의 해악보다 심각할 수 있는데, 둘러대는 사람이 거짓말쟁이보다 감시망을 벗어나기 훨씬 수월하기 때문이다. 설사 발각되더라도 법적으로나 법 외적으로 비난 받을 가능성이 훨씬 적은 탓에 둘러대기로 인해 예측되는 해악이 때로는 유사한 상황에서 거짓말로 인해 예측되는 해악을 능가할 수도 있다. 이런 측면을 고려할 때 때로는 둘러대는 사람도 거짓말쟁이만큼 비난 받아야 마땅하다. 더불어 거짓말로 희생자를 속일 때와 동일한 의도를 가지고, 동일한 해를 끼치면서 좀더 안전하게 보이는 전략을 선택하고자 둘러대기를 선택하는 사람들이 있을 수 있기 때문에 때로는 거짓말쟁이보다 심한 비난을 받아야 마땅하다.

일반적으로 둘러대기는 최소한의 처벌만 받는다는 점을 감안하면 사회 전반에 둘러대기가 만연한 현상은 전혀 놀라운 일이 아니며, 누적 기록을 제시하기 어렵지만 완전한 거짓말과 비교했을 때 둘러대기가 최소한의 처벌이나 제재를 받다 보니 사회 전반에 광범위하게 사용된다. 우리는 둘러대기가 거짓말을 모두 합친 것보다 훨씬 많은 해를 끼칠 수도 있다는 사실을 추측할 수 있다. 더욱이 어떤 진술에 거짓말을 시도할 때 하나 혹은 몇 가지 방법이 가능할 뿐이지만, 둘러댈라치면 상대적으로 훨씬 다양한 방법이 있다. 따라서 효과적인 거짓말이 비교적 드문 상황에서도 둘러대기는 얼마든지 많을 수 있다.

이 장은 둘러대기의 여러 측면을 탐구하고자 노력하면서 개별적인 둘러대기가 거짓말보다 해로운 경우가 빈번할 뿐만 아니라, 전반적인 둘러대기의 사례가 거짓말보다 훨씬 많다는 우리의 믿음을 바탕으로 한다. 하지만 둘러대기가 주로 법의 효력이 미치지 못하는 곳에 존재하고, 실제로 비법률적인 사회 규제의 엄격한 효력이 미치지 않는 곳에 있다는 사실은 둘러대기가 왜 그동안 충분히 연구되지 않았는지 설명해준다. 하지만 둘러대기가 우리의 믿음처럼 해롭고 만연하다면, 전형적인 둘러대기가 둘러대기를 당하는 사람이 실상에 대해 잘못 인식하도록 이끈다면 어디에나 존재하는 둘러대기는 실제로 많은 사람들이 상상하는 것 이상으로 심각한 사회문제를 초래할 수 있다. 이 장에서는 둘러대기 관행을 사촌 격인 거짓말과 병행 혹은 대조해서 탐구하고, 두 가지 행위를 제어할 수 있는 다양한 방법을 검토하고자 한다.

정의를 위한 예비 단계

우리는 ❶속이고자 하는 의도 ❷글자 그대로 거짓인 담화 ❸거짓말 때문에 실상을 잘못 인식하는 수신자 등 세 가지로 구성된 진정한 거짓말의 정의를 염두에 두고, 세 가지 구성 요소 가운데 한두 가지를 제외한 상황을 가정해볼 수 있다.[6] 의도 요건을 제외하면 우리는 다음과 같은 진술 형태에 이른다. 화자가 어떤 사실에 대해 잘못된 믿음이 있고 그런 믿음 때문에 거짓 내용을 이야기하면, 결국 거짓 내용에 근거한 화자의 진술이 청자에게 어떤 사건의 실상에 대해 잘못된 견해를 갖도록 만드는 것이다. 예를 들어 많은 보고서에서 이라크의 대량 살상 무기를 언급한 부시 대통령의 진술은 그가 발표하던 당시 대량 살상 무기가 없다는 사실을 실제로 알았을 리 없기 때문에 이 같은 특징에 부합한다. 비록 대통령이 태만한 허위 진술을 하고 다소 경솔한 태도를 보인 점이 비난 받을 수 있지만, 우리는 오늘날 빈번하게 등장하는 정치적 과장법은 제쳐두고라도 태만함이나 무모함의 수준에 상관없이 일반적으로 의도적이지 않은 허위 진술을 거짓말이라고 부르지 않는다. 속임수를 사용하려는 실질적인 의도 요건은 최소한 순수하고 전통적인 형태에서 사기에 관한 관습법과 일맥상통하는데, 이 관습법에 따르면 법적인 책임을 뒷받침하기 위해서는 호도하려는 실질적인 의도가 존재해야 한다.[7] 실질적인 의도가 없으면 사기도 없고 거짓말도 없다.

고의성이 없는 허위 진술은 설사 앞에서 말한 다른 요건들이 모두 충족되더라도 법적으로 사기죄가 성립하지 않지만, 경우에 따라 법은 의도적이지 않은 허위 진술에 다른 유형의 책임을 부과하기도 한다. 예를 들어 명예 훼손에 관한 관습법은 명예 훼손과 비방을 엄격한 불법행위로 간주하고 책임을 지도록 규정해서, 화자나 저자가 허위성을 알지 못하고 실제로 해를 가하고자 하는 의도가 없었더라도, 또 부주의의 과실이 없었더라도 명예를 훼손하는 거짓말을 단순히 유포하기만 해도 법적인 책임을 지운다. 마찬가지로 유가증권이나 소비자 보호, 식품이나 의약품 등과 관련된 다양한 법은 속이려는 의도가 전혀 없는 경우에도 허위 사실을 유포한 사람에게 책임을 부과한다.

다른 사람에게 손해를 입히는 허위 사실을 무심코 발설한 것에 대한 법적 책임이나 도덕적 책임의 본질이 중요한 주제이기는 하지만 여기에서 다룰 주제는 아니다. 우리가 이해하고 있듯이 둘러대기는 거짓말과 다르지만(거짓말보다 반드시 덜 해로운 것은 아니다) 고의적이며, 일반적으로 호도하거나 사취하려는 의도가 개입된 행위다.[8] 결론적으로 우리는 특정한 형태의 계산된 속임수에 주목할 뿐, 본인의 의도와 상관없이 다른 사람들을 호도하는 부주의하거나 무분별한 행위는 논외로 한다.

아울러 이 책에서 우리가 관심을 두는 대상은 사실이 아닌 내용을 믿지 않을 만큼 속임수에 휘둘리지 않는 청자가 아니다. 물론 경우에 따라서는 청자가 스스로 거짓을 간파할 수도 있고, 따라서 허위 진술을 동원해 속임수를 쓰려는 의도가 아무런 오해를 만들어내지 못할 수도 있을 것이다. 이를테면 우리가 과장된 추천서를 해독하거나 이력서에 '대표적인' 논문 목록이라고 묘사된 것이 대표적이지 않음을 감안하는 방식 역시 같은 맥락이다. 또 청자가 현재 어떤 맹목적인 믿음 때문에 완전한 진실을 이해하거나 판단할 수 없다고 생각되는 경우, 화자들이 진실을 과장하거나 왜곡하기도 한다. 예를 들어 부모들은 음주나 흡연, 운전, 섹스의 위험성을 어쩌면 과소평가하고 있을지도 모를 아이들에게 그런 것들의 위험성을 과장해서 이야기할 수 있다.[9] 한쪽으로 치우친 추론을 상쇄하고자 의도된 그와 같은 허위 진술은 약간은 흥미로운 영역이지만 대체로 오해보다는 정확성을 제공할 뿐, 도덕적·사회적·법적으로 명백한 문제의 소지가 있는 것은 아니기 때문에 마찬가지로 우리가 다룰 대상은 아니다.

이 책에서는 순수한 의도에서 행해지는 사회적으로 이로운 거짓말이나 선의의 거짓말을 논의 대상으로 삼지 않는다. 환자에게 좀 나아진 것 같다고 말하거나, 배우자에게 비록 아니더라도 옷이 잘

어울린다고 말하고, 초대를 사양하면서 솔직하게 주최자가 싫어서라고 말하는 대신 선약이 있다고 핑계를 대는 것은 거짓말이지만 그에 따른 결과가 양자에게 이득이 되거나, 거짓말한 사람이 볼 때 사전이나 사후에 이득이 될 거라고 생각되는 거짓말이다. 둘러대기 역시 똑같은 식으로 사용될 수 있고, 동일한 평가를 받을 수도 있다. 선의의 거짓말이나 둘러대기가 매력적인 주제지만, 이 주제 역시 기꺼이 다른 사람들에게 양보한다.

반대로 우리의 관심은 거짓말의 첫째와 셋째 기준은 그대로 유지된 채 둘째 기준(글자 그대로 거짓인 담화)이 완화된 영역이다. 즉 우리는 화자가 청자에게 오해를 불러일으키고자 의도한 진술 영역에 관심을 기울이는데, 이 영역에서 청자는 화자의 진술에 따른 결과로 오해를 품는다. 하지만 속이고자 하는 화자의 의도와 오해를 품은 청자의 상태는 진정한 거짓말처럼 글자 그대로 거짓을 바탕으로 하는 관계가 아닌 정확한 의미의 허위성이 결여된 어떤 관계를 형성한다. 이것이 성공적인 둘러대기의 근본 개념이며, 이 개념이 이 장 나머지 부분에서 우리의 주된 관심사다.

다양한
둘러대기

둘러대기의 사례는 다양하다. 가끔은 사람들이 모호한 말을 사용할 때 둘러대는 듯 보인다. 이를테면 중고차 딜러가 어떤 중고차를 가리키며 '새 차나 다름없다'고 설명하거나 부동산 중개인이 어떤 지역을 가리키며 '고급' '요지'라고 설명할 때, 주식중매인이 새로운 공모주를 가리키며 '청약률이 높다'고 설명하거나 레스토랑에서 어떤 메뉴를 가리키며 그곳의 대표 메뉴인 패스트라미(훈제 쇠고기 가슴살 — 옮긴이)와 치즈가 들어간 샌드위치가 정말 '유명'하다고 자랑할 때처럼 말이다. 하지만 소비자들은 그처럼 엉성하게 과장하는 관행에 매우 익숙하고, 그들이 하는 말에 내포된 모호함을 인정하기 때문에 그 사람들의 모호한 말이 대부분 가벼운 둘러대기라고 할 만한지 명백하지 않다.[10]

그러므로 둘러대기를 보여주는 진정한 사례란 둘러대려는 사람이 이야기한(혹은 이야기하지 않은) 말이나 행동(혹은 하지 않은 행동)에 어떤 구체적인 것이 존재한다는 인상을 남기고자 하는 의도가 있을 때, 둘러대려는 사람이 어떤 행위를 하거나 일부러 하지 않은 결과 수신자가 어떤 구체적인 사건을 이러저러한 상태일 거라고 믿을 때, 그 수신자가 사실이라고 믿는 내용이 실상과 꽤 차이가 있고 어쩌면 완전히 반대일 수도 있는 때다. 종종 수신자의 오해는 잘못된 인상을 수정하지 못한 결과다. 외모가 유명인을 닮은 사람은 그렇지 않았을 때 기대되는 것보다 나은 대우를 받을 수도 있으며, 왜 그런 일이 벌어지는지 알면서 오해가 계속되도록 내버려둘 수도 있다. 유명인과 이름이 똑같은 사람들도 마찬가지다.[11] 이런 사례는 단지 몇몇 사례에 불과하다. 사람들은 흔히 자신의 주변 사람들이 품고 있는 무수한 오해를 이용해 먹는다.

하지만 고의적인 행동으로 오해를 만들어내는 행태가 훨씬 더 보편적이다. 박사 학위 소지자들은 식당이나 호텔에서 '닥터 ○○○'로 예약하는 경향이 있는데, 그 과정에서 자신이 (보편적으로 부유한)

의사지 (보편적으로 가난하다고 여겨지는) 교수가 아니라는 믿음을 심어주려 하기 때문이다. 소비자들이 봉투에 든 내용물에 관심을 갖도록 유혹하고 싶은 광고주들은 봉투 겉면에 해당 우편물에 함부로 손대지 말라는 정부의 경고 문구를 넣고 회신 주소도 생략해서, 그 봉투가 정부 기관에서 발송한 공문서라도 되는 양 오해를 조장한다. 사람들은 유명인과 친밀한 관계라는 인상을 주고 싶을 때 흔히 그의 이름을 언급한다.

미국 국세청은 4월 15일(세금 신고 마감일)을 목전에 두고 의도적으로 탈세에 대한 기소를 시작하며, 이때를 회계감사와 관련된 정기 보도 자료를 내는 시점으로 채택한다. 이는 그 과정에서 납세자들이 회계감사나 탈세로 인해 기소당할 가능성이 실제로 일어날 수 있는 객관적인 확률보다 훨씬 높다고 믿게 하기 위해서라고 알려졌다. 정치가들은 흔히 가용성 추단법(availability heuristic : 쉽게 생각나는 범례나 연상을 써서 빈도나 확률을 추정하는 것 — 옮긴이)을 이용해 청중이 잘못된 일반화에 도달하기 바라면서 다양한 문제와 이득에 관한 극단적이고 비전형적인 사례 — 이를테면 윌리 호튼(Willy Horton : 조지 W. 부시가 대통령 선거에서 백인 유권자의 표를 집결하기 위해 사용한 정치광고의 주인공인 흑인 죄수 — 옮긴이)을 예로 들면서 — 를 제시한다.[12] 이는 일부 사례일 뿐이지만 몇 개 되지 않는 사례로도 둘러대기 — 글자 그대로 거짓말을 하지 않고 다른 방식으로 오해를 심어주려는 의도적인 시도 — 가 흥미로운 주제며, 그만큼 사회 전반에 널리 퍼졌다는 사실을 입증하기에 충분하다.

둘러대기의
정치경제학

대다수 사람들은 거짓말보다 둘러대기를 선호한다. 그것은 아마도 그들이 받아온 교육 때문일 수 있지만, 다른 이유가 있을 수도 있다. 이 책에서 마크 프랭크가 밝힌 것처럼 어떤 사람들은 (반드시 완벽하게 인정받아야 하는 건 아니지만) 이런 선호가 진화나 환경에 적응한 결과라고 주장한다. 하지만 원인이 무엇이든 그 이유는 좀처럼 명백하지 않다. 둘러대기가 왜 거짓말보다 좋아할 만한 것으로 간주되는지 혹은 덜 괘씸하게 여겨져야 하는지 좀처럼 명백하지 않다. 법에서는 증명을 중요하게 여긴다. 따라서 법이 둘러대기에 보이는 관대함은 사회적인 용인과 관계가 없으며, 오히려 둘러대기가 행해졌다는 사실을 입증하기가 난해하다는 점과 깊은 관련이 있다. 법의 현재 상태는 논외로 치더라도, 둘러대기가 거짓말과 동일한 의도를 포함하고 동일한 결과를 유발하지만 글자 그대로 거짓임을 암시하는 정확한 메커니즘이 없을 뿐이라고 인정하더라도, 법이 왜 당면한 증명이라는 뚜렷한 문제를 제외하고는 거짓말과 비교했을 때 둘러대기에 덜 관심을 두려고 하는지 이해하기 어렵다.

실제로 우리가 잠시 동안 법에 대해 잊어버린다면, 그리고 둘러대기와 거짓말의 정치경제학을 보다 포괄적으로 생각한다면 둘러대기가 어떤 면에서는 거짓말보다 나쁘다는 사실을 눈치 챌 수 있을 것이다.[13] 거짓말은 글자 그대로 거짓과 관련되기 때문에 법적으로나 평판의 손실을 통해 알아내기가 최소한 둘러대기보다는 수월하다. 아울러 거짓말은 어느 정도 확신을 가지고 알아차리기 쉬워,

처벌하기도 그만큼 수월하다. 반대로 둘러대기는 알아내기 힘들어, 다른 사람을 속이려는 사람들에게 거짓말보다는 둘러대기를 선택하도록 하는 유인이 많다.

첫째, 둘러대기를 당함으로써 야기되는 불쾌감은 거짓말을 들었을 때 불쾌감보다 적은 경향이 있다. 어떤 사람이 교묘하게 허위 진술을 한다고 해서 피부전기반응(감정 반응에 따라 일어나는 피부의 전기전도 변화로, 거짓말탐지기에 응용 — 옮긴이)을 테스트해보자고 하는 사람은 아무도 없다. 둘째, 법조계에서 둘러대기에 관심을 상대적으로 덜 보이게 하는 입증의 문제는 법이 존재하는데도 둘러대기가 거짓말에 비해 처벌을 모면하기 훨씬 수월하게 만든다. 따라서 속임수를 쓰려는 사람들은 거짓말보다 둘러대려는 유인이 많을 것이다. 하지만 둘러대기의 폐해가 거짓말에 비해 결코 적지 않다고 가정하면 둘러대기에 몰두하는 편이 거짓말처럼 동일하게 해로운 다른 행위에 몰두하는 것보다 훨씬 안전하다는 점이 둘러대기가 거짓말보다 안전하지만 마찬가지로 해로운 행위고, 보다 심각한 사회문제가 될 수도 있음을 암시한다.

거짓말보다 둘러대기를 선호하는 경향은 많은 사람들이 직접적인 (그리고 선의가 아닌) 거짓말을 하는 데 다소 거리끼는 태도에 의해 악화되는 듯하다. 이런 거리낌이 고유한 도덕적 정서에 의해 야기되든, 흔히 말하는 거짓말에 대한 사회적으로 강화된 비난에 의해 야기되든 (우리는 조지 워싱턴이 체리나무에 대해 거짓말하기를 거부했다고 배웠다.[14] 하지만 둘러대기라는 선택권이 있었다면 그가 어떤 선택을 했을지 우리는 배우지 못했다.)[15] 우리 대다수는 내면적인 '거부' 단추를 개발해서 거짓말하지 못하도록 자신을 제어하는 듯 보인다. 하지만 한편으로는 내면에 있는 이 거부 단추를 누름으로써 자신이 손해 볼 수 있다는 의식도 마음 한구석에 공존한다고 봤을 때 둘러대기는 거짓말을 대신할 수 있는 이기적이면서도 내면적으로 가장 입맛에 맞는 대안으로 빈번하게 등장한다.

이처럼 사람들이 둘러대기를 선택할 다양한 유인이 있지만, "나는 그 여인과 성관계하지 않았습니다"라고 한 빌 클린턴 대통령의 진술처럼 상당수 둘러대기에는 부인권否認權이라는 요소가 있기 때문에 둘러대기를 알아내는 데 들어가는 비용은 전형적인 거짓말을 알아내는 비용보다 많을 수도 있다.[16] 즉 둘러대는 사람은 그것이 드러날 경우 거짓말쟁이와 달리 자신의 말을 잘못 이해한 거라고 주장할 수 있다. 신중한 둘러대기는 직접 듣다 보면 — 간접적으로 전해 듣는 경우 더욱더 — 오해를 유발하는 경우가 빈번하기 때문에, 둘러대려는 사람은 실제로 사용된 빈틈없고 신중한 표현에 근거한 방어 수단을 그럴듯한 해석과 결부해 이득을 얻는다.

부인권은 명백하게 거짓임을 증명할 수 있는 방법이 없다. 그 때문에 거짓말을 구별하기보다 둘러대기를 알아내는 것이 훨씬 더 힘들다. 이와 같이 둘러대기가 부담이 적고 알아내기도 힘들다면, 그리고 발각되지 않는 경우 유용하다면 우리는 이 행위가 널리 사용된다고 예상할 수 있다. 따라서 우리는 행위자에게 유용하고, 알아내기도 힘들며, 법적으로나 법 외적으로 처벌하기도 어려운 어떤 행위를 하는 우리 자신을 발견하고, 이런 행위들이 모두 결합해서 둘러대기를 흔히 일어날 수 있는 보편적인 행위로 만든다. 그러므로 둘러대기는 거짓말이 끼칠 수 있는 거의 모든 해를 끼친다.[17] 하지만 거짓말은 알아내기가 수월하고, 법적으로나 법 외적으로 처벌하기도 수월하며 거짓말을 사용하려면 내면에 있는 제어기능의 통제도 받기 때문에 어쩌면 놀라운 일일 수도 있지만 둘러대기보다 오히려 덜 보편적이고, 전체적으로 따져봤을 때 그로 인해 야기되는 문제도 적은 것으로 나타난다.

둘러대기의
처벌

　　　위증죄나 사기를 다루는 관습법은 한결같이 둘러대기를 처벌하지 않지만 최근 들어 이런 입장에 변화가 일고 있다. 예를 들어 증권법에서는 '자료' 누락을 처벌하고,[18] 현대 들어 사기나 기만적인 허위 진술에 대한 민사상 제재는 말뿐만 아니라 행위를 대상으로 하며(이 책의 13장 참조), 비공개나 수동적인 대처, 일부만 진실인 말, 회피에 이르기까지 폭넓게 적용된다.[19] 형사법에 해당하는 절도죄도 마찬가지다. 사기 행위로 재산상 이득을 취하는 행위는 오늘날 광범위한 잠재적인 표적을 범죄 대상으로 삼는데, 절도나 다름없는 동기를 가지고 희생자들이 잘못된 믿음을 품도록 꾀려는 사람들 — 이를테면 건축업자가 집주인에게 상당한 선금을 지불하게 하고 실질적으로는 집수리를 끝내지 않는 경우처럼 — 은 법적인 책임을 져야 할 수도 있다.[20]

둘러대기가 계속 확대되는데도 법은 이에 대해서 여전히 제한되고 상대적으로 드물게 적용된다. 법은 사실상 있어야 할 곳에 있지만, 특히 비공식적인 구속력이 있는 사회규범이나 법 외적인 다양한 구속책들이 수행하는 역할과 비교할 때 반사회적인 행동을 통제하는 데 종종 부차적인 역할을 수행할 뿐이다(이 책의 10장 참조). 그리고 이 때문에 우리는, 적어도 여기에서는, 둘러대기와 관련된 법 외적인 구속책들의 문제와 둘러대기의 역학을 설명하는 과정에서 평판이 차지하는 중요한 역할에 주목한다.

법 외적인 구속책을 고려하는 과정에서 서로 얽힌 수많은 역학들이 작용한다. 첫째, 둘러대는 사람이 둘러대기를 통해 얻은 재정적 혹은 다른 측면의 이점은 둘러대기가 더 많은 오해를 만들어낼수록 커진다. 게다가 둘러대기의 유효성은 둘러대기와 진실을 구별하기가 얼마나 어려운가, 주어진 그룹이나 사회에 둘러대는 사람들의 비율이 얼마나 많은가에 따라 좌우된다. 둘러대기는 진실과 구별하기 어려울 때, 둘러대는 사람들의 숫자가 상대적으로 적을 때 더욱 효과를 발휘한다.

빈도에 관한 문제를 생각해보자. 제한속도를 초과해 운전하는 것처럼 어떤 행동의 경우 법을 어기는 유인은 그 행동이 얼마나 빈번하게 행해지는지에 따라 절대적으로 달라지는데, 보편적으로 널리 행해지는 행동은 법의 강제력을 줄이고 때로는 해당 위법행위가 간파될 가능성도 낮춰준다. 매사추세츠의 유료 고속도로에서 비슷한 속도로 달리는 다른 운전자들과 맞춰서 시속 125킬로미터(시속 100킬로미터가 제한속도다)로 운전하는 사람은 모든 운전자가 시속 105킬로미터 이상으로 운전하지 않을 때 혼자 125킬로미터로 달리는 운전자보다 속도위반으로 딱지 끊을 확률이 훨씬 적다. 모든 운전자들이 비슷한 속도로 운전하고, 사람들이 주어진 환경에서 지배적으로 많이 나타나는 행동을 따라 하는 경향이 강하다면 두 균형 상태가 존재할 수 있다. 아무도 제한속도를 초과하지 않는 것이 하나고, 모두 제한속도를 초과하는 것이 다른 하나다. 하지만 살인 같은 다른 행동의 경우 해당 범죄를 저지르고자 하는 동기는 그런 행동이 빈번하게 일어나는 사실과 대체로 상관이 없다. 주어진 시기나 지역에 살인사건이 좀더 많거나 적은 문제는 대체적으로 개별적인 살인자와 무관한 일이다.

하지만 빈도가 동참하고자 하는 유인을 증가시키는 과속 운전과 달리, 유인이 빈도와 상관없는 살인과 달리 둘러대기는 보다 많은 사람들이 동참할수록 둘러대는 데 따르는 매력이 줄어드는 행위다. 중고차 딜러와 카펫 영업 사원이 안타까워하는 것처럼 둘러대기는 오직 소수의 사람들이 행할 때 훨씬 더 효과적이다. 실제로 둘러대기가 제한되는 경우는 둘러대기가 사회적으로 광범위하게 예측되고 수용되는 바람에 속는 사람이 아무도 없어서 둘러대기가 아예 사라지는 상황이다. 물론 둘러대기가 그처럼 제한되는 경우는 실제로 흔치 않다. 하지만 둘러대기가 보편화될수록 수신자들은 어떤 진술을 진실로 받아들일 때 더욱 까다로운 기준을 적용할 테고, 그에 비례해서 둘러대기는 점점 더 어려워질 것이다. 이와 같이 둘러대기가 드물고 수신자들이 쉽게 믿어버리는 환경에서 둘러대기는 가장 큰 효과를 발휘한다. 그러므로 둘러대려는 사람은 주어진 환경 안에 혹시 둘러대기가 성행하지 않은지 관심을 기울여야 한다.

또 다른 문제는 이런 역학 관계가 구속력의 유효성을 제한할 수도 있다는 점이다. 하지 말도록 요구된 행동 ― 적어도 방금 우리가 살펴본 둘러대기의 경우 ― 에 제재를 가함으로써 단념하게 하는 구속력이 줄어 둘러대려는 개개인의 유인이 증가할 수 있기 때문이다.[21] 둘러대기가 드물수록 잠재적으로 둘러대려는 사람은 둘러대기를 하려는 더 많은 유인을 갖고, 그에 따라 구속 체계의 유효성이 제한됨으로써 둘러대기가 절대적인 수준 이하로는 줄어들지 않을 수도 있다.

하지만 이런 역학 관계는 정반대 방식으로도 해석될 수 있다. 처음에는 둘러대기가 어느 정도 자체적인 강제력이 있고, 자체적으로 제한하며, 자체 수정적인 행위로 보일 수도 있다. 둘러대기가 성행할수록 둘러대기에 들어가는 비용(상대에게 간파될 가능성이 높아지고, 동일한 효과를 내기 위해 더 많은 노력이 필요하며, 그 외에도 많다)이 점점 더 많아지기 때문에 어떤 사람들은 둘러대기에 적어도 상당 부분까지는 자체적인 자정 기능이 있다고 생각할 수도 있다. 근본적으로 둘러대기가 사라지지는 않을 테지만, 본질적으로 자체 제한적이기 때문에 둘러대기의 범위를 통제 가능한 수준으로 유지하기 위해 굳이 외부에서 제재를 가할 필요가 없다는 것이다.

극단적인 상황에서는 그런 자체 제한이 일어날 것으로 기대될 수 있겠지만, 극단적인 상황이 아닌 경우 사회의 보편적인 협동 문제가 발생한다. 이 협동의 문제는 둘러대기가 흔히 종전의 사회나 직업군을 분열시킬 뿐 아니라 정도의 차이는 있겠지만 동일한 직업군에서도 분열을 조장하기 때문에, 그리고 둘러대려는 개개인이 자신의 둘러대기가 더욱 효과를 발휘할 수 있도록 상대적으로 낮은 비율로 둘러대기를 유지하고자 관심을 기울이기 때문에 더욱 악화된다. 어떤 사람이 둘러대려는 경우, 그 사람은 신뢰 받지 못하는 사람들이 섞여 있는 집단보다는 모든 사람이 신뢰 받는 집단에 속해 있을 때 사람들에게서 신뢰를 얻기가 더욱 수월해진다(이 책의 8장과

14장을 참조하자. 특히 글레니는 군사적 속임수를 다루면서 이와 유사한 부분에 주목한다).

이처럼 최선의 효과를 발휘하는 둘러대기란 그곳이 어떤 무대든 해당 무대에서 최초로 행해지는 둘러대기다. 하지만 이 역학 관계는 적어도 우리 각자에게 약간씩 둘러대기 본능이 존재한다고 가정했을 때 우리에게 영향을 끼친다. 따라서 어떤 유형이든 외부적인 강제 규제가 없다면 둘러대지 않으려는 유인을 가진 사람은 전혀 없다고 할 수 있으며, 마찬가지로 모든 사람에게 다른 사람이 둘러대지 못하도록 하려는 유인이 있다고 할 수 있다. 결과적으로 외부의 도움이 가장 필요한 때가 정확히 이런 상황일 것이다. 외부의 도움이 처벌의 형태를 취한다면 둘러댄 사람들은 처벌을 받아 확연히 불행해지고, 세상은 형편이 더욱 나아질 것이다. 설령 처벌하는 데 많은 비용이 들더라도 둘러대는 사람에게 입는 손실이 처벌하는 데 드는 비용보다 많은 경우가 일반적이며, 바로 그 점 때문에 여러 유인이 둘러대는 사람에 대해 험담과 기타 평판을 손상시키는 식의 제재를 부추긴다.

우리는 구성원들 사이에서 암시되는 외부 효과를 분석하기 전에 사회 ― 송신자와 수신자로 구성되며, 대다수 구성원들이 두 가지 역할을 모두 수행한다 ― 가 그 안에서 둘러대는 사람의 숫자를 줄이려고 하는 세 가지 이유를 짚고 넘어가려고 한다. 첫째, 송신자는 둘러대는 사람 때문에 다른 사람들에게 믿음을 얻기 어려워 둘러대는 사람을 좋아하지 않는다. 둘째, 속임수에 당할 가능성이 더 많기 때문에 수신자 역시 둘러대는 사람을 좋아하지 않는다. 셋째, 둘러대기의 폐해를 개선하기 위해 고안된 도구 ― 송신자가 자기 진술이 전부 사실이라는 점을 증명하게 하거나 수신자가 어떤 진술의 참된 본질을 인지하게 하는 것 — 에는 그 도구를 사용하는 비용이 포함된다. 이런 비용은 둘러대는 사람이 많아질수록 올라간다.

이 장에서는 주로 보정된 사회적 제재를 의미하는 외부 도움에 대해서 다양한 접근법을 평가하는데, 그 과정에서 우리는 두 가지 형태의 오류에 집중할 필요가 있다. 우리는 먼저 어떤 사람의 둘러대기일 수도 있고 아닐 수도 있는 진술에 직면한 청자의 입장이 되어볼 수 있다. 통계와 정책 결정 이론의 용어를 빌리면, 우리는 둘러대는 사람을 믿음으로써 제2종 오류(가설검정에서 가설이 잘못인데도 이를 수용하는 일 — 옮긴이)를 범할 수 있다. 또 진실만 이야기하는 사람을 믿지 않음으로써 제1종 오류(가설검정에서 가설이 옳은데도 이를 기각하는 일 — 옮긴이)를 범할 수도 있다. 진실과 진실이 아닌 것에도 나름대로 정도의 차이가 있고, 믿음과 불신 사이에도 나름대로 수위가 명백하지만 우리는 제1종 오류와 제2종 오류라는 표현을 계속 사용할 예정이다.

우리가 A세상이라고 불리는 환경에 있고 그 세상에는 매일 100명이 각자 하나씩 메시지를 전한다고 상상해보자. 그리고 좀더 단순화하자면, A세상에는 역시 100명으로 구성된 또 다른 별개의 그룹이 매일 하나씩 메시지를 받는다고 상상해보자. 이제 A세상에서 어떤 주어진 메시지가 둘러대기일 확률이 5퍼센트 존재한다고 가정한다. 이는 어쩌면 모든 메시지 전달자가 주어진 시간에 5퍼센트의 비율로 둘러대기 때문일 수도 있고, 95퍼센트의 전달자는 절대 둘러대지 않고 나머지 5퍼센트의 전달자만 항상 둘러대기 때문일 수도 있다. 원인이 무엇이든 어떤 개별적인 메시지가 둘러대기일 확률은 5퍼센트다. 메시지 수신자의 임무는 이 상황에서 주어진 메시지를 믿을지 말지 결정하는 일이다.

수신자가 모든 메시지를 표면적인 가치대로 받아들인다면 5퍼센트의 제2종 오류를 범할지언정 제1종 오류를 범하지는 않을 거라고 가정한다. 수신자가 생각하건대 둘러대기일 수 있는 메시지를 제외하기 위해 모든 메시지들을 용의주도하게 분류한다면 둘러대기를 모두 걸러낼 수 있을 테지만, 동시에 10퍼센트의 사실인 메시지들도 둘러대기로 오인해서 걸러낼 거라고 가정한다. 따라서 그 수신자는 제2종 오류는 범하지 않겠지만, 9.5(95×10)퍼센트의 제1종 오류를 범할 것이다.[22]

이번에는 B세상으로 가보자. B세상에서는 10퍼센트의 진술이 둘러대기고, 90퍼센트가 사실이라고 가정한다. 따라서 B세상에서 모든 진술을 사실로 받아들이는 수신자는 10퍼센트의 제2종 오류를 범한다. 또 그 수신자가 조금이라도 의심스러운 모든 메시지를 사실로 인정하지 않는다면 9.0(90×10)퍼센트의 제1종 오류를 범한다. 따라서 제2종 오류와 제1종 오류 사이에서 수신자의 잠재적인 균형 비율은 A세상보다 B세상에서 높게 나타난다. B세상의 수신자는 더 회의적이고 보다 많은 메시지들을 불신한다. 그러므로 이 같은 형식적인 분석을 통해 우리는 왜 정직한 중고차 딜러가 밤늦게 동네를 산책하다가 도둑으로 오해를 받는 성가신 경우처럼 특별한 불이익을 당하는지 알 수 있다. 당연하지만 B세상에 있는 수신자들의 강화된 의심은 결국 다시 송신자들의 행동에 영향을 줄 것이다.

"속여 먹기 쉬운 멍청이가 1분에 한 명씩 태어난다"는 바넘[P. T.]

Barnum의 말을 상기하자. 바넘이 옳다고 가정하면 그는 멍청이가 많기 때문에 교활한 장사치가 되는 것이 더욱 매력적이라는 점을 인식할 정도로 영리한 사람이었다. 바넘이 내면에 갖고 있던 기준은 두 가지 유형의 수신자(멍청이와 닳고 닳은 사람)를 기초로 했고, 그의 기준에서 닳고 닳은 사람은 둘러대기에 현혹되지 않는 법을 아는 사람이었다. 이런 문제와 관련해 특히 영리했던 바넘은 추측컨대 장사치와 멍청이의 비율에 관심을 갖고 멍청이의 비율이 좀더 높아지길 원했을 것이다. 멍청이 숫자가 늘어나면 장사치의 수입도 늘어날 것이다. 한편으로 이것은 장사치의 숫자가 늘어나도록 자극하고, 사업이 쇠퇴해서 궁극적으로는 균형점에 도달하게 된다.

정직한 발신자에서 장사치로 전환하는 데 드는 비용이 없다면 멍청이와 장사치의 궁극적인 이득은 멍청이들이 태어나기 전과 동일해질 테고, 결과적으로 달라진 건 없다. 따라서 바넘은 멍청이는 많고 장사치는 적은 세상에 관심을 기울였고, 그 안에서 소수의 장사치로 남고자 한 그의 관심은 단지 파이를 좀더 적은 수의 조각(즉 더 큰 조각)으로 나눌 수 있다는 점 때문은 아니었다. 오히려 그의 주된 관심은 멍청이들 사이에서 조심성이 늘어나지 않도록 보다 적은 장사치들이 존재함으로써, 교활한 행위를 쉽게 간파할 수 있는 닳고 닳은 사람들의 숫자를 줄임으로써 장사치의 이득을 늘리는 데 있었다. 장사치와 멍청이 비율이 높은 수준으로 유지되는 한 바넘의 사업은 성공 가도를 달릴 터였다. 아울러 이것이 사회적인 측면에서도 이로운 세상이라는 점은 흥미로운 사실이다.

합리적이고 경험적인 전제에서 볼 때 기본적으로 신뢰하려는 성향이 있지만 좀처럼 바가지를 쓰지 않는 다수의 사람들을 소수의 장사치들이 먹잇감으로 삼는 세상이, 다수의 장사치들이 그 장사치들과 비슷하게 많은 현명한 잠재적 멍청이들에게서 돈을 뜯어내려고 하는 세상보다 어쩌면 더 나을지도 모른다. 따라서 소수의 장사치들이 존재하는 세상은 설령 경험이 많고 현명한 멍청이들이 적을지 몰라도 실질적인 사기가 훨씬 적은 세상일 것이다. 그렇다면 상대적으로 열악한 세상을 피하고 이처럼 보다 나은 세상에 도달하기 위한 전략을 짜야 한다. 그 전략의 목표는 자신의 우울한 경험에서 좀처럼 교훈을 얻을 줄 모르는 동일한 멍청이들에게 다수의 장사치들이 연속적으로 사기를 치는 최악의 세상은 확실하게 피하는 것이 될 것이다.[23]

이처럼 보다 나은 세상에 도달하기 위한 전략 중 최고는 평판에 집중하는 것일 수 있다. 법이 수행할 나름의 역할이 있을 수 있지만, 직접적인 비난 — "이 야비한 둘러대는 인간 같으니!" — 이 경우에 따라서는 효과적일 수도 있지만, 우리는 비난을 퍼뜨리고 둘러대기에 따른 기대 비용을 높이는 평판이라는 메커니즘이 보다 효과적일 수 있다고 믿는다. 한 번 정도 심각한 둘러대기를 하다가 들키는 건 크게 곤란한 문제가 아닐 수도 있지만, 대여섯 번씩 들키는 건 평판에 심각한 타격을 줄 수 있다. '내 말이 곧 이행 보증서'라는 인식을 심어줄 수 있었던 왕년의 사업가는 거짓말과 둘러대기에서 안전한 평판을 얻는 셈이다. 해로운 둘러대기를 용의주도하게 피하고 정직하다고 알려진 사람들에게 사회가 많은 보상을 할수록, 아무리 사소한 것이라도 둘러대는 사람으로 알려지지 않는 게 더욱 중요해진다.

깨지기 쉬운 기준에 의지해서(설사 그것이 가능하더라도) 평판을 평가

하는 건 현명한 방법이 아니다. 이 경우 유해한 둘러대기를 하지 않아 평판이 좋게 유지되다가도 단 한 번 둘러대기만으로 평판이 추락할 수 있다. 평판을 강조하려면 좀더 유연할 필요가 있다. 왜냐하면 모든 사람에게 어느 정도는 둘러대려는 성향이 있으며, 실제로 일정한 현재를 기준으로 볼 때 모든 사람이 어느 정도는 둘러대기 때문이기도 하다. 하지만 보다 중요한 건 어떤 진술이 둘러대기인지 아닌지 결론짓기 어려운 경우가 매우 빈번하다는 점이다. 둘러대기를 최대한 간파하려다 보면 제1종 오류(사실인 진술을 둘러대기로 간주하고 거부하는 것)와 제2종 오류(둘러대기를 마치 사실인 것처럼 반응하는 것) 중 주로 제1종 오류를 범한다. 따라서 단 한 번 간파된 둘러대기 때문에 어떤 사람을 교수대로 보내는 건 바람직한 일이 아니다. 하지만 장기간에 걸쳐, 특히 한 개인에게 인지된 둘러대기가 다른 사람들에게도 인지될 수 있도록 전파된다면 둘러대는 사람과 정직한 사람을 구별하기가 쉬워질 수밖에 없다.

평판을 신중하게 떨어뜨려야 할 필요성은 둘러대기가 전혀 없는 상태가 가장 바람직한 환경이 아닐지도 모른다는 사실과 부분적으로 상관이 있다. 둘러대기와 거짓말 사이에, 둘러대기와 진실 사이에 경계가 존재하는 것처럼 유해한 둘러대기와 이로운 선의의 거짓말 사이에, 유해한 둘러대기와 선의의 둘러대기 사이에도 경계가 존재한다. 유해한 둘러대기와 이로운 둘러대기의 경계가 불확실하기는 하지만, 이런 둘러대기마저 존재하지 않는다면 세상에는 무뚝뚝하고 위험한 진실들만 존재할 수 있다. 따라서 둘러대기의 최적 수준은 비록 낮은 수준일 수는 있어도 제로가 아닐 수도 있다는 것이다.

평판 메커니즘과 관련해 우리가 인정하고 넘어갈 부분은 사람들이 둘러대면 안 된다고 말하는 내면의 소리를 듣고 둘러대기를 단념하는 것이 아니라는 점이다. 왜냐하면 둘러대는 게 사회를 위한 최선은 아닐지라도 때로는 그렇게 하는 편이 낫다고 우리에게 말하는 또 다른 내면의 소리 역시 존재하기 때문이다. 실제로 우리 중에는 둘러대기가 거짓말보다 많은 창의성이 필요하기 때문에 타인을 속이면서 은밀한 만족감을 얻는 사람들도 있다. 또 다른 목소리는 우리에게 어떤 둘러대기는 사회적으로도 득이 되고, 지금 내가 하는 둘러대기가 바로 그런 것 중 하나라고 이야기한다. 이 상황에서는 다른 사람들이 우리를 좋지 않게 여기거나 우리를 상대하지 않을 거라는 두려움이 자기 단속 기능보다 훨씬 의미 있는 규제 메커니즘으로 나타날 수 있다.

그렇다면 규제 메커니즘은 어떻게 작용할까? 현대 과학기술이 속임수를 용이하게 할 뿐만 아니라 통제하는 데 어떤 역할을 할 수 있는가와 같은 중요한 문제는 다른 사람들(이 책의 저자 패리드, 핸콕, 톰슨 등)에게 맡겨두고, 우리는 여기에서 규제 방식이 취하려는 대상과 방법 ─ 과학기술이나 유인, 단순히 해당 문제에 대한 변화된 인식 등 ─ 을 집중적으로 살펴본다. 첫째, 규제 방식은 게으름에서 비롯되었거나 악의 없는 둘러대기는 다른 처벌을 받도록 놔두고, 의도적인 둘러대기를 최대한 엄격하게 분리하고 제재해야 한다. 그런 다음 우리가 가장 제한하고 싶은 이기적이고 의도적인 둘러대기에 집중해야 한다. 이런 둘러대기는 의도적으로나 실제로 다른 사람들에게 많은 해를 끼치기 때문이다. 하지만 이 경우에도 평판에 따른 결과가 소수의 사례를 근거로 심한 처벌을 부과해서는 안 된다. 법적 강제력이 약한 대신 무거운 처벌을 주는 규제 전략은 이론상 매력적으로 보일 수 있지만, 무거운 처벌이 사회적으로 용인될 수 없을 때 그 효과는 미미한 경향이 있다.[24]

그런 상황에서 무거운 처벌이 사회적으로 용인되지 않는 이유는 매우 다양하다. 우리 모두 약간씩은 둘러대기 때문이고, 이기적인 목적에서 둘러대는 사람과 무해한 둘러대기를 하는 사람의 경계가 쉽게 구분되지 않기 때문이기도 하다. 예를 들어 이성에게 깊은 인상을 주기 위해 운동에서 성취도를 높이는 게 잘못일까? 그렇다면 어느 정도 잘못일까? 사람들은 자신이 저지를 엄두조차 내지 못하는 범죄에는 아무렇지 않게 무거운 처벌을 주장하지만, 그 범죄가 자신도 저지를 수 있는 사회적으로 유해한 행위 — 음주운전은 '신의 은총이 없다면 모든 사람이 그런 상황에 처할 수 있다'는 현상 때문에 상대적으로 경미한 처벌을 받는 사회적으로 유해한 행위의 대표적인 사례다 — 라면 무겁게 처벌하고자 하는 의지가 급격히 약해진다.

더욱이 판단 착오로 다른 사람을 정직하지 않다고 비난하는 건 잘못된 행위로 간주된다. 컴퓨터가 고장 나서, 조부모 상을 당해서, 기타 등등의 이유로 최종 보고서의 마감 기한을 연장해달라고 요구하는 학생들도 그런 점을 잘 알고 있다. 그런 학생들은 자신의 변명이 거짓(그건 그렇고 이런 변명은 일반적으로 거짓말이지 둘러대기가 아니다)임을 알고, 선생님이 그들의 변명을 거짓으로 여길 거라는 점도 알지만, 한편으로는 선생님이 그런 학생들을 정직하지 못하다고 자칫 잘못 비난하는 경우 그 잘못된 비난에 따른 처벌의 강도가 매우 높다는 사실 역시 잘 안다. 그 학생을 정직하지 못하다고 비난했다가 학생의 돌아가신 할머니의 사망증서나 날짜가 찍힌 컴퓨터 수리 영수증, 병원응급센터의 확인 기록을 제출받길 원하는 선생님은 거의 없을 것이다. 이와 같이 불확실한 상황에서, 심지어 사뭇 의심스러운 상황이나 비난이 당연할 때조차 우리는 좀처럼 비난하지 않으며, 비슷한 이유로 그 사람의 평판에 심각한 처벌을 내리는 행동이 정당한 경우에도 좀처럼 심각한 처벌을 부과하지 않으려고 한다.

이처럼 평판에 흠집을 냄으로써 둘러대는 사람을 처벌하는 행위는 처벌 과정에서 처벌 받는 사람은 물론, 처벌하는 사람에게 불이익이 발생할 수도 있다. 또 앞에서 언급한 것처럼 사회에서 행해지는 둘러대기의 적정한 빈도는 완전한 무無가 아니며, 우리에게는 둘러대고자 하는 공통된 열망이 존재한다. 이 모든 이유 때문에 둘러대기에 무거운 처벌을 가하는 문제와 관련해서 우리는 신중한 태도를 보이며, 아울러 무거운 처벌을 내려야 한다고 선뜻 결론을 내리지도 못한다. 그러므로 우리는 이론상으로 효율적인 방법이기도 한 법적으로 약한 강제력을 두는 대신 높은 처벌을 주는 ─ 그럴 수 있다면 최적의 방법이 되겠지만 ─ 장치들의 무력함을 고려해서 둘러대기를 제재할 수 있는 사회적인 혹은 평판에 불이익을 주는 시스템을 고안해낼 필요가 있다. 그래서 둘러대기가 보다 낮은 처벌을 집행하는 메커니즘에 의해 제한된다면 낮은 처벌/높은 집행 장치들에 의한 제한 ─ 우리가 효율적이고자 하기만 한다면 ─ 도 가능할 것이다.

이런 장치들은 생각보다 많다. 주차 위반 딱지가 대표적인 예다. 물론 여기에는 주차 위반 딱지를 발부하는 목적이 세수稅收를 극대화하기 위함이 아니라 주차 위반 행위를 최소화하기 위함이라는(경우에 따라 다르겠지만) 전제가 필요하다. 둘러대기의 맥락에서도 주차 위반 딱지에 상응하는 일단의 평판에 관한 제재를 가정해야 한다. 즉 둘러대기에 대한 제재는 적용이 수월해야 하며, 적용되지 못할 정도로 큰 비용이 들면 안 된다.

문득 떠오르는 그런 제재 가운데 하나가 험담이다. 무분별한 험담을 처벌하는 2차적인 사회규범에 의해 자체적으로 적절히 규제되는 험담은 반사회적인 행동을 통제하는 유용한 1차적인 사회규범이 될 수 있다. 험담이 강력한 사회적 억지력이 될 수도 있다. 즉 험담 하나는 부정적인 효과를 크게 만들지 못하지만, 다수의 험담이 모이면 평판에 관한 대규모 제재가 된다. 일부 사법권에서는 기본적으로 주차 위반 벌금이 득실을 따져봤을 때 돈을 절약해주는 편리한 제도 혹은 쉽게 주차하고 돈으로 때우는 식의 이익이 되는 거래라고 생각하는 사람들을 막기 위해서 주차 위반 딱지의 최저금액을 1년 동안 누적된 시간에 따라 인상한다. 이런 강화 체계는 어쩌다가 주차 시간을 초과한 사람들과 상습적인 위반자를 가려낸다.

마찬가지로 둘러대는 사람에 대한 단 하나의 험담은 아무런 영향력을 발휘하지 못할 수도 있지만, 두 개가 모이면 약간은 해를 끼칠 수 있고, 세 개 혹은 그 이상이 모이면 부정직성과 관련된 폭넓은 평판을 만들어낼 수 있다. 이런 접근법은 다양한 경우가 존재하게 마련이라는 점을 고려했을 때 올바른 행동을 하는 데 필요한 합리적인 의사 결정 과정과도 일맥상통한다.[25] 지극히 유해한 둘러대기는 한 번만으로 평판에 커다란 처벌을 자초할 수도 있다.

따라서 평판에 대한 제재가 유연하게 적용된다면 둘러대는 사람들을 겨냥해 적당히 유도되고 규제된 험담은 상습적으로 둘러대는 사람들에게 커다란 억지력을 부여하는 반면, 가끔씩 둘러대는 사람들에게는 미약한 억지력과 처벌만 부과할 수 있다.[26] 험담은 적당히 조정되면 대규모 둘러대기를 제한하고자 하는 사회적인 관심과 가끔씩 둘러대고자 하는 유혹의 희생양이 되는 거의 모든 사람에게 존재하는 개인적인 성향을 조율함으로써 최적의 결과를 이룰 수 있을 것이다.

_ 마크 G. 프랭크^{Mark G. Frank}

뉴욕주립대학교 버펄로 캠퍼스의 부교수이자, 동 대학 커뮤니케이션학센터 대표다. 그는 표정과 속임수를 연구하고 있으며, 지난 5년 동안 사회에서 나타나는 개인 상호 간 속임수와 표정 연구를 통해 외부에서 400만 달러를 지원받기도 했다.

_ 마크 G. 프랭크 Mark G. Frank
뉴욕주립대학교 버펄로 캠퍼스의 부교수이자, 동 대학 커뮤니케이션학센터 대표다. 그는 표정과 속임수를 연구하고 있으며, 지난 5년 동안 사회에서 나타나는 개인 상호

생각, 감정 그리고 거짓말

마크 G. 프랭크

사람들이 거짓말할 때 어떤 행동을 하고, 거짓말이 사회에 어떤 영향을 미치는가에 대한 문제는 유사 이래 비전문가나 전문가의 관심을 끌어왔다. 이 문제와 씨름하기 위해서 우리는 먼저 거짓말의 의미를 이해하고, 사람들이 거짓말할 때 드러난다고 알려진 생리적이고 표현적인 행동들이 어떻게 나타나는지 관찰해야 한다. 이런 과정을 거친 다음에야 비로소 그에 따른 분석 결과를 실생활에서 거짓말을 간파하는 데 적용할 수 있을 것이다. 또 그 결과가 사회적인 영향력으로 작용할 수도 있을 것이다.

거짓말하는 능력은 이득과 비용이 공존하는 하나의 '기술'이다. 당연하지만 사회집단에 속한 구성원들 사이에는 반드시 일정 수준의 협동이 필요하며, 그런 협동이 없으면 응집력 있는 집단이라고 할 수 없다. 협동을 용이하게 하고 매끄러운 상호작용을 가능케 하기 위해 집단은 행동 의도를 공유해야 한다. 그리고 인간은 언어를 통해 이런 의도를 교환할 수 있다. 우리는 몇 시에 축구 경기가 있는지, 어디에서 만나 저녁 시간을 함께 보낼지, 작업을 마무리하기 위해 언제 혼자 있어야 하는지, 언제 다른 사람들과 함께 있고 싶은지 같은 대화를 나눌 수 있다. 하지만 다른 종種들은 (그리고 우리 인간도 태어난 첫해에는) 복잡한 언어 체계가 없다. 이는 우리가 계통학(계통 발생 과정을 연구하는 학문 분야 — 옮긴이)이나 존재론의 초기에서 목소리 톤이나 몸짓, 표정 등 비언어적인 수단으로 커뮤니케이션했다는 것을 의미한다. 어떤 방식으로든 솔직하게 커뮤니케이션할 능력이 없다면 우리는 사회적인 존재가 아니며, 섬처럼 고립된 개별적인 존재에 불과하다.

다윈은 우리 사회에 다양한 행동 의도나 상태, 특히 목전에 임박한 공격(분노), 곧 닥칠지 모를 위험(두려움), 잠재적으로 병을 일으킬 수 있는 물질(혐오), 접근성(행복) 등 생존과 관련된 상태를 나타내는 특정한 메시지를 포함한 비언어적인 커뮤니케이션 기술이 존재한다고 처음으로 강력하게 발의한 인물이다.[1] 이런 신호는 각각의 상태를 가리키는 믿을 수 있고 정직한 척도다. 그 신호는 주로 표정으로 표현되며, 몸짓에 의해 확대되거나 축소된다.[2]

인간은 때때로 이런 신호를 위조하거나 감추는 게 이득이 된다는 사실을 깨닫는다. 조사에 따르면 자신이 거짓말한 것을 일지로 기록하도록 요구하는 경우, 사람들은 날마다 한두 번은 진실을 왜곡했다고 적는다고 한다.[3] 어떤 사람이 신뢰할 만하지 않다고 인식되면 그 사람이 보내는 미래의 모든 신호가 도외시되는 경향이 있기 때문에 거짓말이라는 옵션은 지나치게 자주 사용될 수 없다(이 책의 4장 참조).[4] 하지만 우리는 사회집단의 일원으로서 다른 사람에게 받는 신호가 전부 믿을 만한 건 아니라는 사실을 알면서도 그들을 신뢰하려는 경향이 있다(이 책의 8장 참조). 다시 말해 우리가 거짓말에 속는 경우 그 거짓말은 대체로 어떤 효과를 발휘하고, 사람들에게 그들이 간파한 거짓말을 떠올려보라고 요구하면 사기꾼의 행동에서 단서를 찾았다고 하기보다 뒤이어 나타난 사실들을 토대로 속임수를 간파한 경험을 언급한다.[5]

거짓말이란
무엇인가

속임수를 연구하는 학자들은 거짓말을 둘러싼 언어적·비언어적 단서나 거짓말을 간파하는 능력 이상의 어떤 것에 관심을 기울여왔다. 각종 연구 프로그램은 개인들의 교류에서 속임수가 전략적으로 사용되는 현상을 관찰함으로써 속임수를 다른 주제 ─ 이를테면 개인들의 커뮤니케이션 같은 ─ 를 이해하는 수단으로 여겨왔다.[6] 또 마음 이론을 발전시키는 어린아이의 능력을 연구함으로써 인지 발달 같은 주제를 조사해왔다.[7] 아울러 인간의 속임수와 놀라울 정도로 유사한 행동을 보이는 다른 동물의 능력을 관찰함으로써 비교 인식을 연구해왔으며,[8] 속임수에 수반되는 신호와 '거짓말 탐지기'의 공진화共進化를 통해 인간이 사용하는 신호체계가 어떻게 진화했는지 연구해왔다.[9] 이런 프로그램들은 때로는 서로 명백히 모순되는 주장을 하지만, 속임수와 거짓말을 어떻게 정의하는가에 따라 종종 일치된 관심을 보이기도 한다.

현실 세계에서는 다른 사람에게 받는 정보가 속임수나 잘못된 정보일 가능성이 높다. 따라서 우리는 자신의 생각을 상대가 확실히 이해하도록 다양한 표현을 사용해서 의미하는 바를 명확히 표명할 필요가 있다. 사람들은 속임수 말고도 순수한 이해의 차이, 상기하는 과정에서 범하는 오류, 거짓 기억 같은 다른 요인에 의해 부정확한 정보를 제공할 수 있다.[10] 예를 들어 오후 8시 30분에 폭행을 당한 사람이 그때가 9시 30분이었다고 이야기한다면 상기하는 과정에서 오류를 범하는 셈이다. 또 폭행 사건이 아예 일어나지 않았는데도 그가 실제로 있었다고 믿는다면 거짓 기억을 하는 셈이다. 실제로 두 사람이 동일한 사건을 목격했더라도 각자의 관점에 따라 기억이 제한되고 어떤 것들은 잊어버리기 때문에 일치된 진술을 하는 경우는 좀처럼 드물다. 남을 속이려는 생각에서 의도적으로 잘못된 정보를 제공하는 행위는 거짓말뿐이라는 점에서 거짓말은 다른 형태의 부정확한 정보를 제공하는 행위들과 구별된다.

속임수와 관련된 정서와 비언어적인 행동을 연구한 뛰어난 학자 폴 에크먼Paul Ekman은 이 의도적인 측면을 기초로 해서 거짓말을 상대에게 묵시적인 혹은 명백한 사전 동의를 얻거나 고지하지 않은 채 속임수를 쓰려는 의도적인 시도라고 정의했다.[11] 다시 말해 거짓말은 법정에서 위증이라고 불리는 단어와 유의어다. 자신이 어떤 여인이 낳은 아기의 아버지라고 진심으로 믿는 남자는 거짓말을 하는 게 아니다. 그 남자의 생각이 틀릴 수도 있지만 거짓말하는 건 아니다. 하지만 그 여인과 성적인 관계를 가진 적이 없다는 사실을 알면서 자신이 그 아기의 아버지라고 주장하는 건 거짓말이다. 심지어 우주 외계인이 자신을 수태시키지 않았다는 사실을 확실히 아는 여인이 자기 아이의 아버지가 외계인이라고 주장하는 것 역시 거짓말이다. 거짓말은 해당 진술의 신뢰성과 상관없이 의도적이며 개별적으로 행해지는 전적으로 의식적인 행동이다. 포드 로언과 게리 앨런 파인이 이 책에서 지적한 것처럼 우리는 어떤 집단에 속한 사람들이 이를테면 건강관리 식이요법이나 어떤 소문에 대해 분명 잘못된 평가를 할 수 있고, 그런 평가들은 에크먼의 정의대로 그들이 말하는 내용이 사실적인 측면에서 부정확하다는 사실을 이들 집단이 미리 알고 있었을 때만 거짓말이 된다는 점에 주목한다.

하지만 에크먼에 따르면 정보를 조작하는 행동뿐만 아니라 애매하게 진실을 전달해서(예를 들어 거짓말쟁이는 비꼬는 말투로 어떤 진실을 이야기함으로써 진실을 이야기했는데도 상대방이 그 이야기를 진실이 아닌 것으로 믿게 만들 수 있다) 정보를 숨기거나 심지어 '부정확한 추론 수법'을 써서 거짓말할 수도 있다.[12] 부정확한 추론 수법이란 사실이지만 거짓말의 표적이 오해하도록('부정확한 추론'을 하도록) 진술하는 행위를 의미한다. 한 예술가가 동료 예술가에게 자신의 작품에 대해 의견을 물어보는 경우를 예로 들어보자. 동료 예술가는 "우와, 당신이 이 작품을 만들었다니 믿을 수가 없군요!"라는 반응을 보일 수 있고, 의견을 물어본 예술가는 이런 표현이 자신의 형편없는 솜씨를 비꼬는 게 아니라 자신의 뛰어난 기량에 놀라움을 표시하는 거라고 생각할 수 있다.

샤우어와 제크하우저가 2장에서 설명한 둘러대기와 유사한 이런 유형의 진술은 사실적인 측면에서 옳긴 하지만 청자에게 거짓 인상을 심어주기 위해 의도된 진술을 내포하며, 그럼에도 완전히 조작된 거짓말에 비해 다소 덜 유해한 것으로 여겨진다. 둘러대기는 어쩔 수 없는 거짓말이며, 특히 "진실을, 모든 진실을, 오로지 진실만을 말하겠다"고 선서하는 법정 증언처럼 은폐나 부정확한 추론, 둘러대기가 위증으로 간주되고, 증언 내용이 사건을 호도하거나 오해를 유발하지 않도록 상세한 증언이 필요한 경우에는 더욱 그렇다. 하지만 우리가 다른 사람들과 함께 법정에서 열리는 재판을 비공식적으로, 비조직적으로 관찰해보면 증인이 즉각적인 질문에 겨우 대답만 하고, 엄격한 의미에서 직접적인 질문의 몫이 아니라고 할 수 있는 딱 들어맞는 세부 내용을 언급하지 않더라도 거짓말하는 것으로 간주되지 않는다는 사실을 짐작할 수 있다.[13]

거짓말에 대한 이 같은 정의에 따르면 거짓말은 보다 폭넓은 범주에서 속임수와 구별된다. 속임수는 어떤 이득을 얻기 위해 다른 사람을 속이는 모든 행위를 의미한다. 예를 들면 호랑이는 높이 자란 마른 풀이 있는 주변 환경과 어우러지도록 누르스름한 바탕에 검은 줄무늬가 있는 털가죽으로 먹잇감을 기만한다. 하지만 그 호랑이가 아침에 벽장을 둘러보고 민무늬나 점박이 무늬 옷 대신 줄무늬 옷을 고른 것은 아니다. 오랜 시간 계획되고 진행된 진화가 이같은 배색과 무늬를 선택했지, 호랑이의 의도적인 선택은 아니라는 뜻이다.

동물의 세계에 존재하는 다른 유사한 속임수 사례들에 대해서도 그것이 단순한 속임수인지, 의도적인 거짓말인지 토론이 진행되고 있다. 이 책의 버그스트롬과 다른 생물학자들은 인간보다 동물에게서 나타나는 속임수를 주로 연구하는데, 인간과 비교했을 때 동물의 생각과 의도를 파악하기 어렵다는 점 때문에 속임수를 규정하는 데 애를 먹고 있다. 예를 들어 침팬지를 연구하는 사람들은 침팬지가 먹이의 위치나 존재에 대해 무리의 다른 침팬지들에게 거짓말하는 게 거의 확실해 보이는 행동을 발견했다. 하지만 연구원들은 침팬지의 의도가 무엇인지 단정 짓기 어렵다는 점 때문에 ― 예컨대 침팬지의 생각을 읽어야 하기 때문에 ― 그 침팬지가 거짓말과 거의 유사하다고 의심되는 행동을 보였음에도 거짓말한다고 확신을 가지고 결론지을 수가 없다. 그 침팬지가 무리의 다른 동료들을 속였다는 점에 대해서 단언할 수 있을 뿐이다.[14]

이런 정의는 일부 다른 형태의 속임수들이 존재하며, 그와 같은 속임수들은 상대방에게 앞으로 보거나 들을 내용들이 진실과 상당한 차이가 있을 거라는 명시적·암묵적인 사전 통지를 포함하고 있다는 사실을 암시한다. 연극이나 영화에서 자신과 다른 사람을 연기하는 연기자에 의한 무언의 통지처럼, 포커에서 허세를 부려 자기 끗수가 높은 체하는 플레이어처럼 어떤 경우에는 속임수가 명시적이다. 저녁 식사에 초대된 예의 바른 손님이 비록 자신이 좋아하지 않는 음식이라도 좋아하는 척할 때처럼, 집을 팔고자 하는 사람들이 받으려는 가격보다 호가를 높여서 내놓는 것처럼 속임수가 보다 암묵적인 경우도 있다.

연구원이 어떤 속임수를 연구할지 ― 호랑이처럼 수동적인 속임수로 할지, 예의 바른 상황처럼 적극적인 속임수로 할지, 타인에게 행하는 능동적이고 용인되지 않은 속임수인 거짓말로 할지 ― 결정하는 데 따라서 그 연구의 결론으로 일반화될 수 있는 관찰된 행동이나 상황이 달라질 수 있다.[15] 여하튼 연구원들은 그것이 관찰 실험이든, 실험실에서 하는 실험이든 해당 실험에 사용된 거짓이나 속임수 유형에 근거해서 그들이 일반화하는 것에 주의를 기울여야 한다.

속임수를 정의하는 과정에서 속임수 유형을 이처럼 구분하는 것은 신뢰와도 밀접한 관계가 있다. 예컨대 배우의 연기 같은 특정한 행동을 대할 때 우리는 그 안에 존재하는 속임수에 동의하고 능동적으로 그 속임수에 참여한다. 그 행동이 '연기'라는 정해진 경계를 벗어나지 않을 거라는, 배우는 배역에 충실할 뿐이라는 믿음이 존재하기 때문이다. 하지만 어느 사람이 거짓말을 하는데도 속임수가 진행되고 있다는 사실이 사람에 의해서든 정황에 의해서든 우리에게 통지되지 않는 경우, 그 상태에서 속임수가 발각되는 경우 신뢰에 치명타를 줄 수 있다.

속임수가 광범위한 주제이긴 하지만, 우리는 어떤 사람이 거짓말을 할 때 그 사람이 거짓말하고 있다는 사실이 행동으로 어떻게 드러나는지 집중해서 살펴보려고 한다. 먼저 거짓말을 드러내는 행동에는 언어적인 행동과 비언어적인 행동이 있다. 비언어적인 행동에는 표정이나 눈동자의 움직임 말고도 머리나 손, 다리, 기타 신체의 움직임, 몸짓이나 자세 등 표면상으로 드러나는 움직임과 목소리 톤이나 기타 준^準언어적인 정보들이 있다. 그리고 언어적인 행동에는 단어의 선택, 진술의 요지 등이 포함된다. 이런 행동들을 살펴보는 과정에서 우리는 속임수와 신뢰할 수 있거나 신뢰할 수 없는 행동 의도를 가리키는 신호들의 숨겨진 작용을 자세히 살펴볼 것이다.

거짓말할 때
어떤 변화가 일어날까

자료에 따르면 일상생활에서 거짓말은 대부분 행동이 아니라 주변 요소나 환경에 의해 발각되는 것으로 나타난다.[16] 하지만 그 사람의 태도만 보고 거짓말쟁이인지 아닌지 간파해야 하는 경우도 있다. 범죄 예방과 결부된 상황 ― 이를테면 어떤 사람이 밀수품을 소지하고 있다는 사실이 분명하지 않은 한 짐들을 무작위로 검사할 수밖에 없는 세관 검사처럼 ― 에서 보안 검열자는 반드시 사람들의 행동에 대한 자신의 판단을 근거로 행동해야 한다. 우리 사회는 본인이나 타인에게 해를 끼치려는 음모를 간파하고 저지하는 것은 물론, 그런 의도를 품은 사람들을 찾아낼 수 있도록 특정한 사람들을 선별해서 해당 임무를 위임하고 훈련해왔다.

행동에서 거짓말을 읽어내고자 하는 연구는 거짓말을 드러내는 두 군(群)의 행동 단서 ― 거짓말쟁이의 생각과 관련된 단서와 거짓말쟁이의 감정과 관련된 단서 ― 가 있음을 보여준다.[17] 일반적으로 전자는 말투에서 나타나고, 후자는 얼굴과 목소리 톤에서 나타난다. 더불어 신체는 그런 사고와 감정적인 단서들을 복합적으로 보여준다. 다음에서 나는 사람들이 생각하고 감정을 느낄 때 보이는 신호들을 이야기할 것이다. 흔히 사람들은 다른 사람에게서 나타나는 이런 진짜 신호를 인식하지 못하거나, 가짜 신호를 진짜라고 오해한다. 이런 상황들에 대해서는 나중에 좀더 논의할 예정이다.

사고思考 단서

거짓말쟁이는 다른 사람을 의도적으로 속이기 위해서 허위 사실을 만들어내고, 실제로 발생하지 않았거나 자신이 알지 못하는 사건을 묘사하고, 둘러대기처럼 선택적으로 정보를 제공(이 책의 2장 참조)하거나 중요한 정보를 누락해야 한다. 허위 정보를 생각하거나 만들어내는 과정은 부수적으로 정신적인 노력이 진행되면서 발생하는 행동 신호를 수반한다. 이런 신호들은 망설이는 말투부터 두서가 맞지 않는 단어, 모순된 진술, 논리 체계가 결여된 막연한 설명에 이르기까지 다양하다.[18] 이런 단서들은 거짓말쟁이가 깊이 생각해볼 필요조차 없을 정도로 자신이 설명하는 내용을 정확히 알고 있을 것으로 기대되는 상황에서 특히 명백하게 나타난다. 이를테면 범죄 현장에 있었다고 주장하는 어떤 목격자는 깊이 생각하지 않고도 해당 범죄를 목격했을 때 자신이 서 있던 곳을 법정에서 진술할 수 있어야 한다. 그 목격자가 실제로 범죄 현장에 있었던 게 아니라면 다른 사람들을 납득시키는 데 필요한 세부 사항을 만들어내야 할 것이다. 조사에 따르면 즉석에서 뭔가를 생각해내는 행위는 빈번한 망설임과 어눌한 말투, 말실수를 통해 드러나고 일반적으로 말할 때 나타나는 손동작이나 표정을 수반하지 않는다.[19]

정신적인 노력으로 만들어지는 허위 정보들에서만 단서가 나타나는 게 아니라 자연적인 인간의 기억 과정 또한 그것이 언제 진짜 기억인지, 언제 조작된 기억인지 단서를 남긴다.[20] 최초로 주장한 연구원의 이름을 따서 운더잇치 가설(Undeutsch hypothesis : 진위를 가려내기 위한 19가지 판단 기준을 제시함 ― 옮긴이)이라고 불린,[21] 준거 기반 내용 분석 연구는 이제 운더잇치 가설을 뛰어넘어 사실에 근거하는 기억을 실제로 경험된 적이 없는 기억들과 구분하는 24가지 판단 기준을 제시한다. 예를 들어 실제 기억인 경우 사람들은 필요에 따라 기억을 이것저것 되살릴 수 있고('자연 재생'), 기억에 일관성이 있으며 기억하는 내용이 생활이라는 맥락에서 밀접하게 연관되어 있고, 다른 사람의 마음 상태에 대한 풍부한 묘사를 포함한다.[22] 또 다른 연구원들은 기억에 기초한 다른 단서들을 주목해왔다. 이를테면 거짓말쟁이들은 순간적으로 금방 기억해내지 못한다거나, 어떤 기억을 떠올리거나 이야기할 때 보다 일반적이고 단순한 단어를 사용하고 구체적이지 못한 특징이 있다.[23] 물론 가장 명백한 언어적 단서는 거짓말쟁이들이 누구에게, 언제, 무엇을 이야기했는지 기억해야 하는 식의 부가적인 노동이 필요하기 때문에 자신이 앞서 이야기한 내용과 모순된 진술을 할 때가 있다는 것이다.

감정 단서

거짓말쟁이들은 거짓말을 생각해내고 자신이 꾸며낸 이야기에 일관성을 유지해야 하지만, 한편으로는 자신의 거짓말에 감정을 느끼는 경우도 종종 있다. 자신의 느낌이나 감정에 대해 거짓말을 하는 사람이나 거짓말이라는 행동이 거짓말쟁이에게 어떤 느낌이나 감정을 불러일으키는 경우, 거짓말하는 과정에 감정이 개입될 수 있다. 따라서 사람들은 ❶진심으로 느낀 감정을 중립성이라는 가면으로 가려서 ❷진심으로 느낀 감정을 다양한 가짜 감정으로 감춰서 ❸아무런 감정도 느끼지 않지만 느끼는 것처럼 위장해서 가짜 신호를 보낼 수도 있다. 포커에서 훌륭한 패를 쥐고 속으로는 전율을 느끼면서도 아무런 감정을 드러내지 않는 '포커페이스'를 유지하는 행동, 미스아메리카선발대회에서 우승자에게 미소를 보내기는 하지만 적잖이 실망한 2위 입상자, 재미없는 농담이라고 생각하면서도 예의상 보여주는 미소나 웃음 등이 각각의 사례에 해당한다. 경우에 따라서는 거짓말이 그 자체로 감정 — 다른 사람을 '얼간이'로 만들었을 때 맛보는 희열이나 거짓말함으로써 비롯되는 죄책감, 거짓말이 들통 날지도 모른다는 두려움처럼 — 을 일으킬 수도 있다.[24] 많은 사례에서 거짓말쟁이는 어떤 감정 상태를 경험하며, 거짓말 파수꾼이 그런 자신의 감정을 알아채지 못하길 바란다.

연구에 따르면 어떤 감정이 일었을 때 저절로 그에 따른 변화가 나타난다. 주관적인 입장에서 사람들은 감정이란 불현듯 찾아오는 것이며, 어떤 감정을 일부러 느끼겠다고 선택할 수 있는 건 아니라고 이야기한다. (그게 가능해진다면 심리학이라는 학문이 어떻게 될지 상상해보라!) 우리는 이를 직접적인 경험을 통해 알고 있다. 예를 들어 우리는 자신이 너무 의기소침하다고 생각되는 경우 기분이 나아지길 기대하며 어떤 행동 — 산책을 하거나, 평소라면 먹지 않았을 음식을 먹기도 하고, 코미디 영화를 보는 등 — 을 한다. 하지만 그런 행동이 효과가 있을지는 전혀 알 수 없다. 마찬가지로 어두운 골목길을 걷다가 불량배처럼 보이는 사람들이 따라온다는 사실을 깨닫는 순간, 우리는 노력과 상관없이 일반적으로 두려움을 느낄 것이다. 이런 변화는 눈 깜짝할 사이에 일어나며, 이는 감정 반응의 본질적인 특징으로도 간주된다.[25]

감정 반응 가운데는 심장박동이나 혈압의 변화, 기타 요소[26] 외에 해당 감정을 나타내는 표정도 있다.[27] 분노나 경멸, 혐오, 두려움,

행복, 슬픔, 놀람 같은 감정은 해당 감정 상태를 경험하는 동안 이를 감추려고 노력해도 사람들의 얼굴에 흔히 나타난다.[28] 이는 인간의 신경 구조 때문이며, 감정 상태를 표시하는 신호들은 해당 신호의 신뢰성을 평가하는 사람에 의해 종종 간과되기도 한다.

신뢰성을 높여주는 이중 시스템, 표정

학자들은 대다수 표정들이 언어처럼 학습되고, 의식적인 제어를 통해 표현되며, 각각의 표정이 의미하는 바가 문화마다 독특하기 때문에 올바른 해석을 위해서는 정황을 알 필요가 있다는 점에 의견을 같이한다.[29] 예컨대 눈썹을 찌푸리는 행동이 북아메리카에서는 '불확실성'을 의미하지만, 보르네오에서는 '아니오'를 의미한다.[30]

한편 감정을 나타내는 몇몇 뚜렷한 표정들은 생물학적으로 밀접한 관련이 있고, 무의식적으로 행해지며, 모든 문화에서 유사한 의미를 내포하는 것으로 나타난다.[31] 이 견해 ─ 원래는 다윈이 처음 제안했고,[32] 나중에 다른 사람들이 더 손질했다[33] ─ 에 따르면 감정은 탈출이나 공격을 고려해 생리학적인 우선순위를 재편성함으로써 공격, 포식飽食, 걱정, 위험 등 특정한 사회적 행동을 이끌어내기 위해 존재한다. 인간 같은 사회적인 동물은 분노로 주먹을 휘두르거나 두려움으로 도망치는 등의 감정을 수반하는 '행동 성향'이 임박한 경우 원인을 제공한 다른 구성원들과 커뮤니케이션해서 보다 매끄러운 상호작용이 가능하도록 그들의 행동을 조정할 수 있다.[34] 그런 감정 상태에 대해 커뮤니케이션할 수 있는 집단은 커뮤니케이션을 협동의 계기로 이용할 수 있다.

이와 같은 표정들의 예를 살펴보자. 인간은 입꼬리를 추켜올리고 눈 주위를 에워싸는 근육을 수축시켜서 행복감을 표현한다. 또 입꼬리를 축 늘어뜨리고 속눈썹을 위로 치켜떠서 슬픔이나 걱정을 표시한다.[35] 행복이나 슬픔 외에도 여러 문화에서 유사한 방식으로 해석되는 듯 보이는 특정한 표정과 관련된 감정에는 분노와 혐오, 두려움, 놀람 등이 있으며, 범위를 좀더 확대하면 경멸, 당혹, 관심, 고통, 치욕 등도 여기에 포함된다.[36] 다양한 문화권에서 나타나고 인식되는 '만국 공통의' 구체적인 감정들은 사회적인 학습이 아니라 유전자의 작용에 의해 나타나는 듯 보인다. 이런 표정들은 무의식적으로 만들어지며, 특정한 형태와 동적인 행동을 수반한다.[37] 더불어 수많은 연구를 통해서 감정 반응의 생리와 감정을 나타내는 표정의 관계가 입증되었다.[38] 실제로 감정의 생리를 보여주는 경험적 증거들에 대한 최근 연구는 얼굴이 감정을 표현하는 핵심 기관 중 하나라는 명료한 결론을 보여준다.[39]

신경해부학적 토대

인간의 얼굴을 신경해부학적으로 분석한 연구는 표정이 몇몇 감정처럼 생물학적인 원인으로 나타날 수도 있고, 그 외 다른 표정처럼 사회적으로 학습될 수도 있다는 사실을 보여준다. 뇌에는 각각 다른 영역에서 시작되는 두 신경계가 존재하며, 이 신경계들이 표정을 조정하는 듯 보인다. 추체로운동계pyramidal motor system는 수의적인 얼굴 근육 움직임을 이끄는데, 대뇌피질 안에 있는 운동신경 가닥에서 시작된다. 반대로 추체외로운동계extrapyramidal motor system는 보다 본능적이고 감정적인 얼굴 근육의 움직임을 주도하며, 대뇌피질 밑에서 시작된다.[40] 이처럼 표정을 조정하는 신경계의 차이를 상세히 기록한 연구[41]는 충분히 신뢰할 수 있는데, 학자들에게 조직을 관통해서 내부 기관을 관찰할 수 있게 해준 CAT 스캔(컴퓨터 X선 체축體軸 단층 촬영술 — 옮긴이), PET 스캔(양전자 방출 단층 촬영술 — 옮긴이) 같은 현대 과학기술이 도입되기까지 이런 연구가 특정 뇌 기능 장애를 진단하기 위한 주된 진단 기준으로 이용되었기 때문이다.[42]

수의적·본능적인 얼굴 근육의 움직임은 신경계에 따라 다를 뿐만 아니라, 신경계가 조정하는 움직임 또한 다르게 나타난다. 대다수 사람들은 추체로운동계를 기반으로 하는 수의적인 움직임은 전적으로 노력에 의해 통제할 수 있다. 반대로 추체외로운동계를 기반으로 하는 얼굴 근육의 움직임은 얼굴을 구성하는 근육들의 동시다발적이고 매끄럽고 균형 잡힌, 일관성 있는 움직임을 주관하며, 반사적인 표정이나 화낼 때 나타나는 표정 등으로 특징지어진다.[43] 수의적인 움직임과 비교해서 말하면, 이 움직임들은 개인의 의지에 따른 통제를 상대적으로 적게 받는 편이다.

본능적인 표정과 수의적인 표정

미소에 대한 연구 결과가 이들 복합 신경계에 대한 연구를 가장 잘 설명해준다. 다윈의 동료 G. B. 뒤셴G. B. Duchenne은 만족감으로 유발되는 미소와 미소 짓는 척하지만 만족과는 전혀 상관없는 미소의 외견상 차이를 최초로 구별했다.[44] 에크먼과 프리젠은 긍정적인 감정에 의해 만들어진 진정한 미소가 눈 주위에 있는 근육(눈가에 주름살을 만드는 안륜근의 측면 부분)의 움직임과 함께 말려 올라간 입꼬리(주요 광대뼈 근육)를 특징으로 하는 반면, 인위적인 미소는 입꼬리만 올라가는 경향이 있다는 뒤셴의 관찰 결과를 뒷받침했다.[45]

에크먼과 프리젠은 뒤셴의 관찰 결과와 방대한 자료에서 도출한 자신들의 결과를 종합하고,[46] 안면 근육의 움직임을 분석한 신경해부학적 연구에 근거해서 뒤셴이 주목한 눈가 주름과 위로 올라간 입꼬리(뒤셴 표식이라고 불리는)[47]를, 긍정적인 감정에서 나온 미소('만족한 미소')와 그 외 다른 동기에서 나온 미소('불만족한 미소')를 구별하는 형태학적이고 동적인 여러 표식 가운데 하나일 뿐이라고 예측했다. 특히 그들은 다른 미소와 반대로 만족한 미소가 훨씬 완전한 좌우대칭(좌우대칭 표식)을 이룬다고 주장했다. 즉 만족한 미소는 미소가 시작해서 정점에 이르고 잦아드는 과정이 보다 매끄럽고, 입꼬리가 전체적으로 치켜 올라간다(매끄러움 표식). 또 다른 미소들과 비교했을 때 0.5~5초 동안 지속될 정도로 치켜 올라간 입꼬리의 전반적인 지속 상태가 상대적으로 한정되고 일관된 형태를 보여준다(지속성 표식). 그리고 입꼬리의 움직임과 눈가 주름이 거의 동시에 최대 수축 지점(미소의 정점)에 도달한다는 점에서 동시다발적이다(동시성 표식).

사회집단과 사회적 환경을 초월하여 수렴적 타당성을 보여주는 가장 반복적이고 잘 기록된 표식은 뒤셴이 처음 관찰한 표식(위로 올라가는 입꼬리와 동시에 눈가에 형성되는 주름)이다.[48] 이 표식은 특히 정지된 이미지 하나로 포착될 수 있다는 사실 때문에 관찰하기도 가장 쉽다.[49] 실험에 따르면 뒤셴 표식을 보여주는 미소는 피험자들이 긍정적인 감정을 이끌어낼 의도로 제작된 영화를 볼 때 증가하는 반면, 부정적인 감정을 이끌어낼 의도로 제작된 영화를 보면서 긍정적인 감정을 느끼는 것처럼 꾸며낼 때 감소하는 것으로 나타났으며,[50] 긍정적인 감정을 유발하는 영화 두 편을 보여준 다음 피험자들이 어떤 영화를 더 즐겼는지도 예측이 가능했다.[51]

뒤셴 표식을 보여주는 미소들은 다음과 같이 다양한 현상을 가늠하게 한다. 갓난아기의 미소를 보고 관찰자는 아기에게 접근하는 인물이 아기의 엄마인지 낯선 사람인지 가늠할 수 있으며,[52] 아기의 엄마가 조금이라도 미소를 짓고 있었는지 아닌지 알 수 있다.[53] 비행기 수하물을 잃어버려서 걱정에 휩싸인 사람이 언제 평정심을 되찾기 시작하는지도 알 수 있다.[54] 그 외에도 어떤 이가 다른 사람들이 자신에게 보이는 미소를 얼마나 만끽하는지,[55] 아이가 시합에서 이겼는지 졌는지,[56] 어떤 사람이 특정 농담이나 풍자만화에 즐거워했는지[57] 가늠할 수 있다. 마찬가지로 임상 분야에서도 뒤셴 표식을 보여주는 미소가 다양한 범주의 행동을 가늠케 한다. 이를테면 그 사람이 자신의 연인이 죽었을 때 성공적으로 극복할 수 있는 사람인지,[58] 입버릇이 고약한 간병인은 아닌지,[59] 절망에 빠진 사람인지,[60] 정신분열증이 있는 사람인지,[61] 대체로 병이 낫고 있는 사람인지,[62] 심리요법으로 성공적인 치료가 가능한 사람인지[63] 등을 가늠케 한다.

좌우대칭 표식은 비대칭적인 표정에 주목하는 몇몇 연구에 의해 관찰되었다.[64] 농담을 듣고 자연스런 반응으로 생기는 미소를 주시한 한 연구는 그 미소가 연구진이 이끌어낸 꾸며진 미소보다 훨씬 균형 잡힌 좌우대칭을 이룬다는 사실을 밝혀냈다.[65] 이것은 대측성(對側性 : 신경생리학에서 좌우대칭의 형태를 띠는 동물에게서 외적 작용이 가해진 체측의 반대쪽 체측에 나타나는 현상이나 반응을 나타내는 용어 ― 옮긴이) 대뇌피질 운동신경 부위(얼굴을 포함한 여러 부위의 의도적인 움직임을 통제한다)에 발병한 뇌종양으로 반측 안면 마비가 온 환자들도 농담을 듣고 좌우대칭적인 미소를 지을 수 있다는 임상 신경해부학자들의 관찰 결과와도 맞아떨어진다.[66]

앞에서 언급한 형태학적 표식에 대한 연구와 반대로 동적인 정보를 수집하는 데 따른 전적으로 어렵고 고된 과정 때문에, 불만족한 미소와 비교해서 만족한 미소의 동적인 특성을 검토한 연구는 극히 드물다.[67] 예컨대 세 가지 동적인 표식과 관련해서 출간된 논문은 여섯 편이 전부다. 이중 다섯 편은 매끄러움 표식을 검토했는데, 행복을 느끼도록 최면이 걸린 피험자들은 시작과 함께 긴 시간 동안 보다 매끄럽게 입꼬리가 올라가면서 눈가 주름을 동반한 미소(뒤셴 표식)를 보여주었다.[68] 또 다른 연구는 말썽쟁이 자녀들에게 독설을 일삼는 엄마들의 미소는 그렇지 않은 엄마들의 미소와 비교했을 때 갑작스런 상쇄를 특징으로 한다는 사실을 보여주었다.[69]

연구원들은 각각의 미소에서 나타나는 입꼬리의 움직임을 개별적인 구성 요소 — 개시 지속 시간, 정점 지속 시간, 상쇄 지속 시간 — 로 나눌 때 이 요소들의 지속 시간이 다른 미소에서와 달리 뒤셴 표식인 눈가 주름을 특징으로 하는 미소에서 매우 밀접한 관련을 보인다는 사실을 알아냈다.[70] 마찬가지로 두 가지 문맥에서 미소를 짓는 피험자들을 장면별로 분석해보면 다양한 상황에서 자연스런 감정이 만들어내는 미소의 진행 속도가 개시와 상쇄 부분에서 훨씬 매끄럽게 나타난다는 사실을 알 수 있었고, 그 사실은 이런 미소들이 반사적인 행동에 가깝다는 사실을 암시했다.[71] 또 연구원들이 알아낸 바에 따르면 자연스런 미소는 꾸며낸 미소와 비교했을

때 입꼬리 올라가는 게 훨씬 매끄러웠다.[72]

지속 시간 표식에 대한 연구는 자연스런 미소가 0.5~5초 지속되는 반면, 꾸며낸 미소는 훨씬 짧은 시간 동안 지속된다는 사실을 보여주었다.[73] 뒤셴 표식을 포함한 표본 미소의 지속 시간을 뒤셴 표식이 없는 표본 미소와 비교한 또 다른 연구는 미소 유형에 따라 미소가 지속되는 시간 차이는 거의 없지만 중간에 나타나는 미소의 변화에는 커다란 차이가 있으며, 뒤셴 표식이 있는 미소가 다른 미소보다 훨씬 덜 가변적이기 때문에 더욱 일관성 있게 지속된다는 사실을 보여주었다.[74] 끝으로 미소의 동시성 표식을 직접적으로 관찰한 연구 논문은 아직 존재하지 않는다. 이것은 불만족한 미소에는 만족한 미소에 나타나는 눈가 주름과 말려 올라간 입꼬리 조합과 비교할 만한 근육의 움직임이 전혀 없기 때문이다.

지금까지 감정을 표현하는 다양한 표정 가운데 전체적으로 미소 한 가지만 자세히 살펴봤지만, 분노나 비난, 혐오, 두려움, 슬픔, 놀람 등에 대한 의도적·본능적인 표현을 구별하는 유사한 형태적·동적 표식도 존재한다고 생각하는 편이 타당하다. 이런 표식들은 감정에 따라 독특하게 나타날 것이다. 하지만 다른 감정들에서 의도적이거나 본능적인 표현을 구별하는 세세한 차이나 동적인 흐름을 식별할 수 있는 데이터가 아직 존재하지 않는다.

표정이 충돌할 때

의도적이고 감정에 이끌리는 시스템들이 서로 충돌할 때 발생하는 표정에 대한 연구는 신뢰성이나 표현의 진실성을 평가하고자 할 때 거짓말 상황임을 나타내는 보증수표처럼 간주되기 때문에 특히 흥미롭다. 예를 들어 어떤 사람은 다른 사람의 불행을 보면서 생뚱 맞은 행복을 느끼기도 한다. 또 어떤 사람은 예의 때문에 실제로는 혐오스럽다고 생각하는 음식물에 만족한 표정을 꾸며내기도 한다. 보다 심각한 범죄나 테러를 예로 들면 범죄자는 실제로 심한 두려움을 느끼면서도 평온하고 이성적으로 보이려고 노력한다. 자살 성향이 있는 환자는 빨리 퇴원해서 자살을 시도하려는 목적으로 자신의 극단적인 비애감을 숨기려 할 수도 있다.

나는 폴 에크먼, 모린 오설리번과 함께 위험도가 높은 속임수 상황에서 나타나는 표정을 연구해왔다. 여기에서 높은 위험도란 들킬 경우 강력한 처벌이 뒤따르지만, 성공할 경우 커다란 보상이 있는 거짓말을 의미한다. 이런 맥락에서 보면 들키더라도 처벌받지 않고, 성공에 따른 보상도 없는 상황에서 자신이 어떤 사진을 선호하는지에 대해 거짓말하는 건 위험도가 낮다. 하지만 거짓말이 발각되면 전기고문을 당하고, 발각되지 않으면 100달러를 지급받는 상황에서는 동일한 거짓말이라도 위험도가 높아진다. 이것은 (윤리적인 차원에서 차이는 있지만) 법이 집행되는 실제 환경에서 행해지는 거짓말도 유사한데, 용의자는 거짓말이 성공할 경우 범죄를 저지르고도 무사히 도망칠 수 있지만 실패하면 감옥에 간다. 이런 위험도는 피험자들에게 감정의 수위를 높여주는 효과를 발휘한다. 에크먼은 이 같은 추론과 다른 관찰 결과들을 바탕으로 해서 감정이 이끄는 표정들이 의도적으로 만들어지는 표정들과 어떻게 상호작용을 하는지 설명하는 네 가지 개념을 이끌어냈다.[75]

1 신뢰할 수 있는 행동 단위 | 이것은 표정을 꾸며내려고 할 때 의도적으로 연출하기가 거의 불가능한, 어떤 감정이 생겼을 때 움직임을 억제하기 매우 어려운 안면 근육과 관련이 있다. 이 근육은 이마에 중점적으로 모여 있지만, 이마에만 있는 것은 아니다. 연구에 따르면 20퍼센트에 이르는 사람들만 안륜근의 움직임(눈가 주름)을 통제할 수 있는데,[76] 가짜로 '만족한 미소'를 만들어내기 어려운 것도 바로 이 때문이다. 마찬가지로 피험자들 중 15퍼센트 미만이 다른 안면 근육의 도움 없이 눈썹 안쪽 구석에 있는 근육을 위로 움직일 수 있었다. 일반적으로 이 근육의 움직임은 슬픔이나 걱정이 있을 때 발견되고, 가짜로 꾸며내거나 억제하기가 거의 불가능하기 때문에 슬픔이나 걱정을 나타내는 신뢰할 수 있는 지표다.

2 시간의 역학 | 감정에 의해 만들어지는 표정은 빠르고 매끄럽게 나타나고, 지속 시간이 한정되며, 추체외로신경계에 의해 움직이는 표정과 일치하는 동시다발적인 구성 요소가 있다. 반대로 꾸며진 표정은 느리게 나타나고, 경련을 일으키는 경향이 있으며, 지속 시간이 일정치 않고, 동시에 정점에 이르지 않는 움직임을 보인다.[77]

3 미세 표정 | 최근의 실험적 연구는 얼굴 전면 혹은 부분적으로 나타나는 감정 표현 ─ 일반적으로 두려움이나 걱정이 주를 이루지만 혐오나 경멸, 심지어 기쁨까지 포함된다 ─ 이 궁극적으로 압축되어 나타날 수 있고, 비디오 프레임 몇 개에 포착될 정도로 빠르게 지나가서 훈련하지 않은 비전문가는 오직 비디오의 느린 재생 화면을 통해서 명확히 확인할 수 있음을 보여주었다. 이 '미세 표정'은 사람들이 감정을 억제

해야 할 중요한 이유가 있는 특정한 상황에서 나타나는 경향이 있다.[78] 예를 들어 에크먼은 자살 성향이 있는 정신과 환자가 기분이 나아졌고 퇴원할 준비가 되었음을 의료진에게 어떻게 설득했는지 설명했다. 그 환자는 퇴원한 뒤 곧바로 자살했다.[79] 인터뷰 영상을 검토했을 때 그 환자가 거짓말하고 있음을 암시하는 유일한 단서는 "앞으로 어떻게 할 계획인가요?"라는 질문에 언뜻 내비친 절망스런 표정이었다. 그 절망 스런 표정은 영상을 한 장면씩 프레임별로 분석했을 때 나타났고, 그마 저 곧바로 미소로 덮였다. 또 프랭크와 에크먼은 거짓말쟁이들에게서 비디오 프레임 세 장에 찍혔을 정도로 순식간(대략 10분의 1초)에 나타났 다가 사라진 두려움과 걱정을 암시하는 미세 표정을 발견했다.[80]

4 억압된 표정 | 이 표정은 차단된 표정이며, 통제된 표정에 의해 자주 감춰지기도 하는 실제 느낌을 표현하는 표정이다. 억압된 표정은 미세 표정보다 오랫동안 지속되는 경향이 있으며, 차단되는 과정이 관찰되 기도 한다.[81] 동료들과 나는 의지에 따른 표정과 본능적인 표정이 경합 하는 거짓말 탐지를 위한 방법론이라는 테두리에서 감정적인 표정과 관련된 자료들을 수집해왔고, 특정한 감정적 표정을 바탕으로 해서 거 의 75퍼센트의 확률로 거짓말쟁이와 정직한 사람을 구별할 수 있다는 사실을 밝혀냈다.[82] 하지만 모든 거짓말 탐지 상황이 우리가 연구한 경 우들만큼 위험도가 높은 건 아니다. 이를테면 예의를 차리기 위해서 하 는 거짓말은 특정한 감정적인 표정을 전혀 드러내지 않을 수도 있다. 그런데도 표정은 감정을 보여주는 진솔한 지표고, 이런 지표에 근거해 서 구체적인 신호의 신뢰성을 좀더 정확히 평가할 수 있으며, 어떤 사 람이 신뢰할 만한지 아닌지도 보다 정확히 평가할 수 있다.

목소리에 대한 고찰

표정이 감정을 물리적인 형태로 표현하는 유일한 매개체가 아니다. 비록 나와 동료들의 연구가 신체의 다른 부분은 제쳐두고 지나치다 싶을 정도로 표정에 집중해왔지만, 목소리도 특정한 감정에 대해서는 만국 공통인 신호 유형을 만들어낼 수 있음을 보여주는 연구도 있다. 이를테면 특정한 유형의 기초 진동수와 진폭을 갖춘 신호들은 분노를 두려움과 구별하고, 더 나아가 분노와 두려움을 다른 감정들과 구별한다. 감정을 표현하는 목소리의 이런 특징들이 여러 문화권에서 비록 제한적이긴 하지만 보편적으로 나타난다는 증거는 얼마든지 있다.[83] 예를 들어 화낼 때는 음조가 낮아지고 목소리가 커지는 반면, 두려울 때는 음조가 높아지고 목소리가 부드러워진다. 높은 음조와 부드러운 어조는 거짓말의 보편적인 특징이기도 하다.[84] 하지만 목소리에 나타나는 단서에 근거해서 속임수를 탐지하는 경우, 결과의 정확성은 62퍼센트 미만으로 표정에 의존한 결과보다 매우 낮다.[85]

신체에 대한 고찰

얼굴과 달리 몸은 의지에 따라 움직이는 경향이 있다. 예외도 있는데 극심한 두려움에서 오는 몸서리나 떨림이 그중 하나다.[86] 연구에 따르면 사람들은 거짓말에 대한 사회적으로 잘못된 믿음 때문에 거짓말할 때 표정이나 말투를 자제하는 데 집중하는 경향을 보인다. 하지만 일반적으로 몸은 불안감을 드러낼 뿐만 아니라 자신이 이야기하는 내용을 부정하는 다른 단서를 '누설'하기 일쑤다. 에크먼과 프리젠은 이것을 '누설 체계'라 불렀고,[87] 이후의 연구에서 미숙한 비전문가들도 찾아낼 수 있는 몇몇 행동 단서들을 입증했으며, 덕분에 거짓말 탐지의 정확성은 50퍼센트에서 60퍼센트로 높아졌다.[88]

일반적인 범주의 세 가지 몸짓은 행동이 제공하는 단서로 작용할 수 있다. 에크먼은 세 가지를 각각 조종자, 설명자, 상징자라고 이름 지었다.[89] 조종자는 손질하는 행동이며, 일반적으로 자신의 머리카락을 가다듬거나 귀를 만지고 천의 보푸라기 등을 만지는 손동작과 관련이 있다. 이런 행동은 팔을 문지르거나 코를 만지거나 입술을 깨무는 것처럼 위로하거나 진정하는 행동으로 보일 수도 있다. 이 신호들은 흔히 속임수의 위험을 알리는 '붉은 깃발 지표'로도 알려져 있지만,[90] 이를 뒷받침하는 연구들은 그다지 많지 않다.[91] 연구가 활발하지 않은 이유는 조종자에 해당하는 행동들이 거북한 상황에서도 증가하지만, 지극히 편안한 상황에서도 증가하기 때문일 수 있다.[92] 이 주제와 관련해 이전에 진행된 대다수 연구에 존재하는 문제점은 거짓말 상황이 위험도가 높지 않았으며, 참가자들의 불안감 수준도 조종자에 해당하는 행동을 이끌어낼 정도로 강력하지 않았을 수 있다는 사실이다. 조종자라고 불리는 행동의 근저에는 감정이 밀접하게 관련되어 있다.

설명자라고 불리는 둘째 부류의 몸짓은 발화, 즉 말을 수반하는데 말로 표현되는 내용 외에는 아무것도 의미하지 않는다. 설명자에 해당하는 행동은 주로 손을 통해 나타나지만, 머리나 눈썹을 통해 나타날 수도 있다. 설명자는 말의 리듬을 유지하고(지휘 역할), 사고의 방향을 가리키며(지시 역할), 특정한 단어나 개념을 강조하고(강조 역할), 공간적 관계를 보여주는(공간 역할) 등 많은 역할을 수행한다. 거짓말쟁이는 설명자에 해당하는 행동을 상대적으로 적게 보여주는데,[93] 이는 어떤 행동이나 말을 해야 할지 하지 말아야 할지 결정하는 과정에서 발생하는 상반된 감정을 경험하면서 인식적인 과부하가 초래되기 때문이 분명하다. 하지만 보통 사람들이 적절한 단어를 찾고자 할 때는 설명자가 증가하는 추세를 보인다.[94] 이들 행동의 근저에는 정신적인 노력과 밀접하게 관련되어 있다.

몸짓의 셋째 부류인 상징자는 다른 사람에게 '손가락 욕'을 한다거나, 긍정의 표시로 고개를 끄덕이거나 부정의 표시로 고개를 흔들고 잘 모르겠다는 의미로 어깨를 들썩이고, 엄지를 치켜세워서 오케이라고 하는 등 말을 대신하는 행위다. 이 상징자들은 진정한 비발화적인 언어로, 문화마다 특유의 의미가 있다. 이를테면 미국에서 '평화'를 의미하는 브이V 표시는 영국과 오스트레일리아에서 "엿 먹어라"라는 의미로 통용된다. 상징자는 문화에 따라 독특해서 우리는 이런 상징자를 이용해 그 사람이 어디 출신인지 충분히 알아낼 수 있다. 예를 들어 미국인과 이탈리아인에게 손가락으로 다섯을 세어보라고 요구하는 경우 이탈리아인은 보편적으로 엄지부터 꼽는 반면, 미국인은 검지부터 시작한다. 지중해 연안에 사는 사람은 '부정'을 표시할 때 빠르고 짧게 머리를 위로 까딱인다. 하지만 의사 표현이라는 맥락에서 보다 중요한 점은 이들 상징자 ─ 비발화적인 언어 ─ 가 사람들이 거짓말을 할 때 종종 발화의 형태로 표현된 언어를 부정할 수 있다는 사실이다.[95] 예를 들어 어떤 사안에 대해 입으로는 확실성을 표현하면서도 어깨를 으쓱하는 사람은 "난 그 돈을 가져가지 않았어요"라고 말하면서 살짝 고개를 끄덕이는 사람처럼 모순된 메시지를 전하는 것이다. 이런 행위들은 근본적으로 정신 작용을 나타내는 비발화적인 언어다.

좀더 포괄적인 측면에서 다른 영역의 신체 행동 역시 정보를 제공한다. 현실 세계의 진실성을 가늠하는 지표로써 몸짓을 연구한 비조직적인 관찰 결과가 심심찮게 보고된다.[96] 하지만 실험실에서 행해진 연구 결과가 그와 같은 관찰 결과를 항상 뒷받침하는 건 아니다.[97] 그런 결과들은 위험도가 높은 실험실 상황에서 검토된 적이 없기 때문에 연구원들은 해당 몸짓이 속임수와 관련된 정보를 제공하는지 아닌지 결론을 내릴 때 반드시 주의해야 한다.

진정성에 대한 오인과 신뢰

어떤 사람이 진실한 감정과 생각을 표현할 때 대부분 그것을 가늠케 하는 표식들이 존재한다. 하지만 사람들은 종종 이런 표시들을 오인한다. 사람들이 속임수와 관련이 있다고 믿는 단서들을 조사한 연구 결과를 살펴보면 이런 단서들 중 절반 정도만 과학적인 연구에 의해 뒷받침된다는 사실을 알 수 있다.[98] 따라서 자신이 '아는' 것 중 절반이 사실이 아니라는 점을 고려하면 신뢰성을 평가할 때 사람들은 진작부터 불리한 입장에 선다. 최근 연구에 따르면 감정을 나타내는 특정한 표정을 보는 경우 우리 뇌의 일정 부위가 반응하는 것으로 나타났다.[99] 이런 현상은 사람들이 진실한 감정을 인식하고 거짓 감정과 구별하는 일종의 전기 배선이 있으며, 그 배선의 어디에선가 정확성을 잃어버릴 수 있다는 점을 의미한다.

이 책의 저자 중 오설리번은 사람들이 정확성을 잃어버리는 이유를 자세히 보여준다. 지나치게 예의를 따지거나, 자신이 내린 판단의 정확성에 대해 잘못된 피드백을 받는 것도 그런 이유 가운데 하나다. 실제로 사람들에게 이러저러한 단서나 이론들을 무시하고 대신 거짓말을 판단하기 위해 '온 신경을 집중'하면서 거짓말쟁이와 정직한 사람을 판단하도록 요구하는 경우 정확성이 높아진다.[100] 더욱이 거짓 신호에 대해 지속적인 경계 태세를 유지하는 일은 비용이 많이 든다. 많은 수고가 필요할뿐더러 고단한 일이며, 개인 간에 발생하는 상호작용을 방해할 수도 있다. 따라서 평소에는 대다수 사람들을 신뢰하고 대부분의 신호가 진짜라고 믿되, 다른 어떤 상황으로 인해 주어진 신호의 진정성을 꼼꼼하게 확인하고 그 사람의 신뢰성을 확인할 필요가 있을 때만 레이더를 작동하는 편이 본인에게도 이로운 일이다.

심각한 거짓말을 하다가 들키면 파멸할 게 분명하다는 사실을 알기 때문에 사람들은 자기 주위에 신뢰할 만한 사람을 두고자 한다. 거짓말이 장기적인 측면에서 전혀 도움이 되지 않는다는 뜻이다. 이는 밀러링이 이 책에서 다른 사람을 신뢰하는 과정에서 의심을 유예하는 행위 – 쉽게 믿는 사람들은 어떤 것이든 맹신하는 경향이 있는데, 그런 믿음이 어긋나서 잠재적으로 나쁜 결과를 가져올 수도 있다는 사실을 전적으로 인식하면서도 불확실성과 취약성 문제를 대수롭지 않게 여긴다 – 에 대해 설명한 내용과도 딱 맞아떨어진다.

주의할 점과
결론

생각이나 느낌을 보여주는 단서들은 단지 단서일 뿐이다. 사람들이 어떤 생각을 하고 어떤 감정을 느끼거나 감추는지 보여주는 단서지, 속임수라거나 속임수가 진행되고 있다는 절대적인 증거가 아니다. 현재까지 '피노키오 반응' — 모든 사람에게 모든 상황에서 어떤 사람이 거짓말을 하고 있다는 사실을 가리키는 행동 표시 혹은 표시의 조합 — 을 보는 것처럼 확실하게 인간을 감정할 수 있는 사람은 아무도 없었다. 따라서 우리는 지금까지 설명한 어떤 행동 단서를 발견하더라도 그 사람이 왜 죄책감이나 두려움 혹은 기쁨을 드러내는지, 그 사람이 왜 그 말을 하는지 반드시 고려해야 한다. 속임수가 아니라도 그런 행동을 유발할 수 있는 다양하고 정당한 이유가 있을 수 있기 때문이다.

사람들은 속임수를 판단할 때 흔히 두 가지 오류를 범한다. 첫째 오류를 에크먼은 '오셀로의 오류'(셰익스피어의 오셀로가 자신의 의심과 비난 때문에 아내가 고통에 빠진 모습을 보고 실제 불륜을 저질렀다고 판단한 오류 — 옮긴이)라고 불렀다.[101] 셰익스피어의 비극적 영웅이 그랬듯이 거짓말 탐지자가 정직한 증인들에게 보여주는 불신은 그 증인들을 불안해하고 두려움에 질린 사람처럼 보이게 만들고, 그 때문에 그들이 마치 속임수를 쓰는 것처럼 보이게 한다. 이는 거짓말 탐지자가 자신이 봤다고 믿는 두려움 표시가 거짓말을 들킨 사람의 두려움인지, 불신을 당할까 봐 두려워하는 정직한 사람의 두려움인지 판단해야 한다는 의미다. 어튼이 설명하는 잉카제국과 스페인 군대의 이야기에서도 동일한 과정을 상상해볼 수 있다. 즉 스페인 군대의 질문 기술은 진실과 거짓을 떠나 정신적인 압박감을 조장했을 테고, 정신적인 압박감이나 두려움의 표시(이를테면 자주 침을 삼키는 등)가 속임수로 잘못 해석된 것이다. 속임수로 간주되는 표시가 발견되면 묄러링이 이 책에서 설명한 '의심의 유예'가 무산되고 신뢰가 없어진다.

둘째 오류를 에크먼은 '특이성의 오류'라고 칭했다.[102] 이 오류는 개인마다 다른 전형적인 행동 양식을 살피지 못함으로써 야기된다. 예를 들어 연구에 따르면 대다수 사람들은 거짓말쟁이들이 이야기할 때 눈을 맞추지 않는다고 믿는다.[103] 하지만 어떤 사람들은 수줍은 성격이나 부족한 자부심 때문에 일상적인 대화를 할 때 상대방과 눈을 맞추지 않기도 한다. 어떤 증인이 눈을 맞추지 않는다고 해서 그의 행동 유형을 모른 채 거짓말하고 있다고 해석한다면 십중팔구 명백한 실수로 이어질 것이다. 문화도 똑같다. 이를테면 어떤 문화권에서는 권력자의 눈을 똑바로 쳐다보지 않는 행동이 존경의 표시로 간주된다.

이런 사실은 단순히 속임수를 암시하는 표시들을 찾으려는 법 집행 차원의 시도나 그 외 다른 시도들이 전후 문맥을 바탕으로 그 표시들을 검토하지 않으면 잠재적으로 오류를 범할 수 있다는 뜻이기도 하다. 하지만 관찰자들이 이 단서들을 말 그대로 단서―생각이나 감정을 보여주는 표시―로 간주하고, 수사관이 체계적인 질문을 던지거나 어떻게 조사할지 접근 방법을 찾도록 도와주는 행동의 '핫스폿'으로 이용하여 대화 중 어느 부분에서 용의자가 불편해하는지 밝혀낸다면 매우 유용하게 활용될 수 있다.[104] 이런 접근법은 행동에서 속임수를 간파하는 가장 효과적인 방법이, 이를 테면 표정이 매우 풍부한 사람이 특정 주제에 직면해서 갑자기 표정이 없어질 때, 말과 말 이외 신호가 일치하지 않을 때 — 어떤 사람이 살인에 대해 이야기하면서 미묘한 혹은 '미세한' 행복감을 표시하거나, 점심 메뉴처럼 전혀 무해한 주제에 대해 이야기하면서 두려움을 표시하고, 확실하다고 주장하면서 미세하게 어깨를 으쓱거리는 행동 등 — 처럼 기본적인 행동에서 나타나는 변화를 살피는 것임을 암시한다. 기본적인 행동에서 나타나는 이런 변화를 식별하도록 훈련받은 수사관들은 보다 유능한 취조관이 될 수 있으며, 그들의 눈앞에서 벌어지는 행동의 진정성을 밝혀내는 데 보다 뛰어난 능력을 발휘할 수도 있다.

동료들과 나는 법 집행 업무와 관련된 교류를 하면서 수사관들에게 그들이 위에서 언급된 변화나 행동의 불일치를 발견할 때 '거짓말'이라고 판단을 내리지 말도록 권유한다. 그 대신 핫스폿이 나타나는 것에 주목하라고 권유한다. 과거에 우리가 주목했듯이, 즉 어떤 사람에게 일찍부터 '거짓말쟁이'라는 딱지를 붙인 수사관들은 자신이 진범을 잡았다는 믿음 때문에 — 법을 집행하는 훈련된 공무원을 포함해 대다수 사람들은 거짓말을 분간하는 자신의 능력에 신중을 기해야 한다고 알려주는 수많은 근거에도 — 이후의 정보 수집을 게을리하는 경향을 보인다는 사실로 미루어 핫스폿의 식별은 수사관에게 계속 정보를 수집하도록 독려한다.[105]

이런 접근법은 자백을 강요하는 억압적인 추궁이 속임수를 밝혀내는 데 유용한 어떤 행동도 유발하지 못할 거라는 사실을 인정한다. 따라서 행동을 관찰하는 것은 신뢰가 쌓인 환경에서 수사관의 정보 수집을 돕기 위한 수단일 뿐, 그 자체가 증거는 아니다.[106] 어떤 사람이 거짓말하는 것을 확실하게 아는 유일한 방법은 이론의 여지가 없는 확증을 찾아내는 것이다. 그런 확증은 사람들이 최대한 편안히 느낄 수 있는 환경에서 물리적 증거를 세밀하게 관찰하고, 용의자와 증인, 정보 제공자의 진술을 비교함으로써 얻을 수 있다.

끝으로 법 집행과 관련된 상황은 신뢰가 중단되는 매우 드문 환경이다. 이런 환경은 신뢰를 확립하는 데 장애가 되지 않는다. 법 집행 관련 업무를 한 내 경험에 따르면 자신이 취조하는 사람이 믿을 수 있는 사람인지 아닌지 판단을 유보할 수 있는 수사관이 보다 훌륭한 취조관인 듯하다. 서투른 취조관은 아무도 믿을 수 없다고 가정하는 경향이 있으며, 그들은 속임수가 많은 세상에서 일하기 때문에 업무를 성공적으로 수행하는 것처럼 보일 뿐이다(말하자면 수사관이 취조하는 사람들의 80퍼센트가 거짓말을 하려는 환경에서 수사관은 자신이 취조하는 사람들이 모두 거짓말쟁이라고 가정하면 80퍼센트의 옳은 판단이 가능하다).[107] 신뢰를 중단하기보다 신뢰하려는 태도를 갖춘 수사관은 극히 드물뿐더러, 그런 수사관은 일반적으로 동료들이나 취조 대상의 사회적인 압력에 의해 법을 집행하는 업무에서 밀려난다. 신뢰를 중단함으로써 수사관들이 문화적 규범과 예절, 기타 전제로 구성된 모호함을 헤치고 행동 신호의 진정성을 보다 명료하게 해석할 수 있다는 건 흥미로운 사실이다. 그런데도 불신은 우리 인생을 유쾌하게 만들어주는 사소한 왜곡에서 나오는 모든 즐거움을 삼키고 만다. 우리는 유쾌한 일상생활을 위해서라도 불신이 불행한 대인 관계라는 사실을 주지해야 한다.

_ 모린 오설리번Maureen O'Sullivan

샌프란시스코대학의 심리학 교수다. 사람들이 서로 이해하는 방식에 관심이 많아 사회적 감성지수 테스트를 고안하고, 까다롭게 선별된 거짓말 탐지 전문가(진실의 마법사) 집단의 거짓말 탐지 능력을 연구했다. 낭만적인 사랑과 열정, 공손함에 관한 연구도 진행했다.

_ 모린 오설리번Maureen O'Sullivan

샌프란시스코대학의 심리학 교수다. 사람들이 서로 이해하는 방식에 관심이 많아 사회적 감성지수 테스트를 고안하고, 까다롭게 선별된 거짓말 탐지 전문가(진실의 마법사) 집단의 거짓말 탐지 능력을 연구했다. 낭만적인 사랑과 열정, 공손함에 관한 연구도 진행했다.

보통 사람이 속임수를 간파하는 데 서투른 이유

모린 오설리번

그런데 뱀은 여호와 하나님이 지으신 들짐승 중에 가장 간교하니라. 뱀이 여자에게 물어 이르되 하나님이 참으로 너희에게 동산 모든 나무의 열매를 먹지 말라 하시더냐. 여자가 뱀에게 말하되 동산 나무의 열매를 우리가 먹을 수 있으나 동산 중앙에 있는 나무의 열매는 하나님의 말씀에 너희는 먹지도 말고 만지지도 말라 너희가 죽을까 하노라 하셨느니라. 뱀이 여자에게 이르되 너희가 결코 죽지 아니하리라. 너희가 그것을 먹는 날에는 너희 눈이 밝아져 하나님과 같이 되어 선악을 알 줄 하나님이 아심이니라.

「창세기」 3장 1~5절[1]

3장에서 마크 프랭크는 거짓말에 따른 감정과 사고의 혼란이 속임수를 간파하기 위해 사용되는 식별 가능한 단서가 될 수 있음을 살펴봤다. 놀랍게도 이런 단서를 활용하는 사람은 거의 없는 듯하다. 최근 100편이 넘는 거짓말 탐지와 정확성 연구 자료를 검토한 결과에 따르면, 거짓말을 탐지하는 평균적인 정확성은 우연일 확률보다 약간 높을 뿐이다. 그런데도 진실을 좀더 잘 판별할 수 있는 거짓말 탐지 전문가(진실의 마법사)가 소수 존재한다. 차차 알겠지만 그들은 우리의 어머니인 하와를 포함해 대다수 사람들이 사회적인 판단을 내릴 때 방해를 받는 동기와 인지적 한계 때문에 혼란을 겪지 않는다.[2]

불쌍한 하와는 확실히 거짓말 탐지 전문가는 아니었다. 그녀는 인류 최초로 속임수에 넘어간 인물이지 결코 마지막은 아니다. 하와가 주연을 맡은 「창세기」 구절은 거짓말과 거짓말쟁이를 관찰한 내용을 담고 있다. 뱀은 '간교한' 짐승이다. 바꿔 말해 사람을 설득하는 건 위압적인 태도보다 교묘하게 환심을 사는 태도다. 교활하게도 뱀은 남자가 아닌 여자에게 접근한다. 모든 사람이 똑같이 속이기 쉬운 표적이 아니기 때문이다. 그렇다면 유혹은 무엇일까? 단순히 달콤한 과일의 차원을 넘어 선악을 구별할 수 있도록 해주는 과일의 신처럼 되는 능력이다. 즉 우리가 모르는 어떤 것을 아는 것이다. 거짓말쟁이는 누구일까? 뱀이 아니다. 뱀의 이야기는 사실이었고, 아담과 하와는 죽음을 맞이하는 대신 선과 악에 대해 알았다. 신이 거짓말쟁이일까? 아담과 하와는 육체적으로 죽지 않았다. 원치 않는 땅인 에덴의 동쪽으로 이주하라는 사회학적 죽음을 맞이했을 뿐이다.

무엇이 실질적으로 거짓말인지 정의를 내리는 어려움은 이 책의 저자들이 직면한 문제지만, 여기에서는 나름의 목적을 가지고 과연 하와가 뱀을 도왔는지 돕지 않았는지 살펴보자. 왜 하와는 신을 제쳐두고 뱀을 믿었을까? 하와는 정말 신이 속임수를 쓴다고 믿었을까? 그녀는 진심으로 뱀을 믿었을까? 아니면 그 과일이 정말 맛있어 보여서, 호기심 때문에, 현명해지는 것에 관심이 많아서 뱀을 믿었을까? 우리는 눈앞에 놓인 다소 뻔해 보이는 거짓말이 진실이길 바라는 경향이 있으며, 그런 경향 때문에 수많은 거짓말이 성공을 거두기도 한다.[3]

동시에 여러 여자와 결혼한 사기꾼들을 생각해보라. 그들은 많은 여자를 매혹했다는 점에서 주목받을 만하다. 하지만 그들에게는 두드러진 개인적 특성이 없다. 이를테면 좀처럼 부자도 아니고, 잘생기지도 않았으며, 지적이거나 매력적이지도 않다. 하지만 타고난 능력, 예컨대 그들의 이야기를 그대로 믿고 싶어하는 사람을 알아보는 능력이 있다. 그들은 '봉' 같은 사람을 속이는 데 양심의 가책을 느끼지 않는다. 자신의 이야기에 담긴 사소한 모순 따위는 걱정하지 않으며, 여자들의 특정한 취약점에 따라 이야기를 바꾸기도 한다. 객관적으로 볼 때 대다수 사기꾼들은 뛰어난 거짓말쟁이가 아니다. 예컨대 돈후안 같은 남자에게 속아 넘어간 여자들은 가족과 친구들이 뭔가 이상하다고 경고했지만, 당시에는 그런 경고를 믿고 싶지 않았다고 술회한다. 그 여자들이 사람을 쉽게 믿는 타입이었을까, 아니면 로맨스나 정에 대한 의욕이 커서 속임수를 깨닫지 못했을까?

우리는 대부분 우아한 사회생활을 위해 사소한 속임수와 결탁한다. 언뜻 보기에도 괜찮아 보이지 않는 친구가 자기는 괜찮다고 말할 때 그의 말을 수긍해준다. 음식을 남긴 손님이 음식은 맛있는데 배가 고프지 않을 뿐이라고 하는 말을 그대로 믿는다. 우리는 수많은 거짓말을 일상적인 예의로 간주하며 용인한다. 그렇게 하는 편이 사회라는 기계의 윤활유 역할을 한다고 생각한다. 하지만 이처럼 거짓말을 계속 용인하는 관행은 심각한 거짓말이 개입되었을 때 이를 간파하는 우리의 능력을 갉아먹기도 한다.

예술과 희롱, 날조 그리고 공공의 행복에 기여하는 기타 요소

바넘은 "속여 먹기 쉬운 멍청이가 1분에 한 명씩 태어난다"고 이야기한 것으로 자주 인용되지만, 이 전설적인 흥행업자가 의미하고자 한 바는 덜 냉소적이고 더 사실적인 견해처럼 보이는 "사람들은 사기당하는 걸 좋아한다"일지도 모른다. 우리는 왜 특정한 경우에 속는 것을 즐거워할까? 우리는 어째서 속임수로 즐거움을 주는 노련한 사기꾼을 높이 평가할까? 자진해서 거짓말을 들어주고, 불신을 유예하는 능력에 따른 적응 가치는 무엇일까? 왜 특정한 속임수를 즐기는 것처럼 보일까?[4]

15장에서 케니스 필즈가 주목하는 것처럼 코요테는 많은 문화권의 설화에서 사기꾼으로 등장한다. 미국 버전 중 하나는 만화 캐릭터 와일리 코요테Wyle E. Coyote다. 기이한 속임수를 사용하고, 그에 상응한 벌을 받는 와일리 코요테의 모습은 웃음을 자아낸다. 우리는 코요테를 응원하는 입장과 응원하지 않는 입장 사이에서 오가기를 반복한다. 급변하는 감정 상태는 마술 쇼를 구경하면서 얻는 즐거움이기도 하다. 사람들은 자신이 속을 거라는 사실을 알면서도 한편으로는 속기 위해서, 한편으로는 혹시 속임수를 알아낼 수 있을까 해서 마술 쇼에 간다. 사람들은 왜 속임수에 넘어가고 싶어할까? 어쩌면 속임수가 주는 놀라움 때문일 것이다.

놀라움은 분노나 두려움, 기쁨, 혐오와 더불어 기본 감정 가운데 하나다. 보편적이고 생물학적 근거가 있으며, 해당 종의 적응 기능을 충족할 때 그 감정을 기본적이라고 이야기할 수 있다. 이를테면 분노는 다른 사람이 우리를 다치게 하지 못하도록, 혹은 우리가 목표를 달성하는 것을 방해하지 못하도록 제지하는 행동에 힘을 실어준다. 두려움은 우리가 유해한 대상에게서 도망가게 해준다. 기쁨은 우리가 음식과 섹스, 가족, 그 외 삶을 유지하는 데 필요한 요소를 추구하도록 만든다. 하지만 긍정적인 사건이나 부정적인 사건에 나타날 수 있는 놀라움은 어떤 적응 목표를 충족할까?

교육과 관련해 진행된 최근 연구는 앞뒤가 맞지 않는(즉 놀라운) 정보가 덜 놀라운 정보보다 학습 효과가 크고 기억도 오래 지속된다는 사실을 보여준다. 이 연구 결과에서 놀라움은 우리가 새로운 것을 학습하도록 ― 세상과 자신에 대해서 해당 정보를 더 오랫동안 기억하고, 마음속에 보다 정교한 원형原型을 새기도록 ― 도와준다고 주장하는 건 지나친 비약이 아니다. 따라서 속임수를 써서 우리를 놀라게 하는 사람들은 우리가 활기를 유지하고 정신적·정서적으로 유연성을 발휘하도록 해주며, 개인적·상호적인 생활 전반에서 미지의 것들을 더욱 잘 터득하게 해준다.[5]

11장에서 톰 루츠는 자신의 감정을 가지고 장난치는 행위에 대해, 자신이 보인 악어의 눈물에 넘어가지 않은 여인과 사랑에 빠지는 과정에 대해 묘사한다. 그는 놀라움을 경험했다. 그는 자신에게 있는 어떤 점들을 배웠고, 그 여인을 통해 아마도 계속 자신의 어떤 점들을 배워나갈 것이다. 윌리엄 밀러는 미술관에서 예술 작품을 감상하면서 자신을 미술비평가라고 여기는 자신의 모습을 깨닫고, 동시에 다른 사람들이 어쩌면 자신의 행동을 지켜보고 있을지도 모른다고 생각하는 현상을 묘사했다.[6]

로맨틱하고 성적인 관계에서도 상호적이거나 개인적인 속임수가 만연하다. 그런 관계는 흔히 가벼운 수작으로 시작한다. 수작이란 욕망과 자신이 '자유로운' 상태임을 나타내는 일종의 표현일 수 있지만, 상대의 환심을 사거나 주도권을 행사하기 위해, 파트너를 구하는 일과 상관없이 다른 이유로 만들어진 매력적인 허구일 수도 있다. 필립스가 쓴 글처럼 "수작은 모든 것을 농담으로 만들고, 그렇게 함으로써 우리는 다양한 방식으로 '잠재적인 연인'에 대해 알아간다. 수작은 우리에게 뻔한 거짓말의 매력을 보여준다".[7]

옷과 화장, 몸가짐을 통해 되도록 좋은 인상을 주려고 하는 행동은 인간관계의 초기 단계에서 나타나며, 흔히 보고되는 속임수의 유형이다. 이 책의 지은이 가운데 제프리 핸콕이 제시한 자료에 따르면, 온라인상에 개인 프로필을 적을 때 여자들은 나이와 몸무게를 줄이고 남자들은 키를 늘린다. 수많은 잡지와 책들이 그런 속임수를 적절한 연애 전략이라고 부추긴다. 또 해니 패리드가 이 책에서 설명한 것처럼 유명 연예인을 이상화하는 묘사는 성적으로 바람직한 외모를 만드는 방법을 보여주는 일종의 안내서 역할을 한다.

변함없이 '사랑'을 유지하는 행동과 관련되어 있다고 할 수 있는 인지적 · 감정적 자기기만은 상대적으로 알려진 것이 거의 없는 편이다. 철학자 로버트 솔로몬Robert Solomon은 로맨틱한 사랑을 의도적인 인지 작용의 결과물―성적 욕망이 부추기는 의지에 따른 행동―로 간주하는 설득력 있는 주장을 내놓았다. 이 관점을 뒷받침하는 증거는 세월이 흐르면서 결혼의 토대 역할을 해온 로맨틱한 사랑의 발생 정도와 기대가 바뀌어가는 모습을 통해 찾아볼 수 있다. 이전 세대 젊은이들은 비록 자신이 사랑하는 사람이 아니라도 적당한 배우자를 만나면 기꺼이 결혼하려고 했다. 정략결혼을 받아들이던 여러 문화권의 커다란 변화 역시 솔로몬의 주장을 뒷받침한다. 로맨틱한 사랑의 중요성에 대한 인식은 그 사회가 필요로 하는 것이 무엇인가에 따라 문화마다 다르다. 로맨틱한 사랑에는 프라이버시와 여가, 개인주의적 성향 등이 필요하다. 하지만 모든 사회가 이런 요소들을 제공할 수 있는 건 아니며, 이런 요소들을 제공하지 못하는 사회에 사는 사람들에게 로맨틱한 사랑은 어리석은 혼란에 불과하다.[8]

소수의 사람들만 속임수를 간파할 수 있는 이유

뱀은 하와를 유혹할 때 금단의 열매를 먹으면 선악에 대한 지식을 얻어 신처럼 될 거라고 말했다. 그렇다면 신들만 선악을 안 이유가 무엇일까? 아마도 선악의 이중성을 이해하는 능력이 소수의 사람들만 감수할 수 있는 감정 비용과 소수의 사람들에게만 허락된 지성을 필요로 하기 때문일 것이다. 소설가 스콧 피츠제럴드F. Scott Fitzgerald의 글처럼 "최고의 지성을 결정짓는 기준은 머릿속에 대립되는 두 관념을 동시에 수용하면서도 일이 제대로 되어가게 만드는 능력이다. 예를 들어 최고 지성을 갖춘 사람은 어떤 사안에 임하여 그 문제가 절망적이라는 사실을 알아볼 수도 있어야 하지만, 그 문제를 풀어나가려는 단호한 결심도 있어야 한다".[9]

우리는 대부분 최고 지성을 갖춘 사람들이 아니다. 대다수 사람들이 자신을 현실적인 관점보다 긍정적으로 편향된 관점에서 보려 한다는 건 명백하게 입증된 사실이다. 상대적으로 덜 긍정적인 편견을 가지고 자신을 평가하는 사람들은 쉽게 의기소침해지는 경향이 있는 반면, 자기기만이든 긍정적 환상이든 비현실적인 자아 인식으로 자신을 평가하는 사람들은 보다 긍정적인 기분을 경험한다는 식으로 이야기하는 경향이 있다.[10]

선과 악을 동시에 앎으로써 생기는 비용에 대해 잠시 살펴보자. 한 남자가 아내의 외도를 의심한다고 가정했을 때 그 사람은 무슨 일을 할 수 있을까? 아내에게 직접적으로 외도 의혹을 제기하는 건 충분한 근거가 있든 없든 부부 관계의 파경을 초래할 수 있다. 그런 불신의 말 때문에 부부 관계가 깨질 수 있다면 차라리 모르는 게 약이다. 제프리 밀러Geoffrey Miller는 "전적인 신뢰와 전적인 불신 사이에는 부분적인 신뢰처럼 중간에서 적당히 타협할 수 없는 이분법적인 조종 스위치가 존재하는 듯하다"라고 말한다.[11] 따라서 배우자는 모든 걸 알거나 전혀 모르는 편이 마음 편할 수 있다. 선과 악을 동시에 모두 알고 있으면 무엇이 적절한 행동인지 판단하기가 더욱 어려워진다.

　다른 사람이 속임수를 사용할 때 그것을 알아차리기가 얼마나 어려운지 보여주는 연구 사례가 두 건 있다. 이 연구에서 관찰자들은 대화의 일부 요소에 근거하여 누가 거짓말을 하는지, 진실을 말하는지 판단하도록 요구받았다. 먼저 여자들이 자신의 감정에 대해 이야기하는 비디오테이프 ― 절반은 거짓말하는 여자들을 보여주고, 나머지 절반은 진실을 말하는 여자들을 보여주는 ― 가 준비되었다. 첫째 집단 관찰자들에게는 소리를 제거한 채 얼굴을 찍은 화면만 보여주었고, 둘째 집단에게는 역시 소리를 제거한 채 신체만 촬영한 화면을 보여주었다. 셋째 집단에게는 목소리만 들려주었고, 넷째 집단에게는 문서로 정리한 인터뷰 내용을 읽게 했다. 이렇게 해서 내려진 판단은 목소리와 영상이 완전하게 갖춰진 비디오 기록을 관찰한 또 다른 관찰자 집단의 판단과 비교되었다. 관찰자들은 번갈아가며 네 가지 상황을 모두 경험한 다음 여자들의 정직성을 평가했다. 관찰자들의 정직성에 대한 판단은 정확성이란 측면에서 우연히 맞을 확률과 커다란 차이를 보이지 않았지만, 그들은 거짓말하는 사람들과 정직한 사람들을 관찰할 때 다른 방식으로 정보를 받아들여 활용하는 것을 보여주었다.

　관찰자들은 실제로 정직한 사람들을 평가할 때 결론을 내리는 과정에서 가능한 모든 경로를 활용했다. 각각의 상황(얼굴, 신체, 목소리, 말)을 경험한 뒤에 내려진 평가도 완전한 시청각 기록을 근거로 한 평가와 상당 부분 일치했다. 하지만 실제로 부정직한 여자들을 상대하는 경우에 관찰자들은 여자들이 한 말을 평가하고, 비언어적인 경로들은 무시하는 경향을 보였다. 다시 말해 관찰자들이 정직한 사람을 대할 때와 부정직한 사람을 대할 때 인상 형성 전략이 달랐다는 뜻이다. 비록 관찰자들은 정직하거나 부정직한 여자들을 정확하게 구별하지 못했지만, 그들에 대한 인상을 형성할 때 제각각 행동의 다른 측면들에 주목했다. 이런 현상은 대다수 사람들이 다른 사람을 거짓말쟁이라고 단정 짓기가 왜 어려운지 보여준다.[12]

벨라 드폴로Bella DePaulo 역시 유사한 연구 결과를 발표했다. 관찰자들은 정직한 사람과 거짓말쟁이를 정확하게 구별하지 못했지만, 편안해 보이는 관점에서 사람들을 평가하도록 요구하자 그들이 내린 평가는 화자의 실질적인 정직성과 높은 수준으로 일치했다. 사만다 만Samantha Mann과 알데르트 브리지Aldert Vrij는 사람들에게 거짓말쟁이와 정직한 사람은 각각 얼마나 열심히 자신의 생각에 빠져 있는가 하는 질문을 통해 유사한 결과를 얻었다. 비록 관찰 대상에 대한 직접적인 판단은 정확하지 않았지만, 관찰자들은 거짓말쟁이가 정직한 사람보다 뭔가를 생각하느라 열중한 모습을 보인다고 평가했다. 이 관찰자들은 거짓말쟁이가 진실을 이야기하는 사람에 비해 상대적으로 편안해 보이지 않다거나 잡생각이 많아 보인다고 말할 때 주저함이 없었다. 하지만 그 전제를 실제로 '거짓말쟁이'에게 적용하는 문제에 직면해서는 놀랄 정도로 못마땅해했다. 이런 못마땅함은 속임수를 간파하는 데 따른 사회적인 부담을 떠맡기 꺼리는 데서 유래한다고 할 수 있다. 선악을 구별하는 방법은 나름대로 알지만, 그와 관련해서 어떤 조치를 취해야 한다는 사실이 부담스러운 것이다.[13]

이와 관련하여 브룩 해링턴은 주식시장에서 투자자들이 사기 당했다는 사실을 깨달은 뒤 보이는 반응을 설명한다. 그들은 일반적으로 체면 때문에 사기 당했다는 사실 자체를 부인하며, 자신의 실수에서 아무것도 배우지 못한다.

거짓말의 정확한 간파를 방해하는 행동적 요소

인간이라는 종 전체를 놓고 볼 때 정보 처리는 인간의 몇 가지 안 되는 장점 중 하나인데, 우리가 진실을 식별하는 데 그렇게 서투르다는 사실은 당황스럽기 그지없다. 우리는 다른 사람들이 우리를 속이고자 한다는 사실을 확실히 알고 있다. 입에 발린 찬사는 친절한 축에 들며, 더 위험한 속임수 중에는 신분 도용이나 국가정책을 정당화하는 행위 등도 있다. 하지만 사람들은 만화에서 찰리 브라운이 시도 때도 없이 여동생 루시의 공을 차는 것처럼 계속 속임수에 넘어간다. 나는 앞에서 믿을 수 없는 것을 믿는 행위의 저변에 깔린 동기를 다뤘다. 사람들이 바보처럼 속는 또 다른 이유는 사회적인 예의범절에 지나치게 신경 쓰기 때문이다.

사회생활을 잘하려면 화자의 입장에서는 인상 관리 전략을 조직화할 필요가 있으며, 청자의 입장에서는 그런 화자의 전략을 수락해줄 필요가 있다. 이 책에서 게리 파인은 소문을 퍼뜨리는 그룹과 소문을 들어주는 그룹 사이에 발생하는 모순을 논의한다. 게리 파인은 소문과 관련해 그 소문을 사실로 믿을 수 있는지는 전혀 중요한 문제가 아니며, 과연 상대방이 동참할 필요가 있을 정도로 그 대화를 중요하게 생각하는가 하는 점이 문제의 핵심이라고 주장한다.

즉 청자는 실질적인 사실성 유무보다 주어진 주제로 진행되는 사회적인 상호작용이 중요한 것처럼 행동한다.

이와 유사한 조직화가 개인적인 차원에서도 일어난다. 어떤 대화나 인간관계가 지속되려면 개인의 인상 관리 전략이 그 사람의 대화 상대나 그 사람과 관계가 있는 상대에 의해 비록 사실로 믿기지 않더라도 반드시 수용되어야 한다. 데일 카네기 코스를 수료한 사람들이나 개인 광고를 통해 연인을 찾는 사람들, 성형수술을 받은 사람들은 자신의 실제 모습보다 조금이라도 나아 보이고자 하는 욕구가 있다. 그런 욕구나 노력을 발견한 사람은 그들에게 좀처럼 "감히 누구를 속이려고 하는 거야?!"라고 말하지 않는다. 자신의 인상을 관리하는 행위와 다른 사람들의 인상 관리에 협조하는 행위는 오랜 진화를 거친 문화적 역사가 있는 사교술이다.[14]

따라서 이런 청자나 기만 대상은 둘러대기, 가식적인 행동, 희망적 사고 등 적당히 균형 잡힌 시소게임에서 필수 불가결한 요소다. 성인군자나 독실한 종교인, 정신이상자를 제외한 모든 사람은 일상적인 사회생활에서 거짓말쟁이를 믿음으로써, 적어도 능동적으로 그들의 이야기를 무시하지 않음으로써 그들과 결탁하고 있을 뿐만 아니라 그 시대의 사회 관습이 요구하는 방식으로 그들과 상호작용을 한다. 그런 결탁은 식사하면서 맛있다고 한다든지, 예술 작품을 보면서 관심을 표현하고, 최근에 만난 마음에 들지 않는 파트너 앞에서 표정 관리를 하는 것처럼 사회의 보편적인 예절에서 쉽게 관찰할 수 있다.

거짓말의 정확한 간파를 방해하는 인지적 요소

믿고자 하는 욕구와 사회적으로 기대되는 행동을 하는 것 모두 사물의 진정한 실체를 꿰뚫어보는 능력을 퇴화시킨다. 더불어 인간의 사고는 광범위한 인지적 휴리스틱(어떤 문제에 대해 의사를 결정할 때 시행착오를 줄이기 위해 먼저 비효율적이고 타당하지 않은 것들을 제외한 뒤 가장 효율적이고 적당한 해답을 찾아 상식화하는 경험적 지식 — 옮긴이)을 활용하거나 지름길을 생각하는 특징이 있다. 이 특징은 곤란한 문제에 적절한 해답을 제공하기도 하지만, 때로는 우리를 잘못된 길로 인도하기도 한다.[15]

1974년에 아모스 트버스키Amos Tversky와 대니얼 카너먼Daniel Kahneman은 사람들이 정보가 완전하지 않은 상태에서 의사를 결정할 때 사용하는 논리에서 나타나는 일관되고 예측 가능한 오류의 유형을 설명했다. 그들에 따르면 이 오류의 상당 부분은 사람들이 일상생활에 적응하도록 도와주고 '꽤 괜찮은', 즉 '만족스러운' 의사 결정을 신속하게 내리도록 도와주는 지름길이나 휴리스틱을 제공하기 때문에 발생한다. 가장 만연한 휴리스틱 중 하나가 '대표성', 즉 사람들이 특정한 사건이 얼마나 보편적인가 혹은 얼마나 대표성이 있는가 하는 측면에서 판단하는 성향이다. 낯선 사람을 가리키며 그 사람이 아동 성추행범인지 아닌지 판단하도록 요구할 경우 사람들은 아닐 거라고 생각한다.[16]

최근에 뉴욕타임스는 대표성에 대한 편견이 속임수를 용이하게 하는 데 어떤 역할을 하는지 보여주는 놀라운 사례를 보도했다. 유죄판결을 받은 그 소아성애자는 스물아홉 살인데, 열두 살짜리 학생으로 가장해서 애리조나의 여러 학교에 입학했다. 그를 학교에 입학시킨 보호자들은 자신이 그 사기꾼의 할아버지나 삼촌이라고 주장했다. 하지만 그들 역시 소아성애자로, 나름의 '가족'을 이루며 용의자와 함께 살고 있었다. 용의자 닐 로드릭 2세는 한 학교를 제외하고 나머지 지원한 모든 학교에서 열두 살짜리로 입학이 허가되었는데, 이는 어려 보이는 외모 덕분이기도 했지만 계략이 워낙 상상을 초월했기 때문이다. 로드릭의 주장을 의심하던 사람들조차 그가 몇 년 유급했을지도 모르고, 나이에 비해 키가 클 뿐이라는 흔한 이유로 자신을 설득하면서 의심을 거둬들였다.[17]

속임수 간파에서 보편적으로 발생하는 대표성 오류는 정직성을 평가할 때 나타나는 편견이다. 심리학을 연구하는 과정에서 관찰자에게 피험자 중 절반 정도가 거짓말할 거라고 이야기해도 대다수 관찰자는 절반보다 훨씬 많은 사람을 진실을 이야기한 사람으로 분류한다. 비록 둘러대기나 선의의 거짓말, 사회생활에 필요한 다른 속임수가 행해지는 빈도가 매우 높을지라도 정직한 커뮤니케이션의 비율은 기만적인 커뮤니케이션의 비율보다 훨씬 높다. 두 사람이 한 시간 동안 대화하는 경우, 그들은 네댓 번 둘러댈 수 있다. 이 정도면 꽤 높은 비율이다. 하지만 그 대화에서는 적어도 천 마디나 그보다 많은 말이 오갔을 테고, 백 마디가 둘러대기였다손 치더라도 비율은 여전히 낮은 편에 속한다. 따라서 인간이 어떤 행동을 하든 정직한 행동이 가장 대표성 있는 행동이라고 할 수 있다. 기본적인 비율을 고려할 때 속임수가 아닌 정직성을 예상하는 것이 좀더 경제적이다. 이런 태도는 일상적인 사회생활에서 효력을 발휘하는

데, 사회생활에서는 기본적인 정직성의 비율이 상대적으로 높기 때문이다. 하지만 사람들은 편견 때문에 그중 한 사람이 거짓말했을 때 그 거짓말을 진실로 받아들일 것이다.

프레드릭 샤우어와 리처드 제크하우저는 둘러대기가 미치는 사회적인 차원의 영향력을 둘러싼 논의에서 그와 관련된 현상을 설명한다. 그들은 주어진 집단에 나타나는 정직성의 빈도에 따라 정직하다거나 부정직하다는 가정이 결정될 수 있다고 주장한다. 그들의 관점은 박희선과 티모시 레빈^{Timothy Levine}이 제안한 거짓말 탐지의 개연성 모델과도 일맥상통한다. 이 개연성 모델을 테스트한 한 연구는 정직함에 대한 보편적인 편견이 겉으로 드러난 정직한 사례의 실질적인 비율과 비례하여 증가한다는 사실을 증명했다.[18]

인생 경험이나 직업 역시 사람들의 보편적인 정직함에 대한 편견에 영향을 미친다. 폴 에크먼의 보고에 따르면 어떤 경찰관들은 자신에게 정직성을 판단하도록 맡겨진 모든 사람이 거짓말을 한다고 평가했다(즉 그들은 정직함에 대한 편견이 거의 없었다). 경찰관이 상대하는 집단을 고려할 때 정직함에 대한 편견보다 속임수에 대한 편견이 그들의 직업적인 현실에 잘 어울린다. 정직함에 대한 편견이 거의 없다면 좀처럼 거짓말쟁이를 정직한 사람으로 분류하는 경우가 없기 때문에 속임수를 간파하는 데 높은 정확성을 보인다. 반대로 정직한 사람도 거짓말쟁이로 분류할 수 있기 때문에 진실을 간파하는 데 따른 오류는 늘어나고, 거짓말을 간파하는 정확성도 감소한다. 경찰의 입장에서 보면 다소 지나친 면이 있더라도(예컨대 정직한 사람을 불신하는 한이 있더라도) 거짓말쟁이를 확실히 잡아내는 편이 더 낫다고 주장하는 사람도 있을 수 있다. 하지만 법률 체계에서 전제되는 견제와 균형의 원리를 고려하면 이노센스프로젝트(Innocence Project : 결백을 주장하는 수감자들의 무죄를 입증하기 위해 일하는 민간단체 — 옮긴이)가 집계한 유죄판결이 번복된 다수의 사례는 이 같은 실수에 따른 비용을 명백히 보여준다.[19]

거짓말 분석에서 나타나는 인지 부족은 올바른 정보의 부재와 관련이 있다. 대다수 사람들은 어떤 거짓말이 선한 거짓말인지 알 수 있는 본보기가 없다. 우리는 거짓말을 그동안 발견해온 것처럼 조잡하고, 간파하기 쉬운 것이라고 생각한다. 부모는 흔히 "나는 내 딸이 거짓말하면 언제든 바로 알 수 있습니다"라고 말하지만, 그 부모의 머릿속에 있는 거짓말에 대한 원형은 들통 난 거짓말을 할 때 딸이 어떻게 보였고 어떻게 행동했는지에 관한 것뿐이다. 그들은 딸이 들키지 않은 거짓말을 할 때 어떻게 보였고, 목소리는 어떻게 변했는지 전혀 모를 것이 분명하다.

경찰관들은 수백, 수천 명에 이르는 용의자를 심문한 다음에야 증인에게서 혹은 추가로 발견된 증거를 통해 범행 사실을 확인해주는 결정적인 증거를 얻는다. 거짓말 탐지 전문가일수록 재확인하거나 반증하는 이런 증거에 주의를 기울이는 경향이 있다. 마찬가지로 치료 전문가는 환자에 대해 가설을 세우고, 환자가 직접 제공한 혹은 환자의 생활과 관련된 다른 측면에 의해 암시되거나 연상된 다른 정보를 이용해 검증 과정을 거친다. 치료 전문가는 치료 활동의 일환으로 고객이나 환자에게 비언어적인 감정 표현과 그들이 이야기하는 내용 사이에 나타나는 모순에 대해 캐물을 수 있다. 이런 행동은 그들이 보수를 받음으로써 마땅히 해야 할 일이다. 노련한 치료 전문가는 상대적으로 덜 노련한 치료 전문가에 비해 자신의

이론에 잠재하는 자칫 난처한 상황을 초래할 수도 있는 불일치 요
소를 찾고자 하는 의지와 능력이 훨씬 강하다. 우리는 대부분 예절
이라는 규칙과 사회생활의 특성상 직장 동료나 선생님, 판매 사원
에게 우리가 발견한 모순을 꼬치꼬치 캐물을 수 없다.[20]

휴리스틱의 또 다른 유형은 '기본적 귀인 오류'라고 하는데, 다
른 사람의 행동을 지속적인 개인의 특성 탓으로 돌리고 상황에 따
른 요소가 미치는 영향력을 부당하게 축소하는 오류다. 달리 말해
우리가 다른 사람을 평가할 때 저지르는 기본적인 오류 중 하나는
정황에 상관없이 개인의 특성을 강조한다는 점이다. 예를 들어 우
리는 어느 사람에게 집이 없는 것을 게으름이나 약물 남용 탓으로
돌리고, 경기 침체나 공급이 부족한 주택 시장 같은 그 사람의 통제
할 수 없는 경제적인 요소를 무시한다. 이런 귀인 편견이 기본적이
라고 불리는 까닭은 사회적 판단에 관한 여러 연구에서 숱하게 나
타나기 때문이다.[21]

기본적 귀인 오류는 거짓말을 간파하는 상황에 적용될 때 '양치
기 소년 효과'라고 불리기도 한다. 이솝이야기에서 양치기 소년은
너무 심심한 나머지 늑대가 나타나지 않았는데 시도 때도 없이 마
을로 달려가 "늑대요! 늑대가 나타났어요!"라고 외쳤다. 결국 마을
사람들이 그를 거짓말쟁이로 간주하기에 이르렀고, 실제로 늑대가
나타났을 때 사람들은 소년의 말을 믿어주지 않았다.

이런 현상을 관찰한 연구에서 참가자들은 정직성에 대해 특성(지
속적인)과 상태(일시적인) 판단을 내렸다. 참가자들에게 10명을 촬영
한 짧은 비디오 영상을 보여주고 10명 개개인에 대해 지성이나 신
뢰성, 호감도 같은 다수의 지속적인 특성을 평가하도록 요구했다.

이런 특성의 지속적인 측면은 부연 설명을 통해 강조되었다. 참가자들이 특성 판단을 마친 뒤에는 10명의 인터뷰 모습을 보여줬는데, 인터뷰한 10명 중 어떤 사람은 거짓말을 하고 어떤 사람은 사실을 말했다. 그들에게 다시 한번 정직하게 보이는 사람이 때로는 거짓말을 할 수도 있고, 거짓말하는 것처럼 보이는 사람이 진실을 말할 수도 있다고 설명해주었다. 그런데도 참가자들은 지속적인(특성) 신뢰성과 일시적인(상황이나 상태에 따른) 정직성에 대한 평가를 구별하지 못했다.

어떤 남자의 태도를 잠깐 관찰함으로써 신뢰할 만하다고 생각하는 경우, 그들은 그 사람이 자신의 진정한 믿음에 대해 이야기하는 인터뷰를 상대적으로 긴 시간 동안 보고 들은 뒤에도 그가 정직하다고 판단했다. 반대로 처음부터 어떤 남자에 대해 신뢰할 수 없다고 결론을 내린 사람들은 자신의 견해를 바꾸고 진정성을 정확하게 식별하는 데 유독 어려움을 겪었다. 다시 말해 사람들은 다른 사람을 대체로 정직하다고 생각하는 경우, 그 사람의 사기성을 보지 않으려는 경향이 있다. 하지만 충분한 정보가 주어진다면 그 사람의 거짓말이 탄로 날 가능성도 있다. 반대로 사람들은 다른 사람을 거짓말쟁이라고 간주한 경우, 그 사람이 정직한 사람이라도 이후로는 좀처럼 정직한 사람으로 분류하지 않는 듯하다.[22]

이 책에는 이런 사회적 인지 오류의 사례들이 풍부하다. 케니스 필즈와 게리 어튼은 문학작품과 인류학에서 두 사례를 제공한다. 필즈는 프리티 짐의 공손해 보이는 외모와 내적인 선량함을 그의 동거인들이 어떻게 결부했는지, 그 결과 프리티 짐이 어떻게 그들을 기만할 수 있었는지 설명한다. 게리 어튼은 잉카제국 사람들이 키푸 관리자를 태생적으로 신뢰할 만하며 거짓말할 줄 모른다고 어떻게 주장했고, 키푸 관리자를 그런 식으로 규정하면서 회계사로서 그들의 실질적인 정직성을 어째서 의심하지 않았는지 설명한다. 여기에서 중요한 점은 키푸 관리자들이 찬사 받을 정도로 정직했는지가 아니라 그들이 빈틈없이 회계하고 있다는 철석같은 믿음이 주는 효과다.

앵커링 효과(최초로 습득한 정보에 지나치게 몰입하여 새로운 정보를 수용하지 않거나, 부분적으로 수정하는 행동 특성 — 옮긴이)는 기본적 귀인 오류의 또 다른 형태다. 이 현상은 다음과 같은 실험에서 관찰되었다. 관찰자들에게 첫째 표본 행동을 보여주면서 그 행동이 정직한지, 속임수인지 말해주지 않는다. 관찰자들은 정직함에 대한 편견 때문에 처음 본 표본 행동을 정직한 행동으로 가정하는 듯하다. 이 표본 행동이 정직하고 둘째 표본 행동이 속임수라면, 거짓말 간파의 정확성은 운으로 맞히는 경우보다 훨씬 높게 나타난다. 관찰자들은 둘째 표본 행동이 첫째와 다르다는 사실을 발견하고, 첫째 표본 행동을 정직하다고 가정했기 때문에 둘째 표본 행동을 속임수라고 정확하게 판단한다. 하지만 첫째 표본 행동이 속임수인 경우에는 바람직하지 못한 결과가 나타난다. 둘째 표본 행동은 정직한 행동이라도 첫째와 다르다고 인식되고, 첫째 표본 행동이 정직하다는 관찰자의 가정에 근거해서 속임수라고 간주된다. 따라서 첫째 표본 행동이 속임수일 때 거짓말 간파의 정확성은 운으로 맞히는 확률보다 훨씬 낮게 나타난다.[23]

속임수 간파와 관련된 사회적 판단의 또 다른 특징은 '인지적 게으름'이다. 수잔 피스크Susan Fiske를 비롯한 여러 학자는 수많은 연구를 통해 사람들이 사회적인 환경에서 판단을 내릴 때 얼마나 손쉬운 길을 택하고, 모순을 무시하며, 자신이 처음 내린 결정에 집착하는 경향이 있는지 보여주었다.[24]

거짓말을 간파하는 사람에 따른
감각적·지각적·지적 차이

거짓말쟁이는 대부분 미묘하거나 급속한 행동 변화를 통해 본심을 드러낸다. 3장에서 마크 프랭크는 정직한 행동을 기만적인 행동과 구별하는 데 사용할 수 있는 유용한, 이를테면 부정직한 대화에 비해 정직한 대화에서 나타나는 미소의 차이처럼 많은 행동 단서를 검토했다. 올림픽에 출전한 선수가 금메달을 땄을 때 보여주는 미소처럼 진정한 기쁨의 미소도 있지만, 은메달리스트가 보여주는 미소처럼 꾸며낸 미소도 있다. 진정한 미소와 거짓 미소가 다른 근육을 사용하고, 시간에 따른 흐름이나 정점도 다르지만 사람들은 대부분 이런 차이를 무시한다. 따라서 '장난'하기 좋아하는 어떤 사람이 어색한 미소를 지을 때 – 폴 에크먼이 '속이는 즐거움'이라고 부른 미소를 보여주면서 – 대다수 사람들은 그 미소와 말하는 내용 사이에 드러나는 모순을 무시한다. 이 같은 무시는 미소에 따른 차이를 지각하지 못하기 때문일 수도 있고, 미소에 따른 차이를 알더라도 그 차이를 좀더 깊이 분석하려고 하지 않는 인지적 게으름 때문일 수도 있다.[25]

많은 정보를 제공하는 또 다른 행동에는 감정이 억제되거나 억눌

렸을 때 순식간에 나타나는 미세 표정이 있다. 사람들은 미세 표정을 실시간으로 알아보기 위해 훈련받을 수 있지만, 좀처럼 분간하지 못한다. 어떤 사람들은 속임수를 정확하게 간파하는가 하면 어떤 사람들은 서투르기 그지없는데, 그 이유 중 하나가 관찰력 때문이다. 특히 사람과 사람 사이의 자극에 남들보다 예민한 사람들이 있다.[26]

사람들 사이에 나타나는 지적 복잡성은 일반 지능을 가리키는 하나의 표시다. 이런 사실에서 유추하여, 행동 정보가 제공하는 수많은 자료를 통합할 줄 아는 사람은 '감성 지능'이 높은 수준일 거라고 기대된다. 감성 지능은 사회 지능이나 대인 관계와 관련된 감수성, 공감 정확도, 타인에 대한 올바른 판단력 등 다양한 이름으로 불려왔다. 이런 분야에서는 기본적인 작업이 선행되어야 하는데, 관념 지능의 개인적인 차이와 마찬가지로 다른 사람을 이해하는 지적 능력도 정규분포(분포곡선이 완만한 선을 그리면서 평균을 중심으로 좌우 대칭을 이루는 형태 — 옮긴이)나 정규분포와 거의 유사한 형태를 보인다는 전제가 필요하다. 속임수 간파는 일종의 사회적 감성 지능이다.[27]

진실의 마법사들

앞에서도 말했듯이 사람들은 대부분 그다지 뛰어난 거짓말 탐지자가 아니다. 하지만 지난 15년 동안 표준화된 거짓말 탐지의 정확성 측정 실험에서 운에 따른 확률을 훨씬 상회하는 점수를 기록한 전문 집단이 많이 등장했다. 대다수 경찰 집단은 대학생보다 별반 나을 게 없었지만, 법 관련 일부 전문직 종사자들은 탁월한 정확성을 보였다. 이들 중에는 첩보 기관의 비밀 요원이나 심문 기술이 훌륭한 연방 법률 집행인, 범죄심리학자와 정신과 의사, 중재인, 분규 조정자, 연방 판사 등이 포함되었다. 이들 집단마다 몇 사람씩은 정확성 측정 실험에서 터무니없이 높은 점수(90퍼센트나 100퍼센트)를 기록했다. 약 10년 전에 나와 폴 에크먼, 마크 프랭크는 연구를 위해 대인 거짓말 탐지 전문가를 찾기 시작했다. 그들의 능력이 극히 드문 재능이라서 나는 그들에게 '진실의 마법사'라는 이름을 붙여줬다.[28]

진실의 마법사로 분류되기 위해서는 세 차례 진행되는 비디오테이프 거짓말 탐지 실험에서 두 번 이상 80퍼센트가 넘는 성적을 기록해야 한다. 이 테스트는 난도가 높게 설정되었다. 대다수 사람들이 운으로 맞힐 확률과 비슷한 50퍼센트를 기록한다는 점을 고려하면 80이나 90, 100퍼센트는 비범한 수치다. 우리는 이제까지 1만 명이 넘는 사람들에게 실험을 실시했고, 50명이 진실의 마법사로 밝혀졌다. 그들 중 일부는 위에서 언급한 법 관련 업무에 종사하는 집단이고, 나머지는 치료 전문가나 예술가, 문학을 가르치는 교수, 산업디자이너 등이다. 연령대는 25~65세, 남자와 여자 모두 있으며, 거주 지역은 미국 전역이고, 인종이나 정치적·종교적 성향도 다양하다.

진실의 마법사를 밝혀내기 위해 사용된 거짓말 탐지 실험은 소극적이라고 할 수 있다. 피험자는 어떤 사람이 위험도가 높은 거짓말에 대해 거짓말쟁이와 정직한 사람을 1분씩 인터뷰하는 내용이 담긴 비디오를 본다. 이 과정에서 참가자들은 자신의 심문 기술을 사용할 수 없고, 자신이 판단하려고 하는 사람을 특별히 오랫동안 관찰할 수도 없다. 따라서 이 절차는 많은 부정 오류(참인 것이 거짓으로 잘못 판정되는 오류─옮긴이)를 야기할 가능성이 다분하다. 확인된 사람들보다 많은 거짓말 탐지 전문가가 있을 수 있다는 뜻이다. 하지만 해당 절차가 그다지 많은 긍정 오류를 야기할 것 같지는 않다.[29]

우리는 비범한 거짓말 탐지 전문가들이 평범한 거짓말 탐지 능력을 보여준 다른 사람들과 어떻게 다른지 궁금해서 진실의 마법사를 나이와 지리적 위치, 사회적 지위가 비슷한 비전문 거짓말 탐지자와 일대일로 대조했다. 일반적으로 비전문가는 배우자였고, 경우에 따라 직장 동료나 친구, 이웃이었다. 이들은 모두 자신의 생활사를 보고하고, '생각나는 대로 말하기' 방식을 철저히 따랐다. 생각을 말로 표현하는 과정에 참가한 사람들에게 두 번째로 거짓말 탐지 비디오를 보여주면서 자신의 생각을 머릿속에 떠오르는 대로 말하도록 했다. 그다음에 진실의 마법사들 사이에서 나타나는 유사성과 진실의 마법사와 비전문 대조군 사이에서 나타나는 유사성을 알아보기 위해 그들이 한 말을 기록한 사본을 워드 카운트 프로그램(문서에 사용된 단어의 수를 셀 수 있는 컴퓨터 프로그램─옮긴이)과 내용 코드화 시스템을 이용해 분석했다.[30]

이 분석은 여전히 진행 중이다. 우리는 거짓말 탐지 전문가들이 어떤 점에서 보통 사람들과 흡사하고, 어떤 점에서 다른지 살펴보았다. 거짓말 탐지 전문가들의 공통된 유일한 특징은 진실을 알려고 하는 강력한 동기와 그것을 알기 위해 기꺼이 힘을 쏟고자 하는 의지다.

안데르스 에릭손K. Anders Ericsson은 이 전문가들이 체스 명인이든,

최고의 바이올린 연주자든, 탁월한 진단 전문의든, 뛰어난 기술자든 해당 직업을 갓 시작한 초기부터 혹독하고 집중적인 훈련을 한 사람들이라고 주장한다. 그는 전문성이란 기본적인 지능의 차이에서 나오는 게 아니라(어느 정도 기본적인 지능은 필요하지만) 집중적인 훈련에서 나온다고 믿는다. 그들이 진실의 마법사로 인정받기까지 거짓말 탐지나 심문, 비언어적 커뮤니케이션과 관련된 강의를 들은 것도 한몫했다. 그들은 거짓말 탐지 연구에 자발적으로 참여했고, 추가적인 실험을 모두 마쳤으며, 몇 시간씩 걸리는 자신의 생활사 보고와 생각나는 대로 말하기 인터뷰에 응했고, 자신이 올바른 거짓말 탐지 항목에 집중하고 있는지 알고 싶어했다. 반면 그들의 비전문가 대조군은 특정 항목에 대해 좀처럼 질문하는 일이 없었다. 대다수 대조군은 배우자나 친구, 직장 동료의 요청에 대한 소극적인 묵종默從 차원에서 이 프로젝트에 관심을 보였을 뿐이다.[31]

대다수 사람들의 사회적 판단은 인지적 게으름으로 특징지을 수 있지만, 진실의 마법사들은 다르다. 생각나는 대로 말하기 과정에서 진실의 마법사들은 짧은 순간 나타난 행동이라도 다양한 각도에서 고찰한다. '그럴 수도' '내 생각에' '아마도' 같은 말로 자기의 해석을 제한하면서 일련의 가설을 들어 해당 행동을 고려한다. 예를 들어 진실의 마법사라면 다음과 같이 말할 수 있다.

평이한 말투로 보건대 저 사람은 건성으로 이야기하고 있을 수도 있어요. 하지만 원래 말투가 그럴 수도 있죠. 그런 게 아니라면 저런 말을 수없이 반복해서 기계적으로 하고 있을 수도 있습니다. 한편으로는 가족이 그렇게 말하는 것을 들었을 수도 있다고 생각해요. 자신이 하는 이야기를 믿지 않기보다는 그 의미에 대해 깊이 생각하지 않는 거예요. 그는 자신이 평생 들어온 이야기만 되풀이하는군요. 결정하기 전에 저 사람의 이야기를 좀더 들어봐야 할 것 같아요.

진실의 마법사가 아닌 사람은 "바로 저거야! 저 사람이 거짓말쟁이군요! 저 사람이 말하는 건 전혀 믿음이 가지 않아요" 식으로 이야기한다. 대다수 사람들은 확실한 어떤 것을 찾아서 해당 임무를 되도록 빨리 끝내려고 결정적인 단서 하나에 매달리는 경향이 있다. 그리고 결정한 다음에는 진실의 마법사들과 달리 좀처럼 추가적인 정보를 검토하지 않는다. 진실의 마법사들은 일관성 있는 행동 패턴을 찾아서 그 사람을 전체적으로 이해한 다음, 전체적인 맥락에 비추어 이례적인 행동이 받아들일 수 있는 일탈인지, 너무 벗어나서 좀더 깊이 고려해볼 가치가 있는지 결정한다.

거짓말 탐지 전문가에게서 나타나는 다른 인지적 차이점

인간의 사고는 앞에서 설명한 여러 가지 인지적 휴리스틱을 보여준다. 이런 휴리스틱은 거짓말을 간파하는 대다수 상황처럼 정보가 불충분하고 불명확할 때 내려지는 모든 판단과 관련된 사고 과정에서 오류를 유발한다. 진실의 마법사들은 직업적인 이점이나 개인적인 관심 때문에 정직함을 판단할 때 정확성에 대한 정보를 얻으려고 애쓴다. 이 정보는 대표성이나 유효성 같은 휴리스틱의 영향력을 떨어뜨리는 작용을 한다.

예를 들어 특정 직업은 다른 직업보다 속임수에 대한 정보에 빈번하게 접근할 수 있는 기회를 제공한다. 경찰관은 용의자나 증인의 진술을 뒷받침하거나 반증하는 물리적인 증거를 자주 얻을 수 있으며, 오랜 시간 고객을 상대로 일하는 치료 전문가는 고객이 들려준 이야기와 일치하거나 불일치하는 정보를 발견한다. 그런 직업에 종사하는 사람들은 일정한 거짓말에 보다 포괄적인 관점을 가질 수 있다. 특정한 이야기나 행동 표시가 주어진 상황에서 얼마나 대표성을 보이는지와 관련해 그들의 지식은 이런 진실이나 거짓말이 나타났을 때 정확성을 높일 수 있다.

실제로 평범한 사람들과 분류하기 위해 사용된 세 가지 비디오 중 하나에서 정확도가 낮았던 진실의 마법사들에게 나타나는 공통적인 패턴 중 하나는, 치료 전문가는 감정과 관련된 거짓말에 정확성이 높지만 범죄와 관련된 거짓말에는 정확성이 낮다는 점이다. 경찰관은 정반대 패턴을 보인다. 세 가지 비디오 테스트 중 두 개를 잘한 경찰관은 감정에 대한 거짓말을 판별하는 것보다 범죄와 관련된 속임수를 간파하는 데 정확했다.[32]

미스마플
효과

진실의 마법사들에게 대표성 휴리스틱은 몇 가지 이유 때문에 거짓말 간파와 밀접한 관계가 없는 듯 보인다. 일부 진실의 마법사들은 자기 사생활과 관련하여 힘겨웠던 어린 시절 ─ 감정적인 어머니나 주정뱅이 아버지, 사회적 고립, 기타 유사한 문제 등 ─ 을 이야기한다. 이런 문제들이 정확한 거짓말 간파를 위해 필요한 사회적 감성 지능을 발전시킨 본질적인 원인은 아니다. 오히려 자신의 경험을 이해하고, 그 경험을 극복하려고 애쓴 노력이 나중에 거짓말 간파 측정에서 높은 정확성을 보여준 기술로 나타난 것이다. 진실의 마법사 대조군 중 많은 사람들도 유년기에 겪은 어려움을 이야기하지만, 그들은 어려움의 중요성을 경시하거나 그 존재를 아예 부인했다.

진실의 마법사들이 거짓말을 탐지하는 정확성에 영향을 끼치는 사생활의 둘째 측면은 사생활과 직장 생활에 존재하는 다양성이다. 경찰관은 보통 경찰 생활을 하는 내내 순찰 구역을 걷거나 순찰차를 타고 시간을 보낸다. 반면에 진실의 마법사인 경찰은 대부분 마약이나 매춘, 해외 작전과 관련된 비밀 임무를 수행했다. 그들은 살인 사건을 조사했고, 심문 관련 교육을 받았으며, 고급 학위를 취득했고, 베트남어와 중국어를 배웠으며, 중국의 지도자층과 교분을 쌓았다. 진실의 마법사들은 다른 사람의 진실성을 평가할 때 활용할 수 있는 대인 관계 경험과 가설이 풍부하다.

그들은 이런 경험을 통해 매우 다양한 사람들에게 집중하고 의욕적으로 움직여왔기 때문에 대부분 '미스 마플 효과 Miss Marple effect'를 보인다. 미스 마플은 애거사 크리스티 소설에 등장하는 가상의 캐릭터다. 나이가 지긋한 영국 여인 마플은 당면한 사건과 관련된 사람들과 자신이 아는 동네 이웃들 사이에 나타나는 성격과 행동의 유사성에 주목해서 범죄를 해결한다. 진실의 마법사도 대부분 자신이 이해하려는 사람들을 '읽는' 듯하며, 그런 평가에 근거해서 자신이 주목한 모순된 행동을 해석하고, 해석한 내용을 가다듬는 것처럼 보인다. 하지만 사람을 대하는 그들의 감각은 매우 독특하고 광범위하다.

그들은 정신의학적 진단법을 사용하지 않고, '외향적' '양심적'이라는 식의 성격묘사도 사용하지 않는다. 다만 이런 식으로 말한다. "그는 한 번도 괴로워해본 적 없는 성가대원 같군요." "그는 금방이라도 입에 게거품을 물고 싸울 태세로군요." "얼간이 같으니! 그는 이 모든 상황이 허풍이라고 생각하네요." "저 한 올 흐트러짐 없는 정갈한 머리 좀 보세요. 그의 말투도 정갈한 머리 모양과 별반 차이가 없네요." "그가 돈이라는 단어를 언급할 때 얼마나 부드럽게 말하는지 들어보세요. 그는 돈에 집착하는 사람이에요."

니무에 효과

진실의 마법사들은 정확한 거짓말 탐지와 관련해 대다수 사람들보다 인지적 휴리스틱에 따른 오류를 덜 범하지만, 거짓말쟁이와 결탁하는 등 거짓말 탐지를 어렵게 만드는 일부 동기 유발적인 요소가 만연하다 보니 진실의 마법사들조차 때로는 이런 요소의 희생물이 되고 만다. 진실의 마법사가 어떤 거짓말쟁이를 보고 사랑하는 사람을 떠올리는 경우, 그 거짓말쟁이가 성적 매력이 흘러넘치는 경우 아무리 초인적인 통찰력이 있다고 해도 속지 않을 재간이 없을 것이다. 우리는 이것을 아서 왕의 전설에서 마법사 멀린의 제자로 등장하는 요정 이름을 따서 '니무에 효과Nimue effect'라고 부른다. 이 요정은 마법사 멀린에게서 주문을 모두 배운 뒤 그를 동굴로 유인해 영원히 가뒀다.

진실의 마법사들도 특히 법 집행과 관련해서 때때로 속임수에 넘어갈 수 있다. 진실의 마법사들은 직업과 관련해서 다른 사람을 판단하는 경우 감정이 개입하는 것을 자제할 수 있다. 단순하게 다른 사람을 관찰할 때는 객관성을 유지하지만, 자신이 연인이나 가족처럼 감정적으로 연루되었을 때는 정확성이 뚝 떨어진다. 따라서 아무리 진실의 마법사라도 타인을 이해하는 데 보여준 그들의 능력도 감성과 관련된 문제만큼은 성공률이 낮은 경우가 빈번하다.

보다 확실한 니무에 효과는 생각나는 대로 말하기 인터뷰에서 관찰되었다. 진실의 마법사는 때때로 실수를 범하기도 하는데, 비디오 화면에 등장하는 거짓말쟁이가 자기 조카나 친구처럼 생겼다고 이야기하는 경우다. 즉 그들은 비디오 화면에 등장하는 조카나 친구를 닮은 사람이 거짓말할 때, 닮은 대상에 대한 호감 때문에 거짓말쟁이를 정직한 사람으로 판단하기도 한다.

요약

인지심리학에서는 불확실한 정보가 주어졌을 때 인간이 어떻게 판단을 내리는가 하는 문제에 수십 년 동안 관심을 기울여왔다. 속임수는 개개의 사실이 감춰졌거나 불확실할 때 빈번하게 발생하는 듯 보인다. 이 글에서 우리는 다른 의사 결정 과정에 논리적 사고를 저해하는 다양한 인지적 휴리스틱(손쉬운 방법을 찾아 생각하기)이 속임수를 판단할 때, 그 속임수가 발뺌을 위한 둘러대기든 허풍으로 인한 소란이든, 어떻게 영향을 미치는지 살펴봤다. 대다수 사람들이 보여주는 서투른 거짓말 탐지 능력은 이런 인지적 편견에 따른 부산물로 이해될 수 있다.

하지만 사고 과정에서 나타나는 결함은 문제의 일부일 뿐이다. 사람들의 감정과 동기도 문제인데, 이런 감정과 동기로 인해 속임수에 넘어갈 수 있기 때문이다. 긍정적인 측면에서 보면 불신을 접어두는 능력은 예술과 수많은 레저 활동이 주는 즐거움과 관련이 있다. 이런 맥락에서 지나친 냉소주의는 즐거움을 떨어뜨리기도 한다. 우리는 사생활적인 측면에서 믿고 싶거나 믿을 필요가 있는 이야기를 들려주는 거짓말쟁이와 결탁하기도 한다. 더욱이 우리는 많은 경우 게으름을 피우고, 그것이 진정 사실인지 사실이라고 할 만한지 그리 신경 쓰지 않는다. 이 모든 인식과 반응 습관이 서투른 속임수 식별 능력을 초래하는 것이다.

다른 한편 이런 사고와 지각, 의지의 한계가 모든 사람에게 적용되는 건 아니다. 진실의 마법사들은 다른 사람을 판단하는 데 명민함을 보이고, 거짓말 탐지와 관련하여 정확도가 높다. 이들은 대체로 사람들의 판단 과정을 뒤흔드는 인지적 휴리스틱을 인정하고 완화할 수 있는 방법론을 발전시켰다. 특히 직업과 관련해서는 진실을 알고자 하는 두드러진 열정을 보인다. 그런 차원에서 반복된 훈련과 피드백 가능성은 그들이 타인을 이해하는 자신의 재능을 발전시키도록 도와주었다.

　이런 관점은 이 책의 다른 저자들이 전개하는 주장과도 일맥상통하며, 개인적인 거짓말 탐지자의 관점을 통해 대다수 저자가 묘사한 집단 차원의 속임수 과정을 이해하도록 도와준다. 역사적으로 다양한 시점에 등장한 문학과 인류학에서도 인지적 휴리스틱이 만연한 사례를 찾아볼 수 있다. 이 책에서 해니 패리드는 속임수에 관한 오늘날의 관점을 소개한다. 그녀는 조작된 전쟁 사진 때문에 격발되는 분노와 수정한 것이 확실해 보이는 유명 인사들의 사진을 순순히 받아들이는 현상을 대조했다. 어떤 분야에서는 '사실성'이 중요하지만 그렇지 않은 분야도 있다.

　사람들은 사진이 실물보다 젊게(쿠릭), 날씬하게(윈프리), 곧은 자세로(링컨) 나오든 말든 유명 인사가 유명 인사답게 보이길 원한다. 개인적으로 위협적이라고 생각하지 않는 영역에는 자신의 기대에 맞는 사진과 결탁하는 것이다. 사람들은 중요한 영역, 특히 그들의 분노가 무명의 사진사나 뉴스 대행사에게 초점이 맞춰진 경우에는 오보와 결탁하지 않으려는 성향을 보인다. 그 속임수가 정치 지도자에게서 나온 것이라면 믿으려는 마음은 쥐도 새도 모르게 사라진다. 정직한 지도자를 원하는 사람들의 열망이 때로는 정치적인 진실을 알고자 하는 욕망을 능가하기도 한다.

　속임수에는 양방향성이 존재한다. 실제로는 없지만 당신이 거울을 보면서 코르벳 스포츠카가 있다고 말하는 건 단지 희망 사항에 불과하다. 하지만 그 이야기를 여자 친구에게 하는 건 거짓말이다. 그녀가 그 이야기를 믿으면 속임수가 된다. 그녀는 당신이 들려준 이야기를 전적으로 수용하지 않을 수도 있지만, 당신의 이야기를 수용하는 과정에서 절대적인 믿음이나 무관심, 냉소적인 용인, 냉담한 불신, (비록 이의를 제기하진 않지만) 총체적인 불신 같은 연속체와 마주칠 수 있다. 그녀가 그 연속체의 어느 단계에 맞닥뜨릴지, 당신의 이야기에 어떤 반응을 보일지는 그녀의 지적 · 지각적 · 감성적 · 동기적 특성에 따라 좌우될 것이다. 이 양방향성은 이 책에서 검토하는 인간에 의한 거의 모든 속임수를 구성하는 하나의 요소다. 직업적으로 상대해야 하는 거짓말인 경우 진실의 마법사들은 이런 제한에 희생되지 않을 것이다. 하지만 하와가 그랬듯이 우리 대다수도 속임수를 탐지하는 능력과 관련해 이 지극히 인간적인 한계를 극복할 수 없을 것이다.

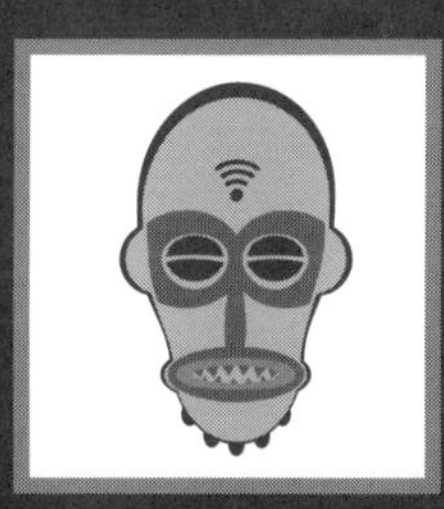

PART 2

속임수와
테크놀로지

_ 해니 패리드 Hany Farid

다트머스대학 컴퓨터공학부 데이비드 T. 맥러플린 특별교수이자 컴퓨터공학센터 부

의장이며, 다트머스보안기술연구소 Institute for Security Technology Studies at Dartmouth 연구

원이다. 해니는 미국 국립과학재단 NSF 의 커리어 CAREER 상과 슬론 연구원 장학금, 구겐

하임 연구원 장학금 등을 수상했다.

디지털 조작 :
그 사진을 믿을 수 있을까?

해니 패러드

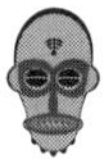

우리는 사진술이 더는 믿을 만하지 못하다는 인상을 받기도 한다. 타블로이드판 신문부터 패션 산업, 주요 미디어 방송국, 정치 운동, 우리가 사용하는 이메일의 받은 편지함으로 배달되는 사진 장난까지 조작된 사진은 점점 자주, 복잡한 양상으로 나타난다. 사진술이 순수함을 잃은 것은 오래전 일이다. 예를 들어 미국 대통령의 상징처럼 여겨지는 에이브러햄 링컨의 인물 사진(1860년경)은 놀랍게도 조작된 것이었다. 말하자면 이 사진은 사진 속임수가 걸을 긴 역사의 서막인 셈이다. 나는 이런 역사를 사진 조작과 관련된 보다 현대적인 사례와 함께 간단히 살펴보고, 최근의 진보된 기술을 검토할 예정이다. 최근의 진보된 기술에는 사진술에 대한 신뢰를 어느 정도 회복할 수 있는 잠재력이 있는 것으로 사료된다.

에이브러햄 링컨과
날개 달린 요정들

사진 5.1

존 칼훈의 인물 사진에서 탄생한 에이브러햄 링컨의 인물 사진, 코팅레이 요정들과 그 창조자,
알려진 대로라면 공산당 지도자 얼 브라우더(왼쪽)와 담소를 나누는 밀러드 타이딩스 상원의원
(오른쪽).

링컨이 정치계에 입문했을 즈음, 남부의 정치가 존 칼훈
John Calhoun은 노예제도를 강력히 지지하는 입장이었다. 따라서 에이
브러햄 링컨의 유명한 인물 사진이 칼훈의 몸과 링컨의 얼굴로 구
성된 합성사진이라는 사실은 참 아이로니컬한 일이다(사진 5.1 참조).
두 사람을 합성한 이유는 링컨 사진 가운데 '영웅다운 스타일'을 보
여줄 만한 게 없었기 때문이라고 한다. 조작된 이미지를 만들어내
기까지 당시로서는 상당한 기술과 노력이 필요했지만, 링컨의 사진
이 조작된 이미지를 보여주는 유일한 경우는 아니었다.

1900년대 초 스탈린이 사진에 있는 자신의 정적들을 지워버린
사건은 유명하다. 1917~1920년에는 요크셔 코팅레이에 살던 두
소년이 공개한 사진 때문에 전 세계가 들썩거렸다. 그 사진에는 작
은 날개가 달린 생명체가 찍혀 있었고, 이 사진이 국제적 반향을 일

으킨 것이다(사진 5.1 참조). 1차 세계대전 때 공중전을 벌이는 모습을 촬영한 사진이 1933년 처음 발표되었고, 가장 극적이라고 할 수 있는 이 사진 중 일부가 1984년에 이르러 가짜로 밝혀졌다.

유명한 '귀신 사진' 중 하나라고 할 수 있는 레이넘^{Raynham}의 갈색 여인은 1936년에 발표되자마자 논란을 일으켰지만, 결국은 두 사진을 덧대서 만든 것으로 판명되었다. 밀러드 타이딩스 상원의원은 조작된 사진 때문에 1950년 선거에서 패배한 것으로 알려졌다. 타이딩스가 미국 공산당의 지도자 얼 브라우더와 대화하는 사진은 그가 공산주의적 성향이 있다는 사실을 암시하기 위해 조작되었다(사진 5.1 참조). 이런 사례는 끝이 없어서 마치 역사 전체가 사진 조작으로 점철된 듯 보인다.

오프라 윈프리와 브래드 피트

최첨단 컴퓨터와 정교한 소프트웨어가 출현함에 따라 사진 조작은 더욱 쉬워졌다. 흥미롭게도 위조의 유형은 크게 변하지 않았다. 예를 들어 어떤 사람의 얼굴을 다른 사람의 몸에 갖다 붙이는 디지털 속임수는 여전히 대중적인 방법이다. 이런 기술을 보여 준 대표적인 사례 중 하나가 『TV가이드』 1989년 8월호 표지인데, 이 표지에는 인기 있는 주간 시간대 토크쇼 진행자 오프라 윈프리의 얼굴이 여배우 앤 마그리트의 몸과 합성된 사진이 실렸다(사진 5.2 참조). 『월간 텍사스^{Texas Monthly}』는 1992년 7월에 할러데이비슨에

걸터앉은 텍사스 주지사 앤 리처즈를 표지 모델로 실었는데, 이 사진은 리처즈의 얼굴을 모델의 몸과 합성해서 만든 것이다(사진 5.2 참조). 혹시 그런 사진이 싫지 않은지 묻자, 리처즈는 모델의 몸매가 아주 근사해서 좀처럼 불평할 수가 없다고 말했다. 2005년 3월에 발간된 『뉴스위크』는 「출감 후 더 날씬하고 건강해진 그녀는 황금 시간대로 진입할 준비가 되었다」는 머리기사와 함께 마사 스튜어트의 사진을 표지에 실었다. 하지만 그 사진은 (날씬한) 모델의 몸에 스튜어트의 얼굴을 붙인 것이다. 스튜어트가 교도소에서 나올 때 어떤 모습일지 보여주려는 의도가 명백했다.

타이딩스의 위조 사진과 같이 마치 함께 있거나 관련된 사람처럼 보이게 하는 합성 기술 또한 여전히 대중적으로 사용되고 있다. 예를 들어 '뉴욕 뉴스데이New York Newsday'는 1994년에 올림픽 피겨스케이트 선수 타냐 하딩Tanya Harding과 낸시 캐리건Nancy Kerrigan 사이에 일어날 성싶지 않은 장면을 합성해서 실었다. 하딩이 남편 친구에게 캐리건의 다리에 폭행을 가해서 대회에 참가하지 못하도록 사주한 사건이 발생했는데, 사건 직후 발표된 그 사진에는 두 사람이 함께 연습하는 장면이 담겨 있었다. 2000년에 위스콘신대학 메디슨 캠퍼스는 ― 재학생들이 얼마나 다양한지 보여주고자 ― 백인 축구 팬들 사이에 흑인 학생을 디지털 방식으로 삽입해서 팸플릿 사진을 조작했다. 대학 당국자의 말에 따르면 학교의 다양성을 보여줄 수 있는 사진을 여름 내내 찾아 헤맸지만, 불행히도 찾을 수 없었다고 한다. 위스콘신대학의 학보 기자들은 팸플릿 사진 속 이미지에서 부자연스런 명암을 발견하고, 그 이미지가 가짜임을 폭로하는 기사를 냈다. 대학 당국자들은 해당 이미지를 사용하기로 한 결정은 '판단 착오'였다면서 사과했다.

정치계에서는 존 케리 상원의원이 2004년 민주당 대통령 후보 지명 선거운동에 나섰을 때 사용된 사진이 유명하다. 당시 반전운동가 제인 폰다와 존 케리가 같은 무대에 나란히 있는 사진이 대대적으로 유포되었다(사진 5.2 참조). 이 사진이 가짜라고 밝혀진 뒤에도 대중의 관심은 존 케리가 베트남전에 참전하고도 반전운동에 가담했다는 논란으로 이어져서, 그는 심각한 타격을 받았다. 『스타』 2005년 4월호는 「딱 걸렸네」라는 머리기사와 함께 브래드 피트와 앤절리나 졸리가 해변을 산책하는 사진을 표지에 실었다(사진 5.2 참조). 당시에는 그들이 막 사귀기 시작했다는 소문이 돌고 있었다. 『스타』 독자들은 그 사진이 2005년 카리브 해의 어느 섬에서 찍힌 브래드 피트와 그보다 몇 년 전 버지니아에서 찍힌 앤절리나 졸리의 모습을 합성한 사진이라는 사실을 몰랐을 것이다.

어쩌면 우리는 할리우드 스타나 정치계와 관계된 경우, 일정한 수준의 사진 조작을 인정하고 심지어 기대하는 것 같다. 하지만 전

사진 5.2

앤 마그리트의 몸과 합성된 오프라 윈프리의 얼굴, 모델의 몸에 합성된 텍사스 주지사 앤 리처즈의 얼굴, 존 케리 상원의원과 반전운동가 제인 폰다의 디지털 합성사진, 열애설이 났을 때의 브래드 피트와 앤절리나 졸리.

쟁을 다루는 보도처럼 '딱딱한 뉴스'와 관련해서는 기대하는 바가 명백히 다르다. 2003년 3월, 극적인 사진 한 장이 로스앤젤레스타임스 1면에 실렸다. 이라크 바스라에서 이라크 시민에게 엄폐물을 찾도록 재촉하는 영국 군인의 사진이었다(사진 5.3 참조). 이 사진은 구도를 '개선'하고자 두 이미지를 디지털 방식으로 합성한 것으로 밝혀졌다. 이 사건으로 크게 분노한 로스앤젤레스타임스 편집자는 20년 경력의 베테랑 사진기자 브라이언 왈스키를 해고했다.

마찬가지로 로이터 뉴스 에이전시는 2006년 8월, 이스라엘에게 폭격 당한 레바논 도시를 보여주는 사진 한 장을 공개했다. 그 사진은 일주일 만에 블로거 수백 명과 거의 모든 주요 보도기관에 의해 조작된 것으로 드러났다(사진 5.4 참조). 대중은 배신감에 크게 분노했다. 사진작가 아드난 하즈^{Adnan Hajj}는 이스라엘의 폭격 결과를 과장하기 위해 이미지를 조작했다고 비난 받았다. 당황한 로이터통신은 이 사진을 내렸고, 하즈에게서 제공받은 1000장에 가까운 사진 자료를 없앴다.

사진 조작이 과거에는 예외적인 사례에 불과했지만, 오늘날에는 우리 사회의 거의 모든 측면에서 점점 더 많은 영향을 끼치고 있다. 디지털 미디어를 왜곡하고 조작하는 기술이 매우 빠르게 발전하는 반면, 그런 조작을 간파하는 기술은 뒤처지고 있다. 이런 점에서 나는 디지털 속임수를 간파하고, 잠재적으로 사진에 대한 신뢰를 어느 정도 회복할 수 있는 최신 기술을 일부 설명하려고 한다.

사진 5.3

로스앤젤레스타임스에 실린 영국 군인과 이라크 시민 사진(맨 위)과 원래 사진(가운데, 아래).

사진 5.4

로이터통신이 실은 이스라엘의 폭격 흔적을 보여주는 사진(왼쪽)과 원래 사진(오른쪽).

디지털 방식으로 위조된 사진의 간파

위조되는 이미지와 방식이 매우 다양하기 때문에 이미지를 분석하는 범죄 수사에도 여러 가지 조작을 간파할 수 있는 도구들이 사용된다. 나는 지난 8년 동안 우리 학생들, 동료와 함께 디지털 이미지 조작을 알아내기 위해 컴퓨터를 이용한 일단의 수학적인 기술을 개발했다. 범죄 수사를 위해 각각의 도구를 개발하는 과정에서 우리는 특정한 조작이 어떤 이미지의 통계학적·기하학적 속성과 어떻게 모순되어 나타나는지 이해하려는 접근법을 최초로 시도했고, 이 모든 모순을 간파하기 위한 컴퓨터 기술을 개발했다. 이런 토대를 바탕으로 몇 가지 기술을 소개한다.

빛

『스타』 표지에 실린 브래드 피트와 앤절리나 졸리의 사진을 세밀하게 살펴보면 조작한 흔적이 나타난다(사진 5.5 참조). 배경과 그림자를 보면 이 사진이 화창한 날 야외에서 찍혔다는 점을 알 수 있다. 또 이 사진에 있는 몇 가지 단서로 태양의 위치를 가늠할 수 있다. 모래 위에 나타난 졸리의 그림자와 턱 아래 생긴 그림자, 균일하게 빛을 받은 얼굴, 오른쪽 다리 부근에 나타난 빛의 경사도 등 모든 요소들이 그녀가 태양을 마주하고 있다는 사실을 암시한다. 이 같은 태양의 위치를 고려할 때, 우리는 피트의 얼굴 오른쪽에서 햇빛이 비쳐야 한다는 사실을 예측할 수 있다.

하지만 실제 사진에서는 그렇지 않았다. 피트의 오른쪽 얼굴에는 오히려 그림자가 드리워졌는데, 이것은 절대 불가능한 일이다. 피트의 얼굴은 명백히 태양을 향하고 있다. 이는 졸리를 비추는 태양의 위치가 90도 정도 옆으로 이동해야 가능하다. 이 이미지에서 빛의 차이가 좀더 미묘했다면 수작업에 근거한 우리의 분석은 충분하지 못했을 것이다. 따라서 우리는 이미지에 나타난 각각의 물체나

사진 5.5

브래드 피트와 당시 연인이란 소문이 있던 앤절리나 졸리의 합성사진(위). '아메리칸 아이돌' 진행자와 심사위원들의 합성사진(아래, 폭스뉴스와 연합통신의 승낙 하에 사용).

사람에게 비치는 광원의 방위를 자동으로 계산하는 컴퓨터 프로그램을 고안했다.[1]

빛과 그 빛이 내리쬐는 표면을 단순화하는 사전 작업을 통해 우리는 해당 피사체의 위치에 따라 표면에 얼마나 많은 빛이 내리쬐어야 하는지 수학적으로 나타낼 수 있다. 예를 들어 똑바로 광원을 향하고 있는 표면은 그렇지 않은 표면보다 밝을 것이다. 이런 차이가 수학적으로 표시되면 광원의 방향을 결정하는 표준 기술이 이미지 속의 모든 사물이나 사람에게 적용될 수 있다. 따라서 빛과 관련된 모든 부조화는 조작의 증거로 사용될 수 있다.

인기 TV 쇼 '아메리칸 아이돌'의 진행자와 심사위원들 사진은 공개되기 직전에 한 사진 편집자의 눈길을 끌었다(사진 5.5). 당시는 주요 뉴스 보도기관을 뒤흔든 여러 사진 스캔들이 일어난 뒤였기 때문에 편집자는 그 이미지가 조작된 건 아닌지 의심했다. 의심을 살 만한 이유가 충분했고, 결국 그 사진은 여러 장을 합성한 것으로 드러났다. 진행자와 심사위원들의 눈동자를 확대해보면 그들 눈동자에 빛이 반사되는 가장 밝은 부분의 모양이 일치하지 않는데, 이는 그들이 다른 조명 환경에서 사진을 찍었다는 사실을 암시한다. 우리는 눈동자에서 빛이 반사되는 가장 밝은 부분의 위치에 따라 광원의 방향을 결정할 수 있음을 알아냈다.[2] 따라서 눈동자에서 가장 밝게 빛나는 부분의 모양과 색깔, 서로 다른 눈동자에서 산출된 값의 불일치는 디지털 조작의 흔적을 보여주는 증거로 사용될 수 있다. 관련 연구에서 니시노Ko Nishino와 나이아Shree K. Nayar는 눈동자에 반사된 빛에 근거해서 그 사람을 둘러싸고 있는 세상과 그 사람이 바라보는 대상의 이미지를 복원하는 기술에 대해 설명한다.[3]

복사

아드난 하즈는 사진에 좀더 많은 연기를 넣기 위해 포토샵의 기본 도구를 사용해서 종전의 연기 나는 부분을 복사했다. 아드난의 사례에서는 거의 동일한 반복 패턴을 보이는 연기 때문에 복사한 흔적이 역력하다. 하지만 세심한 노력이 수반되면 이런 복사를 시각적으로 간파하는 건 지극히 어려울 수 있다. 그래서 우리는 복사된 이미지를 자동으로 간파할 수 있는 컴퓨터 프로그램도 개발했다.[4] 프리드리히Jessica Fridrich, 소칼David Soukal, 루카스Jan Lukas 역시 우리가 개발한 컴퓨터 프로그램과 유사한 기술을 묘사한다.[5]

우선 디지털 이미지는 작은 영역들로 분할된다. 이 영역들은 재구성 과정을 거쳐 화소 색깔의 차이에 비례하는 거리에 위치한다. 재구성된 화면에서 완전히 일치하거나, 인접한 위치에서 유사한 영역들이 연이어 나타날 때 영역 확장 기법은 이미지 중 한 영역이 복제되었다고 의심되는 여러 인접 영역들을 함께 묶어서 보여준다. 따라서 통계적으로 한 이미지에서 동일하고 공간적으로 밀착된 영역들이 발견될 가능성은 거의 전무하다는 점에서 그런 영역들이 존재하는 건 조작의 증거로 사용될 수 있다.

위의 사례들과 유사하지만 보다 심각한 사례도 있다. 황우석 교수와 그의 동료들은 줄기세포 연구 분야에서 혁신적인 발전으로 여겨질 만한 사진들을 발표했다.[6] 하지만 2004년 『사이언스』에 사진들이 발표되자, 공개된 결과가 조작·위조되었다는 증거들이 곳곳에서 드러나기 시작했다. 몇 달 동안 논란이 계속된 끝에 황 교수는 『사이언스』에 발표한 논문을 철회하고, 대학의 교수직에서도 물러났다.[7] 조작과 관련된 피의 사실을 조사한 독립적인 배심원단은 황 교수가 복제했다고 주장한 맞춤형 줄기세포 11개 중 최소한 9개가 가짜라는 사실을 부분적으로 밝혀냈다. 배심원단은 이 복제 세포 9개와 관련해 제출된 증거가 대부분 나머지 2개의 진짜 복제 세포 사진을 위조한 것이라고 보고했다.

황 교수 팀은 연구 결과를 디지털 방식으로 복제했다. 비록 황 교수의 사례가 국제적으로 언론의 조명을 받고 대중의 격분을 샀지만, 절대 유일한 사례는 아니다. 경쟁이 점점 치열해지는 분야에서 일하는 많은 과학자들이 연구 결과를 과장하거나 조작하려는 유혹 앞에 무너진다. 『세포생물학회지Journal of Cell Biology』의 수석편집자 마이크 로스너Mike Rossner는 잡지에 싣는 원고 중 20퍼센트가 부적절한 이미지 조작 때문에 수정할 필요가 있는 사진을 최소한 한 장 이상 포함하고 있으며, 대략 1퍼센트의 사진은 완전한 사기일 거라고 어림한다.[8]

수정

2005년 9월 유엔안전보장이사회 회의에 참석한 조지 W. 부시 대통령은 콘돌리자 라이스 국무부 장관에게 휘갈겨 쓴 메모를 건네주었다. 그 메모를 로이터통신 특파원이 찍었고, 사진 속 메모에는 "잠깐 화장실에 다녀와야 할 것 같은데 괜찮겠지?"라고 적혀 있었다(사진 5.6 참조). 원래의 사진이 빛에 과도하게 노출되었기 때문에 로이터통신의 편집자는 메모의 명암 대비를 선별적으로 보정했다. 이런 사진 수정은 공공연히 행해지며 때로는 미미한 수준에서, 때로는 대대적인 수준으로 사진을 보정하는 데 사용된다. 우리는 디지

털카메라 센서가 이미지를 저장하는 방법을 활용해서 이런 조작을 간파하는 기술을 개발했다.[9]

　모든 디지털카메라는 주어진 이미지를 완벽한 컬러 해상도로 구현하는 데 필요한 전체 화소 중 일부만 저장한다. 이 화소들은 디지털 센서 위에 입힌 컬러 필터 배열CFA에 의해 저장된다. 가장 빈번하게 사용되는 CFA인 베이어 배열Bayer array은 세 가지 컬러 필터를 채

사진 5.6

부시가 쓴 메모는 가독성을 높이기 위해 수정을 거치면서 CFA의 관련성이 깨졌다.

택한다. 세 가지 색은 빨강, 초록, 파랑이다(사진 5.6 참조). 각각의 화소 위치에는 컬러 샘플이 한 개만 저장되기 때문에 삼원색 이미지를 얻기 위해 나머지 두 컬러 샘플은 이웃한 컬러 샘플에서 유추해야 한다. 부족한 컬러 샘플을 유추하는 과정을 CFA 보간법補間法 혹은 디모자이킹demosaicking이라고 부른다. 인접한 화소의 기록된 값을 가지고 평균을 내는 매우 단순한 방식으로 부족한 화소들이 채워진다.

예를 들어 사진 5.6은 저장된 인접한 화소 4개의 평균값에서 빨간색 화소 값이 계산되는 법을 보여준다. CFA가 연속적인 패턴으로 배열되기 때문에 화소들의 연속 배열은 CFA 보간법에 따라 이웃한 화소들과 명백한 상호 관련성을 보여줄 것이다. 하지만 이미지가 수정되는 경우에는 이런 관련성이 깨질 가능성이 높다. 따라서 이런 관련성의 유무는 이미지의 진위를 감정하거나 그것이 변조되었음을 밝혀내는 수단이 될 수 있다.

탄도학

소형 화기 탄도 전문가들은 소형 화기의 유형과 구경을 알아내기 위해 일상적으로 탄환과 탄환 충격을 분석한다. 총신의 독특한 강선과 홈은 경우에 따라 해당 총알이 어떤 총에서 발사되었는지 알아내는 데 사용되기도 한다. 카메라의 탄도학 분야 역시 비슷한 목표가 있다. 어떤 이미지를 특정 카메라나 스캐너, 프린터 등과 연결지어 고려하는 것이다.

JPEG 이미지 포맷이 사실상 표준이 되었기 때문에 대다수 장치와 소프트웨어는 이 포맷을 이용해 이미지를 암호화한다. 이 압축

기법은 압축하는 정도에서 다소 유연성을 제공한다. 제조업체들은 일반적으로 필요와 기호에 따라 압축률과 화질의 균형을 맞추기 위해서 압축 장치를 다르게 구성한다. 이런 선택은 192개 숫자로 구성된 JPEG 양자화 테이블quantization table 값을 조정함으로써 실현된다. 값이 작을수록 압축률은 낮아지고 화질은 높아지며, 반대로 값이 클수록 압축률은 높아지고 화질은 떨어진다. JPEG 양자화 테이블은 일반적으로 카메라 제조업체마다 독특하게 구성되기 때문에 해당 이미지가 어떤 카메라로 찍혔는지 알아내는 데 사용될 수 있다.[10] 이런 접근법으로 동일한 제조업체나 동일한 모델의 다른 카메라로 찍은 이미지는 구별할 수 없지만, 다른 제조업체나 다른 모델이라면 대략적인 구별이 가능하다.

관련 연구에서 루카스와 그의 동료들은 카메라의 노이즈 패턴을 바탕으로 특정 카메라를 구별하는 보다 강력한 기술을 설명한다.[11] 이 방식은 카메라마다 다르게 나타나는 센서의 결함을 이용한다. 센서의 결함을 유심히 관찰한 다음 어떤 카메라로 찍었는지 알 수 없는 이미지에서 찾아낸 동일한 결함을 대조할 수 있다.

진짜 vs. 가짜

2006년, 데이비드 해리슨 경찰서장에게 제기된 아동 포르노 혐의가 오하이오 주 와파코네타의 작은 마을을 충격에 빠뜨렸다. 재판에서 해리슨 측 변호사는 주정부가 몰수한 사진들이 진짜라는 사실을 증명할 수 없다면 해리슨에게는 그 사진을 소장할 당연한 권리가 있다고 주장했다. 1996년에는 아동 포르노에 대한 종전의 연방 형법을 일정 유형의 '가상 포르노'까지 포함하도록 아동포르노 방지법[CPPA]이 확대되었다. 하지만 2002년 미국 대법원은 CPPA가 지나치게 광범위하고 구속력이 강해서 부분적으로 수정헌법 제1조의 권리를 침해한다는 평결을 내렸다. 이를 바탕으로 해리슨 사건을 담당한 법원은 가공의 미성년자를 표현하는 '가상의' 혹은 '컴퓨터로 생성한[CG]' 이미지를 소장할 수 있는 권리가 법적으로 보호되어야 한다고 판결했다. 반대로 영국에서는 가상의 이미지를 소장하거나 만들어내는 행위가 불법이다. 해리슨 사건 외에도 무수히 많은 경우에 증명은 정부의 몫이 되었고, 정부는 그 이미지들이 진짜라는(컴퓨터로 만든 것이 아니라는) 사실을 증명해야 했다.

컴퓨터로 만든 이미지의 정교함을 고려할 때(사진 5.7 참조) 배심원들에게 문제의 이미지가 진짜인지 가짜인지 판단하게 할 수 없다는 결정이 여러 주와 연방 판결에 의해 추가되었다. 2006년에 한 연방 판사는 주어진 이미지의 진위를 결정하는 전문 증인들의 능력에 의문을 제기하기도 했다. 하지만 당시에는 이런 구별이 가능하다는 사실을 뒷받침해주는 자료가 없었다. 이런 점에서 메리 브라보[Mary Bravo]와 나는 CG 이미지와 사실 이미지를 구별하는 인간 관찰자의 능력을 실험했다.[12]

우리는 그전 6년 동안 만들어진 인물이나 인공적인 조형물, 자연을 담은 완성도 높은 CG 이미지 180장을 수집했다. 동시에 내용 면에서 각각의 CG 이미지와 최대한 유사한 실제 이미지도 찾았다. 그렇게 해서 모인 이미지 360장을 심리학 입문 수업을 듣는 학생 중에서 선발한 관찰자 10명에게 무작위로 보여주었다. 관찰자에게는 각각의 이미지를 구별하기 위한 시간이 무제한으로 주어졌다.

관찰자들은 사실 이미지 중에서 83퍼센트를, CG 이미지 중에서 82퍼센트를 정확하게 분류했으며, 그들이 각각의 이미지를 검사하는 데 걸린 시간은 평균 2.4초였다. CG 이미지를 분류하는 과정에서 인물을 묘사하는 이미지에 대한 정확성이 93퍼센트로 가장 높았다. 가장 긴 시간을 소모한(한 이미지에 3.5초) 관찰자는 사실 이미지의 90퍼센트와 CG 이미지의 96퍼센트를 정확하게 분류했다. 이 관찰자는 인물 묘사 이미지는 95퍼센트를 정확히 가려냈다. 이 결과는 CG 기술이 비록 놀랍게 발전했어도 현재까지는 인간의 시각 체계가 컴퓨터로 만든 이미지와 사실 이미지를 여전히 잘 구별한다는 사실을 보여주는 듯하다.

사진 5.7 컴퓨터로 만든 (가상의) 인물 사진

출처 | 미하이 안젤레스쿠(Mihai Anghelescu) 제작

과학기술이 발전함에 따라 진짜와 가짜를 구별하기는 점점 더 어려워질 것으로 보인다. 그런 맥락에서 우리는 CG 이미지와 실사實寫 이미지를 구별하는 컴퓨터 프로그램을 만들어냈다. CG 이미지는 이상적인 조명과 표면 형상, 광학적 특성, 센서 등을 이용해서 만들어지기 때문에 실사 이미지와 다른 통계적인 규칙성을 보이는 경향이 있다.[13] 우리는 그동안 이런 통계적 차이를 정량화해서 실사 이미지와 CG 이미지를 구별하는 데 사용해왔다.

사진과
기억

2004년 대통령 선거가 있기 불과 며칠 전에 한 유권자는 누구에게 투표할 거냐는 질문을 받았다. 그는 자신이 조지 W. 부시를 찍으려는 이유를 열거하면서 반전 집회에서 제인 폰다와 함께 있던 존 케리의 모습을 마음속에서 지울 수 없다고 이야기했다. 그 이미지가 가짜였다고 상기시키자 그 유권자가 대답했다. "나도 알아요. 하지만 그 이미지를 머릿속에서 지워버릴 수가 없어요."

몇몇 연구에 따르면 조작된 사진은 어린 시절 기억에 각인되거나 성인이 된 뒤에도 영향을 끼치는 것으로 나타난다.[14] 웨이드와 그의 동료들은 그와 관련된 연구에서 피험자에게 어린 시절 경험한 사건들이 담긴 사진 세 장과 자신이 가족 중 한 명과 열기구를 타는 조작된 사진을 보여주었다.[15] 세 번 정도 인터뷰를 마친 피험자 가운데 50퍼센트가 사진에 나온 사건들 모두, 혹은 열기구 탄 것을 일부

기억한다고 말했다. 게리와 웨이드 역시 이와 유사한 결과를 보고
했지만, 한편으로 그들은 잘못된 기억을 만들어내는 데 이미지의
영향력이 이야기로 들려주는(서술하는) 것만큼 강력하지 않다는 사실
또한 발견했다.[16]

성인이 된 뒤의 기억도 조작된 이미지에 의해 영향을 받는 듯하
다. 사키Sacchi와 그의 동료들은 한 연구에서 피험자에게 그들이 사
는 동안 일어났고 대중적으로도 널리 알려져서 기억할 만한 사건
(1989년 베이징에서 일어난 톈안먼광창天安門廣場 시위와 2003년 로마에서 이라크
전쟁에 반대해 일어난 저항운동 등)의 원래 사진과 조작된 사진을 보여주
었다.[17] 군중의 숫자를 많게 하거나 사실보다 폭력적으로 보이게
조작된 이미지 때문에 해당 사건을 기억하는 피험자의 관점이 바뀌
었다. 이미지는 그것이 진짜든 가짜든 매우 실질적이고, 기억에서
오랫동안 지속되는 효과를 발휘한다.

사진과
신뢰

이 책에서 샤우어와 제크하우저는 둘러대기의 본질을 살
펴보면서 둘러대기를 '날조, 비틀기, 감추기, 관심 돌리기, 늘이기,
왜곡, 과장, 뒤틀기, 호도, 선택적 보고 같은 만연한 관행'이라고 정
의한다. 어떤 유형의 사진 조작은 황 교수의 부정한 과학 논문처럼
사기 수준으로 발전하기도 하지만, 대부분 하즈가 전쟁 사진에 연
기를 추가한 것처럼 둘러대기로 분류될 수 있다. 하지만 두 속임수

는 모두 사진의 신뢰성에 해를 끼친다. 모든 속임수는 유형과 상관없이 점점 더 가변적이 되어가는 사진이라는 매개물에 불확실성을 부여하고, 아무리 사소한 둘러대기라도 신뢰를 떨어뜨린다. 이런 신뢰의 손상은 갈수록 디지털화하는 시대를 살아가는 한 어쩔 수 없는 현상인지도 모른다.

핸콕은 (이 책에서) 과학기술이 온라인 만남 같은 인터넷을 통한 개인적인 상호작용에서 어떻게 새롭고 복잡한 형태의 속임수를 만들어내는지 조사한다. 자신의 몸무게를 줄여서 말하고 키와 수입을 늘려서 말하며 데이트 상대를 찾는 사람들은 습관처럼 디지털 방식으로 보정한 사진을 웹사이트에 올린다. 그로 인해 유발되는 신뢰의 손상은 이를테면 버튼 하나만 누르면 자동으로 주름을 제거해주거나(파나소닉), 체중이 4.5킬로그램 정도 빠진 것처럼 보이게 해주는(휴렛패커드) 차세대 카메라가 등장함에 따라 가속화할 전망이다.

핵폭발로 나가사키 상공에 생긴 버섯구름, 네이팜탄에 화상을 당한 채 마을에서 달아나는 소녀, 이라크 아부그라이브 교도소의 학대받는 수감자들… 이런 전쟁 사진은 우리의 기억에 깊이 스며들어서 전쟁의 공포를 보여주는 강력한 상징으로 작용한다. 이 책에서 윌리엄 글레니 4세는 전시에 사기를 높이고자 사용된 합성사진이 적의 사기를 꺾거나, 적을 속이고, 군사행동을 정당화할 수 있는 잠재력이 있다고 설명한다. 그런데도 이런 속임수가 심각한 윤리적 문제를 일으키거나 사진에 대한 신뢰성의 지속적인 하락을 부추긴다는 사실은 의심할 여지가 없다.

우리는 디지털 기술을 이용해서 20년 전에는 전혀 불가능하던 방식으로 사실을 조작하고, 왜곡하고, 바꿀 수 있다. 위에서 살펴본 사례들이 보여주듯이 우리는 삶의 거의 모든 영역에서 이런 기술의 효과를 체감한다. 미래의 과학기술은 오늘날에는 상상조차 할 수 없는 방식으로 우리가 디지털 미디어를 조작할 수 있도록 해줄 게 분명하다. 과학기술이 진화를 거듭할수록 그 위력과 한계, 함축된 의미를 이해하고, 디지털 미디어와 다른 관계를 구상하는 것이 점점 더 중요해질 것이다. 그런데도 나는 디지털 과학수사 분야가 이런 진화와 보조를 맞춰가며 계속 발전하고, 그렇게 함으로써 이 경이롭고 때로는 당황스러운 디지털 시대에 어느 정도 신뢰를 회복해 주길 희망한다.

_ **제프리 핸콕** Jeffrey T. Hancock

코넬대학의 부교수다. 속임수의 실행과 간파에 특별한 관심을 두고 온라인 커뮤니케

이션에서 나타나는 사회적 상호작용의 본질을 연구한다.

디지털 속임수 : 디지털 시대의 속임수 사례

제프리 핸콕

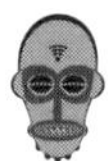

아테나가 그에게 황금 지팡이를 대자

그의 넝마는 깨끗한 튜닉(고대 그리스·로마 사람이 입던 의복 — 옮긴이)과

망토로 변했다.

그는 키가 더 커졌고, 젊어졌으며, 피부는 햇볕에 그을렸고

강인한 턱에 검은 턱수염은 윤기가 흐른다.

마법을 부리고 여신이 떠나자

오디세우스는 다시 오두막으로 들어갔다.

호메로스의 『오디세이아』 중에서

오디세우스는 오랫동안 자리를 비웠다가 늙은 거지로 변장하여 이타카(그리스 서부 해안 앞바다 이오니아 제도의 한 섬 — 옮긴이)로 돌아왔다. 평범한 변장이 아니라 아테나가 마법을 부린 것이었다. 아테나는 오디세우스의 피부에 주름을 만들고, 키를 작게 하고, 머리카락의 윤기를 없애고, 총명한 눈을 흐릿하게 바꾸고, 살집을 더했다. 비록 자신이 기르던 개와 아들을 돌봐주던 보모가 알아보긴 했지만, 아테나가 변장을 도와준 덕분에 오디세우스는 아내와 아들을 비롯해서 거의 모든 사람을 속일 수 있었다. 오디세우스는 이 속임수를 이용해서 아내의 주변에 있는 부정한 구혼자들을 물리치고 백성에게는 충성심을, 아내와 아들에게는 신뢰를 시험했다. 앞에 묘사된 인용문처럼 오디세우스가 구혼자들을 물리치자 아테나가 그의 변장을 풀어주었다. 오디세우스는 자신의 속임수에 대해 용서를 구하고 아내와 재결합했다(문학작품에서 나타나는 속임수의 또 다른 멋진 사례는 이 책의 15장을 참조하기 바란다).

현대적인 정보와 커뮤니케이션 기술, 특히 인터넷이 등장함에 따라 속임수와 관련해서는 우리 모두 신에 필적할 만한 능력이 생겼다. 우리는 다른 사람의 신분을 도용하거나 자신의 것을 살짝 수정해서 새로운 신분을 만든 뒤 온라인에서 손쉽게 다른 사람 행세를 할 수 있다. 멀리 떨어져 있는 사람에게도 거짓말할 수 있으며, 엉뚱한 장소에 있으면서 마치 다른 장소에 있는 것처럼 보이게 만들 수도 있다(실제로는 친구들과 놀고 있으면서 휴대전화로 "자기야, 나 오늘 야근이야"라고 말하는 것처럼 말이다). 이런 기술은 우리가 거짓말을 지어내도록 도와주고, 때로는 다른 사람들이 거짓말을 간파하는 데 애를 먹게 하기도 한다.

정보와 커뮤니케이션 기술과 함께 행해지는 속임수 유형이 바로 디지털 속임수다. 즉 수신자가 해당 메시지에 대해 잘못된 믿음을 갖도록 과학기술을 매개로 전달되는 메시지를 의도적으로 통제하는 행위다. 마크 프랭크가 거짓말과 속임수의 본질을 다룬 3장에서 주목한 것처럼 속임수로 정의되기 위한 첫째 요소는 그것이 고의적·의도적인 행위인가 하는 점이다. 실수로 잘못된 정보를 제공하는 사람은 거짓말한 것이 아니라 실수했을 뿐이다. 둘째 요소는 속이려는 의도가 그 속임수의 목표가 된 사람에게 허가를 받았거나 예상되는가 하는 점이다. 예를 들어 온라인 포커를 할 때 플레이어는 서로 속일 거라고 예상하지만, 온라인 포커 사업자가 게임을 조작할 거라고 생각하지는 않는다.

이런 특성은 디지털 속임수에도 그대로 적용되는데, 속임수가 전화나 이메일, 인스턴트 메시지, 채팅 같은 매개물을 이용한 커뮤니케이션을 통해 이뤄져야 한다는 기준이 추가될 뿐이다. 이를테면 미디어와 온라인 데이트 사이트에서 사진 조작은 가장 보편적이고 주목해야 할 디지털 속임수의 유형이다(이 책의 5장 참조). 매개물을 통한 커뮤니케이션이 데스크톱컴퓨터에 제한되지 않는다는 사실은 주목할 만하다. 우리는 이제 휴대전화를 이용해서 디지털 방식으로 커뮤니케이션하며, 커뮤니케이션 기능을 데스크톱컴퓨터에서 다른 곳으로 옮기기 위해 수많은 서비스가 등장하고 있다.

따라서 디지털 세상은 천편일률적인 공간이 아니다. 정보와 커뮤니케이션 기술은 매우 다양한 온라인 공간을 창조하며, 그 공간들에는 자체적인 커뮤니케이션 특성(단서 가용성과 양방향성)과 일단의 속임수 표준이 존재한다.[1] 예를 들어 성적 환상을 다루는 성인 채팅 사이트 이용자와 암을 극복한 사람들의 이야기를 소개하는 전자 게시판 이용자는 속임수에 매우 다른 기대와 믿음을 보인다. 앞으로 살펴보겠지만 이런 기대는 디지털 속임수와 중요하고 밀접한 관련이 있다.

이 장에서는 오랜 속임수 관행에 알맞도록 적용된 디지털 기술의 세 가지 측면을 살펴본다. 도입부에서는 과학기술이 어떻게 거짓말을 쉽게 만들거나 새로운 거짓말을 만들어냈으며, 그로 인해 얼마나 다양한 디지털 속임수가 가능해졌는지 고찰한다. 어떤 상황에서 속임수를 가능케 한 기술이 역설적으로 정직성이나 자기 노출을 높이기도 한다는 점에 주목할 필요가 있다. '기차 안의 이방인 효과'에서 이방인은 매우 개인적인 문제까지 드러내는데, 블로그나 사회 후원자들의 전자 게시판, 컴퓨터를 매개로 한 치료 등 매개물을 이용한 여러 커뮤니케이션 공간에서 관찰되었다.[2] 이 장의 중간 부분에서는 과학기술의 어떤 특성이 우리의 정직성이나 자기 노출과 관련해 어떻게, 왜 영향을 끼치는가 하는 문제를 검토한다.

결론 부분에서는 이메일이나 인스턴트 메시지, 전화, 온라인 데이트 사이트 등 다양한 디지털 매체에서 나타나는 일상적인 거짓말 관행을 관찰한 최근 조사를 살펴본다. 속임수를 가능케 하는 과학기술의 다양한 측면과 정직성이나 자기 노출을 높이는 다양한 요소들이 우리가 일상생활에서 거짓말하고자 할 때마다 언제, 어떻게 과학기술을 사용할지 결정하는 데 영향을 끼친다.

이 장은 컴퓨터 보안 분야에서 발생하는 속임수를 다루지 않는다. 그런 분야에 관심 있는 독자들은 폴 톰슨이 집필한 7장을 참조하기 바란다(또 정보의 하부 구조와 관련된 속임수를 다룬 프레드 B. 슈나이더의 책을 참조하라).[3] 톰슨은 인지 해킹을 정의하면서 인간 이용자의 지각과 행동을 변화시키고자 컴퓨터 시스템을 공격하는 사례들을 참고하는데, 인지 해킹의 정의가 디지털 속임수의 일반적인 정의와 일치한다는 점은 주목할 만하다. 하지만 이 장에서는 개인 사이에 발생하는 상호적인 속임수와 커뮤니케이션에 집중한다.

속임수를 용이하게 하는
과학기술

커뮤니케이션 기술에는 잠재적으로 속임수를 가능케 하거나, 뒷받침하거나, 용이하게 해주는 몇 가지 특성 혹은 행위 유발성이 존재한다. 그중에서도 핵심은 물리적으로 함께 있지 않는 타인에게 의사표시를 하고 교류하는 기능이다.[4] 예컨대 기술만 있으면 다른 사람과 커뮤니케이션하려고 물리적으로 같은 공간에 있을 필요가 없다. 즉 우리의 커뮤니케이션이 '육체적으로 분리'되었다는 뜻이다. 물론 이것은 현대적인 커뮤니케이션 기술에 국한되는 이야기가 아니다. 인간은 거리나 시간상으로 멀리 떨어진 상대와 커뮤니케이션하기 위해 다양한 기술을 고안했다. 예를 들어 잉카제국 사람들은 멀리 떨어진 잉카제국의 행정부와 관련된 정보를 기록하기 위해 키푸라는 끈 다발을 개발했다(게리 어튼이 집필한 9장 참조). 어튼의 설명처럼 잉카제국 사람들은 스페인 정복자들을 속이기 위해 키푸를 사용한 듯 보이기도 한다.

인터넷이나 현대 전화 통신 같은 디지털 커뮤니케이션 기술은 물리적으로 떨어진 상태에서 커뮤니케이션을 가능케 해줄 뿐만 아니라, 우리가 거리에 상관없이 '실시간'으로 메시지를 교환할 수 있게 해준다. 예를 들어 전화는 지구의 어느 쪽에 있든 거의 상관없이 두 사람의 (우주에서 궤도를 돌고 있는 우주 비행사와도) 실시간 대화를 가능케 한다. 디지털 커뮤니케이션은 언어적·시각적·청각적 정보를 포함하며, 하나 혹은 그 이상의 정보 교환 경로를 지원한다. 이를테면 웹 페이지는 글로 된 서술을 포함하고, 시각 정보와 그래픽 정보를 지원하며, 음악을 들려준다. 디지털 커뮤니케이션은 비용이 저렴해서, 한 사람에게 메시지를 보내는 것과 거의 비슷한 수고와 비용으로 수많은 사람들에게 메시지를 보낼 수 있다.

디지털 속임수의 예로 가장 많이 알려졌다고 할 수 있는 스팸은 저렴하다는 디지털 커뮤니케이션의 특징을 이용해서 수백만 명에 이르는 잠재 고객이나 대상에게 접근한다. 스팸은 디지털 시스템(이메일이나 인스턴트 메시지, 유즈넷, 기타 유사한 것들)을 이용해서 요청하지도 않은 메시지를 한 번에 수백만 명에게 대량으로 발송하는 방식을 말한다. 스팸은 흔히 사기성이 있다. 연방통상위원회FTC가 준비한 보고서에 따르면 스팸 메일 가운데 3분의 2가 내용이나 '제목' '보낸 사람' 칸에 속임수가 포함된 것으로 드러났다.[5] 대량 발송되는 스팸의 특성을 고려할 때 수취인 중 아주 낮은 비율이라도 스팸에 반응하는 경우 해당 스팸을 발송한 사람들은 이익을 낼 수 있다.

유사하지만 더 해로운 디지털 속임수가 '피싱'이다. 피싱은 신뢰할 만한 단체(사용자가 거래하는 은행 등)처럼 가장하지만, 사실은 피셔(피싱을 하는 사람 — 옮긴이)가 운영하는 웹사이트로 사용자를 유도해서 은행 계좌 번호와 비밀번호 같은 민감한 정보를 훔치려는 시도를 의미한다. 성공적인 피싱은 사용자들의 신분 도용과 재정적 손실로 이어질 수 있으며, 최근 연구에 따르면 대다수 사용자들이 피싱을 간파하는 데 의외로 애먹고 있다.[6] 스팸과 피싱의 완전한 처리 방법은 이 책의 7장을 참조하자.

앞에 설명한 디지털 커뮤니케이션 기술의 행위 유발성은 광범위한 온라인 '속임수 서비스'로도 나타났다. 이른바 '알리바이 대행사'는 고객이 원하는 대로 대행사의 신분을 위장하는 기술을 이용해 그 고객에게 알리바이와 핑계를 제공한다. 예를 들어 알리바이 네트워크라는 회사가 있다고 가정해보자. 그 회사는 가상의 호텔 서비스를 제공하고, 고객은 대행사의 전화번호를 호텔 전화번호로 사용할 수 있다. 가상의 '호텔'로 전화를 거는 사람이 있을 때 '접수원'은 전화한 사람을 해당 고객의 객실로 연결해주는 척하지만, 실제로 전화는 고객이 미리 제공한 전화번호로 연결된다. 알리바이 대행사가 다양한 비즈니스를 안정적으로 수행하고, 고객이 어디에 있든지 전화 건 사람과 연결해주는 능력은 전적으로 커뮤니케이션 기술이 있기 때문에 가능하다.

이밖에도 속임수를 방조하는 사이트가 바로 알리바이와 핑계 클럽이다. 이 클럽은 회원들이 클럽 내 수백 명에게 문자메시지를 보내는 방식으로 귀찮은 일이나 사람을 피하도록 도와주는 네트워크다. 예를 들어 이 클럽의 회원은 다른 회원 중 한 명에게 자신의 상관인 척 행세해달라고 부탁해서 만나기 싫은 사람과 한 약속을 피할 수 있다. 부탁받은 '상관'은 부탁한 회원이 만나기로 한 사람에게 전화해서 그가 늦게까지 야근해야 한다고 말한다. 사람들은 거짓 알리바이나 핑계를 만들 때 흔히 친구에게 부탁해왔지만, 이제는 과학기술 덕분에 낮선 사람들에게 의지해서 그런 거짓말을 완성할 수 있다. 그 편이 죄의식이나 잠재적인 협박 같은 대인 관계의 복잡성을 줄여주기 때문인 것 같다.

사회적인 인맥을 강조하는 '마이스페이스^{MySpace}'나 '페이스북^{Facebook}' 같은 온라인 사회 네트워킹 사이트의 인기가 급증하면서 사용자에게 가짜 친구를 제공하는 서비스 회사도 등장했다. '당신의 가짜 스페이스^{FakeYourSpace}'라는 회사는 2006년 한 해 동안 사용자가 좀더 인기 있게 보이도록 도와줄 매력적인 가짜 친구를 마이스페이스 사용자에게 유료(가짜 친구 한 명에 0.99달러)로 제공했다. 몇몇 언론에서 이 웹사이트에 대한 부정적인 기사를 다루자, 사이트는 곧 문을 닫았다.[7]

위에서 소개한 사례들과 관련해서 기술의 중요한 행위 유발성은 이런 사례들이 신분 사기를 가능케 한다는 점이다. 신분 사기란 개인이나 조직의 신분을 허위로 조작하거나 표시하는 것을 의미한다.[8] 신분 사기꾼은 물리적인 자아와 관련된 제한이 전혀 없이 자신을 나타낸다. 상당수 연구가 온라인 커뮤니케이션 환경에서 물리적인 신분과 가상의 신분 사이에 나타나는 단절에 집중해왔다.[9] 흔히 말하듯이 "온라인에서는 아무도 당신이 개라는 사실을 알지 못한다". 예를 들어 셰리 터클^{Sherry Turkle}은 인터넷이 신분을 시험하기 위한 사회적 실험실이라고 설명한다.[10]

주디스 도나스^{Judith S. Donath}는 온라인에서 신분 사기가 발생하는 방식과 관련해서 최초로 이론적인 접근 방법을 내놓았다.[11] 그녀는 자하비가 생물학에서 나타나는 속임수를 분석할 때 사용한 개념을 이용해 온라인에서 발생하는 신분 사기를 설명할 수 있는 틀을 만들었다(이 책의 1장 참조).[12] 이 틀은 생물학적으로 고비용이 드는 표시와 저비용이 드는 표시를 구별한다. 고비용이 드는 표시란 '평가 신호'라고 부르는데, 위조하기 어려운 유기체 특성과 직접 연관된 표시고, 저비용이 드는 표시란 '관례 신호'라고 부르는데, 어떤 특성을 주장하는 임의적인 표시를 말한다.

온라인 커뮤니케이션에서 관례 신호는 우리가 말하는 내용("나는 매력적이고 몸이 좋습니다"처럼)과 자기 신분을 밝히기 위해 사용하는 닉네임('뜨겁고 섹시한 1인' 같은)을 포함해 메시지 형태로 교환되는 대다수 정보를 의미한다. 온라인에서 평가 신호를 얻기란 좀처럼 어려운 일이지만, 전화번호나 이메일 주소(예를 들어 '.edu'로 끝나는 이메일 주소는 그 사람이 학교나 대학에서 일한다는 사실을 암시) 같은 '현실 세계'에서 그 사람의 신분을 알려주거나 전문가만 보여줄 수 있는(이를테면 컴퓨터 시스템과 연관된 매우 기술적인 정보처럼) 지적 수준을 나타내는 연결 고리가 평가 신호에 해당한다. 이런 관례적인 신호는 샤우어와 제크하우저가 2장에서 설명한 둘러대기와 관련이 있다. 월터와 파크스가 소개한 유사한 개념 '인증認證'은 개인의 온라인 가면과 진정한 신분 사이의 연결 고리를 의미한다.[13] 예를 들어 어떤 사람이 친구에게 자신이 온라인 데이트를 하는 중이라고 이야기하는 경우, 현실 세계의 삶(그 사람의 친구가 아는 것)과 온라인의 삶(온라인 데이트 행위)이 연결되었다고 본다.

도나스는 관례 신호들이 기만적인 신분 사기의 손쉬운 표적이 된다고 지적한다.[14] 예를 들어 범주와 관련된 속임수는 우리가 어떤 사람을 특정한 사회집단이나 범주의 일원—예를 들어 남자 대 여자, 백인 대 흑인, 학생 대 노동자, 하키 선수 대 스쿼시 선수 등—으로 인지하도록 만드는 속임수를 의미한다. 온라인에서 자기의 성을 속이는 행위는 빈번하게 거론되는 범주와 관련된 속임수 사례

중 하나다.[15] 보다 은밀한 속임수에는 신분 은폐가 있는데, 자기 신분을 알려주는 중요한 부분을 생략하거나 얼버무리는 속임수다. 포스팅 할 때 신분을 감추려고 필명을 쓰는 것도 여기에 해당한다.

디지털카메라가 발전하고 사진이 포함된 사용자의 프로필을 특징으로 하는 온라인 소셜 네트워크 사이트가 부각함에 따라 신분 소개를 위한 개인 사진이 온라인 커뮤니케이션의 판도를 시각적인 환경으로 바꿔놓았다. 도나스의 '관례 신호 대 평가 신호 틀'이라는 문맥에서 볼 때, 사진은 사람들을 현실 세계 속 신분과 연결해주기 때문에 평가 신호로 작용해야 마땅하다. 하지만 패리드의 설명처럼 디지털 사진이 속임수를 목적으로 손쉽게 조작되면서 디지털이라는 맥락에서 평가 신호로써 사진의 가치를 떨어뜨리고 있다. 실제로 온라인 데이트 사이트의 인물 소개에서 나타나는 속임수를 조사한 최근 연구는 사진이 속임수가 성행하는 분야 중 하나라는 사실을 보여준다.[16]

위에 설명한 디지털 커뮤니케이션의 행위 유발성은 아는 사람끼리(예컨대 서로 신분이 노출된 경우) 주고받는 이메일이나 인스턴트 메시지, 전화 통화 같은 대인 커뮤니케이션과 관련해 중요한 암시를 보여주기도 한다. 예를 들어 문자를 기반으로 하는 디지털 커뮤니케이션(이메일이나 인스턴트 메시지, 문자메시지 등)에서는 속임수에서 비롯된 행동이나 태도에 따른 단서가 상당 부분 제외된다. 마크 프랭크가 설명한 것처럼 속임수와 관련해서 두 가지 행동 단서가 존재하는데 하나는 거짓말을 만들어내느라 분주한 부수적인 정신적 노력을 의미하는 사고 단서고, 다른 하나는 거짓말쟁이의 실질적인 감정 상태(감정을 속이는 거짓말이든 거짓말을 하는 데서 오는 죄책감이든)를 반영하는 감정 단서다.

디지털 커뮤니케이션이란 맥락에서 감정 단서는 보편적으로 얼굴과 목소리에서 나타나는데,, 이메일 같은 문자를 기반으로 하는 환경에서는 드러나지 않으며 전화 같은 음성을 기반으로 하는 환경에서는 미세하게 드러난다. 반면에 언어적인 특성이 강한 사고 단서는 매개물을 통한 커뮤니케이션에서도 드러날 수 있지만, 일반적으로 수정을 거칠 가능성이 높다. 예를 들어 이메일은 비동시성 커뮤니케이션이므로 거짓말쟁이에게는 거짓말을 꾸며낼 수 있는 여유가 좀더 많고, 사고 단서를 드러낼 가능성이 적다.

전체적인 맥락에서 고려할 때 이런 관찰 결과는 디지털 커뮤니케이션이 거짓말쟁이를 간파하는 데 이용할 수 있는 단서를 줄여서 속임수를 더욱 용이하게 한다는 사실을 보여준다. 일례로 랠프 키즈Ralph Keyes는 "이메일은 신이 주신 선물이다. 이메일을 사용하면 거짓말할 때 목소리나 새끼손가락이 떨리는 등의 증상을 크게 걱정할 필요가 없기 때문이다. 이메일은 최고의 속임수 도우미다"[17]라고 주장한다. 하지만 오설리번이 4장에서 언급한 것처럼 대다수 사람들은 속임수를 간파하는 데 극심한 어려움을 느끼고, 그것은 얼굴을 마주하는 상황이라도 별반 차이가 없다. 실제로 최근의 한 메타 분석은 언어적인 단서와 비언어적인 단서에 접근이 가능할 때 사람들이 속임수를 간파하는 확률이 운으로 맞히는 수준과 별반 차이가 없음을 보여준다.[18]

이런 결과와 일맥상통하게 우리 연구 팀은 직접 대면해서 커뮤니케이션하는 경우와 컴퓨터를 매개로 커뮤니케이션하는 경우 속임수를 간파하는 확률을 비교했다. 그 결과 피험자들이 두 가지 경우 모두 우연히 맞히는 수준으로 속임수를 간파할 뿐이며, 문자를 기반으로 하는 경우라고 해서 얼굴을 마주한 경우보다 특별히 확률이 떨어지거나 하지 않는다는 사실을 알아냈다.[19] 따라서 그런 단서가 거짓말을 간파하는 데 도움이 되지 않는 것처럼 보인다는 점을 감안했을 때 비언어적인 단서를 제거하는 건 거짓말쟁이에게 특별한 의미가 없을 수도 있다. 해당 매체가 기록 저장성이 얼마나 좋은가 같은 커뮤니케이션 기술의 또 다른 특징도 거짓말쟁이에게 불리하게 작용할 수 있다. 이것이 우리가 이제부터 살펴보려는 주제다.[20]

정직성과 자기 노출을 활성화하는 과학기술

디지털 커뮤니케이션과 함께 등장한 놀라운 현상 가운데 하나는 때때로 온라인 일기와 채팅방, 뉴스그룹(인터넷에서 관심이 같은 사람들끼리 특정 주제를 가지고 함께 토론하거나 최신 정보를 교환할 수 있는 게시판—옮긴이)에서 관찰되는 자기 노출의 양과 강도다.[21] '라이브저널LiveJournal' 같은 사이트에 포스팅 되는 온라인 일기에서 사용자들은 어린 시절 학대 받은 일부터 비밀스런 연애사나 범죄 사실에 이르기까지 지극히 개인적인 주제를 털어놓는다.

예를 들어 최근 등장한 블로그는 누가 얼마나 많은 채무를 지고 있는지 밝혀내려는 목적으로 만들어졌다. 이 사이트의 사용자들은 최근 자신의 저축과 지출 행태를 포함해 재정적인 세부 내용을 모두 해당 사이트에 올린다. 익명으로 올리는 사람도 있지만 신분을 공개하는 사람도 있다. ‘포스트시크리트PostSecret’라는 사이트에서는 사람들이 강간당한 일부터 대학에서 시험 볼 때 속임수를 쓴 일까지 자신이 털어놓고 싶은 비밀을 엽서에 적어 사서함으로 발송한다. 이런 엽서는 스캔을 통해 온라인으로 포스팅 되고, 매주 수많은 이용자들이 그 비밀을 지켜본다. 또 다른 연구를 통해 밝혀진 바에 따르면 사람들은 약물 남용이나 성적인 행동 같은 민감한 주제와 관련해서 자신을 노출하는 경우, 직접적으로 만나 이야기할 때보다 컴퓨터 시스템을 이용해 커뮤니케이션할 때 정직하게 답변하는 경향이 있다고 한다.[22]

사람들은 왜 디지털 커뮤니케이션에서 좀더 정직하고 솔직한 행동을 보일까? 일반적인 해석 중 하나는 과학기술을 통한 커뮤니케이션이 사용자에게 미칠 수 있는 심리적 효과 때문이라는 것이다. 예를 들어 사람들은 온라인에서 교류할 때 강화된 익명성을 인지하는 경험을 하는데, 이것은 사용자에게 특정한 매체 안에서는 자신의 사회적 행동에 책임을 지지 않아도 된다는 믿음을 제공한다. 인지된 익명성은 탈脫억제를 증가시켜 사람들을 보다 위험성이 높고 극단적인 행동을 하도록 이끈다고 주장되었다.[23] 익명성을 바탕으로 하는 인터넷 교류는 ‘기차 안의 이방인 효과’에서 확인되는 교류와 흡사한데,[24] 사람들은 기차나 비행기 혹은 다른 친숙한 여행 환경에서 우연히 만난 사람에게 때때로 자신의 가장 비밀스런 생각을 드러낸다.[25] 익명성을 인지하는 주관적인 경험은 자아에 대한 집중력을 높이고, 타인에 대한 책임감을 줄여준다.

예를 들어 독창적인 일련의 실험에서 애덤 조인슨Adam N. Joinson은 사람들이 문자를 기반으로 하는 교류에서는 다른 사람들이 자신이나 자신의 행동을 어떻게 바라볼지 신경을 덜 쓰는 한편, 자신의 생각과 감정에 관심을 집중하기 때문에 직접 대면한 상태에서 교류할 때보다 개인적인 정보를 훨씬 많이 노출하는 경향이 있음을 증명했다.[26] 자기 인식은 높아지는 반면, 다른 사람들이 자신을 인지하고 있다는 인식은 낮아지는 이런 조합은 과학기술이 자기 노출과 정직성을 활성화하는 한 가지 이유가 될 수 있다.

속임수를 줄이기는 하지만 놀라울 정도로 간과되기 쉬운 또 다른 중요한 요소가 커뮤니케이션 매체의 본질이다.[27] 지금까지 우리는 커뮤니케이션 매체의 세 가지 특징 ― 이를테면 해당 메시지가 어느 수준까지 저장이 가능한지, 그 매체가 실시간 교류를 지원하는지, 대화 당사자들이 물리적으로 같은 공간에 존재하는지 아닌지 ― 이 거짓말을 할지 말지 결정하는 데 영향을 미칠 수 있다고 주장해 왔다.[28]

세 가지 중 가장 명백한 특징은 그 매체가 해당 매체를 통해 진행된 커뮤니케이션 기록을 저장하는가 하는 점이다. 메시지와 관련된 기록이 더 많이, 더 오래 저장된다면 해당 메시지와 관련해서 거짓말하려는 사람은 좀처럼 없을 것이다. 이메일은 자동으로 저장되고 (일반적으로 복사본이 거짓말쟁이의 컴퓨터뿐만 아니라 중개 서버와 속이려는 상대의 컴퓨터에도 보관된다), 우리가 지금까지 발명한 대인 커뮤니케이션 형태 중에서 가장 오랫동안 보관될 수 있다. 많은 사람들이 자신의 이메일이 범죄나 정치 수사 ― 예컨대 알베르토 곤잘레스 스캔들(미국 법무부 장관 곤잘레스는 연방 검사 여덟 명을 정치적인 이유로 해고했다는 논란에 휘말려 사임했다 ― 옮긴이) ― 에서 증거물로 사용되는 당혹스럽고 곤란한 과정을 거친 뒤에야 이런 사실을 깨닫는다. 인스턴트 메시지는 내용이 자동으로 저장되진 않지만, 쉽게 저장될 수 있다. 전직 국회의원 폴리Foley는 수행원과 성적인 대화를 주고받은 인스턴트 메시지가 기록으로 남는 바람에 몰락했다. 이처럼 디지털 커뮤니케이션을 이용한 거짓말은 거짓말쟁이에게 심각한 타격을 초래하기도 한다.

거짓말하는 행동에 영향을 끼치는 커뮤니케이션 매체의 둘째 특징은 교류가 실시간으로 진행되는가, 비실시간으로 진행되는가 하는 점이다. 대화에서 나타나는 거짓말은 충동적인 경향이 있으며, 흔히 진솔한 대답이 문제가 될 소지가 있는 상황에서 발생한다.[29] 예를 들어 탈턴과 제나라는 부부가 있다고 가정해보자. 탈턴이 제나에게 점심 때 어디 있었느냐고 물었는데, 제나가 남편을 위해 깜짝 생일 파티를 준비하고 있었다면 그녀는 거짓말할 수밖에 없다. 탈턴이 이메일로 물어봤다면 제나는 이메일을 무시하거나 적당히 둘러댈 말을 찾을 때까지 답장하지 않았을 수도 있을 것이다. 다른 측면에서 보면 실시간 교류에는 시간적인 제한이 있기 때문에 노골적으로 위조된 대답을 피하면서 애매한 표현처럼 진실을 교묘하게 왜곡한 대답을 궁리하기가 더 어렵다.

거짓말을 실행하려는 결정에 영향을 미치는 셋째 특징은 물리적인 공현존성copresence이다. 즉 직접 얼굴을 마주한 교류처럼 같은 공간에서 하는 교류를 말한다. 위에서 살펴본 것처럼 디지털 커뮤니케이션은 육체적으로 분리되고 물리적으로 같은 공간에 존재하지 않음을 의미한다. 우리는 대화하는 상대가 같은 물리적 공간에 있지 않을 때 어느 사람과 함께 있는지, 무슨 일을 하는지, 어디에 있는지, 무슨 옷을 입었는지 등 함께 있다면 불가능한 수많은 거짓말을 할 수 있다.

끝으로 우리는 적절한 사회적 규범과 기대, 관습에 따라 행동하는데, 온라인에서도 마찬가지다. 매체를 통한 커뮤니케이션이라는 맥락에서 규범이 우리의 행동 양식을 결정하는 데 특히 중요하다는 사실을 보여주는 연구는 수없이 많다.[30] 속임수와 관련된 규범은 특정한 온라인 도메인 사이에서 진화하며, 그런 규범은 근본적으로 도메인마다 다르다. 예를 들어 성인 온라인 채팅방을 생각해보자. 사람들은 일상적인 삶에서는 불가능한 성적인 대화에 참여할 수 있는 온라인 공간에 이끌린다. 성인 채팅방 사용자들은 온라인에서 교류할 때 보편적으로 실제 이름이나 신분을 사용하지 않으며, 자기 신분을 밝힌 사람도 실제로는 전혀 다른 사람일 거라고 믿는다. 다시 말해 여기에서 표준 기대치는 공통된 위장이며, 사용자들은 다른 사용자도 하나의 배역을 연기한다는 사실을 안다.[31]

하지만 다른 온라인 공간에서는 얼굴을 마주하는 상황과 마찬가지로 속임수가 명백히 부정적으로 간주된다. 암과 관련된 정보를 지원하는 뉴스그룹을 생각해보자. 회원들은 이 뉴스그룹을 개인적인 문제와 두려움을 드러내고, 다른 사람에게 조언을 구할 수 있는 안전한 장소로 생각하고 이용한다. 이런 뉴스그룹은 신뢰를 구축하는 한편, 사용자들이 상대에게 믿음을 보여주는 '믿음의 비약'(이 책의 8장 참조)을 행하더라도 안전하다고 느낄 수 있는 공간을 제공하기 위해 노력한다. 이 같은 정황에서 어떤 속임수가 드러나면 극도의 분노와 모욕감, 해당 사기꾼에 대한 강력한 제재로 이어질 수 있다.[32]

디지털 시대의
속임수

이제까지 살펴본 것처럼 디지털 커뮤니케이션이 정황이나 사회적인 기대치에 따라 속임수를 조장할 수도 있고, 정직성을 촉진할 수도 있다. 그렇다면 이런 요소는 어떻게 어우러져서 우리의 일상적인 교류에서 나타나는 속임수에 영향을 미칠까?

이 문제를 검토하는 접근법 중 하나는 사람들에게 디지털 속임수에 대한 의견을 묻는 것이다. 예를 들어 카스피Avner Caspi와 고르스키Paul Gorsky가 표본으로 채택한 토론 참가자 집단 중 4분의 3은 '온라인 속임수가 만연하다'고 믿었다.[33] 또 온라인 데이트를 하는 사람들은 대부분 다른 사용자들이 외모에 대해 거짓말 한다고 믿는다.[34]

이런 믿음은 디지털 속임수가 만연해 있음을 암시한다. 하지만 서로 다른 디지털 미디어에서 나타나는 속임수 행동을 비교하는 실험적 연구는 이 문제의 해답을 찾는 것이 결코 간단하지 않음을 보여준다. 우리는 사람들에게 7일 동안 모든 사회적 교류와 거짓말을 기록하도록 요구했고, 이렇게 작성된 일기를 연구했다.[35] 또 그들이 사회 교류를 할 때 어떤 매체를 이용했는지도 명시하도록 요청했다. 이 자료에 따르면 사람들은 전화 통화할 때 가장 많이 거짓말하고, 그다음이 대면하고 교류할 때와 인스턴트 메시지며, 이메일을 사용할 때 거짓말을 가장 적게 하는 경향을 보였다.

우리는 이메일이 기록을 저장할 수 있고 실시간 대화형 매체가 아니기 때문에 사람들이 이메일에서는 일반적으로 거짓말하지 않는다는 결론을 내렸고, 이 결론은 위에서 설명한 커뮤니케이션 특징들과도 일맥상통한다. 또 전화는 일반적으로 통화 내용이 저장될 수 없는 대화형 매체며, 대화 상대가 물리적으로 같은 공간에 존재하지도 않기 때문에 사람들이 통화할 때 빈번하게 거짓말한다는 결론을 얻었다. 한편 이메일에서 거짓말이 가장 적게 나타났는데, 이는 온라인 속임수에 대한 대중적인 견해가 과장된 것일 수도 있음을 암시한다.

우리가 조사한 자료를 보면 커뮤니케이션 매체는 거짓말이 행해지는 빈도뿐만 아니라 거짓말의 내용에도 영향을 끼쳤다. 전화 통화는 거짓말쟁이가 어디에 있는지, 어느 사람과 함께 있는지와 같이 행동과 관련된 거짓말을 하는 데 주로 사용되었다. 감정과 관련된 거짓말은 대면하고 대화할 때 가장 흔히 나타났다. 이메일을 이용한 거짓말은 일과 관련해 거짓 변명이나 핑계를 대서 사정을 설명하려는 경우 가장 빈번하게 나타났다. 예를 들어 우리가 선발한 표본 집단에 속한 학생들은 교수에게 설명 형태의 거짓말("제 프린터가 고장 나는 바람에요" 같은)을 했다고 자주 보고했다. 이메일은 실시간 커뮤니케이션 매체가 아니고 메일을 작성하면서 충분히 시간을 쓸 수 있기 때문에, 좀처럼 진위를 가리기 힘든(예컨대 교수는 그 학생의 프린터가 실제로 고장 났는지 확인하지 않을 것이다) 계획적인 거짓말을 꾸며내기 위한 범행 장소인 듯하다.

온라인 데이트에서 발생하는 속임수에 대한 우려 역시 과장으로 보인다. 우리는 온라인 데이트를 즐기는 사람들에게 실험실에 방문해달라고 요청해서 그들이 온라인에서 자기소개를 할 때 설명한 것과 실질적인 신체 특징을 비교하기 위해 그들의 키와 몸무게, 나이를 확인했다.[36] 조사 결과에 따르면 그들 사이에는 확실히 거짓말이 난무했는데, 참가자 중 81퍼센트가 자신의 신체 특징 가운데 한 가지를 속였다. 하지만 대부분 사소한 거짓말이었다. 몸무게는 2킬로그램 정도 속였고(남자보다 여자들이 속이는 경우가 많았다), 키는 1센티미터 정도 속였으며(여자보다 남자들이 속이는 경우가 많았다), 나이는 반년 정도 속였다(남자와 여자가 별로 다르지 않았다). 대부분 경미한 거짓말이라서 발견하기조차 힘들었다. 물론 더러 터무니없는 거짓말ー몸무게는 16킬로그램, 키는 7.5센티미터, 나이는 아홉 살이 각 부문에서 가장 많이 속인 경우다ー도 있었다. 이 연구는 일부 거짓말 관행에 대한 표준 기대치를 알려주는 듯했다. 참가자들은 기혼 여부나 애인 유무 등을 속이는 건 사회적으로 용인될 수 없지만, 취미나 관심사를 속이는 건 사회적으로 좀더 용인될 수 있는 사안이라고 입을 모아 이야기했다.

종합해보면 이제까지 진행한 연구들은 대인 관계에서 거짓말 관행이 디지털 커뮤니케이션 매체에 따라 본질적으로 다르게 나타날 수 있음을 보여준다. 동시에 온라인에서 보다 많은 속임수가 관찰되는 까닭이 단지 행동이 벌어지는 장소가 온라인이기 때문은 아니라는 사실도 보여준다. 디지털 속임수는 성적인 약탈이나 범죄행위처럼 비교적 위험한 영역에서 점점 심각한 문제로 대두되고 있다. 몇몇 연구 논문에서 밝혀진 바에 따르면 성범죄자(특히 소아성애자)는 잠재적인 희생양을 찾기 위해 온라인 커뮤니케이션 공개 토론장을 이용한다.[37] 조직화된 범죄나 테러리스트 조직 같은 범죄 단체들도 점점 더 많이 정보·과학기술을 이용해 커뮤니케이션한다.[38] 군대도 기만적인 행위를 연구하고 잠재적인 속임수에 대응하는 방책을 개발하고 있다(이 책의 14장 참조).

결론

스팸이나 피싱 메일의 홍수를 보건대, 디지털 커뮤니케이션을 다른 사람을 속이는 데 사용하는 사람들이 있는 게 분명하다. 과학기술은 많은 점에서 분명히 속임수를 용이하게 한다. 하지만 지금까지 나타난 증거는 우리가 거짓말을 할 수 있다고 해서 반드시 거짓말한다는 의미는 아니라는 희망적인 사실을 암시한다. 새로운 커뮤니케이션과 정보 기술이 정직성과 솔직함을 부추기기도 하고, 삶이 유한한 대다수 인간이 새롭게 발견한 능력을 주의해서 사용하는 것처럼 보이기도 하기 때문이다.

_폴 톰슨 Paul Thompson

다트머스대학 컴퓨터공학부의 연구교수다. 그는 '월드와이드웹' 같은 정보 네트워크

에 존재하는 허위 정보의 속임수와 그에 대응하는 방책을 연구한다.

_폴 톰슨 Paul Thompson

다트머스대학 컴퓨터공학부의 연구교수다. 그는 '월드와이드웹' 같은 정보 네트워크

에 존재하는 허위 정보의 속임수와 그에 대응하는 방책을 연구한다.

인지 해킹 :
온라인 속임수의 간파

폴 톰슨

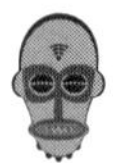

얼굴을 마주한 대화에서 속임수를 간파할 수 있게 해주는 많은 단서들이 컴퓨터를 매개로 한 커뮤니케이션에서는 보이지 않거나 보완되어 나타난다. 컴퓨터와 네트워크 하부구조 안에서 단독으로 작용하는 '서비스 거부 공격'(DOS: 관리자 권한 없이 특정 서버에 처리할 수 없을 정도로 많은 접속 신호를 한꺼번에 보내 해당 서버가 마비되도록 하는 해킹 기법 — 옮긴이)이나 정보 시스템을 대상으로 하는 다른 공격과 달리, 인지 해킹은 사용자의 지각 작용과 그에 상응하는 행동을 바꿔 컴퓨터나 정보 시스템을 공격하는 것을 의미한다.[1] 웹사이트 위장website spoofing은 인지 해킹의 한 예로, 진짜 웹사이트를 모방하여 가짜 웹사이트를 만드는 행위다. 예를 들어 1999년 이래로 세계무역기구 GATT 사이트(www.wto.org)를 패러디한 웹사이트(www.gatt.org)

가 존재해왔다.[2] 이런 패러디는 쉽게 인지할 수 있는 유형이지만 그래도 일부 네티즌의 오해를 유발할 수 있다. 예컨대 피싱 사이트를 살펴보면 해당 웹사이트는 사용자를 속이려는 의도가 역력하다. 피싱은 "사회공학(social engineering : 컴퓨터 보안에서 인간 상호작용의 깊은 신뢰를 바탕으로 사람들을 속여 정상 보안 절차를 깨뜨리기 위한 비기술적 침입 수단—옮긴이)의 한 형태로, 피셔라고도 알려진 공격자가 신뢰할 수 있거나 공공 기관의 자동화된 전자 커뮤니케이션을 모방해서 정당한 사용자의 비밀스럽고 민감한 신용 정보를 알아내려는 부정한 시도를 일컫는 말이다".[3]

인지 공격을 한다고 해서 하드웨어나 소프트웨어를 반드시 무력화할 필요는 없다. 허위 정보를 이용해서 사람들의 지각 작용과 행동에 영향을 주려면 오히려 컴퓨터 시스템이 필요하다. 컴퓨터 보안이라는 전통적인 정의만으로는 인지 공격에 대응하기 쉽지 않다. 인지 공격을 막으려면 정보 시스템을 정보의 무단 노출, 정보의 무단 변경, 정보의 무단 점유(서비스 거부 공격)에서 보호해야 하기 때문이다. 이 장에서는 인지 공격, 인지 해킹, 의미 공격이란 용어가 모두 유사한 의미로 사용될 예정이다.

인지 공격의 사례

다음에 소개되는 시나리오에 대해 생각해보자. 2000년 인터넷에서 언론 기사를 읽던 독자가 에뮬렉스(Emulex : 컴퓨터 칩이나

카드를 생산하는 미국의 제조업체 — 옮긴이)와 관련해 다음과 같은 오해를
야기하는 포스팅을 접한 경우다.

> 금요일 아침, 거래를 시작하자마자 에뮬렉스(나스닥 : EMLX)에서 나
> 온 충격적인 회사 보도 자료가 대중매체의 전파를 탔다. 그 기사는 에
> 뮬렉스가 기업 차원에서 핵폭발에 버금가는 어려움을 겪고 있다고 주
> 장했다. 일반회계기준GAAP을 적용할 경우 이 회사의 최근 분기 수익은
> 주株당 0.25달러 이익에서 0.15달러 손실로 역전될 것이며, 1998년과
> 1999년에 발생한 순이익도 역전될 거라고 보도했다. 아울러 에뮬렉스
> 의 CEO 폴 폴리노가 사임했으며, 회사는 미국증권거래위원회의 조사
> 를 받고 있다고 말했다.[4]

배경

신분 도용과 피싱 같은 컴퓨터 관련 범죄는 가장 빠르게
성장하는 범죄 분야이자, 점점 더 컴퓨터 보안이란 측면에서 다뤄
져야 하는 문제로 인식되어왔다. 사회공학은 컴퓨터 시스템을 이용
하는 모든 인간에게 적용될 뿐만 아니라, 컴퓨터 보안에서 사기꾼
에 의해 채택된 기술이 사용되는 것을 묘사하는 포괄적인 용어다.

시벤코George Cybenko 박사 등은 인지 해킹을 인터넷으로 연결된 컴
퓨터 네트워크 시스템을 사용하는 말단 사용자의 지성을 허위 정보
로 공격하는 행위라고 정의했다.[5] '펌프 앤드 덤프'는 한 명이나 그
이상의 사람들이 주가를 조작하기 위해 어느 공개 기업에 대해 거짓

정보나 오해하기 쉬운 정보를 인터넷에 유포하는 허위 정보 공격의 대표적인 사례다. 허위 정보로 인해 그 회사가 매력적인 투자 대상으로 비춰지면 주식시장에서 (그 회사의) 주가가 올라가고, 그 회사와 관련해서 허위 정보를 유포한 사람들은 보유하고 있던 주식을 팔아 수십만 달러에 이르는 이익을 챙길 수 있다.

허위 정보를 이용한 공격을 보여주는 또 다른 사례를 살펴보자. 오늘날에는 이런 속임수 유형을 피싱이라고 부른다. 어느 날 페이팔(PayPal : 인터넷을 이용한 결제 서비스 — 옮긴이) 이용 고객이 다음과 같은 이메일을 받았다. "이런 말씀을 드려 유감스럽지만 당신의 아이디와 비밀번호가 우리 데이터베이스에서 지워졌습니다. 문제를 해결하기 위해 아래의 웹사이트에 당신의 로그인 정보를 남겨주십시오." 수많은 고객이 이 메시지와 링크된 사이트에 자신의 페이팔 계좌와 관련된 개인 정보를 제공했다.[6] 범인으로 추정되는 사람들이 이베이에서 물건을 구매하면서 그 고객의 페이팔 계좌 정보를 불법적으로 이용했음은 불 보듯 뻔한 일이다.

인지 조작

현대사회에는 인지 조작이 만연하다(이 책의 2장 참조).[7] 인터넷상에 나타나는 인지 조작은 광범위한 현상의 한 측면일 뿐이다. 인지 조작이라고 모두 부정적인 건 아니며 — 이를테면 교육도 인지 조작의 한 형태다 — 인터넷상의 인지 해킹에서 인지 조작이 항상 사용되는 것도 아니다. 인터넷을 상업적으로 사용하는 행위(이를테면 광고를 들 수 있는데, 광고는 인지 해킹으로 간주되지 않는다)와 뉴스그룹에 허위 정보를 포스팅 해서 주가를 조작하는 행위(인지 해킹으로 간주된다)의 경계를 구분하기 어렵다는 건 분명한 사실이다. 얼굴을 마주한 상호작용에서는 전달된 정보를 평가할 수 있는 정황이 일반적으로 함께 주어진다. 신빙성은 화자가 누구인가, 화자에 대해 알려진 것이 무엇인가와 같은 정보와 관련되어 고려된다. 하지만 이런 맥락이 월드와이드웹 같은 네트워크로 연결된 정보 시스템에서는 그대로 적용될 수 없다.[8]

지난 20여 년 동안 매우 정교한 보안 방식이 컴퓨터 환경에서 (특히 월드와이드웹의 급속한 변화로 인해) 빠르게 퇴출되고 있다. 최근에는 인상적이고 많은 손실을 야기하는 컴퓨터바이러스, 즉 DOS와 전자 상거래의 보안을 둘러싼 우려들이 컴퓨터 보안 연구원의 관심을 끌어왔다. 보안 침해가 심각한 걱정거리인 것은 분명하지만, 의미 공격 분야에도 보다 많은 관심이 필요하다.

인지 해킹의 대응책

인지 해킹을 방지하기 위해서는 정보 자산에 무단으로 접근하려는 시도를 미리 차단하거나, 인터넷에 올라온 허위 정보를 사용자의 행동에 영향을 미치기 전에 간파해야 한다. 뉴스그룹이나 채팅방을 이용하는 펌프 앤드 덤프의 사례에서 보듯이 후자는 특정한 정보에 무단으로 접근하는 행위가 아닐 수도 있다.

출처가 다양해서 동일한 주제와 관련된 정보를 비교할 수 있고, 어떤 정보가 허위인지 판단할 수 있는 경우도 있다. 하지만 믿을 만한 회사의 인사 데이터베이스처럼 정보 출처가 하나인 상황을 우선적으로 고려해보자. 하나의 대응책, 즉 출처를 인증하는 방법은 꾸준한 실사를 통해 해당 정보의 출처를 감정하고 그 신뢰성을 확인하는 것이다. 이런 맥락에서 네트워크정보연합 Coalition for Networked Information[9]의 클리퍼드 린치Clifford Lynch 대표는 이베이 같은 전자 상거래 사이트에서 등급 시스템을 적용, 신뢰성을 평가할 수 있었던 것처럼 정보를 제공하는 출처의 신분과 행동에 근거해서 개별적인 사용자 사이에 신뢰를 확립할 수 있는 구조를 설명한다.[10] 다만 그런 접근법을 발전시키기 위해서는 시간과 사회적인 협동이 전제되어야 한다.

정보의 '경로' 표준화 | 이 접근법은 통계적이고 역사적인 자료에 근거해서, 또 해당 정보가 현실 세계와 어떻게 관련되었는지 분석한 내용을 근거로 해서 정보의 출처와 관련된 기준을 만들어야 한다. 이를테면 웹 사이트나 환경 센서 등 하나의 출처에서 얻은 날씨 자료는 이전부터 축적된 데이터베이스와 비교하거나, 과거에 측정된 날씨를 토대로 추정하는 예측 기준과 비교함으로써 조정될 수 있다.

일탈이라는 흥미로운 요소와 관련해서 높은 평가를 받는 대다수 추리 소설이나 영화의 줄거리를 생각해보자. 논란의 여지가 있지만, 만족스럽고 인기를 끈 이야기는 대부분 기대에서 살짝 벗어나는 경로를 밟는다. 이야기를 순간순간 조금씩 비틀어주는 건 신뢰성에 그리 영향을 미치지 않지만, 그것들이 복합적으로 작용했을 때 독자나 관객은 진실에서 동떨어진 결론에 도달한다. 인지 해킹의 맥락에서 볼 때 이런 결과는 연속된 사소한 일탈 사례를 제공함으로써 달성되고, 일탈 사례 하나로는 신뢰성이 의심을 받지 않는다. 하지만 사소한 일탈이라도 그것들이 누적되는 경우 중요한 의미가 있으며, 각각의 사소한 일탈 사례에 주의를 기울이지 않은 독자나 관찰자를 놀라게 하기에 충분하다. 그렇지만 몇 번에 불과하더라도 '믿음의 비약'이 발생하는 경우 이는 곧 독자에게 간파되고, 그런 이야기는 일반적으로 흥미를 끌지 못한다.

뮐러링이 지적했듯이 신뢰는 믿음의 비약과 관련 있으며, 믿음의 비약은 신뢰 받는 사람에게 신뢰를 주는 사람을 속일 수 있는 더 많은 기회를 제공한다. 이 경우 개별적인 일탈은 사소한 부분에서 발생하기 때문에 신뢰를 주는 사람은 속임수가 문제가 될 수 있는 상황에 돌입했다는 사실조차 인식하지 못한다. 정보 출처에 대한 기준을 만드는 일은 역사적인 자료의 유효성과 분석적인 표준화의 적합성에 좌우되기 때문에 사례별로 적용이 가능하다.

장르 탐지와 직권 분석 | 신중한 독자라면 주식과 관련된 웹사이트에 어떤 회사의 실적 기대치를 과장한 펌프 앤드 덤프 포스팅 같은 허위 정보를 접하고 그 내용이 허위 정보인지 타당한 정보인지 간파할 수 있으며, 이는 비록 타당한 내용이 어느 정도 과장된 경우에도 마찬가지다. 저자 판별과 관련된 모스텔러Frederick Mosteller와 월리스David L. Wallace의 독창적인 연구가 발표된 이래, 저자에 따른 글의 문체를 구별하는데 통계언어학적인 접근법이 사용되었다.[11] 원작자를 둘러싸고 논란이 일자 *The Federalist Papers*(연방주의자 논고)의 저자를 밝혀내기 위해 모스텔러와 월리스의 문체 분석법이 사용되었다. 그 후 비버Douglas Biber와 다른 연구원들은 유사한 문체 분석을 이용해서 언어학 자료의 장르를 분석해왔다.[12] 장르란 뉴스나 시 같은 글의 문체를 의미한다. 예를 들어 신문 기사는 '누가, 언제, 어디서, 무엇을, 어떻게, 왜' 같은 문제에 초점을 맞추고 중학교만 졸업하면 쉽게 이해할 수 있는 어휘와 문제

를 사용하는 반면, 현대 시는 관행적으로 매우 어려운 말을 사용한다. 케슬러Brett Kessler와 동료들은 이런 연구를 바탕으로 원문의 장르를 기계적으로 구분하는 알고리즘을 개발하고 실험했다.[13]

장르 분석을 위해 비버와 케슬러, 그의 동료들이 택한 접근법은 언어 자료를 토대로 한 언어학이다. 즉 그들의 접근법은 원문에서 전반적으로 사용되는 전체 단어에 대한 통계 분석을 바탕으로 한다. 심리학이나 커뮤니케이션 분야에서 속임수를 간파하기 위한 작업은 언어적 특징이나 단서를 대상으로 한 세밀한 분석을 바탕으로 한다. 어떤 단서가 속임수를 의미하는지 판단하기 위해 여러 가지 심리학 실험이 진행되었다. 이와 관련하여 오설리번과 프랭크는 다양한 단서를 검토한다.

오설리번은 진실의 마법사(얼굴을 마주한 커뮤니케이션에서 속임수를 간파하는 전문가)를 잠재적인 거짓말쟁이에 대해 겉으로 보이는 이례적인 행동뿐만 아니라 그 사람의 모든 행동에 근거해 전체론적인 인상을 판단할 수 있는 사람으로 묘사한다. 프랭크 역시 단서 하나로 거짓말을 간파할 수 없다는 점에 주목한다. 그는 개개인의 거짓이 아닌 평범한 행동을 기준으로 설정해둘 필요가 있으며, 그래야 기준이 된 행동을 바탕으로 그들의 거짓 행동을 비교할 수 있다고 강조한다. 오설리번과 프랭크가 설명한 거짓말을 간파하는 일련의 과정은 속임수를 간파하는 자동화된 도구를 개발하기가 매우 어렵다는 사실을 암시한다. 컴퓨터를 매개로 한 커뮤니케이션에서 속임수를 자동으로 간파할 수 있는 소프트웨어는 아직 개발되지 않은 상태지만, 연구원들은 이런 도구가 곧 개발될 것으로 전망한다.[14] 핸콕은 디지털 매체에서 나타나는 속임수의 언어적 단서와 이 단서가 디지털 속임수를 간파하는 데 어떻게 도움을 줄 수 있는지 분석한 연구 결과를 설명한다.

어떤 사건이나 주제를 가지고 정보 출처를 한 가지 이상 이용할 수 있다면 잠재적인 허위 정보를 다른 정보들과 비교할 수 있다. 인터넷이나 월드와이드웹 같은 디지털 네트워크 매체를 통해 정보를 유포하는 데 따른 어떤 측면은 인지 해킹을 상대적으로 수월하게 만들기도 한다. 시장에 존재하는 거대한 압박감은 뉴스 매체와 뉴스그룹이 가급적 많은 정보를 최대한 신속하게 유포하도록 부추긴다. 패리드가 언급했듯이 사진 편집 도구가 발달한 오늘날에는 뉴스 사진이나 과학적인 결과물을 설명하는 사진이 그 이미지를 만든 사람의 의도에 따라 특정 요소를 부각하고자 조작될 수 있을 뿐만 아니라, 그 이미지를 보는 사람이 완전히 곡해하도록 재차 수정될 수도 있다.

특히 금융 분야의 뉴스를 다루는 보도기관은 해당 경제 분야에 영향을 미칠 수 있는 긴급한 사건이 발생하는 경우, 그 사건과 관련된 신빙성 있는 뉴스를 가장 먼저 제공하고자 경쟁적으로 노력한다. 그 과정에서 보도기관의 압박감은 시간을 들여 해당 뉴스의 정확성을 확인해야 하는 절차와 상극이다. 신속하게 정보를 유포할 필요성과 해당 정보가 정확한지 조사할 필요성을 절충하기란 결코 쉽지 않다. 따라서 자동화된 소프트웨어가 개발된다면 사람들이 네트워크로 연결된 다양한 정보 시스템에서 얻은 정보의 정확성을 판단하는 데 도움이 될 것이다.

공동 여과 방식과 고객의 평가에 기초한 출처의 신뢰성 검토 | 잠재적인 허위 정보를 확인하기 위해 여러 정보 출처를 활용할 수 있다면, 출처를 둘러싼 신뢰성 검토는 인지 해킹의 또 다른 대응책이 될 수 있다. 인터넷에서 허위 정보를 간파하는 문제는 활자화된 뉴스나 담화를 통한 토론에서 허위 정보를 간파하는 문제와 유사하다. 주어진 정보의

신빙성과 중복성, 유래, 확실성은 정보의 종합적인 '신뢰성'을 결정하는 핵심 지표들이다. 공동 여과 방식과 평판을 평가하는 메커니즘에 관한 기술은 최근에 특히 온라인 소매 분야에서 관심을 끌고 있다.[15] 이런 기술은 온라인 가격 비교 회사들이 잠재 고객에게 특정 판매상이 신뢰할 만하지 못하다는 걸 알려줄 때 보편적으로 사용된다.

신뢰성 등급은 고객의 평가를 근거로 산출된다. 이와 밀접하게 관련된 기술이 공동 여과 방식이다. 공동 여과 방식은 객관적인 사실보다 개인적인 의견에 영향을 주고자 하는 인지 해킹 상황에서 유용할 수 있다. 공동 여과 방식과 주위에서 평가된 평판을 반영하는 접근법은 사용자가 특정한 정보 서비스에서 수신하는 정보를 사용자에게 피드백 하고, 정보의 신뢰성이나 유용성과 관련해 공동체적인 개념을 형성한다. 이 경우 자동화는 실질적인 정보 자체에 대한 평가가 아니라 사용자에게 피드백을 해주는 과정이다.

정보 회사들의 결탁 간파하기 | 여러 정보 회사들의 결탁은 다양한 형태로 나타날 수 있다. 펌프 앤드 덤프는 여러 사람이 분담해서 각자 다른 웹사이트와 뉴스그룹에 오해를 유발하고자 하는 내용을 포스팅 한다. 그 결과 일반적인 여론과 반대되는 어떤 사실이나 의견이 여러 웹사이트에서 지배적인 견해인 양 비춰질 것이다. 이런 의미 공격에 대응하려면 다양한 출처를 통해 얻을 수 있는 정보에서 그 내용이 의도하는 바를 이끌어낼 수 있는 자동화된 '자연언어 이해[NLU] 시스템'이 필요하다. 이렇게 이끌어낸 정보의 통계적인 분포를 살펴보면 어느 정도 비교가 가능하다.

예를 들어 주식과 관련된 토론 그룹에서는 포스팅 한 사람의 포지션이 '적극 매수'나 '적극 매도'인지, 혹은 그 중간에 있는 어떤 포지션인지 평가하는 방법을 사용할 수 있다. 평준화나 가중치를 다양한 포지션에 적용하여 평균값이나 기댓값을 정할 수 있으며, 이를 바탕으로 그 기댓값이 큰 편차를 보이면 의심스러운 내용으로 표시하는 것이다. 마찬가지로 밀접하게 연관된 메시지 그룹을 찾아보는 방법도 있는데, 이 경우 해당 그룹의 메시지가 모종의 결탁을 암시할 수 있다. 밀접하게 연관된 메시지는 한 사람이나 음모를 꾸미는 한 집단이 의미 공격을 실행하기로 결탁한 다음 포스팅 되었을 가능성이 다분하기 때문이다.

아웃라이어(outlier : 일반적인 변수 값과 다른 유형을 보이는 변수 값. 이상치라고도 함 — 옮긴이)를 알아내기 위한 통계 실험은 무척 많다. 하지만 아웃라이어는 전혀 아니지만 같은 무리로도 보이지 않는 사람들에 의한 음모를 알아내는 실험은 상대적으로 거의 전무하다. 예를 들어 용의자의 외모(키나 몸무게 등) 가운데 매우 구체적인 부분에 지나치게 많은 목격자가 동의하는 경우, 수사관은 이를 음모로 받아들이기도 한다. 여러 문서에 자연언어 분석을 실시하고, 해당 문서를 근거로 '포지션'을 나타내는 표현들을 추출하며, 그에 따라 해당 표현들의 통계를 분석할 수 있는 자동화된 소프트웨어는 아직 개발되지 않았다. 미래에는 가능할지도 모르지만 말이다.

저자 판별

저자 판별, 즉 스타일로메트리(stylometry : 어법과 구문을 분석함으로써 그 텍스트 메시지의 저자를 확인하는 방법 — 옮긴이)는 앞에서 언급한 모스텔러와 월리스의 연구까지 거슬러 올라가는 통계학과 컴퓨터언어학 연구의 한 분야다. 최근에 라오^{Josyula R. Rao}와 로하트기^{Pankaj Rohatgi}는 스타일로메트리가 온라인에서 가져온 원문에 보다 성공적으로 적용될 수 있음을 보여주었다.[16] 법언어학은 공인된 연구 분야로 자리 잡았고, 국제법언어학협회를 포함한 전문 단체들과 『법언어학^{Forensic Linguistics}』 같은 전문 저널이 있다.[17] 오늘날에 이르러서는 유나바머^{UnABomber}와 존베네 램지^{JonBenét Patricia Ramsey} 살인 사건에서 포스터^{Donald W. Foster} 같은 스타일로메트리 전문가가 수사에 도움을 주기도 했다.[18] 'LIWC2001' 같은 포괄적인 언어 원문 분석 소프트웨어 프로그램이 있긴 하지만, 저자 판별을 위한 구체적인 맞춤형 법언어학 도구는 아직 존재하지 않는다.[19] 최근 해럴드 러브^{Harold Love}가 저자 판별에 관한 보고서를 제출했다.[20]

뉴스 검증기

이 장의 도입부에서 언급한 에뮬렉스 관련 기사를 액면 그대로 이해한 독자는 에뮬렉스 주식이 있다면 재빨리 팔아 치우려고 할 것이다. 이 뉴스 기사는 신뢰할 만할 정보일 수도 있지만, 인지 해커가 경솔한 독자에게 제공한 허위 정보일 수도 있다. 어느 인지 해커가 그 허위 정보로 인해 해당 주가가 오르거나 떨어짐에 따라 주식을 매도 혹은 공매하는 펌프 앤드 덤프 계략의 방편으로 해당 회사에 대한 거짓 정보를 퍼뜨렸는지도 모르는 일이다. 독자는 이득을 최대화하기 위해 신속하게 행동하려고 하겠지만, 그 조치가 허위 정보를 근거로 한 것이라면 막대한 손해를 볼 수 있다.

웹 사용자가 웹에서 원래 뉴스 기사와 유사한 문서를 효율적으로 수집하고 분석할 수 있게 해주는 인지 해킹 대응책의 원형이 만들어졌다. 먼저 일단의 유사한 문서들이 구글 뉴스의 검색 알고리즘에 의해 수집된다. 구글 뉴스가 검색된 문서들에 포괄적으로 등급을 매기기는 하지만, 인지 해킹에 대응하는 방책으로 사용될 수 있을 만큼 최적화된 건 아니다. 최초 구글 뉴스에 의해 수집된 문서들에 대안이 될 수 있는 등급을 매기기 위해 다른 검색엔진들을 이용한 조합 과정이 진행된다. '기사 조합' 알고리즘으로 각각의 검색엔진을 이용해 만든 등급화된 뉴스 목록을 구글 검색으로 수집한 원래의 등급화된 목록과 조합하면 속임수를 간파하고자 하는 목적에 보다 부합하는 등급 목록을 얻을 수 있다.[21] 반대로 사용자가 피드백 해주는 적합성 판단은 검색엔진을 강화하는 데 활용된다. 이런 조합과 강화 과정을 거치면서 구글은 처음에 제공한 등급화된 뉴스 목록보다 훨씬 나은 등급 목록을 제공할 수 있을 것이다. 그에 따른 결과도 인지 해킹 대응책에 요구되는 중요한 특징 중 하나인데, 인지 해킹의 위험에 노출된 사람은 실시간에 가깝게 허위 정보를 간파하려고 할 것이기 때문이다.

속임수 간파

대인 커뮤니케이션에서 속임수를 간파하는 문제는 심리학과 커뮤니케이션 분야에서 오랜 연구 주제였다(이 책의 3, 4, 6장 참조).[22] 대인 커뮤니케이션 가운데 상당 부분은 일정 수준의 속임수를 포함하는 것으로 나타난다. 심리학과 커뮤니케이션 학자들은 기만적인 대인 커뮤니케이션의 특징을 보여주는 수많은 단서를 밝혀냈다. 이런 연구는 대면해서 교류하는 커뮤니케이션 형태에 초점을 맞춰왔지만, 최근에는 전화 통화나 컴퓨터를 매개로 하는 것처럼 다른 커뮤니케이션에 관한 연구가 진행되고 있다.[23] 속임수를 주제로 광범위한 연구가 행해지면서 사람들은 커뮤니케이션 과정에서 발생하는 속임수를 간파할 수 있도록 훈련되었다.[24] 이 같은 훈련 중 일부는 컴퓨터를 기반으로 한다. 최근에는 컴퓨터를 매개로 하는 커뮤니케이션에서 속임수를 암시하는 심리학적 단서가 자동으로 간파될 수 있는지, 자동화된 속임수 간파 장치를 제작하는 일이 가능한지 가늠하기 위한 연구가 시작되었다.[25]

첩보와 보안정보학

2003년에 미국 국립과학재단[NSF]과 국립사법연구소는 첩보와 보안정보학에 관한 협의회를 처음 개최했고, 이후 지금까지 해마다 정기적으로 협의회를 진행하고 있다.[26] 이 협의회를 개최한 동기는 생물정보학과 유사한 새로운 첩보와 보안정보학이 필요해졌기 때문이다. 새로운 학문에 가공되지 않은 자료와 종합적인 자료에 주도적 상호작용을 지원하는 분석 환경이 갖춰지는 건 중요한 일이다.[27] 그리고 이 환경에는 의미 공격에 대비한 방책으로 구성된 장치가 마련되어야 한다. 이를테면 외국방송청취팀[FBIS]이 제공한 거짓일 수 있는 뉴스 기사에 직면하는 경우, 위에서 언급한 뉴스 검증기 같은 장치가 경고해줄 수 있다.

군사적 속임수 : 적군의 의도에 대한 추론

보여 벨J. Bowyer Bell과 바튼 웨일리Barton Whaley는 *Cheating and Deception*(사기와 속임수)에서 그동안 많은 학자들이 채택해온 속임수 분류법을 소개한다.[28] 표 7.1에서 여섯 가지 속임수는 숨기기와 속이기라는 주요 표제로 나뉜다.

숨기기(실제를 숨기는 행동)	속이기(거짓을 보이는 행동)
가장 : 자신의 특징을 숨기는 행동	모방 : 다른 사람의 특징을 흉내 내는 행동
재포장 : 새로운 특징을 보태거나 예전에 있던 특징을 없애는 행동	꾸밈 : 새로운 특징을 만들어내는 행동
현혹 : 예전의 특징을 숨기거나 대안적인 특징을 보태는 행동	유혹 : 대안적인 특징을 만들어내는 행동

비고 | 특징이란 잠재적으로 속아 넘어갈 사람이 관찰을 통해 얻은 결과를 의미한다.
출처 | 벨과 웨일리, *Cheating and Deception* (New Brunswick, NJ: Transaction, 1991)에서 가져와 수정.

표 7.1 속임수 분류법

이 분류법은 최근에 적군의 의도를 추론하는 프로그램에서 사용되었는데, 해당 프로그램은 1950년 한국전쟁에 개입한 중국을 대상으로 개발되었다. 적대 관계에 있는 양측은 군사적인 갈등 상황에서 대립할 때 어느 쪽도 상대의 의도가 무엇인지 알 수 없다. 하지만 양측은 상대의 행동을 관찰함으로써 그 의도를 추정할 수 있다. 또 상대의 목표와 생각에 어느 정도 선입관이 있다. 한국전쟁에서 미군이 중국군을 대상으로 개발한 프로그램은 중국의 목적과 의도를 둘러싼 미군의 이해를 근거로 탄생했다. 중국의 행동을 관찰하고 그 결과를 토대로 만들어진 해당 프로그램 덕분에 미군은 기만적인 중국의 의도와 속셈을 추론할 수 있었다.

중국이 한국전쟁에 개입하자 미국은 처음에 무척 놀랐는데, 그 놀라움은 중국의 속임수가 아니라 중국이 개입하지 않으리라고 굳게 믿은 미국의 가정 때문이었다. 중국의 개입이 본격화하면서 속임수가 명백해졌다. 중국은 한국전쟁에 개입한 것이 사실상 대대적인 침략인데도 일부 지원병이 동원된 소규모 군사작전이라는 인상을 주고자 했다. 중국군은 위장된 군복을 입어서 규모가 드러나지 않도록 했다. 벨과 웨일리의 분류법에 따르면 이것은 '재포장'의 사례다.

웹상에서 적대적인 정보의 검색

웹 검색엔진이 생긴 초기부터 검색엔진 운영자와 검색엔진에 의해 정해지는 문서 순위에 영향을 끼치고자 하는 사람들 사이에는 적대적 관계가 존재해왔다. 오래전부터 마케팅 담당자들로 구성된 공동체가 있었으며, 검색엔진 옵티마이저optimizer라 불리는 이들은 웹상의 검색엔진 등급을 고객에게 유리하도록 조작해주는 서비스를 제공해왔다. 웹 사용자들이 주요 웹 검색엔진을 이용해서 특정한 검색 용어를 입력하면 해당 고객의 웹페이지 순위가 상위로 올라갈 수 있다. 리비키Martin Libicki는 의미 공격과 관련된 독창적인 연구 보고서에서 이런 목적으로 사용되는 속임수의 유형에 대해 기술한다.[29] 이 경우 속임수는 인간을 목표로 하는 게 아니라 컴퓨터 시스템에서 진행되는 결정 과정, 즉 검색엔진이 문서의 순위를 결정하기 위해 사용하는 알고리즘을 목표로 한다고 할 수 있다.

옵티마이저들은 오랫동안 수많은 속임수 기술을 사용해왔으며, 검색엔진 설계자들이 옵티마이저를 저지하기 위해 알고리즘을 수정해도 소용이 없었다. 웹페이지의 배경과 동일한 색으로 웹사이트에 검색어로 사용될 만한 글을 써놓는 것 역시 일반적인 관행 가운데 하나다. 해당 웹페이지를 보는 사람들은 이상한 점을 발견할 수 없지만, 검색엔진은 배경과 같은 색으로 작성한 글에 반응하여 해당 문서를 높은 순위로 올려놓을 것이다. 예를 들어 그 시기에 인기 있는 영화배우가 많은 조회 수를 기록하는 경우, 옵티마이저는 그 배우의 이름을 눈에 띄지 않는 방법으로 웹페이지에 도배할 수도 있다.

‘인기 있는’ 단어를 웹페이지의 메타데이터(데이터베이스 수록 내용을 설명하는 정보 – 옮긴이) 영역에 많이 삽입하는 기술도 흔히 이용된다. 메타데이터 영역은 웹페이지를 보는 사람 눈에는 발견되지 않지만, 검색엔진에 의해 검색될 수 있다. 하지만 옵티마이저들이 빈번하게 악용해왔기 때문에 많은 검색엔진이 메타데이터 영역을 더 이상 활용하지 않는다. 좀더 최근에는 클릭 수 조작과 링크 팜(link farm : 사이트의 콘텐츠와 아무 관련이 없는데도 상위에 표시하기 위해 상호 링크만 목적으로 만들어진 웹사이트 – 옮긴이)이 관심을 끌고 있다.[30]

내부자 위협

국가 안보에 역사적으로 가장 큰 피해를 초래했으면서도 조직에서 신뢰를 얻던 내부자들이 오랜 방첩 작전 끝에 마침내 검거되었다. 이들은 첩보 기관에서 정직원으로 일하며 해당 첩보 기관을 염탐해서 적대적 관계인 첩보 기관에게 정보를 제공한 이중간첩으로 알려졌다. 이들은 경우에 따라 아무 의심도 사지 않고 수년씩 불법적인 간첩 활동을 수행했다. 심지어 내부자가 정보를 악용한다는 사실이 명백해지고, 용의자로서 관심이 쏠리기 시작한 뒤에도 그가 검거되기까지 여러 해가 걸렸다. 최근에 이중간첩과 관련하여 가장 유명하고 막대한 피해를 끼친 사례는 CIA 방첩 요원 올드리치 에임스Aldrich Ames와 FBI 방첩 요원 로버트 한센Robert Hanssen일 것이다.

전통적으로 이중간첩의 검거와 법 집행이 잦아진다거나 하는 외부적인 사건을 분석한 결과가 내부자를 지목하는 경우에만 신뢰 받는 내부자의 검거가 가능했다. 내부자가 정보를 악용한 문제일 수도 있다는 의혹이 불거지면 거짓말탐지기 시험 결과 같은 요소뿐만 아니라 누가 해당 정보에 접근할 수 있었는지 고려함으로써 그 내부자의 신원을 알아내는 일이 가능했다.

하지만 내부자 위협은 세간의 이목을 끈 몇몇 국가 안보와 관련된 사례보다 만연하다. 컴퓨터의 보안을 침해한 사례 중 대다수가 외부의 해킹이 아니라 내부자의 공격 때문이라고 추정된다.[31] 기관들이 점점 자동화된 정보처리 환경을 구축해가면서 잠재적으로 내부자의 정보 악용 신호를 이전보다 훨씬 조기에 발견할 수 있게 되었다. 정보 시스템 내부에 모든 시스템 사용 기록을 저장하는 기계를 설치할 수 있으며, 그런 기계는 사람들이 자판에 무슨 내용을 입력하고 마우스를 어떻게 움직이는지도 감시할 수 있다. 상업 조직들은 이런 데이터 교류 분석, 즉 클릭스트림(한 사람이 인터넷에서 보내는 시간 동안 방문한 웹사이트를 기록한 것 — 옮긴이) 분석을 활용해서 개인 사용자의 프로파일을 구축해왔다. 신용카드 회사들은 카드의 부정 사용을 간파하기 위해 개인별 구매 성향에 따른 전형을 만든다. 아마존닷컴 같은 회사는 개인 사용자의 프로파일에 맞춰 추가 상품을 구매하도록 추천하기 위해 개인 사용자의 구매 행동을 분석한다.

하지만 기술적으로 뛰어난 내부자라면 자신을 저지하기 위해 적용된 대응책을 인지하고, 그것을 무력화할 수 있는 방법을 찾아 행동을 취할 것이다. 다시 말해 네트워크와 시스템 관리자들을 상대로 내부자 한 명이 인지 해킹을 할 수 있다는 뜻이다. 이와 유사한 상황이 웹 검색엔진 분야에서도 나타나는데, 검색엔진 운영자와 검색엔진 옵티마이저(앞에서 논의했듯이 고객을 대신해 웹 검색엔진의 순위를 조작하려는 마케팅 담당자)의 '냉전'으로 지칭된다.

내부자 위협에 대응하기 위한 프로그램은 ❶과거에 밝혀진 내부자 부정의 사례들 ❷조직에서 해당 내부자의 직무 ❸그 내부자가 정보 시스템에서 수행한 데이터 교류 ❹그 내부자의 작업 결과물 등을 토대로 구축될 수 있다. 내부자 행동을 분석하는 이와 같은 접근법은 문손J. C. Munson과 위머S. Wimer가 소프트웨어 프로그램의 작용을 분석하기 위해 제안한 접근법과 유사하다.[32] 이 접근법의 한 측면은 각각의 행동 모델에서 개별적으로 이례적인 요소를 찾아내는 것이다. 또 다른 측면은 각각의 행동 전형 사이에서 불일치하는 점을 찾는 것이다. 예를 들어 어떤 내부자가 거짓으로 데이터를 교류함으로써 데이터를 교류하는 진짜 의도를 속인다면 해당 데이터 교류를 그 내부자의 작업 결과물과 비교해서 인지 해킹을 밝혀낼 수 있다.

보안 평가

배경 조사와 인터뷰, 심문 등 보안 평가에서 언어와 관련된 속임수를 간파하는 문제를 연구하는 최근 모임에 참석한 사람들은 다음과 같이 의견을 모았다. 요컨대 사회적으로 기대되는 거짓말이나 누락, 부분적인 진실, 둘러대기(2장 참조), 신분 사기 등 다양한 속임수가 발화發話적·문어적 행동에 포함되지만 여러 가지 언어학적 기술이 그런 속임수를 얼마나 잘 간파할 수 있는지, 사회적 상황과 개성, 심리 상태에 따라 언어 양식이 어느 정도까지 다르게 나타날 수 있는지 불명확하다는 것이었다. 그들은 안정적으로 통제되는 많은 실험실 연구와 언어학적 단서를 토대로 속임수를 간파하기 위해 일선에서 행해지는 연구에도 속임수와 관련된 수천 가지 발화 요소와 음성 특징 가운데 상대적으로 소수만 탐구되었음에 주목했다.

블로그나 이메일, 일상적인 대화, 인터뷰, 전화 통화, 휴대전화 문자메시지, 인스턴트 메시지, 채팅방, 글이나 발화를 통한 진술, 편지, 범죄 사실의 자백, 인질 상황의 통보, 표적 집단의 성명서 등에서 수집한 갖가지 언어 사례, 실험실과 현실 세계를 망라하는 다양한 상황에서 얻어진 경험으로 확인되었을 뿐만 아니라 정확하거나 부정확한 메시지를 모두 다룰 수 있는 광범위하고 모든 사람이 공유할 수 있는 총체를 개발하는 일이 시급하다는 점이 그 모임에서 도달한 한 가지 결론이었다.[33] 실시간이나 실시간에 가까운 분석과 이메일이나 채팅, 인스턴트 메시지 등 컴퓨터를 매개로 하는 커뮤니케이션이 포함된 폭넓은 범주의 문맥과 언어에서 나타나는 단어와 구, 담화 사용을 탐구하는 새로운 기술의 발전은 미래가 촉망되는 기술적 접근법 중 하나다.

결론

정보시대 - 선진국뿐만 아니라 곧 전 세계 도처에서 나타날 네트워크화된 컴퓨터에 의지하는 시대 - 는 속임수를 이해하고 간파하는 게 점점 더 중요한 시대다. 비즈니스 절차가 자동화되면서 자동화된 시스템의 토대가 되는 공급망과 기반 시설이 의미 공격에 한층 더 취약해지고 있다.[34] 이 책은 속임수를 바라보는 폭넓은 관점을 제공한다. 의미 해킹 프로젝트는 의미 공격 형태로 정보 시스템을 공격하는 속임수에 몇 가지 대응책을 암시한다. 정보의 기반 시설은 끊임없이, 급속하게 진화하고 있다. 대응책을 제시하는 일부 구체적인 제안은 그대로 없어질지 모르지만, 그 토대는 계속해서 적용될 수 있다. 피싱이라는 새로운 의미 공격 기술에 대처하려면 새로운 대응책이 필요하겠지만, 그 대응책에 적용되는 일반적인 원칙은 변함없을 것이다.[35] 예를 들어 앞에서 펌프 앤드 덤프 계략의 일환으로 기업을 대상으로 한 기만적인 포스팅과 정당한 포스팅을 구별하고자 제안한 분석과 유사한 언어학적 장르 분석이 부정한 피싱 웹사이트를 정당한 웹사이트와 구별할 때도 사용될 수 있을 것이다.

월드와이드웹 같은 인터넷과 기타 정보 기반 시설은 과학기술자들에 의해 구축된다. 군사 메시지 통신 처리 시스템(MHS : 서로 다른 정보 단말장치끼리 상호 통신을 위한 변환 시스템 — 옮긴이)이나 금융 시스템 같은 특정한 환경을 제외하고는 하드웨어적인 보안이든, 언어학적인 보안이든 거의 관심을 끌지 못한다. 의미 공격과 관련된 부분은 최근까지도 대체로 무시되었다. 일상생활에서 얼굴을 마주한 상호작용이나 커뮤니케이션에서 발생하는 속임수들이 활발히 연구되었다. 속임수는 특히 커뮤니케이션 매체이기도 한 정보 기반 시설을 대상으로 한 의미 공격과 유사하다고 할 수 있다. 이 매체에 만연한 의미 공격은 반드시 이해되어야 하며, 효율적인 대응책이 개발되어야 한다.

의미 공격 프로젝트는 웹에서 나타나는 속임수, 특히 펌프 앤드 덤프 계략을 간파하는 데 초점을 맞추었다. 그런 컴퓨터 범죄를 간파하는 것이 여전히 중요한 문제고, 피싱 같은 새로운 컴퓨터 범죄가 관심을 끌지만 정보 기반 시설에 행해지는 다른 의미 공격을 간파하는 일이 좀더 중요한 문제일 수 있다. 예를 들어 엔론^{Enron}이나 아서 앤더슨^{Arthur Andersen} 같은 기업의 몰락은 정보 기반 시설에서 일어나는 금융 사기가 피싱 수준의 음모를 뛰어넘어 훨씬 더 대대적인 규모로 저질러질 수 있음을 보여준다. 더구나 많은 국가들이 공격적이거나 방어적인 컴퓨터 전쟁을 준비하고 있다. 속임수를 간파하는 장치를 개발하는 일은 국가 안보 차원에서도 매우 중요한 문제다.

PART 3

신뢰와
속임수

_ **귀도 묄러링** Guido Möllering

독일 쾰른에서 사회학을 연구하는 막스플랑크사회연구소 연구원이다. 그는 기관들의 국제적이고 대외적인 관계를 연구한다. 2006년 엘스비어(Elsevier : 의학 · 과학기술 분야 전문 출판 미디어 회사 — 옮긴이)에서 *Trus: Reason, Routine, Reflexivity*(신뢰 : 이성, 일상, 반영성)를 출간했다.

믿음의 비약과 소멸 :
신뢰와 속임수의 관계 탐구

귀도 묄러링

　　'대량 속임수 무기'[1] 같은 말이 전 세계적으로 냉소주의와 분노를 불러일으키는 시대에 살면서 우리는 오늘날의 정치가나 언론인, 경영자, 과학자, 연인 같은 사람들이 과거에 비해 속임수에 능하다고 쉽게 믿는 경향이 있다. 하지만 경험적인 관점에서 어느 시대에 속임수가 만연했는지 비교하기란 불가능에 가까운 일이다.[2] 우리가 과거와 비교해서 더욱 빈번하게 혹은 광범위하게 속임수에 당하는지 그렇지 않은지 알 도리가 없다. 논란의 여지가 있지만, 종종 속임수가 발생하는 자체는 특정한 경우 속임수의 의미와 암시보다 중요도가 떨어지기도 한다.

　　우리는 최근에 발생한 많은 속임수 사례를 찾아볼 수 있지만, 과거에서도 흥미로운 사례를 발견할 수 있다. 예를 들면 변장한 아내

헤라에게 속아서 반한 제우스가 있다. 그리스 신화에 등장하는 이 사례뿐만 아니라 수세기에 걸쳐 나타난 수많은 성적 가면 놀이나 애인 찾기 게임은 그에 필요한 기술과, 속이는 사람이나 속는 사람들의 동기와 관련해서 근본적인 의문을 불러일으킨다. 어떻게 속임수가 행해질까? 속임수는 어떻게 간파될 수 있을까? 왜 속임수가 행해질까? 왜 어떤 속임수는 들통 나고, 어떤 속임수는 발각되지 않을까?

속임수는 선의 혹은 악의로, 고의 혹은 과실로, 안도감에서 혹은 후회와 함께 저질러질 수 있다. 어떤 속임수가 해롭거나 해롭지 않게 여겨지고, 칭찬할 만하거나 분노를 살 만하다고 여겨지는 건 속이는 사람과 속는 사람의 인간관계와 그들이 상대에게 품은 신뢰의 본질, 그들의 사회적 위치에 따라 좌우된다. 그런데도 사람이 사람을 속일 수 있다는 사실은 인간의 능력과 취약성을 동시에 보여주는 핵심 특징이다.

속임수는 아주 기본적인 사회적 토대와 정서를 자극하고 유혹하면서 항상 화제가 되고 흥미롭다. 또 속이는 사람과 속는 사람, 그들이 속한 사회 네트워크의 모든 구성원에게 사회생활에서 겪을 수 있는 가장 강렬한 경험을 제공한다. 예를 들어 어떤 사람이 배신한 경우 관련된 모든 사람에게 나타나는 감정적인 혼란을 상상해보라. 또 해니 패리드가 디지털 조작을 다룬 5장에서 설명한 것처럼 조작된 전쟁 사진에 대한 대중적인 반응으로 나타나는 분노에 주목해보라. 일반적으로 속임수가 의심되거나 속임수로 드러난 모든 사례는 단순한 실망감의 차원을 넘어서 어떤 감정을 촉발하고, 속이는 사람과 속는 사람 사이에 맺어진 전체적인 인간관계 자체에 위협을 가져올 수도 있다.

특히 속임수가 신뢰를 주는 사람의 긍정적인 기대와 자발적으로 약자가 되고자 한 호의를 배신하는 행동으로 여겨지는 상황에서 속임수를 의미하는 단순한 암시만으로도 믿음과 신뢰성이 어떻게 저해되는지 우리는 충분히 예측할 수 있다. 하지만 나는 신뢰와 속임수의 연관성과 관련해 거의 알려진 게 없다는 사실에 놀라지 않을 수 없다. 100여 년 전 독일에 사회학이라는 분야를 창립한 인물 중 한 명인 게오르크 지멜Georg Simmel은 "현대 생활은 일반적으로 인식되는 것보다 훨씬 많은 부분에서 타인의 정직성에 대한 믿음을 바탕으로 한다"며 현대적인 환경에서 "우리 삶의 토대에 의혹을 제기하는 어떤 것"으로 거짓말이 특히 파괴적이라고 말했다.[3] 지멜이 속임수가 신뢰를 파괴한다는 초기의 인식을 보여주었다면, 어빙 고프먼Erving Goffman이나 폴 에크먼 같은 학자들은 우리에게 신뢰하려는 경향이 있어 속임수에 쉽게 넘어간다는 사실에 주목했다.[4] 이런 사실은 신뢰를 파괴하는 속임수를 끌어들이는 요소가 신뢰라는 점을 암시한다. 정말 그렇다면 이건 놀라운 일이다. 우리는 신뢰와 속임수의 관계를 보다 면밀히 살펴볼 필요가 있으며, 그것이 이 장의 목적이기도 하다.

직관적으로 봤을 때 신뢰는 '좋은 것'이고 속임수는 '나쁜 것'처럼 보인다. 이런 직관은 신뢰와 속임수에 대한 가장 근본적인 도덕적 의미와도 일치하지만, 우리는 주의를 기울여서 각각의 행동과 의도, 결과물을 구별해야 한다. 신뢰하는(증거를 수락하는) 행위와 속이는(증거를 조작하는) 행위 자체는 상대적으로 중립적인 행동이지만, 선이나 악을 결정짓는 내용물이 의도와 결과물 안에 존재하기 때문이다. 속임수라도 얼마든지 사회적으로 바람직할 수 있다. 게다가 속임수에 밝은 측면이 존재한다면 신뢰와 신뢰의 동기, 그에 따른 결과에도 반대로 어두운 측면이 존재한다. 신뢰에 대한 긍정적인 편견과 속임수에 대한 부정적인 편견은 어디까지나 편견에 불과하며, '해롭거나 이로운' 속성은 신뢰와 속임수에 모두 갖다 붙일 수 있다. 바로 이 점이 두 가지 개념의 관계를 분석하고, 신뢰와 속임수가 얼마나 서로 용이하게 혹은 방해할 수 있는지 알아보는 작업이 흥미로운 이유다. 과연 신뢰를 통해 속임수를 유발하거나 피할 수 있을까? 속임수가 신뢰를 파괴할까? 모든 신뢰에는 기본적으로 일정 부분 속임수가 내포된 건 아닐까?

이 장에서 나는 이런 문제들을 검토하고, 신뢰와 속임수의 관계에 나타나는 특징을 살펴볼 것이다. 신뢰나 속임수라는 용어를 언제 사용하는 것이 타당한지 알 수 있도록 개념적인 토대를 대략 설명하고, 모든 사람이 신뢰 받을 자격이 있다고 믿는 사람들이 어떤 식으로 속임수에 당할 수 있는지 검토한다. 그리고 신뢰가 항상 믿음의 비약을 의미하며, 그로 인해 트러스티(trustee : 신뢰 받는 입장에 있는 사람 ― 옮긴이)가 트러스터(trustor : 신뢰하는 입장에 있는 사람 ― 옮긴이)를 속일 수 있는 기회가 증가한다는 점을 증명한다. 하지만 이런 비약은 도덕적인 의무를 암시하기 때문에 신뢰가 트러스티에 의한 속임수 위협을 줄일 수 있다.

그다음에는 트러스터로 주의를 돌려서 모든 신뢰와 관련이 있는 자기기만을 논의하는데, 그렇다고 자기기만이 뒤이어 언급하는 것처럼 신뢰가 철회될 수 없다거나 절대적으로 주어지는 것임을 의미하지는 않는다. 이 장의 끝에 가면 신뢰와 속임수가 서로 활성화하기도 하고 방해하기도 한다는 사실이 명확해질 것이다. 이는 주위에서 흔히 관찰할 수 있는 속임수가 행해지거나 신뢰가 깨진 상황에 대해 새로운 시각을 제공할 것이다.

개념적인 토대 : 우리는 무엇에 대한 이야기를 하는가

우리는 신뢰와 속임수라는 말을 무슨 의미로 사용하는지 명백히 밝혀냄으로써 당장이라도 신뢰와 속임수와 관련해 많은 것을 배울 수 있다. 신뢰를 규정하는 보편적인 정의는 신뢰가 다른 사람의 의도나 행동에 대한 긍정적인 기대감을 바탕으로 해서 취약성을 받아들일 의도가 있는 심리적 상태라고 묘사한다.[5] 신뢰할 수 있는 사람이란 상대방에게 모종의 기대를 품고, 그 기대를 통해 상대방의 행동에 영향을 끼치고자 하는 행위자를 의미한다. 트러스터는 신뢰의 대상(트러스티라고 불리는 또 다른 행위자)에게 자신의 기대에 부응하는 호의적인 의도와 행동을 요구한다. 따라서 신뢰와 관련된 논의를 이어가기 위해서는 먼저 트러스터와 트러스티를 구별할 필요가 있으며, 이들은 상대에게 일정한 기대감을 형성할 수 있어야 한다.

일반적으로 신뢰의 문제는 트러스터의 취약성과 트러스티의 불확실성 때문에 발생한다. 트러스티가 트러스터에게 해를 끼칠 수도 있는데, 트러스터 입장에서 볼 때 실제로 그런 일이 생길지는 확신할 수 없지만 자신이 위험에 취약하게 노출된다는 사실을 인지하고 어느 정도 취약성의 수위에 영향을 끼칠 수도 있다. 따라서 트러스터와 트러스티의 행동은 상호 의존적이라고 할 수 있다.

더불어 신뢰의 문제 저변에 존재하는 사회적인 취약성과 불확실성은 트러스터와 트러스티의 작인(作因 : 내재된 작용 요인)을 반영하는데, 트러스터와 트러스티는 그들의 심리와 행동이 완전히 결정된 상태가 아니라는 점에서 자율성이 있다. 특정한 심리 상태에서 나타나는 신뢰나 진실로 신뢰할 만한 행동 그 어느 것도 궁극적으로 강요되거나 보장될 수 없다. 즉 트러스터와 트러스티에겐 선택권이 있다. 그렇지 않다면 굳이 우리에게 신뢰라는 개념이 필요 없을 것이다. 그러므로 단어의 일반적인 의미에서 신뢰는 '위험할지도 모른다'는 뜻이지만, 일단 신뢰하고 나면 돌이킬 수 없다는 의미도 있다. 따라서 신뢰는 아래에서 이야기하는 것처럼 확률에 의지해 투자를 결정하는 행동 이상의 어떤 것을 의미한다.

신뢰라는 맥락에서 취약성이 어떻게 이해되는지 정확히 깨닫는 것 역시 매우 중요하다. 취약성은 신뢰의 전제 조건이다. 즉 트러스터는 원칙적으로 언제든 손해 볼 가능성이 있지만, 신뢰 상태에 이르는 과정에서는 손해 보는 것에 개의치 않는다. 때로는 이것이 오해를 사기도 한다. 잠재적인 손해에 기꺼이 취약해지려 한다고 해서 기꺼이 해를 당하겠다는 의미는 아니다. 오히려 신뢰는 취약성이 전혀 문제가 되지 않으며, 아무런 해도 당하지 않을 거라는 낙관적인 기대를 내포한다. 또 신뢰는 취약성을 회피하거나 제거하는, 체념 상태에서 어쩔 수 없이 받아들이는 것이 아니라 적극적으로 받아들이는 것이다.

다른 사람을 신뢰하거나 신뢰 받는 사람이 되는 건 흔히 의식적으로 결정되는 사항이 아니다. 차라리 당연하고 일상적인 일로 간주된다고 할 수 있다. 다른 사람들이 규칙을 준수하고 각자 역할을 수행할 거라고 믿는다는 점에서 신뢰가 오히려 자연스런 경우는 얼마든지 있다. 신뢰 − 불신인 경우가 더 많지만 − 가 명백한 화두가 되는 경우는 행위자들이 이런 일상성에서 벗어날 때뿐이다. 하지만 취약성은 언제나 존재하며 행위자들이 일상적으로 신뢰하려는 경향을 보일지, 그들이 보편적으로 다른 사람을 신뢰할 수 없다고 일상적으로 가정할지는 그때그때 상황에 따라 좌우된다.

트러스터와 트러스티가 사회 환경과 단단하고 깊이 밀착되어 있고, 그 사회 환경은 다시 그들이 자신을 행위자로 규정하고 능력을 발휘하는 방식에 영향을 끼친다는 사실을 인지하는 것 역시 중요하다. 사회관계와 제도화된 규칙으로 구성된 네트워크는 신뢰가 축적될 수 있는 환경을 조성하는 데 특히 중요하다. 실제로 신뢰는 분리된 행위자들 사이에서 나타나는 이원화된 현상이 절대 아니다. 즉 언제나 하나의 환경과 역사가 존재하고, 다른 행위자들의 영향력이 작용해야 한다는 뜻이다.

요컨대 행위자나 기대, 취약성, 불확실성, 작용, 밀착성 등이 없으면 신뢰의 문제도 일어나지 않는다. 전체적으로 볼 때 신뢰는 이성, 일상, 반영성을 기반으로 하고, 확실히 규정할 수 없는 사회적 취약성과 불확실성을 마치 그런 문제들이 순조롭게 해결된 것처럼 유예하며, 다소 특별한 다른 사람들의 행동과 의도에 대한 우호적인 기대를 쌓아가는 일련의 과정이다.[6] 이 같은 정의는 신뢰와 관련된 다른 연구들과 비교했을 때 신뢰가 정적이지 않으며, 믿음의 비약이 필요하다는 점을 강조한다.

속임수의 개념은 확실히 그 자체로 언제나 다양하고 세부적인 논쟁을 유발하게 마련이며, 이 책은 속임수를 어떻게 정의할지 명백히 밝혀내기 위해 여러 장을 할애하고 있다. 하지만 이 장에서 나는 원래 의도대로 신뢰의 개념을 설명할 때와 동일한 조건을 속임수 개념에 그대로 적용하고자 한다. 예컨대 속임수에는 최소한 행위자 두 명이 필요하며 그중 한 명이 다른 한 명을 속일 수 있는데, 속임수가 행해지든 말든 두 사람 모두 자신의 역할을 수행해야 한다. 또 속임수에는 진실과 정직성을 구분할 기준이 필요한데, 그 기준이 있어야 거짓말쟁이의 일탈을 가늠할 수 있기 때문이다.

거짓말쟁이의 일탈은 반드시 효과를 발휘해야 한다. 즉 취약한 타인에게 해를 끼칠 수 있는(혹은 막을 수 있는) 잠재력이 필요하다. 비대칭 정보(asymmetric information : 특정한 사람이 다른 사람들보다 많은 정보를 확보한 상황 — 옮긴이)에서 기인하는 불확실성이라는 전제 조건도 필요하다. 모든 행위자들이 동일한 지식이 있고 누가 누구를, 언제, 어디서, 어떻게 속일 거라는 사실을 확실히 알 수 있다면 속임수가 아무런 문제도 야기하지 않을 것이기 때문이다. 더불어 행위자들에게 이원화된 관계라는 가정 아래 상대방을 신뢰할지, 속임수를 의심할지, 상대방을 속일지 결정할 수 있는 선택권이 있어야 한다. 맥락으로 작용하는 환경이 전제되지 않은 상황에서 속임수가 존재하기란 거의 불가능하다. 요컨대 사회제도나 네트워크 같은 환경이 속임수의 의미와 형태, 결과에도 항상 영향을 끼치기 때문이다. 적어도 거짓말쟁이에게는 평판이 나빠질 위험이 존재하게 마련이고, 그 위험은 속임수를 쓰고자 하는 행위자들이 고려하는 관심사 중 하나다.

나는 속임수를 행위자의 신분이나 의도, 행동에 대한 의도적인 허위 진술이며, 행위자들의 관계와 관련된 사실의 왜곡이라고 정의한다. 이 정의는 다른 정의들이 포함하는 요지를 담은 동시에 한편으로는 기회주의와 교활함이란 요소를 덜 강조하는데, 거짓말하는 사람에게도 경우에 따라 칭찬할 만한 동기가 존재할 수도 있기 때문이다. 11장에서 톰 루츠는 속임수가 어느 정도까지 고의적일 필요가 있는지 묻지만, 우연한 혹은 의도적이지 않은 허위 정보는 속임수가 아니라는 점에 많은 사람들이 동의할 것이다.[7] 그러므로 속임수에 당하는 사람은 잘못된 정보를 얻었을 뿐만 아니라 속인 사람이 실제로 얼마나 아는지, 의도가 무엇인지 끝까지 모르기 십상이다. 이런 점 때문에 속임수는 명백한 반어적 표현이나 패러디와 구별된다.[8] 속임수는 경쟁이라는 관점에서 보면 속이는 사람이 주도권을 쥐고 속아 넘어간 사람들을 최선의 이익과 상반되는 방식으로 행동하도록 몰아가려는 시도로 간주될 수 있다.

하지만 어떤 정의가 적용되더라도 속이는 행동이 그 의도나 결과와 혼동되어선 안 된다. 더욱이 우리는 속임수를 단지 진실에서 일탈하는 문제라고 마음대로 상상하지 말아야 한다. 어빙 고프먼의 연극론적 관점은 사람들이 자신의 인상을 관리해야 하고 교류에서 그것이 사실인지 거짓인지보다는 적절하고 받아들일 수 있는 역할 행동인지가 중요하기 때문에, 항상 자신의 일부만 드러내려 한다는 사실을 증명함으로써 '허위 진술'에 탁월한 관점을 제공한다.[9] 따라서 우리는 어떤 사람의 행동이 거짓이나 배신과 아무런 관련이 없어도 그 사람이 기대처럼 행동하지 않는다는 이유만으로 속는다는 느낌을 받을 수 있다.

신뢰를 나타내는 신호와 기타 (기만적인) 근거들

다음과 같은 질문을 고려하는 건 신뢰와 속임수의 관계를 탐구하는 데 유용한 출발점이 될 수 있다. 트러스터는 신뢰할 만한 트러스티를 어떻게 알아볼 수 있을까? 반대로 트러스터는 신뢰하지 못할 트러스티를 어떻게 알아내고, 신뢰할 만한 사람처럼 가장할 뿐 트러스터를 속이려고 하는 트러스티를 어떻게 피할 수 있을까? 이 질문에 가장 확실하고 직접적인 대답은 트러스터에게 신뢰를 얻지 못하는 게 트러스티의 입장에서 아무런 득이 되지 않을 때 트러스티는 신뢰할 만하다는 것이다. 다시 말해 신뢰성은 주어진 신뢰 게임의 대가에 따라 좌우된다. 이런 측면은 신뢰를 악용하면 오히려 자신에게 손해가 발생하는 경우, 트러스티가 자신의 필요에 따라 이상적인 방식으로 대가를 조정함으로써 신뢰할 수 있는 사람이 될 수도 있다는 점을 암시한다. 마찬가지로 행위자들이 협동에 기초한 효율성 증대처럼 공동의 목표가 있는 경우 속임수 유인은 눈에 띄게 줄어든다. 하지만 이런 접근법은 궁극적인 대가를 믿을 수 있도록 평가하는 트러스터의 능력에 의존하며, 현실 세계에서는 의심 휴리스틱으로 나타난다. 이 경우 트러스터가 게임의 진정한 대가 구조와 관련해서 트러스티나 다른 집단에게 속아 넘어갈 수도 있다는 점 때문에 해당 접근법을 기초로 한 신뢰의 위험성이 가중되기도 한다.

그럼에도 이 접근법은 매우 보편적으로 행해지고, 확률적인 요소를 도입함으로써 더욱 정밀해질 수 있다. 따라서 어떤 트러스티가 때로는 신뢰할 만하고 때로는 그렇지 않다는(좀더 정확히 말해서 정해진 인구 중에서 일정한 트러스티들은 믿을 수 있지만 나머지는 그렇지 않다는) 가정이 성립한다.[10] 둘 중 어떤 트러스티를 만날지 알 수 있다면 트러스터는 이것을 주어진 신뢰 게임의 대가 구조에 적용해서 신뢰를 주는 행동이 긍정적인 기대치가 있는지 아닌지 판단할 수 있다. 하지만 이 접근법에는 수많은 추가적인 개선이 필요하기 때문에 대가나 개연성, 다른 가정 등에 신뢰할 만한 평가를 수행하는 과정에서 등장하는 속임수나 자기기만의 문제를 해결할 수 없다.

트러스터들은 주어진 상황에서 대가나 개연성과 관련된 문제보다는 트러스티의 상대적으로 안정적인 특징을 보여주는 신뢰성 지표를 찾으려고 하는데, 이 같은 사실을 암시하는 접근법에도 위에서 언급한 요소들이 적용된다. 이를테면 택시 기사들은 믿을 만한 손님과 그렇지 않은 손님을 구별하기 위해 여러 가지 기준을 적용한다.[11] 이 책 15장에서 케니스 필즈가 이야기한 시에서 프리티 짐의 파란 눈은 신뢰할 만한 사람을 암시하는 징표지만, 톰 건Thom Gunn의 집에서는 다른 방문객을 속이기도 했다.

좀더 관념적인 예를 들면 로저 메이어Roger C. Mayer와 그의 동료들은 능력과 선의, 성실이 신뢰성을 가늠할 수 있는 주요 지표라고 주장했다.[12] 사용한 단어는 약간씩 다르지만 이런 지표들은 관련 분야에서 폭넓게 수용되어 사람들이 '신뢰'하는 이유를 설명하는 데 사용된다. 하지만 이 지표들이 상식적이라면 이 지표를 트러스터가 오인하거나 트러스티가 의도적으로 조작할 가능성 역시 상식적이다. 마이클 바카락Michael Bacharach과 디에고 감베타Diego Gambetta에 따르면 유일한 신뢰성 신호란 본질적으로 신뢰할 수 없는 트러스티가 단지 속임수를 성공시키기 위해 감수하기에는 너무나 많은 희생이 필요한 신호다. 예컨대 "독배를 마셔서 자신의 정직성을 증명하려는 독살범은 없다".[13]

구체적으로 말해 본질적으로 믿을 수 없는 트러스티는 믿을 수 있는 트러스티보다 가짜 신뢰성 신호를 보내려는 동기가 강한데 ─ 이것은 신뢰성 신호들이 그 자체로 쓸모가 없다는 의미다 ─ 어떤 신호를 거짓으로 모방하려는 경우 해당 신호를 진심으로 만들어내는 것보다 근본적으로 많은 노력이 필요하다. 이 같은 차이가 클수록 해당 신호를 더욱 신뢰할 수 있지만, 트러스터를 속이는 대가가 클수록 믿을 수 없는 트러스티는 해당 신호를 모방하는 데 따르는 희생을 기꺼이 감수하려고 할 것이다.

행위자는 어떤 신뢰성 신호가 믿을 수 있는지, 어떤 신호가 기만적인 신호인지 주의를 기울여야 한다. 이와 관련해서 또 다른 신호 게임 ─ 이번에는 속임수 신호의 위장에 관한 것이다 ─ 이 등장하는데, 거짓말쟁이는 유인이 매력적이면 이 게임에 기꺼이 참여하려고 한다. 더불어 마크 프랭크와 모린 오설리번이 명확히 설명한 것처럼 행위자들은 일반적으로 속임수를 간파하는 데 능숙하지 않다. 따라서 속임수에는 커다란 희생이 따를 수 있다는 개념 ─ 이것은 주목할 만한 견해다 ─ 을 신호 이론에 그대로 수용하더라도 여전히 문제의 핵심은 실생활과 관련된 대다수 상황에서 트러스터의 한계와 기호의 혼돈, 모호성 때문에 사실상 규명하기 어려운 궁극적인 대가와 개연성을 어떻게 판단할 것인가 하는 점이다. 마크 프랭크가 3장에서 언급했듯이 거짓말임을 드러내는 명확한 단서라는 차원에서 '피노키오 반응'이란 애초부터 존재하지 않는다.

하지만 신뢰성 지표를 찾으려고 하는 데 따른 가장 핵심적인 문제는 단순히 그 탐색 과정이 무익하다는 점 말고도 트러스터가 믿음을 비약하고, 신뢰하는 행동을 당연하게 여기고, 증거와 안전장치를 계속 찾으려고 하지 않을 때 신뢰가 가능하다는 점을 간과한다는 것이다. 다시 말해 우리는 신뢰의 근거를 이야기할 때 속임수의 위험성을 인지하고 위험부담을 감수하면서 여전히 결정의 영역에 머물러 있지만, 신뢰를 주거나 거둬들이는 본질적인 문제는 고려하지 않는다. 이 점이 신뢰를 단순한 위험성 평가와 구분 짓는다. 나는 신뢰와 속임수의 관계를 탐구하는 과정에서 트러스터가 신뢰를 결정하는 근거와 관련해서 어떻게 속을 수 있는지(혹은 속임수를 피할 수 있는지) 분석하는 것보다, 신뢰 자체가 어떻게 속임수의 위협을 늘리기도 하고 줄이기도 하는지, 신뢰와 속임수가 어떻게 서로 활성화하기도 하고 파괴하기도 하는지 논의하는 편이 훨씬 재미있을 거라고 생각한다.

믿음의 비약 :
의심과 불신의 유예

　　　　신뢰는 미래가 과거와 같을 거라는 식의 단순한 예측을 초월하는데, 신뢰에는 신뢰 자체와 더불어 미래에 대한 확신이 필요하기 때문이다. 나는 게오르크 지멜과 마찬가지로 신뢰란 지식과 다른 어떤 것이고, 믿음의 비약을 전제로 한다고 주장한다.[14] 믿음의 비약은 완벽한 통제나 확실성에 대한 암시 없이 이루어지는 작용을 의미한다. 우리는 '유예'라는 용어를 행위자들이 믿음의 비약을 할 수 있게 도와주는 전제 과정을 의미하는 경우에도 사용할 수 있다.[15] 신뢰가 불확실성과 취약성의 유예를 의미한다고 말하는 것은 제거될 수 없는 특정 위험을 무효화하고자 트러스터의 입장에서 취하는 '마치 ~처럼' 같은 태도를 암시한다.

하지만 유예 — 이것은 쉽게 오인되기도 하는데 아마도 주목해야 할 가장 중요한 요소일 것이다 — 는 아우프헤벤(aufhebe : 지양. 사물에 관한 모순이나 대립을 부정을 매개로 하여 고차적인 단계에서 통일하는 것 — 옮긴이)을 뜻하는 헤겔적 의미로 사용되며, 요컨대 취약성이나 의심, 불확실성은 절대 완전하게 제거되지 않는다는 의미다.[16] 그러므로 행위자는 신뢰를 위한 의심의 유예를 결정하는 경우 불확실성과 취약성을 문제 삼지 않으며, 혹시라도 불확실성과 취약성이 문제가 될 수 있더라도 상관하지 않는다. 믿음의 비약은 신뢰가 생기도록 도와주지만, 그렇다고 이후에 믿음이 소멸될 가능성을 배제하는 것은 아니다.

이런 측면은 속임수를 둘러싼 논의에서 전제되는 다음과 같은 암시를 포함한다. 첫째, 우리는 어떤 사람이 다른 사람을 신뢰하기 시작한 경우 그 사람이 속임수에 대해 (그리고 긍정적인 기대를 위협할 가능성이 있는 다른 요소에 대해) 걱정하는 행동을 중단했다고 말할 수 있다. 예를 들어 제프리 핸콕이 6장에서 설명한 것처럼 사람들은 디지털 미디어나 과학기술을 매개로 한 메시지를 사용해 커뮤니케이션할 때 지나치게 속임수를 경계함으로써 커뮤니케이션이 마비되고, 바람직한 만남이나 추가적인 디지털 교류를 중단하는 상황에 빈번하게 직면한다. 그들은 화면에 나타난 잠재적인 허위 정보를 초월해서 신뢰하는 경우에만 교류할 수 있다. 좀더 명확히 말해서 속임수를 걱정하고 경계하는 사람은 아직 의심을 유예한 것이 아니기 때문에 어떤 것이나 사람을 진심으로 신뢰한다고 말할 수 없다. 그런 사람도 다른 사람을 위해 기꺼이 위험을 감수하고 협조할 수는 있겠지만, 진심으로 다른 사람을 신뢰한다는 뜻은 아니다.

둘째, 신뢰하는 상태에 이르러 속임수의 위험성이 유예되면 실제로는 속임수로 향하는 문이 열린다. 악명 높은 해커 케빈 미트닉Kevin Mitnick은 신뢰를 '속임수의 열쇠'라고 불렀는데,[17] 표적이 신뢰하면서 경계를 늦출 때 사기꾼의 작업이 훨씬 쉬워지기 때문이다. 어빙 고프먼의 표현에 따르면, 청자는 상대의 성실함을 보여주는 단서를 받아들일 때 "신호를 받아들이는 성향 때문에 속거나 호도되기 쉬운 상태가 된다".[18] 극장에서는 이런 성향이 쇼를 만끽하기 위한 기본적인 전제가 되지만, 실생활에서는 오히려 위협이 된다. 다른 사람을 신뢰하는 행위는 신뢰 받는 사람의 입장에서 부정행위를 저지를 수 있는 보다 많은 기회를 제공한다. 트러스티는 트러스터를 속이고, 트러스터의 등 뒤에서 신뢰를 악용하면서 겉으로는 신뢰를 중시하는 양 행동할 수 있다. 긍정적이고 신뢰에 따른 기대감에 부푼 트러스터는 불신하는 사람처럼 트러스티를 꼼꼼하게 감시하지 않는다. 다시 말해 정직하고 진심으로 제공된 정보가 그 정보의 수취인에 의해 어떻게 남용될 수 있는지, 고의적으로 부정확하게 제공된 정보가 좋든 싫든 그 정보를 신뢰하는 수취인을 어떻게 호도할 수 있는지 충분히 상상할 수 있다.

행위자들은 다른 사람을 신뢰할 때 속임수를 당할 수 있다는 가능성과 속임수, 바람직하거나 해로운 결과물을 완전히 피할 수 없

다는 불가능성까지 모두 받아들인다. 이처럼 모든 것을 수용한다고
해서 그것이 속임수를 부정하거나 속임수에 항복한다는 의미는 아
니며, 혹시라도 긍정적인 기대가 실망으로 변했을 때 신뢰가 철회
될 수 있다는 가능성을 배제하는 것도 아니다. 하지만 프리티 짐에
대해 신중하지 않았던 톰 건의 방문자들처럼(15장 참조) 트러스터는
속임수를 예상하지 않으며, 그 점 때문에 트러스티는 트러스터 모
르게 속임수를 실행할 수 있다. 더불어 속임수가 발각되지 않는 경
우 속임수는 그와 유사한 또 다른 속임수를 유발하고, 사기꾼이 처
음의 속임수를 감추거나 그 상황을 악용하려는 자체적으로 강화된
유인 때문에 속임수가 더욱 확대될 수도 있다.[19] 독일 영화 '굿바이
레닌Good-bye, Lenin'의 줄거리처럼 선의에서 시작된 거짓말이 통제를
벗어나 걷잡을 수 없는 상태가 되기도 한다. 이 영화에서 동독에 사
는 주인공 알렉스는 병든 어머니(그의 어머니는 헌신적인 사회당원이다)를
위해 베를린장벽이 무너진 지 몇 달이 지났는데도 독일민주공화국
(동독)에 아무런 변화도 일어나지 않은 것처럼 꾸며대느라 온갖 고생
을 한다.

신뢰가 잠재적으로 유해한 속임수로 들어가는 문을 여는 행동이
라면, 다른 사람을 신뢰하는 행동이 어쩌면 바보스럽고 위험하게
여겨질 수 있다. 그렇다면 우리는 다른 사람을 신뢰할 때 매우 신중
해야 하고, 신뢰하지 않으면서 협조하는 방식을 선호해야 하는 건
아닐까? 우리는 속임수를 미연에 방지하거나 간파할 수 있는 수단
과 과학기술로 자신을 무장하면서 경계를 강화하고, 더 많은 지식
을 갖춰야 하지 않을까? 하지만 이런 사고는 결정적인 요소를 간과
하는데, 기회주의에서 비롯된 편집증으로 불능에 빠지는 대신 커다

란 잠재적 이익과 긍정적인 사회 교류를 가능케 하는 것이 신뢰를 바탕으로 하는 믿음의 비약이라는 점이다.

트러스터는 정의대로라면 속임수에 취약하게 노출되지만, 이 점이 트러스터를 특히 보호해야 하는 근본적인 이유가 될 수 있다. 속임수의 위험에 자발적으로 취약해지고자 할 만큼 신뢰가 바람직하다면 다른 사람을 신뢰함으로써 자신을 취약하게 노출한 사람들은 어린이들이 안전하게 보호받는 이유와 마찬가지로 다른 사람들에게서 사회적인 지원을 받아야 마땅하지 않을까? 신뢰를 준 사람을 악의적으로 속이는 행위는 신뢰를 주지 않거나 단순히 인간관계에 존재하는 모험을 즐긴 사람을 속이는 행위보다 심하게 처벌되어야 하지 않을까? 이 논리가 받아들여진다면 신뢰를 주는 행동은 실질적으로 유해한 속임수의 위협을 줄일 수 있을 것이다.

유해한 속임수를 강제하는 신뢰의 힘

신뢰와 속임수에는 도덕적인 측면에서 함축적인 의미가 있으며, 이는 좀처럼 무시될 수 없다. 게오르크 지멜은 신뢰에 "거의 강제적인 힘이 존재하며, 신뢰를 배신하기 위해서는 적극적이고 비열한 행위가 필요하다"고 이야기한다.[20] 신뢰를 배신하는 행위는 보편적으로 예상되는 자원과 기회의 손실 말고도 불이익과 분노를 야기하는데, 신뢰가 사회집단 내부에 존재하는 도덕적 가치이기 때문이다.[21] 이것은 신뢰의 도덕적 가치가 서로 다른 사회집단과 시대, 장소에 따라 어떻게 다른지 의문을 낳는다. 신뢰의 도덕적인 영향력은 신뢰가 맹목적으로 혹은 가볍게 주어지지 말아야 한다는 다소 당연해 보이는 전제에 따라 제한된다. 더욱이 속임수가 실제로 일어났는지, 도덕적인 귀결이 뒤따라야 하는지 입증하기 어려운 회색 지대가 많다. 그런데도 신뢰는 도덕적 규범에 의해 보호되어야 할 공공의 선으로 여겨지기 때문에 주어진 여건에서 다른 사람을 신뢰함으로써 자신을 더욱 취약하게 만든 사람들은 더 높은 보호를 기대할 수 있으며, 다른 사람을 속인 사람은 보다 강력한 처벌을 각오해야 한다.

우리는 속임수에 존재하는 특정한 측면을 고려할 때 신뢰가 속임수로 들어가는 문을 여는 행동이 될 수도 있다는 가능성을 충분히 짐작할 수 있다. 하지만 한편으로 속임수가 신뢰를 배신하는 행위를 암시한다는 점에서 그 문은 쉽게 열리지 않을뿐더러, 그 문 위에는 매우 뚜렷한 글씨로 '친구들에 한해서!'라고 적힌 표시가 있을지도 모른다. 이것은 문을 굳게 닫거나 '접근 금지'라는 표시를 달아서 잠그는 것보다 속임수를 방지하는 데 효과적인 전략이다.

톰 건의 집에 존재하는 개방성을 악용하고, 도덕적으로 보헤미안 공동체에 구속받지 않았음이 명백한 프리티 짐의 예(15장 참조)를 한 번 더 생각해보자. 우리는 그가 속임수와 도둑질을 즐긴 것처럼 보이지만, 나중에 죄책감에 시달렸는지 알 수 없다. 그가 공동체의 믿음을 바탕으로 한 개방성을 파괴했을까? 그의 일탈이 그를 제외한 다른 사람들 사이에 신뢰를 강화했을까? 케니스 필즈가 소개한 시에는 그 점에 관한 언급이 없다. 하지만 우리는 불신을 초래하는 속임수가 속이는 사람과 속는 사람뿐만 아니라 그들이 속한 사회 네트워크에도 매우 부정적인 도덕적·감정적 반응을 유발한다는 사실을 알고 있다. 수치심과 죄책감, 두려움은 일반적으로 우리가 신뢰를 악용하지 못하도록 막아준다.

신뢰가 높이 평가되고 트러스터를 상대로 행해지는 속임수가 강력하게 비난 받을 때 신뢰는 실질적으로 속임수를 줄여주는 효과를 발휘할 수 있다. 이 방법은 우리가 속임수를 줄일 수 있는 방안을 생각할 때 가장 먼저 떠오르는 전략은 아니며, 심각한 제한 사항이 있는 전략이기도 하다. 하지만 완전히 허황된 전략은 아니다. 결국 우리는 매일 수많은 사람을 신뢰하고, 우리의 신뢰가 다른 사람을 믿음직하게 행동하도록 유도할 수 있다고 믿는다.

이 전략이 항상 유효한 것은 아니다. 신뢰가 언제든 실망으로 이어질 수 있기 때문이다. 게다가 신뢰가 트러스티에게 항상 환영 받는 것도 아니다. 신뢰는 의무를 불러오고 그 의무가 트러스티에게 부담이 될 수도 있으며, 원치 않거나 감당할 수 없는 것일 수도 있기 때문이다. 그런데도 신뢰는 도덕적인 틀을 제공함으로써 속임수를 부추기고, 속임수는 그 도덕적인 틀을 기반으로 발생한다.

미래에 대한 확신 : 자기기만에 의한 신뢰?

지금까지 신뢰가 어떻게 속임수를 용이하게 하거나 방지하는지 살펴봤다. 이 시점에서 우리는 속임수가 반대로 신뢰를 유지하기도, 깨뜨리기도 할 수 있는지 자문해볼 필요가 있다. 트러스터와 믿음의 비약에 대해 좀더 자세히 살펴보자. 신뢰가 사람들이 어쩔 수 없는 불확실성에도 긍정적인 기대를 하는 행동을 의미한다면 사람들은 신뢰와 관련하여 자신을 기만하는 게 아닐까? 데이비드 루이스David Lewis와 앤드루 웨이거트 Andrew Weigert는 "신뢰는 논리적으로 가능한 특정 미래가 일어나지 않을 것처럼 사는 것"이며 "신뢰는 다른 사람의 불확실한 미래 행동이 실제로는 확실한 것처럼 행동하는 것"이라고 진술하면서 이 점에 대해 명백히 설명한다.[22] '마치 ~처럼'이란 마음가짐의 위력을 절대 과소평가하지 말아야 한다. 신뢰는 객관적인 확실성이 아니라 일종의 환상을 기초로 하며, 사회적인 불확실성과 취약성이 문제 되지 않는 가상의 현실을 기초로 한다. 이 사실은 "속임수를 믿고 싶어하는 희생자의 행동이 속임수와 관련된 시나리오에서 반복적으로 나타난다"는 로버트 미첼Robert W. Mitchell의 속임수 연구 결과[23]와 이 책에 소개된 '거짓말쟁이와 결탁' '비난조의 반감'에 대한 모린 오설리번의 해석과도 일맥상통한다.

신뢰와 관련된 가설은 해당 개인에 의해 심리적으로 만들어지고 유지될 필요가 있지만, 한편으로는 사회적으로 구축되는 가설이기 때문에 다른 사람과 교류나 관습화된 행위를 통해 상호 주관적으로 만들어진다. 사회의 불확실성과 취약성은 신뢰할 때만 유예되기 때문에 신뢰를 위한 가설과 신뢰성이 지지되는 한 좋든 싫든 자신을 기만한다는 사실을 행위자들이 알고 있다는 건 놀라운 일이다.

자기기만 개념은 인식과 감정의 관계뿐만 아니라 자아와 관련된 철학적·심리학적 문제를 제기한다. 하지만 트러스터는 신뢰와 관련해서 자신이 잘못되었다고 판단하는 것을 억지로 믿으려고 하지는 않기 때문에 자기기만에서 비롯되는 문제는 어느 정도 완화될 수 있다. 그들은 남아 있을 수 있는 의심을 유예함으로써 긍정적인 기대에 도달할 뿐이다. 따라서 트러스터가 직면하는 중요한 모순은 비록 트러스터 자신은 미래가 궁극적으로 알 수 없는 것이라는 사실을 알지만, 다른 사람을 신뢰함으로써 미래를 규정하는 위험을 감수해야 한다는 점이다.

행위자들은 어떻게 가설을 만들어서 다른 사람을 신뢰할 수 있을까? 이 질문에 답하기 위한 시도로 먼저 니클라스 루만[Niklas Luhmann]이 소개한 '초과 인출된 정보' 개념을 살펴보자.[24] 행위자는 정보를 '초과 인출'하는 경우 주어진 정보가 실질적으로 뒷받침할 수 있는 수준을 초과해서 추측한다. 루만에 따르면 행위자는 불확실성으로 뛰어들 도약판으로 사용할 수 있는 정보는 그것이 어떤 정보든 의도적으로 확대해석한다. 우리는 이 장의 도입부에서 논의한 신뢰성 지표, 즉 택시 기사들이 인식하는 신호에 대한 연구와 사람에 따라 간파하는 데 차이를 보이는 속임수 단서에 대한 연구(3, 4장 참조)를 상기해야 한다. 초과 인출된 정보는 다른 사람을 신뢰하려면 적어도 일정한 토대가 필요하다는 것을 확인해주는 그럴듯한 개념이지만, 우리는 여전히 행위자들이 주어진 정보를 받아들일 뿐만 아니라 그 수준을 초과해서 신뢰를 가능케 하는 가상의 정보를 구축할 때 전제되는 조건을 명확히 해야 한다.

트러스터가 가설을 만드는 과정에서 트러스티는 매우 중요한 역할을 한다. 트러스티는 트러스터에게 필요한 것에 공감해주고, 상황과 자신에 대한 정의를 제공하며, 자신이 신뢰할 만하다는 인상을 주려고 노력한다. 이런 행동은 말처럼 쉬운 것이 아니며, 기계적으로 신호를 보내는 게임을 초월한 어떤 것을 요구한다. 트러스티의 수행적인 행동은 인지 조작과 자기기만, 존재론적 안정, 활발한 사회 활동이 필요하다. "신뢰를 얻고자 하는 사람은 사회생활에 동참해야 하고, 고유한 자기표현에 대해 다른 사람들이 기대를 품도록 만들 수 있어야 한다."[25]

톰 루츠가 자신의 새로운 파트너이자 미래의 아내가 될 사람 앞에서 처음으로 눈물을 흘린 이야기를 통해 우리는 트러스티와 트러스터 혹은 속이는 사람과 속는 사람의 교류에서 나타나는 복잡성과 모호함을 둘러싼 매우 생생한 예를 발견할 수 있다. 또 케니스 필즈가 15장에서 언급한 셰익스피어풍의 작품에 등장하는 연인은 노화와 배신행위를 노골적으로 보여주는 진실보다 젊음이나 헌신 같은 꾸며낸 이야기를 좋아하며, 이를 위해 의도적으로 결탁한다. 트러스터와 트러스티는 이야기하는 사람과 듣는 사람이 되어 공동으로 소문을 만들어내는 과정(10장 참조)에서 함께 긍정적인 가설을 만들고 유지한다. 로버트 미첼은 속임수를 주제로 한 연구 논문에서 이런 현상을 '공동의 망상 시스템'이라고 부른다.[26]

요컨대 트러스터는 트러스티가 신뢰할 만한 사람이거나 그렇지 못한 사람이라는 이미지를 결정할 때 상당 부분 트러스티에게 의존한다. 그런데도 트러스터와 트러스티가 공동으로 만든 가설은 단지 가설(즉 잠재적인 위험성을 내포한 거짓)에 불과하며, 불확실성과 취약성을 유예하는 건 여전히 트러스터의 몫으로 남는다. 트러스티의 수행적인 (잠재적으로 기만적인) 행동과 어떤 상황에서 보여주는 수준 높은 (잠재적으로 자기기만적인) 밀착성은 트러스터가 믿음의 비약을 할 수 있도록 도와줄 뿐이다. 수많은 일상적인 활동과 교류가 이런 가설에 의존하며, 결과적으로는 그 가설이 마치 가능한 것인 양 행동하는 사람들 때문에 일상적인 활동과 교류가 가능해진다.

'마치 ~처럼' 같은 태도는 다양한 의미를 내포한다. 첫째, '자연스런 태도'라는 점에서 당위성이나 논리적 연속성처럼 행위를 합리화하는 특성을 의미한다.[27] 둘째, 보다 수행적인 차원에서 '뭔가를 어떤 것으로 여기는 것' '뭔가를 어떤 것으로 규정하는 것'을 의미한다. 예를 들어 어떤 사람을 친구처럼 부르면 그 사람은 정말 친구가 된다. 우리는 어떤 이를 믿을 만한 사람으로 여기고 그렇게 함으로써 그 사람을 정말 믿을 만한 사람으로 만들기도 하는데, 위에서 언급한 것처럼 신뢰가 거의 강제적인 힘을 발휘하기 때문이다. 셋째, 비현실적이면서도 유용한 이상화를 의미한다. 이를테면 신뢰하고 신뢰 받는 대상으로서 이상적인 제도, 조직, 사람, 행동의 이미지는 현실에서 절대 완벽하게 실현될 수 없다. 하지만 그 이상이 마치 실제인 양, 적어도 그런 이상을 진지하게 추구하는 것인 양 행동하는 행위자에 의해 신뢰가 조장된다.

'마치 ~처럼'이란 태도에 있는 흥미로운 명제와 특별한 언어학적 특징은 깊이 탐구할 가치가 있다. 우리는 그 탐구 과정을 통해 신뢰와 속임수가 언제나 반목하는 건 아니며, 상호 보완적으로 사회 현실을 둘러싼 이해를 공유하고 유지할 수 있다는 점을 발견하고, 신뢰와 속임수의 관계를 더 잘 이해할 수 있을 것이다. 하지만 신뢰와 속임수는 어떤 사람들은 번창하고, 어떤 사람들은 피해를 당한다는 점에서 실질적인 값을 대변하지 않는다. 신뢰와 속임수는 그 결과물에 따라 수정될 뿐이다.

믿음의 소멸 :
신뢰는 속여도 된다는 허락이 아니다

신뢰가 속임수로 가는 문을 열고 트러스터에 의해 행해지는 일종의 자기기만을 내포하지만, 신뢰가 오랫동안 지속되기 위해서는 진정한 신뢰를 바탕으로 하는 긍정적인 기대가 반드시 충족되어야 한다. 믿음의 비약을 마다하지 않는 트러스터는 자신의 신뢰에 따른 결과를 주시하고, 기대와 어긋나는 경우 일반적으로 눈치를 챈다. 트러스티가 그 의심을 적극적으로 이용해서 이득을 취하는 경우가 생기기도 하지만, 신뢰란 쉽게 깨지는 것이 아니다. 반대로 신뢰가 매우 단단한 경우도 있는데, 이는 트러스터들이 자신의 긍정적인 기대를 확인하고자 하는 노력에서 비롯된다. 심리학 분야에서 행한 수많은 경험적 연구에서 이런 확증 편향을 다뤘으며, 강력한 자기기만의 사례도 많다. 이를테면 사람들은 공포 영화를 본 뒤에 그것이 영화에 불과하다는 사실을 알면서도 좀처럼 두려움에서 빠져나오지 못한다. TV 시청자들은 래시라는 개가 연기하고 있을 뿐, 실제로는 멀쩡하게 살아 있다는 사실을 알면서도 그 개의 죽음에 슬퍼한다. 부모들은 자기 눈으로 확인했는데도 '착한 아들'이 범죄자라는 사실을 믿으려고 하지 않는다.[28]

속임수가 의심되거나 속임수로 드러난 행동에 대한 최초 반응으로써 속임수 자체를 부정하거나 비난조의 반감 형태로 나타나는 지속적인 자기기만은 속은 사람에게 속임수 자체와 눈앞의 손실, 감정적 혼란, 속임수의 폭로가 유발하는 사회적 비용을 받아들일 준비를 하도록 시간을 벌어준다. 데이비드 샤피로David Shapiro가 쓴 것처럼 "자기기만은 절대 완벽하게 성공할 수 없다는 점에서 한계가 있다. …진정한 믿음은 잠깐 자리에서 비켜나 있을 뿐이다".[29] 신뢰를 바탕으로 한 관계가 비틀거리면 트러스터는 배신감이 들고, 믿음의 비약은 곧장 믿음의 소멸로 대체된다.

결국 신뢰는 트러스터의 입장에서 볼 때 색다른 성취며, 이런 성취는 부탁해서 되는 게 아니라 자발적으로 형성되어야 하고, 트러스터의 믿음이 사라지면 유지될 수 없다. 신뢰가 "정보 부족을 기꺼이 극복하고자 하는 행위자의 의지에 따른 작용"이라는 니클라스 루만의 연구 결과를 떠올리게 하는 대목이다.[30] 신뢰는 행위자가 정당화할 수 있는 어떤 것을 초월하지만, 그 행위자는 불확실성과 취약성을 유예할지 말지 자신의 의지에 따라 움직인다. 루만이 신뢰와 유예라는 문맥에서 언급한 '의지'란 말의 의미를 제대로 이해하기 위해서는 '믿고자 하는 의지'를 다룬 윌리엄 제임스William James의 논문을 자세히 살펴볼 필요가 있다.

윌리엄 제임스는 논문에서 결정적인 증거가 없을 때조차 행위자의 믿을 권리―종교적인 문제뿐만 아니라 사회적인 관계와 같은 일반적인 문제까지―를 옹호한다. 이 믿음은 신념이라고 할 수 있다. "우리는 우리의 의지를 움직일 정도로 진짜처럼 여겨지는 어떤 가설도 그에 따른 위험부담을 감수하면서 믿을 권리가 있다."[31] 윌리엄 제임스는 가설이 '충분히 진짜 같아야 한다'는 조건을 내세워서 믿음이 임의대로 주어지지 말아야 한다는 점을 강조한다. 가설은 믿는 사람에게 진짜처럼 여겨져야 한다. 신뢰의 일종인 신념은 행위자의 경험과 함께 공명해야 한다.

그렇다면 신뢰는 일종의 '신뢰하려는 의지'에서 비롯되므로, 트러스터의 매우 개인적이고 사적인 정서에 반해서 의도될 수 없다는 결론이 나온다. 이 결론은 트러스터가 속임수나 배신과 관련된 확실한 증거를 잡는 경우 믿음의 소멸이 뒤따를 것이라는 사실을 의미한다. 요컨대 신뢰가 믿음의 비약을 수반한다는 말은 신뢰가 철회될 수 없다거나 무조건적이라는 의미가 아니다. 깨지거나 철회될 수 없다면 그것은 신뢰가 아니다. 따라서 신뢰를 악용하고 트러스터에게 피해를 주는 속임수는 트러스터가 아무런 피해가 없다고 믿을 때만 계속 행해질 수 있다.

레닌이 자주 한 말로 여겨지는(로널드 레이건 미국 대통령이 자주 사용한 것으로도 알려졌다) "신뢰하되 검증하라"는 금언은 신뢰가 검증과 감시, 통제를 최소한으로 줄이는 것을 의미한다고 이해했을 때 실제로 딱 맞는 말이다. 따라서 신뢰와 통제가 이중성이 있다는 점에서 이 책의 9장에서 묘사되는 잉카의 키푸 관리자들이 신뢰 받는 동시에 책임이 부여된 사람들로 간주되는 건 모순이 아니다.[32] 하지만 키푸를 해독할 수 없는 스페인 군대의 입장에서는 잉카제국 사람들을 신뢰할 수도, 통제할 수도 없다는 사실이 상당한 골칫거리였을 테고, 이는 오늘날에도 충분히 상상할 수 있는 문제다.

신뢰와 속임수의 이중적인 관계

나는 위에서 고려한 사항들을 종합해서 신뢰와 속임수의 관계를 이해하기 위해 좀더 깊이 있게 논의할 다섯 가지 주안점을 제안한다. ❶트러스터는 신뢰성 신호를 해석하면서 속임수에 당할 수도 있지만, 신호에 따라 특정 신호는 쉽게 꾸며낼 수 없기 때문에 다른 신호에 비해서 좀더 믿을 만하다. ❷신뢰는 항상 믿음의 비약을 내포하고 '타당한 이유들'을 초월하며, 그 때문에 속임수로 향하는 문이 열린다. ❸신뢰는 트러스티에게 도덕적 의무를 부여해서 속임수의 위협을 줄인다. ❹신뢰는 트러스터에게 일정 수준의 자기 기만을 요구하며, 트러스터는 취약성과 불확실성을 문제로 인식하지 않는 '마치 ~처럼' 시나리오를 만들어낸다. ❺신뢰는 철회될 수 없거나 무조건적이지 않다. 트러스터가 속임수를 인지하고 기대가 충족되지 않는 경우 믿음의 비약은 믿음의 소멸로 바뀐다.

전체적으로 볼 때 신뢰와 속임수는 서로 활성화하거나 제지하는데, 이런 이중적인 관계는 신뢰와 불신을 특징짓는 믿음의 비약과 소멸 때문이다. 또 이런 사실은 '한번 깨진 신뢰가 어떻게 회복될 수 있는가' 같은 질문에 중요한 암시를 보여준다.[33] 속임수는 신뢰에 행해지는 특별한 침해이기 때문에, 우리는 속임수에 따른 신뢰의 회복이 단순한 실망이나 불화 뒤에 신뢰를 회복하는 것과 어떻게 다른지 의문을 품는다. 따라서 우리는 신뢰와 속임수의 다양한 형태를 구별해야 할 뿐만 아니라 행위자들이 그 속임수에 어떻게 반응하는지 구별해야 하며, 그 결과를 근거로 신뢰와 속임수를 둘러싼 좀더 다양하고 정교한 관계의 망을 만들어야 한다.

이중적인 관계라는 점을 고려할 때 신뢰와 속임수를 함께 검토함으로써 얻을 수 있는 이점은 무엇일까? 예를 들어 우리는 신뢰가 철회된 이유와 신뢰가 지속되는 이유를 설명할 때 속임수를 참고할 수 있다. 신뢰와 속임수 관계의 이중적인 본질은 우리가 신뢰와 속임수를 다루는 포괄적이고 규범적인 진술에 주의하도록 만들기도 한다. 신뢰의 타당성을 따지다 보면 속임수와 관련된 분석은 속임수에 사용된 지극히 기술적인 부분부터 속임수가 발생한 사회적인 환경에 이르기까지 그 범위가 확대된다.

앞에서 언급했듯이 신뢰 관계는 속임수가 가능하고 때로는 필요한 이유를 설명해줄 뿐만 아니라, 행위자가 속임수를 선택하지 않거나 트러스터가 거짓말쟁이와 결탁하는 이유를 설명해준다. 연극론적인 관점에서 볼 때 우리는 신뢰를 위해 어느 정도 속임수를 용인하거나 요구하는 '마치 ~처럼' 시나리오를 유지하려는 트러스터와 트러스티에 의해 행해지는 공동의 노력을 발견한다. 이 경우 속임수는 진실인지 혹은 거짓인지 관점보다 사회적인 관계에 이로운지 혹은 해로운지 관점에서 평가된다.

두 가지 사례를 살펴보자. 첫째, 식품 생산업계에서 신뢰는 주기적으로 되풀이되는 주제다. 부도덕한 제조업자들이 순도를 낮춘 와인이나 제품 정보를 조작한 고기를 팔아서 소비자를 기만하는 사례가 빈번하다.[34] 이런 속임수가 유해하고 범죄에 가까운 행동이라는 사실은 이론의 여지가 없다. 그에 따른 결과는 분명히 개인적인 사건의 차원을 넘어서 와인업자와 정육업자에 대한, 좀더 거시적으로는 규제 시스템에 대한 수많은 소비자의 신뢰를 무너뜨린다. 동시에 소비자는 처음부터 자신이 왜 그들을 믿었는지, 의심스러울 정도로 저렴한 식품의 안전성을 믿은 게 너무 안일한 태도는 아니었는지 자문할 것이 분명하다. 다른 사람들의 손으로 생산된 식품을 신뢰할 수 없다면 현대 생활이 거의 불가능하다. 이런 현실은 속임수를 조장하기도 하지만, 속임수가 노출되고 신뢰를 잃을 경우 파급효과가 심각하기 때문에 대다수 제조업자들은 기회주의적인 태도를 자제하고 자신의 평판에 투자한다.

둘째, 대중은 정치인의 속임수를 보고 분노한다. 따라서 사람들이 여전히 정치인을 약간이나마 신뢰한다는 사실은 놀라울 따름이다. 신뢰가 마치 미래가 밝고 확실한 듯 사는 것을 의미한다면, 정치인이야말로 그런 메시지를 전달하는 사람이다. 그들은 무엇이 우리에게 이로운지 안다고 이야기하면서 우리 형편이 나아질 거라는, 우리 군인들이 깨끗하고 대의명분이 뚜렷한 전쟁에만 참전할 거라는 공약을 내세우기 때문이다. 사람들은 이처럼 달콤하지만 비현실적인 공약을 적어도 그 공약들이 보잘것없는, 심지어 비극적인 결과로 명백하게 나타나기 전에는 기꺼이 받아들이려고 한다. 따라서 정치인을 향한 신뢰는 속임수를 가능케 하는 수준을 넘어, 속임수를 요구하기도 한다. 그렇지만 그런 신뢰도 속임수를 도덕적으로 용인되도록 해주지는 않기 때문에 정치인은 자신의 속임수를 은폐하고 궁극적으로는 대중의 신뢰를 잃는 데 익숙해졌으며, 매번 대중이 기꺼이 받아들일 수 있는 새롭고 달콤한 공약을 만들어서 신뢰를 되찾는다. 정치인과 유권자의 관계나 정치적 연합에서 등장하는 일화들은 신뢰와 속임수가 어떻게 서로 가능케 하기도 하고 저지하기도 하는지 보여준다.

또 다른 사례로는 미국의 서브프라임 모기지(신용 등급이 낮은 저소득층을 대상으로 주택자금을 빌려주는 주택 담보대출 상품 — 옮긴이) 위기를 들 수 있는데, 이 위기는 2006년에 시작해서 전 세계적으로 금융과 경제 분야에 혼란을 불러왔다. 이 위기가 지나치게 많은 속임수 때문에 촉발되었는지, 지나친 신뢰 때문에 촉발되었는지는 알 수 없다.

하지만 얼마나 많은 대출자와 은행가, 평가 기관, 규제 기관이 새로운 금융 상품을 개발함으로써 위기를 진정시키려는 환상에 빠져 있었는지는 분명하다. 그 믿음은 극적인 실패를 겪었지만, 보다 안전한 금융 시스템이 즉시 재구축되기 시작했다. 『허풍선이 남작의 모험Münchausen』에 등장하는 주인공이자 과장스런 이야기꾼 바론 뮌하우젠Baron Münchausen 남작의 말처럼 우리는 자신의 머리채를 잡아끌어 늪에서 빠져나오려고 발버둥치고 있다.[35]

요컨대 이 장에서 개념상으로 살펴본 신뢰와 속임수의 이중성을 이해하는 일은 때로는 속임수를 가능케 하거나 저지하기도 하고, 때로는 요구하거나 금지하기도 하는 신뢰와 속임수의 관계를 정확히 앎으로써 사생활과 공적인 생활에서 발생하는 속임수 사례를 올바르게 판단하는 능력을 갖추는 일과 실질적인 관련이 있다.

_ 게리 어튼^{Gary Urton}

콜럼버스가 아메리카 대륙을 발견하기 이전 시대의 원주민 문화를 연구하는 하버드대학 문화인류학과 덤바턴 오크스^{Dumbarton Oaks} 교수다. 그는 잉카제국의 문화, 식민지 시대와 현대의 안데스·케추아 문화와 사회에 대해서 수많은 논문과 책을 저술했다. 저서로는 *At the Crossroads of the Earth and the Sky*(하늘과 땅이 교차하는 곳에서), *The History of a Myth*(신화의 역사), *The Social Life of Numbers*(숫자를 통해 보는 사회생활), *Signs of the Inka Khipu*(잉카제국의 키푸 표시), 『잉카 신화^{Inka Myths}』 등이 있다. 현재 하버드대학에서 키푸 데이터베이스화 프로젝트를 책임지고 있다.

진실의 매듭 : 잉카제국의 결승문자 키푸의 신뢰성과 신뢰도

게리 어튼

고대사회에 살던 사람들도 서로 속이기 위해 거짓말을 했는지, 우리(후손)를 기만하기 위해 시공을 초월해서 오늘날까지 전해지는 영속적인 기록을 의도적으로 만들어냈는지, 그랬다면 그 이유는 무엇인지 어떻게 알 수 있을까? 500여 년 전에 살던 사람들은 문자가 없었는데도 국가적인 차원에서 행정 기록을 만들었고, 오늘날에는 그들이 남긴 기록 중에서 겨우 일부만 해독 가능한데, 그 기록에 거짓말이 포함되었다면 우리는 어떻게 알 수 있을까? 앞서 말한 '문자를 사용하지 않은' 사람들을 둘러싼 스페인 정복자의 진술이 사실상 믿을 만한지 우리는 어떻게 알 수 있을까?

고대의 진실과 거짓말

우리는 평소 만나는 사람들이 그들 자신이나 주변에서 일어나는 세상일과 관련해 늘어놓는 말이 과연 믿을 만한지 판단하는 문제와 일상적으로 부딪힌다. 그렇지만 오늘날 얼굴을 마주하고 대화하는 경우라면 우리는 상대가 신뢰할 만한지 가늠하기 위해 말과 행동에서 나타나는 모든 단서와 신호를 참고할 수 있다. 이처럼 정직성을 확인하는 방법 가운데 목소리 톤이나 몸짓, 말할 때 보여주는 안정적인 시선(혹은 그 반대)처럼 미세한 단서를 정밀하게 조사하는 것이 상대적으로 믿을 만하다(이 책의 2, 3장 참조). 하지만 우리는 신뢰성을 보여주는 신호를 찾는 과정에서 관찰하고 주의 깊게 듣고 직관을 발휘하는 등 교류하고자 하는 상대의 감정적인 몸짓을 활용할 수 없는 먼 과거에, 시간적으로나 물리적으로 동떨어진 진술의 신뢰성을 어떻게 판단할 수 있을까?

이 장을 시작할 때 던진 질문들은 우리가 이제부터 관심을 기울이려는 의문들을 불러일으킨다. 실제로 오래전에 죽은 사람들이 서로, 그들의 이웃을, 역사를 매개로 교류하는 우리를 혹시 속였는지 알고자 하는 시도가 도대체 가당키나 할까? 내게는 과거를 소급해서 진실을 보여줄 수 있는 마법의 약도 없고, 곰팡내 풍기는 연대기나 과거부터 전해오는 공인된 기록에서 거짓말을 찾아낼 수 있는 기발한 방법도 없다. 그런 측면과 관련해서 캐서린 번즈 Kathryn Burns 가 훌륭한 성과를 보여주고 있기는 하다.[1] 이 장에서 내 목표는 고대 세계의 사람들이 진술한 내용이 진실인지 아닌지 확인하는 것이 아니다. 그보다 문화도 전혀 다르고 대립적인 혈통의 두 집단 사이에서 사회관계가 형성되고 정치적인 대립이 발생하면서 정직성과 기만성이 가장 중요한 특징으로 나타난 역사적 사례를 두 시기로 나누어 살펴보고자 한다. 각각의 사례에서는 경쟁 관계에 있던 두 집단 중 한 집단이 상대 집단을 평가하고 통제권을 행사했다.

사료를 관찰할 때 무엇이 진실이고 거짓인지 알아내려는 탐구는 다른 학자들의 몫으로 남겨두고, 우리는 과거에 서로 다른 사람들로 구성된 집단 사이에서 정직성과 속임수 문제가 어떻게 교류와 힘겨루기의 양상을 결정지었는가 하는 문제에 집중하고자 한다. 나는 두 가지 중요한 맥락에서 진실을 둘러싼 역학 관계를 관찰할 예정이다. 첫째, 콜럼버스가 아메리카 대륙을 발견하기 전 안데스 잉카제국에서 키푸(케추아어로 매듭을 뜻함)를 이용한 기록·관리 관습을 살펴볼 것이다. 둘째, 스페인 군대가 1532년에 잉카제국을 정복한 뒤 안데스문명의 원주민과 유럽인 정복자이자 식민 통치자 사이에서 장기간 진행된 싸움을 살펴보고자 한다.

키푸 기록과
그 신뢰성

잉카제국의 왕위를 놓고 다투던 두 사람 가운데 아타우알파^{Atahuallpa}가 이끌던 대군의 패배 — 아타우알파는 1532~1533년에 안데스 산맥 고원지대에 있는 카하마르카^{Cajamarca}에서 스페인의 프란시스코 피사로^{Francisco Pizarro}에게 붙잡혀 처형되었다 — 는 안데스 세계에 오늘날까지 반향이 이어지는 변화를 촉발했다. 아타우알파는 카하마르카에서 피사로의 군대에 대항하면서 한편으로는 누가 아버지 와이나 카파크 ^{Wayna Qhapaq}를 계승해서 잉카제국의 왕위에 오를까 하는 문제를 놓고 이복동생 우아스카르와 격렬한 싸움을 벌이고 있었다. 프란시스코 피사로가 페루 지역에 진입할 당시 잉카제국은 안데스 산맥의 산등성이를 따라 거의 5000킬로미터나 뻗어 있었고, 오늘날의 에콰도르와 콜롬비아 국경에서 시작해 남쪽으로 페루와 볼리비아, 아르헨티나 북서부를 거쳐 칠레의 산티아고 남쪽으로 200~300킬로미터에 달하는 지역까지 이르렀다.

잉카제국의 발흥과 확장을 뒷받침해주는 고고학적 기록에 따르면, 잉카제국은 피사로의 군대가 도착하기까지 겨우 100~200년 사이에 안데스문명에서 절대적인 권력자로 부상했다. 때로는 거친 저항을 겪기도 했지만, 잉카제국은 비교적 짧은 150~200년 만에 안데스 산맥에 광범위하게 분산되어 있던 수많은 민족을 지배할 수 있었다. 대부분 수도 쿠스코에 살던 잉카제국 사람들은 안데스 산맥 전역에 있는 수많은 군사시설과 행정 시설을 배치하고 감독했다. 이 기간 시설들은 제국의 군인과 관료에게 주거를 제공했고, 그들은 전쟁이나 정복 사업부터 농경 생산에 이르기까지 잉카제국의 계획을 달성하는 데 능력을 집중했다.

잉카제국은 국가 관료들의 네트워크라는 교묘한 형태를 띠었으며, 고고학적 기록과 초기 식민지 역사 기록을 살펴보면 국가적인 사안과 관련된 관료들의 행정감독과 조화가 수백만 명에 달하는 인구를 결집해서 통일성 있는 지배 형태를 취한 것으로 나타난다. 잉카제국의 통치 형태에서 한 가지 주목할 만한 측면은 제국의 기록이 문자로 기록된 문서 대신 키푸라고 불린 매듭이 묶인 실 다발에 의존했다는 점이다(그림 9.1 참조). 키푸는 전적으로 키푸카마이유크(khipukamayuq : 매듭의 제작자·관리자)라고 알려진 관료들이 만들었고, 공공 기록 보관소에서 보관하고 '판독'했는데 그 해독 방식은 지금도 완전히 밝혀지지 않았다. 우리는 키푸를 검토해나가는 과정에서 키푸 관리자들이 스페인 군대에게 정복당한 뒤에도 수십 년 동안 매듭이 묶인 실로 정보를 기록했고, 몇 가지는 오늘날까지 사용되고 있다는 사실을 확인할 것이다.[2]

유럽인이 잉카제국을 침략한 뒤 수년 간 잉카제국에서 기록이 보관되던 방식을 조사한 스페인 역사가들의 기록에 따르면 잉카제국에는 마을마다 키푸 관리자가 최소한 네 명 있었고, 그들은 마을을

그림 9.1 키푸

출처 | 스웨덴 예테보리의 민족지학박물관, 게리 어튼 사진.

감독하는 제국의 행정관에게 관심거리가 될 만한 정보를 키푸에 기록했다고 한다. 키푸에 기록된 정보 중에는 각종 통계 자료도 포함되었다. 이를테면 납세의무와 이행에 관한 기록, 제국이 보유한 라마의 숫자와 종류, 제국이나 성직자 혹은 일반 시민이 보유한 농경지, 제국이 관심을 두거나 소유한 원자재와 가공품, 공산품 등에 대한 정보가 수록되었다. 키푸 관리자들은 제국의 외딴 지방까지 구석구석 흩어진 정착지에 거주하면서 지방관 혹은 감독관(tukriquq 그림 9.2 참조)의 감독을 받았고, 지방관들은 지방의 행정 중심지를 거점으로 해서 주변의 시골 마을을 정기적으로 순찰했다. 고위 키푸 관리자들은 주변의 지역공동체나 드문드문 흩어진 씨족공동체, 즉 '아이유ayllus'에게서 제공된 정보를 종합하는 책임을 맡았다. 초기 스페인 역사가 시에사 데 레온Cieza de León이 1551년에 기록한 글을 읽어보자.

> 지방 중심 도시에는 키푸스카마요스quiposcamayos라고 불리는 회계사들이 있었는데, 그들은 매듭을 이용해서 그 지방 사람들이 은이나 금, 옷감, 가축, 심지어 장작과 기타 사소한 물건까지 세금으로 내야 할 것들에 대해서 기록과 회계를 담당했고, 키푸로 작성한 기록을 매우 정확히 유지해서 1년이나 10년, 20년이 지난 뒤에도 샌들 한 켤레 잃어버리는 법이 없었다.[3]

지방관은 수많은 정보 제공자에게서 나온 정보를 수집하고 대조·확인한 다음, 해당 정보를 고위 관료에게 전달하는 책임을 맡았다.[4] 잉카제국에는 80개가 넘는 지방 도시가 있었고, 지방 도시에

그림 9.2 키푸 한 쌍을 든 지방관

출처 | 펠리페 구아만 포마 데 아얄라(Felipe Guaman Poma de Ayala), *El Primer Nueva Corónica y Buen Gobierno*(새로운 연대기와 좋은 정부)[1615], 존 무라(John V. Murra)와 롤레나 아도르노(Rolena Adorno)의 교정판, 조지 유리오스테(Jorge L. Urioste)의 번역과 원문 분석, 제3권. (멕시코시티 : 시글로 베인티우노, 1980), p. 320, 343.

서 수집된 정보는 수도 쿠스코에서 잉카제국을 통틀어 최고의 관료로 봉직하는 아푸(Apus : 4방위의 우두머리) 네 명에게 전달되었다.

여기에서 키푸의 회계법과 매듭 끈을 이용한 기록의 신뢰성을 연구하는 데 우리가 이용할 수 있는 정보의 본질적인 문제와 관련해서 짚고 넘어가야 할 부분이 있다. 오늘날 키푸 연구원들이 직면한 주요 문제 — 이 문제의 귀추는 우리가 이 장에서 주제로 삼는 연구 전반에 영향을 미칠 것이다 — 는 우리가 키푸에 매듭 개수로 표시된 의미를 아주 제한적으로 해독할 수 있기 때문에 키푸에 담긴 내용(즉 매듭 개수를 세서 확인할 수 있는 대상의 정체)과 관련해서는 식민지 시대의 스페인 필경사와 행정관들어 만든 사본에 의지할 수밖에 없다는 사실이다. 우리는 당시의 원주민 기록 관리자와 스페인 지배자들이 동일한 현실 세계를 공유하면서도 그 세계를 기반으로 하는 사회 · 정치적 현실에 매우 다른 이해관계와 견해를 보였다는 점을 고려해야 한다. 따라서 우리는 스페인 정복자들이 남긴 기록에 의지해서 키푸를 살펴보지만, 당시 안데스인의 관점에 입각해서 스페인 기록에 내포된 질적인 특성 — 이야기의 동기나 의도, 심지어 스페인 사람들이 신뢰할 만하다고 인식한 부분까지 — 을 평가할 필요가 있다.

오늘날 키푸의 정보 체계를 조사하는 연구원들은 다양한 기록 관리자들이 행정 관료들의 서열 제도 — 지역공동체에서 일하는 하급 기록 관리자부터 제국의 수도에서 일하는 기록 관리자까지 — 에 근거해서 상호작용을 했기 때문에 적어도 중 · 상위권 서열에서는 키푸의 정보 체계가 신호를 보내거나 기록하는 관례화된 기준과 원칙, 관행 등을 기초로 했을 거라는 점에 일반적으로 의견을 같이한다.[5] 행정 관료들이 다른 언어를 사용하는 수많은 현지 기록 관리자들이나 (한 연대기 편찬자에 따르면) 상이한 키푸를 만드는 현지 기록 관리자들에게서 수집되는 다양한 정보를 최소한이라도 동화同化시키기 위해서는 적어도 중·상위권 서열부터 그 위로는 의미를 기록하는 방식과 기타 절차에 대한 상호 이해가 필요했을 것이다.[6]

비록 스페인 문서에 기록된 많은 참고 자료들이 원주민 회계사들의 신뢰성을 보증하고 있지만, 잉카제국의 회계 시스템에는 그 자체에 견제와 균형을 위한 여러 가지 장치가 존재했다.[7] 견제와 균형을 위한 이런 장치는 모든 행정 단계에서 키푸 기록의 신뢰성과 기록 관리자들의 정직성을 확보하기 위해 실시되고 유지되었을 것이다. 여기에서 우리는 한 가지 의문이 생긴다. 원주민 정보 제공자들이 스페인 식민 지배자들에게 주장한 대로 키푸 관리자들이 '항상' 진실만 기록하고 말했다면 어째서 견제와 균형 시스템이 필요했을까?[8]

신뢰성과 책임성의 대립

키푸 관리자들이 선천적으로 정직하다는 전제와 함께 견제와 균형을 위한 장치는 잉카제국에서 키푸 기록을 관리하는 기초적인 원칙으로 어색하게 공존했다. 엄격한 책임 절차를 적용하는 동시에 신뢰성을 전제로 유지하는 건 모순되는 정서를 나타내서 역설처럼 보일 수도 있다. 하지만 진실과 검증 가능성의 관계를 조사한 최근 연구와 논문들은 감독과 병치된 신뢰라는 정서적인 절차가 상호 보완적이고 서로 분리될 수 없게 연결되었음을 보여준다. 이런 관점은 엄격한 책임 과정을 수반하는 회계 시스템이 일반적으로 기록 관리자나 회계사의 타고난 신뢰성을 전제로 작용한다고 간주한다(최근 미국과 세계의 금융업계에서 발생한 사례를 통해 엄격한 책임 과정이 거의 전무한 상태에서 신뢰성에 과도하게 의존한 결과는 충분히 인식되고 있다. 이 책의 13장 참조). 이 같은 관점에서 볼 때 신뢰와 감독은 구조적으로나 심리학적으로, (관련된 사람들의 상호작용이란 측면에서) 전략적으로도 분리될 수 없는 것이다.

귀도 묄러링은 이 주제와 관련된 통찰력 있고 설득력 있는 글에서 신뢰와 감독은 "서로 참조하고 창조하지만, 상대에게 통합될 수는 없다"면서 신뢰와 감독이 '이중성'으로 연결되었다고 이야기한다.[9] 그는 최선의 상황 ― 이를테면 인간관계와 제도가 원활하게 작용하고 관련된 인물 모두 사람들이 정직하게 행동할 거라고 확신할 때 ― 에서 신뢰와 감독이 효력을 발휘할 수 있다고 주장한다.

나는 특히 다른 사람의 긍정적인 기대감을 형성하는 기본적인 문제와 관련해서 사회구조와 동인動因의 이중성을 설명해주는 감독과 신뢰를 위한 분석적 토대가 만들어질 수 있다고 제안한다. 즉 행위자가 어떤 사람을 마음에 두고, 그 사람에게 구조적인 영향력을 행사하면서 긍정적인 기대를 품고 있을 때 우리는 이것을 감독이라고 말한다. …행위자가 상대에게 호의적인 행위를 전제로 하는 긍정적인 기대를 품고 있을 때 우리는 이것을 신뢰라고 말한다.[10]

뮐러링은 흥미로운 사례 연구에서 상호 책임과 호의 수준에 대해 협상 당사자들이 보여준 인식과 이해의 단절에 초점을 맞춰서 잠재력이 있는 저자와 독일 출판사의 어긋난 협상 과정을 검토한다.[11] 결국 거래는 불발로 끝나고, 양측 당사자는 상대방에게 분노마저 느낀다.

협상 과정을 감시하는 암묵적인 신뢰와 명시적인 감독을 둘러싼 서로 다른 인식과 기대에서 빚어지는 오해―특히 합의해야 하는 당사자들이 근본적으로 배경이 다르고 대립적인 이해관계를 나타내는 경우―는 이 장에서 이야기하는 내용과도 정확히 일치한다. 나는 서로 다르지만 근접한 두 시대에 안데스에 존재하던 신뢰와 감독 관계를 보여주는 두 가지 상황에 주목한다. 첫째, 콜럼버스 이전 시대에 키푸 기록 관리자와 그들의 기록 대상이던 일반 시민 사이의 관계와 관련된 부분이다. 둘째, 스페인 군대가 안데스를 정복한 뒤 원주민 기록 관리자와 스페인 행정 관료 사이에서 등장한 관계다. 두 가지 환경에서 등장한 신뢰와 감독의 문제는 각각의 경우에 균형이라는 측면에서 당사자들이 상대방에게 어느 정도까지 호의를 기대하고 상대방은 이를 어디까지 수용했는지, 정해진 사회구조에서 통제력이 상대에게 어떻게 영향을 미치고 양측의 악의적인 행동을 견제하는 작용을 한다고 가정했는지 등과 관련이 있다.

우리는 잉카제국의 일반 시민이 신뢰와 감독의 문제에 대해 기록 관리자를 (그리고 반대 입장에서) 어떻게 봤는가 하는 문제와 관련해서 편향되지 않고 객관적인 이해를 보여주는 자료가 부족하다는 사실을 점점 더 절감한다. 한편으로 식민지 시대에 기록된 풍부한 자료는 원주민 기록 관리자와 스페인 행정 관료의 신뢰와 감독 관계가 스페인이 지배를 시작한 지 20~30년 만에 파경에 이르렀음을 명백히 보여준다. 원주민 기록 관리자와 스페인 행정 관료는 상대방이 자신에게 호의적으로 행동한다는 신뢰가 붕괴되자 — 이것은 사회구조적인 감독 효과에 대한 신뢰의 붕괴와 병행해서 일어났다 — 두 집단의 교류가 거짓말과 속임수로 가득 찼다고 확신하기에 이른다. 우리는 양쪽 집단이 어떻게 신뢰와 감독의 이중성이 점점 더 작동 불능 상태가 되었다고 확신했는지 차차 확인할 것이다.

이어지는 부분에서 나는 우선 스페인 정복 이전에 잉카제국의 기록 관리 관행에 존재하던 신뢰성이나 적당한 책임성과 관련된 원칙이 어떻게 얽혀 나타나는지 살펴보고자 한다. 그다음에는 스페인 식민지가 안데스 지역에 설립된 초기에도 키푸 기록 관리가 한동안 계속됨에 따라 키푸 본연의 정확성 개념과 적당한 책임성을 확보하는 절차가 어떻게 변해갔는지 살펴볼 것이다. 다만 이런 화두와 문제를 설명하기 전에 경탄할 만한 키푸에 대해 잘 모르는 독자에게 특히 유용하도록 키푸의 기본적인 특징을 살펴보고, 키푸에 정보가 기록되는 방식을 간단히 설명하고자 한다.

키푸와 정보를
기록하는 방법

내가 수집한 목록에 따르면 유럽과 북아메리카, 남아메리카에 박물관과 개인 소장품으로 키푸 750여 개가 전해 내려온다. 대부분 부서지기 쉬워서 350여 개 유물만 자세하게 연구되었다.[12]

키푸는 매듭이 묶인 실로 된 발명품이며, 무명실이나 라마의 털을 꼬아서 만들었다(그림 9.3 참조). 키푸의 색깔은 면화나 라마 털의 자연스런 색을 띠거나 자연 염료로 염색한 것이다. 키푸의 '척추'는 '핵심 코드'라고 불리며 지름이 대략 0.5센티미터고, 이 핵심 코드에 '펜던트 코드'라고 불리는 가는 끈들이 연결된다. 키푸는 적게는 하나에서 많게는 1500개의 펜던트 코드로 구성된다(평균 84개). '톱 코드'는 펜던트 같은 실이 핵심 코드에서 펜던트 코드와 반대 방향으로 묶인 것인데, 종종 펜던트 코드 한 무리가 핵심 코드에 부착된 부분을 통과하여 만들어진다. 톱 코드는 일반적으로 톱 코드에 부착된 펜던트 코드 한 묶음이 포함하는 매듭 값의 총계를 의미한다. 모든 펜던트 코드의 대략 4분의 1이 하위 코드가 있으며, 이 하위 코

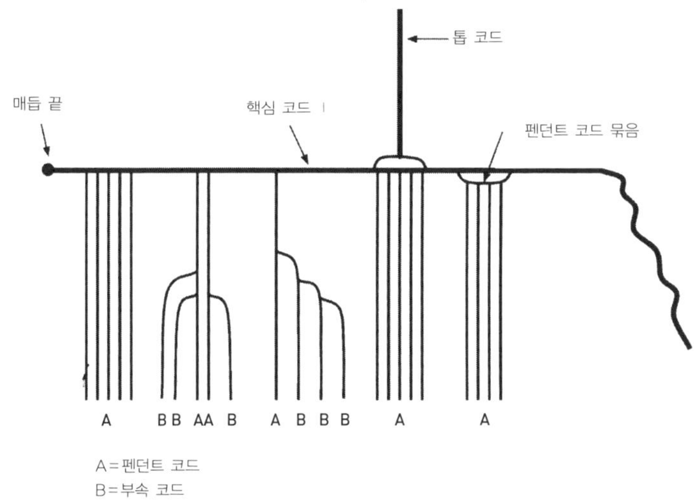

그림 9.3 키푸의 구조

출처 | 캐리 J. 브레진(Carrie J. Brezine) 그림

드는 '부속 코드'라고 불린다. 부속 코드는 그 자체에 또 다른 부속코드를 포함하기도 하는데, 일부 펜던트 코드 중에는 여섯 단계에 달하는 부속 코드가 달린 사례도 있다. 이는 키푸가 계급제도를 바탕으로 조직화된 정보를 보여주기 위한 효율적인 발명품이었음을 나타낸다.[13]

키푸는 대부분 매듭이 지어진 펜던트 코드와 부속 코드, 톱 코드를 포함하고 있다.[14] 가장 보편화된 매듭으로는 세 가지 유형이 있는데, 일반적으로 다발 형태를 취하며 각각의 코드에서 높이에 변화를 준 매듭의 위치로 십진법 수치를 나타낸다. 많은 키푸가 십진법 기록을 기초로 해서 수치를 암호화한다는 사실을 밝혀낸 최초 연구는 르랜드 로크^{L. Leland Locke}의 *The Ancient Quipu, or Peruvian Knot Record*(고대의 키푸, 페루의 매듭 기록)다.[15] 오늘날까지 키푸의 숫자나 산술, 수학적인 특성을 가장 완성도 높게 다룬 책은 아셔^{Ascher} 부부가 저술한 *Mathematics of the Incas: Code of the Quipus*(잉카제국의 수학 : 키푸 코드)다.[16] 아셔 부부는 잉카제국의 회계사들이 기약분수와 가약분수의 나눗셈이나 정수와 분수를 이용한 곱셈 등 최소한 덧셈, 뺄셈, 곱셈, 나눗셈 같은 산술적·수학적 연산을 사용했다는 사실을 보여주었다.[17]

그렇다면 키푸에는 어떤 정보들이 저장되었을까? 수많은 스페인 기록에 따르면 키푸에는 인구조사, 과세와 납세 현황, 잉카제국의 국고에 있는 재화, 천문 주기 현상과 월력 계산, 왕가의 계보, 역사적 사건 등이 기록되었다.[18] 이 광범위한 정보를 기록하는 과정에서 수치를 취급할 때 가장 중요한 관심사는 계산의 정확성을 유지하는 것이었다. 즉 여기에서 더한 것과 저기에서 뺀 것의 계산을 맞추거나, 이 경우에 나눈 것과 다른 경우에 곱한 것의 계산을 맞추는 식으로 수지가 계정計定되었음을 의미한다. 정확성을 중시한 이 계산법은 오늘날 케추아족 공동체의 산술 연산에도 사용되지만, 잉카 제국 시대에 케추아어를 사용한 키푸 관리자들이 숫자 데이터를 취급할 때도 동일한 방식이 적용되었을 것이다.[19]

지금까지는 앞으로 이어질 내용에 대한 배경 지식을 위해 키푸와 키푸에 내포된 일반적인 기록을 개괄적으로 살펴보았다. 이제부터 그동안 당연하게 여겨온 키푸 기록의 정직성 문제를 생각해본다.

키푸 기록과 키푸 관리자들의 정직성

잉카제국의 행정 관료들이 이른바 행정감독이나 답사를 위해 수도 쿠스코에서 지방의 중심 도시를 방문하는 관행과 관련하여 초기 여행자이자 관찰력이 예리한 시에사 데 레온이 남긴 글에 따르면, "그들이 쿠스코에서 기록을 수거하기 위해 마을에 찾아오거나 기록이 쿠스코로 보내질 때 저마다 별도의 키푸를 관리하는 키푸 관리자들은 모두 정직했기 때문에 속임수를 쓸 줄 몰랐다".[20] 또 예수회 수사이자 역사가 호세 데 아코스타 José de Acosta는 키푸 관리자들과 그 기록의 본질적인 정직성은 잉카제국 관료들에게 전제가 되는 중요한 자질 중 하나라고 소개한다. 1590년에 아코스타는 다음과 같이 기록했다. "오늘날에 키푸카마이요스 quipucamayos라고 불리는 관료들이 기록물(키푸)을 보관하도록 임명되었고, 그들은 스페

인의 공증인처럼 모든 것을 기록할 의무가 있으며, '그들에게는 절
대적인 신뢰가 주어졌다'."[21]

흥미롭게도 스페인 역사가들은 기록에서 키푸라는 발명품에 이
름을 짓거나 키푸를 언급함으로써 그들도 키푸에 담긴 기록이 어느
정도 진실이라고 전제하고 있음을 보여준다. 예를 들어 16세기에
티티카카 호 지역을 방문한 뒤에 작성된 것으로 보이는 스페인 문
서에는 아코라Acora의 키푸 관리자가 사망하자 인접 도시 추퀴토
Chucuito의 기록 관리자가 그 지방의 전체 기록을 담당했다는 이야기
가 있다. 해당 스페인 문서에서 추퀴토 사람이 기록한 키푸가 '그
지방 전체에 대한 확실하고 정직한 키푸'라고 언급된다.[22] 이런 묘
사가 원주민이 작성한 기록에 대한 당시 스페인 정복자들의 진정한
믿음을 보여주는 것인지, 무심결에 서면 증언까지 한 원주민 정보
제공자의 주장을 그대로 반영한 것인지는 명확하지 않다.

그 외에도 스페인 정복자들이 정복 이전 시대의 키푸 관리를 언
급한 사례가 무수히 많으며, 그런 사례는 키푸에 있는 기록은 물론
이고 그 관리자들 또한 본질적으로 정직하다고 묘사한다. 키푸와
관련해서 스페인 정복자들이 이처럼 긍정적으로 진술한 주된 이유
는 그들이 문자화한 기록의 유효성을 주장하려는 동기가 있었기 때
문인 듯하다. 즉 스페인 정복자들이 초기 잉카제국의 인구와 세금,
역사를 기술할 때 원주민이 키푸를 해석한 내용에 근거했으므로 원
주민의 기록이 정직하다고 주장해야 자신들의 문자화된 기록이 신
뢰할 만하다고 주장할 수 있는 것이다. 이유야 어쨌든 키푸의 신뢰
성과 관련된 명시적인 평가 덕분에, 실에 매듭을 만들어서 작성한
기록이 신뢰할 만하다는 전제가 스페인 정복자들의 생각과 담론 속

에 그리고 식민지 시대에 작성된 문서에 스며드는 하나의 경로가 되었다.

스페인 정복자들이 키푸 사용을 부추기고, 키푸의 가치를 인정한 중요한 배경은 고해성사와도 관련이 있다(그림 9.4 참조). 쿠스코 인근에 있는 안다우아이리야스 Andahuaylillas 교구에서 사제로 일하던 페레즈 보카네그로Pérez Bocanegra는 안내서를 만들어서 원주민이 키푸에 자신의 죄를 기록하도록 유도하는 전략을 사제들에게 조언했다.[23] 페레즈 보카네그로는 안내서에서 고해신부가 키푸의 매듭과 컬러를 고려해야 하는데, 이는 각각의 컬러가 특정한 죄를 의미하기 때문이라고 설명했다.[24] 사제의 관점에서 볼 때 고해 내용을 키푸에 저장하는 건 고해실에서 속죄 받을 필요가 있는 다양한 행동에 고해신부의 주의를 집중하도록 도와주는 훌륭하고 효율적인 방식이었다. 원주민은 강력히 권유를 받기도 했지만, 한편으로는 자신의 행동과 동기에 대해 사제들에게서 집요한 질문 세례가 쏟아졌기 때문에 고해용 키푸를 만들었을 것이다. 사제들이 꼬치꼬치 따지고 들자 마을의 원로들은 죄를 기억하고 기록하는 일과 관련해서 마을 사람들을 지도하고 가르치기 위해 공들인 전략을 짜냈다. 스페인 정복자들은 그 전략 중에 자신이 저지른 죄를 반만 고백하도록 선동하는 전략도 포함되었다고 의심했으며, 이런 관행에 대해 수도사 마르틴 데 무루아Martín de Murúa는 1610년대에 다음과 같이 기록했다.

몇 년 전부터 인디오에게는 키푸를 이용한 고해성사에 익숙하고 십계명에 입각한 인디오의 고해를 들어주는 숙련된 고해신부들이 생겼고, 그 후 인디오는 고해할 때마다 키푸를 가져와서 그것에 준하여 자신의 죄를 털어놓는다. 키푸는 경이로운 도구가 분명한데, 신부들에게 인디오의 고해성사가 보다 완전하고 믿을 수 있다는 인상을 주는 데 효과를 발휘하기 때문이다.[25]

또 다른 맥락에서 키푸 행정 기록과 원주민 관료들의 정직성이 다양한 소송과 관련된 법정 증언에서 거듭 강조되었다. 예를 들어 1579년 오늘날 볼리비아 중부에 해당하는 사카카Sacaca 지방의 키푸 관리자 알론소 양시Alonso Yanxi는 법정에서 다음과 같이 증언했다. "그들은 앞에서 기술한 노역(회계 분야)에 인디오 사이에서 가장 믿을 만한 인디오를 키푸 관리자로 임명했다. 그 때문에 앞서 기술한 키푸가 신뢰할 만하며, 키푸에는 속임수나 거짓말이 없는 것이다."[26]

위에 인용한 글은 1580년대에 세금 납부와 관련된 대립적인 주장을 다룬 소송에서 원주민 키푸 관리자 가운데 한 명이 증언한 내용이다. 이 인용문에서 보듯이 키푸의 신뢰성 문제는 당시 스페인 정복 이전의 기록을 구축하는 업무와 관련된 상대적으로 '순수한' 영역을 떠나, 식민지 시대 안데스에서 원주민과 스페인 정복자들이 대립하는 경쟁적인 영역에 있었다. 이 문제는 이 장의 뒷부분에서 다룰 예정이다. 지금은 법이나 행정, 교회와 관련된 초기 식민지 보고서에 적어도 수사적이고 추론적인 전승이 시작되었고, 그 보고서에서 키푸와 키푸 관리자들은 의심할 여지없이 정직하고 신뢰할 만하다고 전제되었다는 점만 짚고 넘어가려 한다. 비슷한 평가가 호세 데 아코스타가 1590년대에 쓴 인용문에서도 확인된다.

그림 9.4 사제에게 고해하는 인디오

출처 | 펠리페 구아만 포마 데 아얄라, *El Primer Nueva Corónica y Buen Gobierno*[1615], 존 무라와 롤레나 아도르노의 교정판, 조지 유리오스테의 번역과 원문 분석, 제3권. (멕시코시티 : 시글로 베인티우노, 1980), p. 584, 615.

요즈음에는 페루에서 2~3년에 한 번씩 스페인 총독이 관저에서 열리는 심리를 받을 때 인디오가 실로 된 조그만 계산서(키푸)를 들고 나와 말했다. 총독이 어느 마을에서는 달걀 여섯 개를 먹고 값을 치르지 않았고, 어느 집에서는 암탉 한 마리 값으로, 다른 곳에서는 말에게 먹인 건초 두 다발 값으로 겨우 얼마를 치렀는데 여전히 얼마를 더 내야 한다는 것이다. 이 모든 내용은 매듭의 양과 여러 가닥으로 된 실 꾸러미에 의해 정확하게 표시되었는데, 그들은 그것을 확실한 증거이자 믿을 만한 기록으로 간주한다.[27]

이 글에서 우리는 한 가지 잠재적인 문제를 발견할 수 있는데, 이 문제는 곧 표면상으로 드러나 위기감을 고조시켰다. 총독이 '실로 된 조그만 계산서'에 기초한 인디오의 증언을 반박하면 어떻게 될까? 총독이 키푸와 달리 판사가 읽을 수 있는 문자 형태의 매개체를 이용해서 자기 나름대로 기록을 만들었다면 어떻게 될까? 기록 관행과 기록 관리 시스템의 충돌은 16세기 말로 갈수록 두 집단 사이에서 점점 더 빈번하고 격렬하게 일어났으며, 결국 공식적인 기록 관리 수단으로써 키푸의 역할이 막을 내렸다. 스페인 정복자들과 안데스 원주민의 이해관계에서 비롯되는 문제들 때문에 궁극적으로 갈등을 피할 수 없었으며, 두 집단의 관계에서 신뢰와 감독의 이중성 가운데 절반이 없어졌다. 즉 스페인 정복자들이 키푸를 완전히 해독할 줄 몰랐기 때문에 키푸 기록의 정확성이 문제가 되는 경우 원주민 키푸 관리자만 사실을 확인해줄 수 있는 것이다.

이런 현상은 16세기 말로 갈수록 심화되었고, 두 집단의 신뢰가 깨지기 시작하자 스페인 정복자들은 재판에서 증거로 제시되는 키푸의 정직성을 확신할 수 없었다. 그렇다고 이런 관계에 대해 스페인 정복자들만 불만이 있었다는 뜻은 아니다. 스페인 사람들은 정복자로서 잉카제국 사람들을 맨 처음 대면했을 때 그들의 신뢰를 배신한 전과가 있었기 때문이다. 카하마르카라는 고원 도시에서 벌어진 양국 군대의 결정적인 전투에서 스페인 군대는 잉카제국 황제 아타우알파를 생포해서 몸값까지 받았지만, 결국 배신하고 처형한 사건이 가장 악명 높은 사례다.[28]

요컨대 원주민과 스페인 정복자들 사이에서는 16세기 내내 기록 관리에 대한 논쟁과 대립이 점점 더 빈번하게 발생했다. 나는 이런 쟁점들을 본격적으로 다루려고 한다. 하지만 그보다 먼저 스페인 정복 이전 시대로 돌아가서 책임이나 견제와 균형 — 이런 원칙은 키푸 기록이 본질적으로 신뢰성이 있다는 가정과 밀접하게 관련되었고, 그 때문에 원주민이 기록을 관리하는 과정에서 신뢰와 책임의 이중성을 만들어낸 듯하다 — 에 대해 잉카제국 사람들이 강조한 내용을 살펴보자.

정직성에 대한 책임

스페인 역사 기록에는 키푸에 견제와 균형의 원리가 존재했음을 보여주는 진술이 무수히 많다. 예를 들어 가르실라소 데 라 베가Garcilaso de la Vega는 1609년에 다음과 같이 기록했다.

키푸카마이유^{quipucamayu}는 정확하고 정직했으며, 마을마다 있는 그들의 숫자는 해당 마을의 인구와 비례했다. 마을이 아무리 적어도 4명이 최소 인원이었고, 많게는 20~30명도 있었다. 그들은 모두 동일한 사실을 기록했고, 잉카제국 사람들은 회계사나 필경사 하나로 충분한 경우에도 해당 인원수를 줄였을 때 발생할 수 있는 오류를 예방하기 위해 기록 분야별로 마을에 허락된 최대 인원수를 확보하고자 했다.[29]

보다 직접적으로 한 회계사가 다른 회계사를 견제하는 문제를 언급한 기록도 있다(그림 9.5 참조). 예를 들어 둘이나 반으로 나뉜—위쪽을 의미하는 하난^{hanan}과 아래쪽을 의미하는 후린^{hurin}으로—지역 사회는 양쪽의 다양한 이해관계나 재원 관리를 위해 각자 키푸 관리자를 두었으며, 같은 분야를 기록하는 양쪽 키푸 관리자는 정확히 일치하는 정보를 기록했을 거라고 간주되었다.[30] 지방 도시 수준의 키푸 기록과 관련해서 가르실라소 데 라 베가가 언급한 바에 따르면 "잉카제국의 지방관은 법적으로 키푸 기록 사본을 직접 보관해서 인디오 납세자나 세리들이 속임수를 쓰지 못하도록 해야 했다".[31]

개별적인 키푸 기록 자체에도 견제와 균형을 위한 장치가 존재했다. 이런 기록 방식은 키푸 기록 관리 방식을 설명하는 가장 오래된 증언에서도 찾아볼 수 있다. 해당 기록에서 프란시스코 피사로의 이복동생 에르난도 피사로^{Hernando Pizarro}는 1533년에 병사들과 함께 잉카제국의 왕실 도로변에 위치한 창고에서 장작이나 양(아마도 라마였을 것이다), 옥수수, 치차(옥수수를 발효해서 만든 맥주) 등을 취한 사례를 이야기한다. 에르난도 피사로는 여러 회계사들이 "(키푸의) 예치

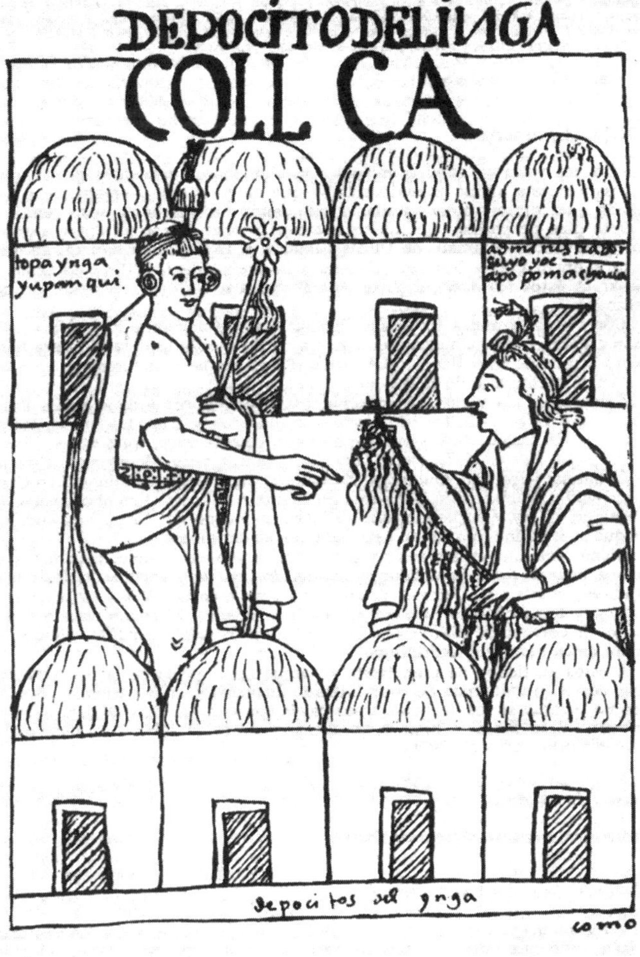

그림 9.5 콜카카마요크(Collcacamayoq) : 창고에서 감독관에게 보고 중인 키푸 관리자

출처 | 펠리페 구아만 포마 데 아얄라, *El Primer Nueva Corónica y Buen Gobierno*[1615], 존 무라와 롤레나 아도르노의 교정판, 조지 유리오스테의 번역과 원문 분석, 제3권. (멕시코시티 : 시글로 베인티우노, 1980), p. 309, 335.

항목에 만들어둔 매듭 가운데 일부를 풀고, (키푸의) 다른 항목에 새
로운 매듭을 만드는 과정"에 주목했다.[32] 흥미로운 점은 스페인이
남긴 기록 가운데 에르난도 피사로의 증언처럼 키푸를 조정해서
'회계상 수지를 맞추는' 실질적인 사례를 보여주는 기록이 극소수
에 불과하다는 사실이다.

오늘날 박물관에 보관된 키푸를 연구하고, 현존하는 표본에서 키
푸에 견제와 균형을 위한 장치가 존재했다는 사실을 뒷받침해줄 구
조적인 특징이나 숫자상의 패턴을 찾을 수 있는지 의문을 품는다면
꽤 많은 증거를 발견할 수 있다. 이런 측면에서 주목할 만한 증거물
중 하나는 기록이 복사된 것처럼 보이는, 혹은 내가 매우 비슷하거
나 '일치'한다고 언급해온 키푸들이다.[33] 그 키푸들은 세 가지 형태
로 나타난다. 첫째, 한 표본의 여러 실 가닥에서 매듭으로 표시된
수치가 다른 키푸에서 동일하게 반복되는 형태다. 우리는 이처럼
동일한 쌍을 이루는 표본 중에서도 어떤 것들은 비록 두 키푸가 매
듭 개수는 동일하지만 실의 색깔이 다를 수 있다는 사실을 알아냈
다.[34] 둘째, 두 키푸가 유사하지만 정확히 일치하지 않는 정보가 들
어 있는 사례다. 나는 이런 쌍을 '유사한 짝'이라고 이름 지었다. 유
사한 짝들은 아마도 쌍을 이룬(둘로 나뉜 지역사회에서) 키푸 관리자들
이 시대는 다르지만 유사한 상황에서 다른 기록 방식을 사용했거
나, 정보를 계산하고 기록하는 방식의 차이 때문에 내용이 약간씩
다르게 나타났을 것이다(표 9.1 참조). 셋째, 하나의 키푸에서 일정 부
분에 기록된 자료가 정확히 동일하거나 유사하게 다른 부분에서 반
복되는 형태도 있다. 나는 복제되거나 삼중으로 복사된 이 키푸들
이 나중에 역사적인 문헌을 통해 증명되었듯이, 키푸를 기록하는

키푸 UR064 / 1000263			키푸 UR068 / 1000262		
코드 번호	컬러	가치	코드 번호	컬러	가치
1	AB	1	1	AB	1
2	W		2	GG	
3	MB		3	W	
4	GG		4	AB	
5	CB: W		5	KB: W	
6	W		6	W	
7	MB		7	AB	
8	GG	1	8	GG	1
9	CB: W		9	KB: W	
10	W	1	10	W	1
11	AB		11	AB	
12	GG		12	GG	
13	CB: W		13	KB: W	
14	W	3	14	W	3
15	MB		15	AB	
16	GG		16	GG	
17	CB: W		17	KB: W	
18	W	7	18	W	8
18sl	W	1	19	AB	2
19	AB	2	20	GG	1
20	GG	1	21	KB: W	
21	CB: W		22	W	8
22	W	8	23	AB	1
23	MB	1	24	GG	3
24	GG		25	KB: W	1
25	CB: W	1	26	W	56
26	W	56	27	AB	5
27	MB	5	28	GG	4
28	GG		29	KB: W	1
29	CB: W	1	30	W	1,213
30	W	1,212	31	AB	43
31	AB	43	32	GG	64
32	GG	64	33	KB: W	17
33	CB: W	16	34	W	2
33sl	W	1	35	AB	
34	W	2	36	GG	1
35	AB		37	GG: W	
36	GG	1	38	W	8
37	W	8	39	AB	1
38	MB	1	40	GG: AB	
39	GG: AB: W		41	KB: W	
40	CB: W		42	W	8
41	W	8	43	AB	1
42	AB	1	44	GG	3
43	GG	3	45	KB: W	1

표 9.1 거의 유사한 두 키푸에 기록된 자료

출처 | 페루 중앙 해변 푸루추코(Puruchuco) 박물관

과정에 견제와 균형을 유지하기 위한 시스템이 존재했음을 보여주는 확실한 증거라고 생각한다.[35]

콜럼버스가 신대륙을 발견하기 전 안데스 시대의 키푸 기록 관리와 관련된 두 가지 특징을 간단히 살펴보았다. 안데스 사람들은 키푸를 통해서 신뢰와 감독의 이중성을 보여주는 듯하다. 나는 도입부에서 제기한 이론적 쟁점으로 돌아가, 잉카제국의 키푸 기록과 관련해서 그 쟁점의 잠재적인 적용 가능성을 살펴보려 한다. 묄러링은 신뢰와 감독은 분리될 수 있으며, 사회구조와 작용이라는 측면에서 반드시 밀접하게 연관될 필요도 없다고 보는 지배적인 관점에서 벗어나 다음과 같은 질문을 던진다. "행위자들은 자신이 긍정적이거나 부정적인 영향을 받을지도 모르는 가운데, 예컨대 그들에게 약점을 드러내면서 어떻게 다른 행위자들의 행동에 긍정적인 기대를 품을 수 있을까?"[36]

이 질문은 두 가지 측면에서 잉카 시대의 키푸 기록 관리와 관련이 있다. 첫째, 지역 키푸 관리자들의 정보(인구, 납세 현황, 기타) 수집 대상인 일반 시민은 그런 정보들이 올바르게 수집되고 기록되는지, 그들의 지역사회나 아이유(씨족공동체)와 관련된 올바른 정보들이 행정부의 고위층에게 전달되는지 어떻게 확신할 수 있었을까? 다른 한편으로 지방의 기록 관리자들은 그들이 수집한 정보를 어떻게 확신할 수 있었을까? 인구조사를 할 때 사람들이 가족을 숨기지는 않았을까? 이런 기록과 관련해서 고위 권력자들은 지방의 기록 관리자들에게서 정확한 정보가 전달되었는지 어떻게 확신할 수 있었을까? 하급 기록 관리자들이 지역사회에 사는 사람들 숫자를 적게 보고하지는 않았을까? 이런 질문들은 잉카제국이 기록을 관리하는 과정에서 직면했음 직한 신뢰와 감독의 문제를 짐작케 한다.

뮐러링은 이론적인 관점에서 신뢰와 감독의 문제를 설명하면서 행위자들이 상대방의 의도를, 혹은 종전의 보호 장치나 감독의 효율성을 확신할 필요가 생기거나 확신하고자 할 때 교류 행동과 관례에서 나타나는 몇몇 구조적 특징을 이론화했다. 여기에서 한 가지 중요한 개념은 '내재된 작용 요인', 즉 작인 개념이다. 작인 개념은 두 사람이나 그 이상의 당사자들이 관련된 교류에서 신뢰를 요구하는 사회 환경에 의해 제기된 근본적인 문제를 설명하고자 하는 개념이다. 그런 상황에서 행위자는 상대방이나 상대방의 명백한 의도에 영향을 미치는 구조적 영향 혹은 통제를 근거로 상대방에 대한 자신의 기대를 결정할 수 있을까? 뮐러링은 이 문제에 직면해서 다양한 작용과 구조화 이론가들과 마찬가지로 내재된 작용 요인 개념을 수용하며,[37] 그 개념에 근거해서 행위자를 사회구조 안에 존재하고 사회구조에 의해 강제되기도 하지만, 조건적이고 의도적인 행동을 통해 사회구조를 새롭게 구축하고 유지해나가는 존재로 이해한다.[38]

뮐러링은 작인 개념에 '유예' 개념을 더하는데, 그는 유예 개념을 '믿음의 비약'에 비유한다. 유예 개념은 행위자가 타인에 대한 자신의 긍정적인 기대가 실망으로 이어질지도 모른다고 인지하는 경우에 나타난다. 유예는 그런 경우 발생하는 의심을 완전히 없애주는 건 아니며, 단지 의심을 잠시 접어둠으로써 당분간 그 상황이 사람을 사귀기에 알맞도록 만들어준다(다른 사람을 신뢰할 때 나타나는 믿음의 비약을 보다 포괄적으로 살펴보려면 이 책의 8장을 참조하자).[39]

요컨대 행위자는 "신뢰와 감독의 이중성을 참조하고, 여전히 남아 있는 불확실성을 유예함으로써 다른 행위자에게 긍정적인 기대를 하기에 이른다. 그 행위자가 우호적인 방식으로 다른 사람의 내재된 작인과 그 작인이 내포하는 불확실성을 이해하지 못한다면 다른 행위자에 대한 긍정적인 기대는 불가능하다".[40]

스페인 연대기에서 나타나듯이, 우리가 콜럼버스 시대 이전에도 잉카제국 행정제도가 제대로 작동했다고 주장하기 위해서는 믿음의 대대적인 비약을 포함해 이 모든 가정과 추측이 당시에도 틀림없이 영향을 끼쳤을 거라는 전제가 필요하다. 이 점에서 볼 때 잉카제국의 '역사'나 안데스문명의 '역사'를 종합적으로 다룬 의미 있는 작업이라고 할 수 있는 스페인 연대기는 모두 잉카제국의 수도 쿠스코의 정보 제공자들이 증언한 것을 토대로 작성되었다는 점에 주목할 필요가 있다. 같은 이유에서 그들의 증언은 잉카제국이 시행한 지방 정책의 효율성과 국민이 잉카제국의 통치를 바라보던 태도를 감안한 관점에서 의심을 가지고 고찰해야 한다. 안데스 전역에서 잉카제국의 통치에 반대해 국민이 일으킨 지방의 저항과 논쟁, 노골적인 폭동 등을 암시하는 상당수 (스페인 연대기와 상반되는) 정보가 지방 문서에서 발견된다.[41] 따라서 우리는 잉카제국 국민과 마을이나 지방 행정 관료들이 상호 협조하는 부분도 있었을 테지만, 그들의 관계가 결코 단순하지 않았다는 결론을 내릴 수 있다. 의심할 여지없이 어떤 환경에서는 내재된 작인과 유예라는 전제가 충분히 효과를 발휘했을 테고, 그 경우 신뢰와 감독의 이중성이 완전하게 작용하고 있었을 것이다. 하지만 다른 환경과 상황에서는 두 집단이 서로 신뢰하지 않았을뿐더러, 상대의 의도나 감독 메커니즘의 효율성과 관련해서 상대에 대한 믿음의 비약이 모범적인 것과는 거리가 멀었을 게 확실하다. 국가는 지방 주민과 관계에서 강제적인 통제력으로 주도권을 행사해야 했을 것이다.

앞선 결론을 통해 우리는 스페인 연대기에서 이런 문제를 다룬 기록이 "잉카제국의 일반 시민이 국가적인 계획이나 정책에 순응했고, 키푸가 신뢰할 만하며, 키푸 관리자들이 정직했다"는 식으로 긍정적인 평가를 내리는 이유를 설명해야 하는 문제와 직면한다. 민족 역사학적 증거를 보다 자세하게 살펴볼 때 이런 문제와 관련된 모순점이 명백하게 드러나는데, 나는 이 같은 모순이 식민지 시대의 환경 자체에서 발생한 대립적인 관계와 상반된 세력, 상반된 관점의 실질적인 산물이라고 생각한다. 뒤이어 나오는 부분에서는 이런 해석을 뒷받침해줄 증거를 탐구할 예정이다.

키푸 기록과 관련된 식민지 시대의 갈등

이 시점에서 주목해야 할 점은 스페인 정복자들 가운데 키푸 관련 정보를 활용할 수 있을 만큼 키푸를 정확하고 자세히 해독할 줄 아는 사람이 아무도 없었다는 사실이다.[42] 실제로 스페인과 인디오 혼혈인 예수회 수사 블라스 발레라Blas Valera는 원주민이 스페인 문자를 배웠는데도 스페인 정복자들은 키푸 해독하는 법을 배우지 못했다는 이유로 그들을 비판했다. "원주민이 우리 문자를 배운 것과 비교할 때 우리가 원주민이 기록하는 법을 배우는 속도는 매우 더디다. 우리는 원주민이 기록한 것을 70년이 넘도록 다뤄오면서 그들의 매듭과 기록에 적용된 원리나 규칙을 전혀 배우지 못한 반면, 그들은 우리의 문자와 숫자까지 금방 배웠다. 이는 그들에게 매우 뛰어난 능력이 있다는 증거다."[43]

스페인 정복자들이 키푸를 해독하지 못하다 보니 키푸로 작성된 기록은 원주민의 해석에 의지하는 것밖에 별다른 도리가 없었다. 이런 측면에서 볼 때 당시 상황은 '신뢰하되 검증하라'는 이중성 가운데 절반의 기능이 마비된 상태였다. 경우에 따라서는 키푸에 기록된 정보가 스페인 정복 이전에 수집된 것도 있었다. 하지만 원주민 기록 관리자들이 인구나 세금, 기타 잠재적으로 매우 민감한 정보를 키푸에 계속 기록했기 때문에 원주민 키푸 관리자들과 식민지 기록 관리자들 사이에서 충돌이 발생하는 경우가 점점 잦아졌다. 1570~1580년대에 기록된 문서는 그런 충돌이 재판을 거쳐 조정되었음을 보여준다. 이런 논쟁은 고해성사는 물론이고 인구조사와 세금 정산 과정에서도 일어났다. 우리는 이 문제들과 관련해 오른쪽 인용문에서 스페인 정복자들이 초기에는 키푸 해독을 근거로 한 원주민의 증언을 수용했지만, 그런 증언이 제시되는 모든 상황에서 갈수록 해당 증언의 정직성이 의심받았음을 알 수 있다. 몇 가지 사례만으로도 식민지 삶에서 발생하는 관련 분야의 문제를 보여주기에 충분할 것이다.

나는 적어도 정복 초기에는 스페인 행정 관료들이 실 매듭 기록에 근거해서 키푸 관리자들이 해독한 내용을 수용했고, 그 방식으로 해독한 내용을 법정 증언으로 기록하기도 했다는 사실에 주목했다.[44] 하지만 스페인 문자로 적힌 증거 내용이 키푸를 근거로 한 증언 내용과 점점 대립하면서 스페인 정복자들은 원주민이 만든 기록을 의심하기에 이르렀다. 솔로르사노 이 페레이라^{Solórzano y Pereyra}는 이 문제들과 관련해서 자신의 관점을 보여준다. 그는 1629~1639년 다음과 같은 진술을 통해 키푸를 근거로 한 증언에 의혹을 제기했을 뿐만 아니라, 키푸 관리자의 (그리고 실제로는 모든 원주민의) 성실성과 정직성에 대한 신뢰를 떨어뜨리려고 했다.

> 나 같으면 키푸에 그처럼 막대한 믿음을 주거나 권위를 인정하는 모험 따위는 하지 않을 것이다. 왜냐하면 키푸를 만들고 해석하는 방식이 불확실하고, 기만적이며, 복잡하다는 소문을 들었기 때문이다. 더구나 키푸 관리자들이 해당 직무를 위해 일반 대중의 인가를 얻어 엄격하게 선별되었다는 사실을 나는 도무지 믿을 수 없다. …모든 것을 고려해봤을 때 그들은 결국 신앙심이 갈팡질팡하는 인디오고, 키푸에 대한 설명 역시 갈팡질팡할 것이다.[45]

이 글에 나타난 견해는 스페인 정복자들이 키푸 관리자들과 그들의 기록에 신뢰를 표시한 초기 진술과 완전히 어긋난다. 이 스페인 관료는 원주민 기록 관리자들과 신뢰와 감독을 바탕으로 한 생산적인 관계를 유지하는 데 필요한 전제를 인정하거나 그 과정에 반드시 필요한 믿음의 비약을 포함한 태도를 취하는 데 반감을 품은 게 분명해 보인다.

유사한 견해가 17세기 초반 마르틴 데 무루아의 글에서도 나타난다. 이 글에서 그는 원주민이 기록을 작성할 때, 특히 지역 주민이 스페인 정복자들에게 빚을 청구하는 과정에서 습관적으로 속임수를 쓰도록 일부 스페인 정복자들이 조장한다고 지적했다.

스페인의 도시 행정 장관(총독)이나 사제들, 다른 사람들이 음식이나 그 외의 것들을 요구하고 돈을 치르지 않는 경우에 원주민은 그 내용을 키푸에 기록하고, 나중에 그 관료의 집으로 찾아가거나 그 관료가 공식 방문(시찰)할 때 돈을 청구하는데, 그들은 결제 받는 금액이 모자라지 않게 해당 관료가 실제로 빚진 것보다 많이 청구한다. 이는 원주민이 과거보다 훨씬 영악해지고, 한편으로는 금액 절충을 통해 돈을 덜 받는 경우가 생기면서 외상값을 청구할 때 설령 외상값 중 일부 금액이 깎이더라도 원래 받아야 할 돈을 다 받을 수 있도록 일반적으로 받을 돈을 부풀려서 기록하기 때문이다.[46]

시간이 흐르면서 안데스 사람들이 키푸를 활용하는 상황을 비꼬는 냉소적인 표현이 더 많이 등장한다. 그 사례 중 하나가 고해성사다. 앞에서 스페인 사제들이 초기에 키푸를 사용해서 죄를 기록하고, 고해할 때 이를 낭독하도록 권장했다는 사실을 확인했다. 하지만 이 시기에 이르러서는 원주민이 종교 활동과 관련된 분야에서 키푸를 사용하면 곧장 의심 받았는데, 인디오가 '고해용 키푸'를 만들어서 여러 사람이 돌려쓴다는 사실을 사제들이 눈치 챘기 때문이다. 1631년 페레즈 보카네그로 사제가 언급한 바에 따르면 "그들은 키푸를 서로 빌려준다. 다른 시간대에 고해하러 가는 사람에게 그가 남자아이든 여자아이든, 늙은 남자든 늙은 여자든 상관없이 자신의 고해용 키푸를 빌려주면서 각각의 색깔이나 매듭에 정확히 어떤 죄를 말해야 하는지 조언하고, 어느 고해신부가 키푸를 읽을 줄 모르니 그에게 가라고도 조언한다".[47]

위에 소개된 속임수로 인해 고해자들이 진실을 말하는지 확인하기 위해 사제들이 질문하는 기술이 발전했다. 어느 사제는 다른 사제에게 인디오가 매번 어떤 죄를 어림잡아 열 번 정도 저질렀다고 반복해서 고백하면(이를테면 나는 술을 열 번 마셨다거나 미사에 열 번 빠졌다고 말하는 경우) 일주일에 몇 번이나 그 죄를 저질렀는지, 그다음 주에는 몇 번을 범했는지 등을 질문함으로써 그들이 실수하도록 유도해야 한다고 말했다.[48] 사제는 고해자의 답변 내용을 토대로 술을 몇 번이나 마셨는지 합계를 내고, 그 합계가 열 번이 아닌 경우 고해자에게 이의를 제기했다. 질문 기법은 점점 더 치밀해져서 사제들이 고해자의 몸짓과 행동을 유심히 관찰하는 훈련을 하기에 이르렀다.

> 사제가 보기에 인디오 남자나 여자가 갑자기 침묵하거나 어떤 죄를 숨기는 것 같으면 위협적인 말보다는 다정한 말로 그 사람을 치켜세우고, 자신의 죄를 모두 고백하도록 도와줘야 한다. 특히 고해자가 침을 자주 삼키거나, 차분하게 무릎을 꿇고 있지 못하거나, 기침을 하거나, 시선이 여기저기로 불안정하게 움직이거나, 신께서 그들이 신성모독 행위를 범할 때 저절로 나타나도록 만드신 다른 표시들을 고려했을 때 쉽게 간파될 수 있는 죄를 (어떤 이유 때문에) 숨기고자 하는 경우에는 더더욱 그렇다.[49]

원주민 고해자의 거짓말과 속임수를 간파하기 위한 일종의 교범처럼 읽히는 이 글은 선의나 악의가 있는 행위자들과 속임수 게임을 벌이면서 표정이나 몸짓, 기타 유사한 행동에서 기만적인 의도를 간파할 의무가 있는 공무원들이 오랜 세월 참고하고 있다. 하지만 우리는 거짓말쟁이를 밝혀내는 현대 기술의 지혜를 활용해서 피험자나 용의자를 관찰할 의무가 있는데, 그를 통해 관찰 과정에 영향을 미칠 수 있는 부적절한 전제에 대해 알 수 있다. 예를 들어 마크 프랭크는 '특이성의 오류'라고 알려진 의도적인 오해에 대해서 다음과 같이 이야기한다.

> 이런 오류는 개인마다 다른 전형적인 행동 양식을 살피지 못함으로써 야기된다. 예를 들어 연구에 따르면 대다수 사람들은 거짓말쟁이가 이야기를 나눌 때 눈을 맞추지 않는다고 믿는다. 하지만 어떤 사람들은 수줍은 성격이나 부족한 자부심 때문에 일상적인 대화를 나눌 때 상대방과 눈을 맞추려고 하지 않는다. ···문화도 똑같다. 어떤 문화권에서는 권력자의 눈을 똑바로 쳐다보지 않는 행동이 존경의 표시로 간주된다.

따라서 페루가 식민 통치에 들어간 초기에 원주민과 스페인 정복자들이 대립하면서 발생한 진실과 속임수 관련된 쟁점은 스페인 사제들과 관료들이 기록한 일방적인 문헌에서 묘사되는 방식보다 복잡하고 문화적으로 미묘한 부분이 있다. 결정적인 부분은 두 집단의 관계와 정직함이나 속임수에 대한 전제가 앞에서 언급한 여러 가지 증언으로 환기되는 시점에 이르러서는 두 집단 중 어느 쪽에도 상대방에게 선의를 기대하면서 믿음의 비약을 행하고자 하는 구성원이 거의 없었을 거라는 점이다.

앞에 언급한 상황은 스페인이 잉카제국을 정복하고 20~30년이 지나서 발생했으며, 스페인 정복자와 원주민의 관계를 완전히 무너뜨렸고, 식민지 시대 안데스에서 신뢰의 정서와 감독이 병행되던 사회구조 역시 무너뜨렸다. 의심할 여지없이 신뢰의 완벽한 부재로 특징지어진 안데스 주민과 스페인 정복자의 관계를 초래한 것은 하나의 행동이나 사건이 아니다. 두 집단의 구성원들은 세금 기록 날조부터[50] 스페인 엥코멘데로 encomenderos, 즉 지방관과 사제들의 원주민 학대에 이르기까지[51] 수많은 적대 행위를 저질렀다. 처음에는 이쪽 집단에, 나중에는 저쪽 집단에 피해 의식을 증대하는 배신이나 속임수를 둘러싼 불만이 시간이 갈수록 늘어났다. 이런 상황은 일종의 전쟁으로 발전했고, 그 전쟁에서 두 집단은 갈수록 대립적인 관계에서 상대보다 유리한 입장을 선점하려고 애썼을 것이다. 모든 오해는 의도적인 속임수로 간주되었고, 적극적인 속임수가 점점 더 보편화되었다. 귀도 묄러링이 이 책에서 언급한 것처럼 "속임수가 발각되지 않는 경우 한 번의 속임수는 그와 유사한 또 다른 속임수를 유발하고, 사기꾼이 처음의 속임수를 감추거나 그 상황을 악용하려는 자체적으로 강화된 유인 때문에 속임수가 더욱 확대될 수도 있다".

기록의 진실성과 스페인 관료들

앞에서 살펴본 신뢰와 감독 관계의 이중적인 행위를 둘러싼 기록은 초기에 스페인 관료들과 원주민의 관계를 특징짓던 (우리가 그렇게 믿도록 유도했을지도 모르지만) 신뢰를 깨뜨린 책임이 전적으로 안데스 원주민에게 있다고 암시하지만, 비난의 화살은 스페인 정복자들 자신에게도 향했다. 이런 비난조의 목소리는 식민지에서 공식 기록 관리를 통제하던 식민지 관료들이 구축한 거의 뚫을 수 없는 검열의 장벽을 통과해야 했기 때문에 오늘날까지 전해지는 기록이 극히 드물다. 안데스 원주민이 비난조의 목소리를 내는 경우는 특히 드물었고, 오히려 스페인 정복자들이 그런 목소리를 내는 경우가 좀더 보편적이었다.

여기에서 잠깐, 안데스 원주민 역사가 펠리페 구아만 포마 데 아얄라가 기록한 문자와 그림으로 표현된 주목할 만한 증거물을 살펴보자.[52] 포마는 스페인 국왕 펠리페 2세에게 1000페이지에 달하는 서한을 보내서 스페인 정복자들과 사제들, 식민지에 새롭게 등장한 메스티소(mestizo : 스페인과 인디오 혼혈) 계급 때문에 안데스 원주민의 삶과 문명이 파괴되는 상황과 관련해 항의를 표시했다. 또 스페인 정복자들이 안데스 원주민과 교류하면서 저지르는 사악하고 부정직한 행위를 자세하게 설명하고, 스페인 정복자들의 이중성이 안데스 원주민 사회에 미치는 부정적인 영향을 역설했다. 포마가 흉포한 짐승들에게 둘러싸인 안데스 원주민 한 명을 묘사한 그림(그림 9.6 참조)에서 짐승들은 식민지 정부에 있는 탐욕스럽고 부정직한 관료들을 의미한다.[53] 이 그림에 딸린 글귀는 식민지 관료들이 안데스의 피지배자들을 상대하면서 저지른 부정하고, 탐욕스럽고, 기만적인 수많은 행동을 열거한 것이다.

스페인 관료들이 안데스 식민지에 부임해 공무를 수행하던 관료의 입장에서 솔직하지도, 정직하지도 않았다고 암시하는 예를 살펴보기 위해 우리는 캐서린 번즈가 최근 발표한 식민지 공증인에 대한 매력적인 연구를 참조할 수 있다.[54] 번즈는 당시의 공증인에게 주목하는데, 그들에게는 자신이 보고 판단하고 평가하도록 원주민이

그림 9.6 안데스 원주민을 위협하는 식민지 관료들과 교회 사제들

출처 | 펠리페 구아만 포마 데 아얄라, *El Primer Nueva Corónica y Buen Gobierno*[1615], 존 무라와 롤레나 아도르노의 교정판, 조지 유리오스테의 번역과 원문 분석, 제3권. (멕시코시티 : 시글로 베인티우노, 1980), p. 655, 694.

식민지 당국으로 가져오는 수많은 교류의 결과물을 기록할 책임이 있었기 때문이다. 공증인이 작성한 기록은 지루하고 일상적이고 상투적인 경향이 있지만, 식민지 시대에서 가장 많이 전해 내려오는 문서다. 번즈는 다음과 같이 말한다.

> (공증을 위한) 목적으로 작성된 특정한 지침서들이 유럽과 아메리카 식민지 대륙 사람들의 지극히 다양한 행동과 언어를 공인된 문구로 정리하는 일과 관련해 공증인에게 지침을 제공하는 데 사용되었다. 따라서 공증인은 각각의 사건을 규정된 방식에 따라 공식적인 문구로 조합해서 문서화한, 충분한 증거를 통해 검증된 진실을 만들어내는 진실의 연금술사였다.[55]

번즈는 쿠스코에서 공증인이 작성한 문서를 세밀히 연구하는 과정에서 공증인이 문서로 기록한 '진실'이 대개는 최고 명령자에게 판매할 수 있는 내용으로 개작된 일종의 상품이었다는 사실을 발견한다. 식민지 시대를 연구한 그 논문에서 공증인은 정직한 진실의 수호자라기보다 '돈을 받고 팔 수 있는 최선의 진실을 만들어내고자 하는' 부패와 탐욕의 전형적인 인물로 간주된다.[56] 스페인 국왕 역시 페루를 정복한 초기부터 오늘날 번즈가 아메리카 대륙에서 자행된 '공증인의 부적격한 행동'이라고 부르는 부분을 인식하고 있었다. 펠리페 2세는 1564년부터 공증인이 진실을 조작하는 데 따른 손실에 관심을 두었다. 그는 부적격한 사람이 종종 공증인으로 불린다는 보고에 주목했다.

(이것은) 공증인의 과오를 조사한 문서인데 (문제가 된 사람들은) 훈련받을 필요가 있으며, 주어진 업무를 수행할 수 있을 정도로 유능하고, 시험을 통해 검증될 필요가 있습니다. 그들이 믿을 만하고 공정한 방식으로 지금처럼 부주의하지 않게 기록하는 건 매우 중요한 일이기 때문입니다. 때로는 탄원서와 문서들이 유실되고 그와 함께 정확한 기록도 사라지기 때문에 기록을 공정하게 관리하지 못하는 행위는 진실이란 측면에서 혼란과 모순을 야기합니다.[57]

이런 현상이 지속되는 경우 이후의 필연적인 결과는 신뢰의 총체적인 소실이다. 즉 안데스 원주민 입장에서는 식민 정부의 관료에게, 반대로 행정 관료 입장에서는 식민지의 원주민에게 신뢰를 잃는 것이다.

번즈는 우리가 키푸 기록 관리자들과 일반 시민의 관계를 논의하며 앞서 언급한 쟁점으로 돌아가, 원주민 공증인(키푸 관리자)이 실제로 어느 정도까지 그들이 속한 지역사회의 기대에 부응하는 귀감이 되었는지 의혹을 제기한다. 그녀는 (지금까지 살펴본 것처럼) 이 문제의 확실한 결론을 도출할 만한 콜럼버스 이전 시대의 어떤 기록도 존재하지 않는다는 사실을 인정한다. 그러면서 원주민 기록 관리자들이 식민지 환경에서 거래하기 시작했기 때문에 그와 같은 기록이 존재하지 않는다는 사실 자체가 원주민 기록 관리자들의 관심이 그들의 기록 대상이던 사람들에게서 벗어났고, 자신의 이해와 관련된 일을 지역사회에서 그들이 본질적으로 수행해야 하는 의무보다 우선시했음을 시사하는 증거라고 이야기한다.[58]

결론

나는 키푸의 진실과 거짓 문제를 스페인이 잉카제국을 정복하기 이전 시대의 기록 관리 관행에 존재하던 (기록되지 않은) 원칙과, 스페인이 안데스 지역을 정복하고 식민지로 삼은 수십 년 뒤 스페인 문헌에 등장하는 묘사와 기록을 명백히 구별할 필요가 있다고 강조하면서 키푸에 담긴 진실과 거짓에 대한 이야기를 마무리 지으려 한다. 내가 이야기하고자 한 부분은 첫째, 기록과 관련해서 잘 다듬어진 견제와 균형의 원칙으로 보건대 (그리고 서로 일치하거나 유사한 키푸들을 고려할 때) 이런 관행은 스페인 문헌과 키푸에서 모두 명백하게 나타나는데, 잉카제국이 모든 기록은 반드시 확인과 검증을 거쳐야 한다는 행정상의 높은 이해도를 보여주었다는 점이다. 둘째, 키푸 관리자들의 본질적인 정직성과 키푸의 신뢰성에 대한 주장은 당시 안데스 원주민이 (혹은 호의적인 스페인 정복자들이) 잉카제국 역사를 공식적으로 조사하는 과정에서 스페인 정복 이전의 과거에 대한 향수를 자극하는 표현으로 처음 등장했다는 점이다.

이런 표현들은 식민지 사회에서 원주민과 스페인 정복자가 점점 경쟁적이고 대립적인 관계로 발전하면서 더욱 강화되고 단호해졌다. 이후에는 스페인 정복자들이 원주민의 능력과 행동을 식민 정부에게 득이 되도록(이를테면 세금을 올리거나, 채굴량을 늘리거나, 원주민을 제외하는 등) 통제하고, 원주민을 강제로 탄압하는 과정에서 빈번하게 등장했다. 스페인 정복자들이 원주민을 탄압하기 시작하면서 원주민은 자신의 이득을 주장하기에 급급해졌고, 그 결과 (식민지 관료들이 감시하고 지배하는 사회구조에서 달아나거나 탈출하는 것과 더불어) 스페인 기록 관리 방식을 강요받기 이전에 지방의 키푸 관리자가 작성한 기록에 대해 더욱 진실성과 본질적인 정직함을 옹호하기에 이르렀다. 이와 같은 현상은 갈수록 의지뿐만 아니라 양적으로나 표현적으로도 기록에 사용되는 언어의 전쟁이 되어갔다.[59]

긴장과 갈등이 고조됨에 따라 스페인 관료들이 생각해낸 가장 바람직한 해결책은 키푸 기록을 파괴하는 것이었다. 이것은 1583년 제3차 리마 공의회(Third Council of Lima, 37장)에서 실제로 결의된 내용 중 하나다. "글을 모르는 인디오 사이에서 다양한 끈으로 만들어진 특정 표시들이 책 대용품으로 이용된다. 인디오는 이 표시를 키푸라고 부르는데, 키푸에서 그들이 비밀스런 종교의식과 참배, 사악한 율법을 유지하는 고대 미신과 관련된 가르침이 나오기 때문에 주교들은 이 모든 유해한 도구를 완전히 파괴해야 한다."[60]

결국 키푸를 파괴하라고 명령함으로써 원주민이 기록하지 못하도록 만들려는 시도가 해결책으로 제시되었다. 하지만 여기에서 극단적인 아이러니가 발생하는데, 키푸는 경쟁 관계에 있던 집단―키푸 기록을 해독해서 그 내용을 (스페인) 문서로 복사한 스페인 정복자 집단―이 일방적으로 만들어낸 문자화된 기록 덕분에 세상에 알려질 수 있었기 때문이다.

오늘날 키푸 연구를 둘러싼 가장 큰 불확실성 가운데 하나는 스페인 정복 이전 시대에 키푸를 관리하는 잉카제국 관료들과 지역민이 과연 키푸에 기록된 정보를 이해하고, 동등하게 관여했으며, 신뢰를 공유했는가 하는 점이다. 그러지 않았다면 이 장의 후반부에서 살펴본 식민지 시대 안데스에서 발생한 정복자와 원주민의 대립은 오랜 세월 키푸로 기록을 유지해온 잉카제국의 역사에서 볼 때 유럽인이 키푸 기록 관리의 신뢰성과 책임성을 동시에 확보하기 위해 반드시 필요한 사회구조와 사회관계를 구축하는 데 실패한 일은 또 다른 사례에 불과할 것이다. 뮐러링은 신뢰와 감독의 이중성이라고 표현한 데서 가장 중요한 요소는 그런 이중성이 어떻게 행해지는가 하는 문제라고 강조하는데, 결론적으로 나는 그의 주장에 동의한다.[61] 한때는 사용이 권장되었다가 나중에는 말소될 위험에 처하기도 했지만 오늘날까지 남아 있는 유일한 기록이 매듭으로 표시된 암호 뭉치 몇 개뿐이라는 점을 감안할 때, 당시 사람들의 의도와 감정에 대해, 정직하고 정확한 기록을 이상적으로 보장해줄 수 있는 구조적인 감독에 대해 확실한 결론에 도달하는 건 사실상 불가능한 일일 것이다.

_ 게리 앨런 파인^{Gary Alan Fine}

노스웨스턴대학 사회학부의 존 에반스^{John Evans} 교수다. 그는 루머와 험담, 도시 괴담 등에 대한 수많은 저서와 논문을 발표했다. 저서(공동 저서 포함)로 *Rumor and Gossip: The Social Psychology of Hearsay*(루머와 험담 : 풍문의 사회심리학), *Manufacturing Tales: Sex and Money in Contemporary Legends*(만들어낸 이야기들 : 도시 괴담에 등장하는 섹스와 돈), *Whispers on the Color Line: Rumor and Race in America*(흑인 차별에 대한 은밀한 속삭임 : 미국의 루머와 종족), *Rumor Mills: The Social Impact of Rumor and Legend*(루머 공장 : 루머와 전설의 사회적 영향력) 등이 있다. 현재 윌리엄 엘리스와 함께 테러리즘, 이민, 국제 상거래와 관련된 루머를 분석한 *Whispers on the Border Line: Rumor and Global Politics*(국경에 대한 속삭임 : 루머와 국제정치학)를 마무리하는 중이다.

루머는 거짓일까?

게리 앨런 파인

1991년 4월 아프리카계 미국인이 모여 사는 뉴욕의 한 지역에 전단지가 등장했다. 그 전단지는 최근에 발매되어 급속히 인기를 끌고, 가격도 저렴한 청량음료 '트로피컬판타지'에 남자의 불임을 유발하는 화학 성분이 함유되었다는 내용이었다. 아울러 전단지에는 해당 청량음료를 만드는 회사가 큐클럭스클랜[KKK] 소유로, 그 회사는 흑인을 거세해서 일종의 집단 학살을 도모하고 있다는 의혹이 제기되었다. 이 이야기는 트로피컬판타지를 판매하는 주요 매장이 뉴욕에서 노동자계급인 아프리카계 미국인이 사는 지역의 편의점에 집중되었기 때문에 그럴듯하게 여겨졌다. 대다수 백인과 중산층 흑인은 그 음료를 잘 알지도 못했다. 일부 뉴욕 시민은 해당 음료에 제기된 부작용이 ABC의 뉴스 매거진 '20/20'에 의해 폭로

된 것이라고 주장했다.[1] 주된 소비자층이 있는 도시 빈민가 시장에서 트로피컬판타지의 판매량은 폭락했으며, 일부 유통업자가 야구 방망이를 든 사람들에게서 위협을 받거나 배달 트럭 운전자에게 병이 날아들기도 했다는 보도가 이어졌다.

이 이야기는 거짓이었다. 한때 탄산수를 전문적으로 생산한 가족 기업 브루클린보틀링Brooklyn Bottling은 FDA에 해당 음료의 성분 실험을 의뢰함으로써 루머를 잠재우고자 했고, 아프리카계 미국인인 당시 뉴욕 시장 데이비드 딘킨스가 해당 음료를 마시는 모습이 TV에 방송되기도 했다. 트로피컬판타지를 생산하는 사람들을 포함해 어떤 사람들은 그 루머가 대규모 음료 회사나 브루클린보틀링에 원한을 품은 예전 직원들에 의해 유포되었다고 믿었고, 어떤 사람들은 경쟁을 벌이던 트럭 기사들이 루머를 퍼뜨렸다고 의심했다. 어떻게 일어났든 그 주장은 새빨간 거짓말이었다.

사회학자에게 거짓말은 난해한 개념이다. 사람들은 상대가 신뢰하려는 성향이 있다는 점을 이용해서 의도적으로 혹은 악의적으로 허위 정보를 제공하고, 추측컨대 사리사욕을 채우기 위해 사회적으로 합의된 도덕적 가치를 의식적으로 거부한다. 우리는 도덕적인 오점을 남기지 않도록 자신을 보호하고자 '선의의 거짓말'이란 범주를 정해두고 대의라는 명목으로 정당화할 수 있는 거짓말과 그런 정당화가 불가능한 거짓말을 구별한다. 선의의 거짓말이 우리의 순수성을 지켜주는 셈이다. 2장에서 샤우어와 제크하우저가 언급한 것처럼 때때로 우리는 거짓말에서 좀더 나아가 엄밀한 의미의 속임수를 쓰지 않고 둘러대는 방식으로 눈을 돌린다. 허위 정보를 제공하지 않고도 상대가 오해하게 만듦으로써 우리의 순수성을 유지할 수 있다고 믿는 것이다. 하지만 의도적인 거짓말이 다른 사람을 위한 것이라는 주장으로도 정당화될 수 없을 때나, 그런 주장이 상대에게 받아들여질 것 같지 않더라도 우리가 기술적으로 용의주도하다고 확신할 때 우리는 사악한 영혼의 영역에 속한 자신을 발견한다. 자기 이득을 위해 다른 사람을 희생시키면서 의도적으로 거짓 정보를 유포하는 건 도덕적으로 건전한 행위가 아니지만, 현실에서는 아주 흔한 일이다.

루머와 거짓말은 경계가 모호하다. 루머는 확실하거나 검증되지 않은 정보이며, 공인된 사회 기구나 직접적인 정보에 근거한 언명을 통해 정당하게 인정되지 않은 가설로 정의된다.[2] 루머는 사실적인 진술이라는 측면에서 공인된 증거가 없지만, 그렇다고 단순히 거짓말처럼 보이는 것도 아니다. 루머는 한 사람이나 집단에 의해 유포되고, 다른 사람이나 집단에 의해 수용되는 말이나 글이며, 화자와 청자가 만나는 교차점을 의미한다. 일반적으로 루머의 출처나 세부 내용은 잊히거나 기억하는 과정에서 왜곡되는데, 이는 루머의 부정확성과 자유로운 변경에 면죄부를 제공한다. 루머는 정확성을 확인할 수 없기 때문에 지역주의를 연구하는 사회학 영역에 포함된다. 우리가 루머를 믿는 건 그런 루머가 퍼져 있는 환경이 작용한 결과다. 즉 누가, 무엇을, 어디서, 어떻게, 왜 유포했는가 하는 문제를 살펴봐야 한다. 톰 루츠가 11장에서 묘사한 것처럼 우리는 때때로 다른 사람에게 우리가 제안하는 이야기의 유효성을 인정해달라고 간청한다.

루머가 거짓말이 되기 위해서는 내용이 확실하지 않을 뿐만 아니라 화자가 진실에 보다 가까운 또 다른 정보가 있다고 믿으며, 그 정보가 루머의 내용과 상반되어야 한다. 청자의 입장에서 대조할 정보가 있다는 건 화자의 단언과 유인에 주어지는 신뢰를 떨어뜨린다. 화자는 루머의 내용이 잘못되었다는 사실을 알면서도 기꺼이 그 내용을 청자에게 주장하려는 의도가 있어야 한다. 개인이 보유한 정보는 속임수의 정치학의 일부다.

이 시점에서 우리는 트로피컬판타지 사례에서 악의 있는 경쟁자 문제와 영리를 노리고 루머를 유포하는 수많은 사례로 눈을 돌려야 한다. 사람들은 일반적으로 (때로는 현실적인 근거를 바탕으로 해서) 경쟁 회사의 직원들이 경쟁 관계에 있는 상품이나 서비스를 겨냥해서 의도적으로 루머를 퍼뜨린다고 믿는다. 소비자는 인정사정없는 상업적 자본주의 관점에서 맥도날드가 웬디스를 노리고, 웬디스는 버거킹을, 버거킹은 맥도날드를 음해하려고 한다는 가정이 그럴듯하다고 생각한다. 개인적인 이익이 최고 덕목으로 간주되기 때문에 시장에 속임수 문화가 팽배하다는 이야기는 많은 사람들에게 설득력 있는 듯 보인다. 그 결과 거짓말이 루머의 주된 유인으로 취급된다. 때로는 그런 유인을 배제할 수 없을뿐더러, 특정한 경우 실제로 그런 유인이 적용되기도 한다. 하지만 불확실한 주장과 확실한 정보 사이에 확실한 경계가 있다고 주장하는 건 오류를 범하는 일이다.

사람들은 대체로 루머의 모호성에서 편리함을 찾는다. 사람들이 루머를 퍼뜨리는 이유는 그 루머가 사실처럼 그럴듯해 보이지 않더라도 거짓말이 아니라서 자신의 도덕적 순결함을 유지해줄 수 있을 거라고 생각하기 때문이다. 사람들은 루머의 진실성을 '확실히' 알지 못한다는 구실로 그 루머에 자신의 믿음을 보태서 루머를 보다 정교하고 마음에 와 닿는 이야기로 만들기도 한다. 화자는 루머를 유포하기 전에 해당 루머가 얼마나 그럴듯해야 하는지, 그들에게 필요한 루머의 출처가 얼마나 신뢰할 만해야 하는지 각자의 입장이 다르다. 우리는 루머와 거짓말의 괴리를 올바르게 알기 위해 루머를 전달하고자 하는 사람들이 그 루머의 개연성과 루머를 만든 장본인의 신뢰성을 어떻게 조작하는지 반드시 고려해야 한다.

개연성과 신뢰성의 정치학

루머가 공동의 정보로 작용하기 위해서는 논리적으로 이미 일어났을지도 모르거나 조만간 일어날 수 있는 일을 보여주는 것처럼 인식되어야 한다. 사람들의 경험적 토대를 벗어나는 주장은 일반적으로 농담이나 장난, 골리기, 그 외 경험적 사실에 근거해서 판단할 수 있는 것이 아닌 어떤 영역으로 분류된다.[3] 그렇다고 루머를 '진실'이라는 전제 아래 고려할 필요가 있다는 의미는 아니다. 우리는 확신할 수 없는 이야기를 기꺼이 받아들인다. 믿음에는 확실성이 필요하지 않기 때문이다.[4] 그렇다고 해서 사람들이 거짓이라는 것을 알면서도 어떤 이야기든 무조건 수용한다는 의미는 아니며, 보편적으로 '거짓일 개연성이 매우 높은' 이야기라도 사람들이 너무 자세히 조사하려 들지 않는다는 뜻이다.

귀도 묄러링이 강조한 것처럼 진실과 거짓은 보통 알 수가 없지만, 어떤 이야기를 어느 정도까지 신뢰할지 결정하려면 어느 정도 결심이 필요하다. 속임수에 넘어가고자 하는 사람은 아무도 없지만, 모든 이야기에 회의적인 태도를 보일 정도로 의심하는 사람도 없기는 마찬가지다. 진실을 대하는 태도와 관련해서 순진함과 냉소주의, 지나친 확신과 불신, 즉 제1종 오류와 제2종 오류가 존재한다. 루머가 '확실하지 않은' '검증되지 않은' '의심스러운' 정보를 나타낸다고 이해하는 건 루머를 진실이나 거짓 중 하나로 취급하는 데 따른 본질적인 딜레마를 보여준다. 다음 질문이 그런 딜레마를 보다 적절하게 보여줄 것이다. 특정한 가설을 믿을 수 있는 것으로 혹은 불확실해서 믿을 수 없는 것으로 평가할 만큼 권위 있는 사람이 과연 있을까? 달리 생각해보면 과연 어떤 사람이나 집단, 조직, 기구가 적합성을 결정할 권리나 능력이 있어서 가설의 정확성과 유용성뿐만 아니라 그 가설이 루머로 간주되어야 하는지 판단할 수 있을까? 이런 문제에 초점을 맞추다 보면 다음과 같은 질문도 나올 수 있다. 언제 루머가 믿을 수 있는 이야기로 수용되고, 어떻게 유포되는가? 오늘날처럼 각종 정보가 넘쳐나는 세상에서 지적 공동체들은 과연 어떤 기준에 근거해서 정보를 분류할까?

이렇게 정보를 분류하는 과정이 개연성의 정치학과 신뢰성의 정치학이다. 나는 우선 말이나 글로 된 담화나 원문이 존재하는 상황에 주목하고자 하는데, 이런 상황에서 청자는 자신에게 제공된 주장과 관련해서 추가적인 전달이나 행동 가능성 등을 조건부로 수용한다. 신뢰성의 정치학은 출처에 대한 우리의 평가와 직결된다. 즉 우리는 어떤 루머를 유포할 때 그 루머가 더욱 그럴듯하게 보이도록 신뢰성을 부여할지, 특정한 사람이 해당 주장의 출처라는 사실을 정보의 내용에 집어넣을지 판단한다. 신뢰성은 교류와 관계를 규정짓는 특징이다. 주지하듯이 사람들이 이런 선택을 할 때 거짓이라는 것을 아는 경우 해당 정보를 유포하지 않는다. 하지만 사람에 따라서는 그 정보가 진실인지 거짓인지 알려고 하지 않을 수 있다. 루머가 주장하는 내용이 사실인지 거짓인지 판단하는 데 근거를 제공해줄 수 있는 방법을 의도적으로 모색하지 않는 것이다. 평판은 보편적으로 유포된 정보와 관련되기 때문에 화자는 거짓말쟁이나 사기꾼, 믿을 수 없는 출처(정보 제공자)라는 딱지가 붙지 않도록 노력한다. 불확실한 정보가 전달될 때 대화에 참여한 사람들은 전략적으로 해당 정보와 거리를 유지한다.

믿을 수 없는 화자에 따른 어려움

화자는 일반적으로 이야기와 자신이 밀접한 관계에 있음을 발견한다. 지역사회에서 신뢰할 만한 사람으로 인정받고 좀처럼 속임수를 쓰지 않을 사람으로 여겨지는 화자는 그런 특성이 자신이 하는 이야기에도 영향을 미친다는 사실을 깨닫는다. 정보와 관련된 분야에서 화자의 지역적인 평판은 그 화자에게서 나온 정보가 어떻게 평가될지 영향을 미친다. 어떤 사람들은 자신이 커뮤니케이션 네트워크에서 차지하는 지위 덕분에 정보에 접근할 수 있는 합법적인 권한이 있을 것으로 기대되고, 그 정보를 중개하는 과정에서 '정직한 중개인' 역할을 할 것으로 기대된다. 물론 이런 기대가 항상 그대로 적용되는 건 아니며, 우리의 기대일 뿐이다. 우리가 일정한 사회적 행위자에게 권위를 부여하는 행위는 그들이 사실과 밀접하게 관련되었고, 의도적인 속임수 없이 그런 사실을 기꺼이 제공할 거라는 가정과 관계가 있다. 신뢰는 트러스터와 트러스티를, 청자와 화자를 연결해서 정보 영역을 안정화하는 근본적인 요소다.

청자에게는 신뢰성에 이의를 제기하면서 그 동기를 화자에게 돌릴 기회가 있으며, 그런 기회는 말이나 글로 된 원문의 개연성을 의심하거나 재평가할 수 있는 가능성을 열어준다. 신뢰는 기본적으로 좁은 사회 시스템에서 형성되고, 그 안에서만 통용된다. 청자는 정보 제공자의 신뢰성을 평가하기 위해 정보에 대한 화자의 거리와 유인을 평가한다.

거리 ｜ 청자는 일반적으로 알 만한 위치에 있다고 생각되는 사람들에게서 나온 가설에 무게를 둔다. 그런 사람들은 자신이 전달하는 사건과 사회적으로 동떨어져 있지 않다. 정부 대변인은 대개 이런 근접성의 전제를 인정받는데, 유인과 관련된 주장을 할 때보다 사실관계와 관련된 진술을 할 때 특히 그렇다. 언론 담당 비서관에게 대통령이 왜 그런 행동을 했는지 묻는 건 타당하지만, 대통령이 실제로 그렇게 행동했는지 묻는 건 상식에서 벗어난 행동이다. 언론 담당 비서관은 해당 정보 분야에서 차지하는 자신의 위치 덕분에 정보에 근접할 수 있는 권한이 있다. 청자는 이런 행위자들이 진실을 확인해줄 수 있다고 믿으며, 흔히 그들이 제공하는 정보를 개인적인 평가 과정을 거치지 않고 '진실'로 취급한다. 반대로 내적인 상태를 의미하는 유인은 위장되기 쉽고, 속임수 전략과 연계되기도 하기 때문에 어떤 행위자의 유인을 밝히는 주장은 난해한 문제로 취급된다.

청자는 일상적으로 화자가 신뢰할 만한 정보 제공자에게서 정보를 얻었을지 판단하고, 그 정보가 입수된 과정을 살펴볼 때 해당 정보가 어느 정도까지 타당해 보이는지 평가한다. 그 결과 동일한 정보 제공자에게서 나온 정보라도 개인적인 험담이 좀더 중요한 사회적 가설보다 사실에 가까운 것으로 취급되기도 한다. 화자는 조직의 형편보다 개인적인 생활과 직접 관련이 있는 분야를 잘 알 것으로 간주된다. 따라서 지엽적인 정보가 상대적으로 무게감이 크다. 중개자를 통해서나 친구의 친구에게서 정보를 받았다는 화자의 주장은 가설에서 흔히 나타나는 특징 중 하나인데, 전달된 사실이 자신과 너무 먼 이야기라는 점을 감안해서 신뢰성을 강화하려는 시도일 뿐이다.

유인 | 유인은 믿음이라는 사과 속에 들어 있는 벌레다. 화자에게 속임수를 쓰거나, 둘러대거나, 정보를 감출 만한 이유가 있는가? 화자에게 가정되는 유인은 청중이 그 화자의 메시지를 해석하는 데 영향을 끼친다. 이는 오스틴J. L. Austin이 발화의 '언표 내적 효력illocutionary force'이라고 이야기한 것과 관련이 있다.[5] 그 사람이 그런 주장을 통해 시도하려는 바가 무엇인가? 잠재적인 유인에 근거했을 때 그것은 어떤 유형의 진술인가? 이런 문제를 인지하기 때문에 화자는 '유인과 관련된 이야기'를 들려줌으로써, 자신의 유인을 자체적으로 평가한 내용을 설명함으로써 청자에게 근거 없는 가정을 만들어준다.[6]

유인에 대한 청자의 판단은 신뢰와 속임수를 둘러싼 사회적인 평가와 직결되는 이권이나 이력과 관련이 있다. 대다수 청자는 조심해야 할 뚜렷한 이유가 없는 한 다른 사람의 주장을 수용하려는 경향이 있다. 우리는 화자를 평가하면서 그 사람이 얻거나 숨길 것이 있는지, 과거에 형편없는 정보를 제공한 이력이 있는지 자문한다. 정치 해설가나 연인,

부모는 자신을 설득하고자 하는 상대가 주장하는 내용을 신중하게 해석해야 한다는 사실을 알고 있다. 이를테면 잡다한 루머를 늘어놓는 상황처럼 경우에 따라 화자가 청자의 믿음을 얻는 데 크게 관심이 없고, 재미삼아 혹은 불확실한 주장을 확인하고자 자신이 들은 이야기를 늘어놓기도 한다. 이때 주장의 개연성을 의심하는 행위는 화자의 신용을 문제 삼지 않는 선에서 유희의 대상이 될 수 있다.

정부 기관 대변인이나 연인, 자녀는 과거 이력이나 화자로서 평판의 중요성을 잘 안다. 거짓으로 생각되는 정보를 한 번이라도 제공하면 진지하게 이야기할 때도 의심받으리라는 것을 알기 때문이다. 그들도 한때 지나칠 정도로 자주 늑대가 나타났다고 외쳐본 경험이 있는 것이다. 속임수는 평판으로 기정사실화 될 수 있다. 각각의 이야기는 뒤이어 나오는 이야기를 대하는 청자의 태도에 영향을 끼친다. 해당 루머에 대한 평가는 화자의 신뢰성과 상관관계가 있다. 험담꾼이나 루머 제조기란 평판을 얻는 사람은 자신의 추후 진술이 가치를 잃으리라는 사실을 깨달을 것이다.

신뢰성의 맥락

정보는 해당 정보의 출처와 가변적으로 연결되는데, 커뮤니케이션이 이루어지는 환경과 배경이 정보를 해석하는 데 영향을 미치기 때문이다. 청자는 화자를 평가하면서 화자가 이야기하는 내용도 평가하는 경우가 대부분이다. 어떤 경우에는 정보를 갈구하는 절박한 필요성이 화자의 특성과 인격을 덮어버리기도 한다.

존 F. 케네디 대통령이 암살된 직후 관련 정보가 유포되었을 때, 언론 매체의 확인 보도가 곧바로 뒤따랐기 때문에 해당 정보의 출처를 문제 삼은 사람은 거의 없었다. 이 경우 정보 제공자는 사회 네트워크에서 무의미한 교점에 불과하고, 어떤 사람이라도 대체할 수 있을 것이다. 일상적인 대다수 정보 전달 방식과 달리 11월의 그날 오후에는 상당한 정보가 낯선 사람들에 의해 유포되었다. 정보를 얻는 게 너무나 중요해서 모든 화자는 자신이 아는 대로 진실을 이야기하는 것 외에 다른 사실을 이야기할 유인이 없는 것으로 간주되었다.

유사한 정보 유포 패턴이 남아시아의 해일이나 허리케인 카트리나의 여파처럼 갑작스런 천재지변에 이어 나타나기도 한다. 이 경우 유포된 정보가 나중에 부정확한 것으로 밝혀질 가능성이 내포되었다. 대중적인 합의나 그런 사건과 관련해 속임수를 쓰려는 사람이 없을 거라는 전제 때문에 신중하지 못한 주장이 타당하게 받아들여지기도 한다. 하지만 그런 이유 때문에 별로 중요하지 않은 가설이 화자의 특성을 고려하지 않고 그럴듯한 유희의 대상이 되기도 한다. 달리 말해 주어진 정보에 이의를 제기할 필요가 없는 것이다. 흔히 지엽적인 맥락과 정보를 갈구하는 노력은 화자에 대한 평가를 뒷전으로 밀어낸다.

타모츠 시부타니^{Tamotsu Shibutani}는 유명한 저서 *Improvised News*(즉석 뉴스)에서 루머의 이런 특징을 강조한다. "재앙이 닥쳤을 때 사람들이 직접적인 위험에서 벗어난 다음 가장 먼저 찾는 것이 뉴스다. 때때로 그들은 정보를 갈구한 나머지 주어진 정보의 출처를 간과하기도 한다."[7] 사람들이 확인 가능성에 주의를 기울이는 정도는 상황에 따라, 루머의 긴급성과 중요성에 따라 크게 좌우된다. 시급한 판단이 필요하거나 사소한 이야기에는 좀처럼 의문이 제기되지 않는다. 재앙과 관련된 루머는 긴급성과 중요성이 있으며 행동을 취하도록 요구하는 반면, 도시 괴담 같은 이야기는 상반된 특징을 보이는 경향이 있어 행동을 취해야 한다는 부담 없이 친목을 교류하는 상황에서 이야기된다.

두 가지 루머는 모두 진지한 비판 없이 액면 그대로 수용된다. 이런 수용의 이면에는 속임수를 써서 얻을 게 없다는 전제가 존재한다. 중요하지만 즉각적인 행동을 요구하지 않는 가설은 청자에게 의심을 살 가능성이 가장 높은 루머다. 청자는 이런 루머를 접할 때 화자가 개인적인 이권을 도모할지도 모른다고 예상할 수 있으며, 그 결과 화자가 제기한 주장의 개연성에 이의를 제기할 수 있다.

이야기를 하는 물리적인 위치 또한 평가에 영향을 미친다. 행동이나 사교성을 요구하는 환경은 신뢰성을 높여준다. 신뢰성은 칵테일파티에서 작용하는 방식과 학술 모임에서 작용하는 방식이 다르다. 사람은 설명할 의무가 없는 비공식적인 상황에서 보다 광범위한 가설을 퍼뜨릴 수 있다. 사교성을 요구하는 기대는 매우 강력해서 어쩌면 칵테일파티 같은 환경에서 정보 제공자의 신뢰성에 의심을 제기하는 행동이 이야기 상대는 물론, 모임 자체를 거부하는 것처럼 보일 수도 있다. 반대로 전문적인 학술 모임에서는 보다 엄밀하고 겉보기에 검증된 주장이 공공연한 비판을 상대적으로 적게 받을 뿐만 아니라 신뢰를 얻을 수도 있는데, 이는 뚜렷한 목표를 지향하는 화자의 진지함이 당연한 요소로 간주되기 때문이다. 정치 집회에서 연설하는 경우처럼 기득권을 가진 사람들이 어떤 주장을 펼치는 경우 이 주장은 의혹으로 이어진다.

가설이 어떤 식으로 제시되는가 하는 문제는 그 가설이 수용되는 과정에 영향을 미친다. 가설을 제시하는 방식에는 자신의 이야기가 어떤 성격으로 받아들여지길 원하는지와 관련해 화자의 의도가 포함되기 때문이다. 아울러 가설을 제시하는 방식에는 수많은 측면이 존재하지만, 비공식적인 커뮤니케이션을 관찰할 때 가장 중요한 것은 해당 정보와 그 정보의 개연성에서 거리를 유지하려는 화자의 의도와 관련이 있다. 이 경우 화자는 청자에게 전적인 믿음을 요구하지 않으며, 자신이 제안한 가설의 정확성을 의심하기도 한다. 아이로니컬한 무관심 속에서 지극히 비공식적인 대화가 진행되는 셈이다.

목소리 톤이나 몸짓, 준언어적 단서 등 대화에 사용된 표시는 청자에게 화제가 어떻게 다뤄져야 하는지 암시한다. 어떤 진술에서는 사실적인 측면에서 책임이 요구되고, 어떤 진술에서는 이런 요구가 무시되며, 어떤 진술에서는 진위가 어떻게 판단될지 알 수 없는 경우도 있다. 어떤 진술을 하면서 그것이 루머라고 주장하는 화자는 자기 이야기가 진실인지에 크게 비중을 두거나 엄격하게 따지지 않는 경향이 있다. 대신 그들은 역할 거리(자신의 역할에서 자신을 분리하는 정도나 행위자와 그 행위자에게 주어진 역할 사이에 존재하는 거리 — 옮긴이)를 유지하면서 그 정보의 유효성과 관련된 논의를 부추기고, 청자가 어느 정도까지 믿을지 스스로 결정하게 한다.[8]

청자의
역할

루머를 연구하는 사람들은 청자의 역할을 이론화하는 데 상대적으로 소홀했다. 청자는 직접적인 청자와 간접적인 청자로 나눌 수 있다. 제프리 핸콕이 6장에서 설명한 것처럼 간접적인 청자의 범주에는 발화를 통한 직접적인 커뮤니케이션의 수취인이 아닌 청자가 포함된다. 직접적인 청자를 겨냥해서 이야기를 만들어내는 사람은 이야기 도중에 자신의 가설에 입증이 필요한(혹은 속임수가 포함되는) 확실성이 무시되는 수위를 결정할 수 있다. 마찬가지로 TV나 영화, 비디오, 녹음테이프, 라디오, 인터넷에서 화자는 보이지 않는 사람들을 상대로 이야기한다. 그들은 청자가 어떤 반응을 보일지 추측해야 한다. 전화로 이야기하는 사람이나 시각장애인도 다소 축소되지만 동일한 문제를 안고 있다. 청자의 반응을 많이 참고할수록 화자의 이야기는 더욱 그럴듯하게 다듬어질 수 있다.

청자도 부분적으로는 말하는 태도에서 나타나는 문맥의 기능이라는 점에서, 부분적으로는 청자의 특징과 화자와 관계에 따른 결과라는 점에서 감정 상태와 평가 태도 — 주장을 수용하고자 하는 의지 — 가 모두 다르다. 어떤 청자는 비판적인 반면, 어떤 청자는 수용적인 태도를 보이거나 잘 속는다. 비판 능력은 주제에 따라 제한되지만, 동시에 청자의 특성이기도 하다.[9] 기업체 간부는 어떤 상업적인 설명을 접할 때 화자에게 감춰진 적대적인 유인이 있는 건 아닌지 조사해야 할 유인이 있을 수 있다. 하지만 최근의 자본주의 구조를 불신하는 사람은 똑같은 이야기를 타당하다고 생각할 수 있고, 액면 그대로 받아들일 수도 있다.[10] 사회·정치적 구조를 비판과 대립적인 시각으로 보는 조직은 합의에 의존하는 사회집단보다 '꾸며낸 이야기'에 수용적인 태도를 보이는데, 꾸며낸 이야기가 비판과 대립으로 보는 세계관을 지지하는 경우에는 더욱 그렇다.

청자는 정황과 화자에 의해 만들어진 정치학에 더해서 개연성과 신뢰성의 정치학을 만들어낸다. 어떤 사람이 확실한 진실로 간주할 수 있는 동일한 정보에 대해서 어떤 사람은 단순히 그럴듯한 이야기로, 어떤 사람은 무모한 투기로, 어떤 사람은 의도적으로 조작된 이야기로 간주할 수 있다.

청자에게는 이야기가 매끄럽게 흘러가도록 해야 하는 도덕적·공동체적 책임이 있다.[11] 훌륭한 이야기꾼은 훌륭한 청자가 필요하지만, 어느 정도는 훌륭한 청자가 훌륭한 이야기꾼을 만든다고도 할 수 있다. 비공식적인 담론에서 훌륭한 청자는 권위 있는 사람이 이야기하는 동안 공손한 태도로 침묵하는 사람이 아니다. 대화는 강의가 아니기 때문이다. 반대로 대화는 협력을 통해서 이뤄지는 게 일반적이다.[12] 협력은 루머의 특성이기도 한데, 루머가 일정한 효력을 발휘하려면 청자의 확인이 필요하기 때문이다. 실제로 이야기는 대답보다 질문하는 행위라고 할 수 있으며, 그런 점에서 훌륭한 청자는 이야기에 능동적으로 동참해서 다른 참여자에게 의문을 제기한다. 이야기를 나눌 때 불확실한 상태로 있는 행동이 속임수보다 문제라고 할 수 있다.

훌륭한 청자가 되기 위해 필요한 또 다른 특징은 청자가 화자의 목표를 자기 것으로 받아들이든 아니든 화자의 의도를 지지하고, 화자가 목표를 이루도록 도와주는 것이다. 청자는 화자의 이야기를 반드시 믿을 필요는 없지만, 그 이야기를 적어도 하나의 가설로 인정해야 한다. 문명사회를 떠받치는 토대 중 하나로 매끄러운 교류가 반드시 고려되어야 하기 때문이다. 루머는 불신의 유예보다는 대화의 중요성에 대한 믿음을 바탕으로 한다. 이런 맥락에서 볼 때 머릿속으로 무슨 생각을 하는가 하는 문제는 몸짓언어와 발화를 통해 무슨 말을 하는가 하는 문제보다 덜 중요하다.

판단을 공유하는 문화

　　루머는 공동체에서 전파되고 평가된다. 정보와 해당 정보에 대한 평가는 사회적으로 규정되며, 개인적인 결론에 따른 단순한 결과물이 아니다. 루머를 연구하는 사람들이 청자의 특징과 루머를 평가하는 청자의 판단력을 적절히 검토하지만, 이런 접근법은 사회 공동체적인 비평이 어떻게 공통된 반응을 이끌어내는가 하는 점을 간과하기도 한다. 루머는 판단 기준을 공유하는 동일한 문화권에서 평가된다. 이것은 개인적인 기억과 집단적인 기억을 구별하는 작업과 유사하다. 기억은 개인에 의해 만들어지지만, 그 기억이 개인을 초월해서 사회적인 실재가 될 때 구체화되고 쓸모가 있다. 에밀 뒤르켐Émile Durkheim의 이론에 따르면 루머는 행동을 결정하는 요소이자 집단적인 표현으로 분류된다. 공동체는 교류의 수준에 영향을 미치며, 분석적으로 분리된 제도화 과정에서 작용하고, 그 안에서 믿음 체계는 단순히 믿음을 모아놓은 것 이상이다.

청자는 제안된 주장을 믿을지 말지 결정해야 한다. 이 과정에서 사람들은 개인적인 판단에 의존해서 일상적으로 합리적이라고 여겨지는 가설을 받아들이지만, 스스로 진위를 판단할 수 있는 위치에 있는 사람은 거의 없다. 에비아타 제루바벨Eviatar Zerubavel 교수가 인지사회학에 관한 논의에서 강조하는 것처럼 인지는 사회적인 현상이다.[13] 우리가 어떤 것을 믿는가 하는 문제는 상호작용이 진행되는 대형隊形에서 우리가 어떤 위치에 있는가, 즉 어떤 집단과 사회관계가 우리의 경험을 형성하는가 하는 점과 밀접한 관련이 있다. 우리는 공유된 평가 기준을 근거로 특정 진술과 사람을 판단한다. 즉 판단을 공유하는 공동체에 거주하는 것이다. 그리고 이 공동체는 우리가 신뢰하는 사람들과 자율권을 공유하면서 다른 사람이 내린 평가를 수용하도록 토대를 제공한다.

판단을 공유하는 공동체는 어떤 루머를 신뢰할 만한 것으로 용인하거나 신뢰하지 않도록 종용한다. 공동체는 루머와 신뢰의 관계를 확립하고, 이 같은 사회적 맞물림은 공동체에서 루머의 범위와 작용에 영향을 끼친다.

신뢰와 루머의 극단성

사회적인 기준에 따라 루머로 규정되는 범주는 매우 다양하다. 그렇다면 그 차이는 사회체제 안에 존재하거나 존재하지 않는 신뢰와 어떤 관계가 있을까?[14] 비록 내가 몇 가지 비판적인 측면을 설명하고 있지만, 사회가 매끄럽게 기능하기 위해서는 빈도와 유포라는 측면에서 시민사회에 적당한 루머가 필요하다. 루머가 어느 정도까지는 사회질서를 지지하는 역할을 한다. 불신을 특징으로 하는 사회와 공포나 무분별한 수용을 특징으로 하는 사회는 적극적인 대중으로 구성된 사회보다 루머가 생기기 쉬운 편이다. 이런 분석을 바탕으로 신뢰와 연계해서 루머의 유형을 구별할 수 있는 다섯 가지 측면을 설명하려 한다. 다섯 가지 측면이란 빈도와 유포, 경계, 분열, 안정성이다. 각각의 측면은 신뢰가 불확실한 커뮤니케이션을 통해 나타날 때 어떤 형태를 취하는지 보여준다.

빈도

루머에 대해 맨 처음 드는 의문은 도대체 루머가 얼마나 만연한가 하는 점이다. 이는 대답하기 참 곤란한 문제인데, 루머라고 단정할 수 있는 범주가 불명확하고 루머가 얼마나 퍼졌는지 정확하게 산정할 수 있는 방법론이 없기 때문이다. 하지만 눈에 띄는 실질적인 루머의 숫자와 루머가 유포되는 빈도처럼 보다 현실적인 질문은 해볼 수 있다. 다시 말해 사회제도는 많은 루머나 널리 퍼진 소수의 루머에 의해 (혹은 널리 퍼진 많은 루머에 의해서도) 특징지어질 수 있다. 각각의 경우 루머의 존재는 정보 제공과 관련해서 사회제도의 타당성에 대한 대중의 불확실한 믿음을 드러낸다. 중요한 정보가 아닌 경우 루머는 흥밋거리에 불과하지만, 정보가 은폐되는 경우 루머를 유포하는 행위가 사회적인 저항운동이 되기도 한다.

루머가 (특히 중대한 사회적 쟁점을 설명하는 주장이) 만연한 사회는 제도의 장애를 특징으로 한다. 이를테면 제도의 일방적인 측면만 강조되거나, 제도가 정확하거나 공정한 정보 혹은 필요한 정보를 제공하지 않는다고 간주되는 것이다. 권위적인 국가는 루머의 빈도와 사회체제의 실패가 관련이 있음을 보여주는 전형적인 사례다.[15] 그런 경우 대중은 정부가 제공하는 공식적인 정보를 거부한다. 그리고 기만적인 정보 제공자를 피하기 위해 비공식적인 커뮤니케이션 경로가 정보 흐름의 대안으로 자리 잡는다. 권위적인 정부는 대중이 대안으로 선택한 정보를 통제하려고 시도할 수도 있지만, 대중의 입을 완전히 막는 건 사실상 불가능하다. 공무원이 정부 발표와 반대되는 주장을 개인적인 모임을 통해 만나는 사람들과 공유할 수도 있다. 전통적으로 언론의 자유를 보장하는 민주주의 국가에서 유포되는 루머는 조지 오웰 식 정부가 시민의 알 권리를 억압하고자 하는 사회의 루머보다 상대적으로 활발함이나 중요성이 떨어진다. 억압적인 사회에서는 권위주의가 주도권에 반대하는 정치적 담론이나 혁명적 변화를 위한 토대로 작용하면서 루머의 유포를 정당화한다.

그런 사회가 극단적인 형태로 나타난 것이 독재주의라고 할 수 있는데, 독재주의는 시민의 일상생활을 감시하고 정치적으로 통제하는 수위에서 권위주의와 차별된다. 이탈리아의 파시스트와 비교해서 나치 독일과 대대적인 피의 숙청을 단행한 러시아의 스탈린주의자들이 독재주의의 단적인 예를 보여준다. 그 시대의 화자와 청자는 대안적인 정보 체계에 가담했다는 이유만으로 처벌받을 수 있었다. 따라서 그런 사회에서는 커뮤니케이션의 본질적인 중요성 때문에 루머가 계속 퍼지겠지만, 루머를 유포하는 데 따른 잠재적인 비용을 국가가 끊임없이 늘리다 보니 루머가 나타나는 빈도가 확줄거나 범위가 한정되게 마련이다. 억압이 어떻게 루머를 줄이는가 (혹은 루머가 발생하는 장소를 바꾸는가) 하는 문제는 체계적인 연구가 불가능하더라도 경험적으로 알 수 있다. 이 경우 루머를 통해 드러난 정보는 희귀성 때문에 보다 큰 가치가 있다. 아울러 공동체의 공식적인 가치 기준을 자기 것으로 주관화하고 당국과 일체감을 형성하던 관계는 강요된 복종으로 대체된다.[16] 억압받는 상황에서 화자는 청자가 자신이 제공받은 정보의 출처를 밝히지 않으리라는 믿음이 있어야 한다.

루머를 유포하는 데 드는 비용이 지나치게 많지 않다고 전제했을 때, 제도에 대한 신뢰가 결여된 체제에서는 정치적인 암시를 담은 루머가 더 많이 나타나게 마련이다. 하지만 이 경우에는 당국과 경쟁을 벌이는 주장과 해석 ― 대안적인 진실을 제시하는 것과 관련해서 ― 이 시민이 보여주는 신뢰의 수준에 맞게 줄어야 한다. 이처럼 체제에 대한 정치적 루머와 신뢰는 귀납적인 방식으로 작용한다.

유포

루머의 유포는 사회제도 내에서 회자되는 루머의 숫자와 별개의 문제다. 루머의 유포와 관련된 범주에서 다뤄지는 문제는 두 가지 측면이 있다. 즉 루머가 얼마나 빨리, 얼마나 멀리 전파되는가 하는 점이다. 어떤 루머는 전광석화 같은 속도로 전파되지만, 사회의 일부 구성원에게 유포될 수 있다. 반대로 어떤 루머는 느리지만 꾸준히 전파되어 광범위하게 유포되기도 한다. 루머가 유포되는 유형을 고려할 때 해당 커뮤니케이션에 어떤 과학기술이 사용되었는가 하는 점이 매우 중요하다. 최근 과학기술의 변화를 고려할 때 인터넷은 루머가 유포되는 주된 통로다.[17] 하지만 이 매체 역시 전화나 TV, 라디오, 전보, 팩스, 프린트 등의 효과를 통해 증명된 것과 유사한 효과를 보여주는 최근의 사례에 불과하다. 과학기술은 루머가 유포되는 패턴을 결정짓는다. 이를테면 과학기술은 정직하고 유익한 정보가 담긴 대화를 조장하거나 훼방할 수 있다고 여겨지는데, 어떻게 작용하느냐에 따라 커뮤니케이션과 한시적으로 결합되고 신뢰의 경로를 형성하면서 루머가 유포되는 패턴을 결정짓는다.

과학기술에는 일시적인 사회구조가 있다. 루머는 유포하는 데 드는 비용이 적기 때문에 사이버공간에서 급속도로 퍼지지만, 반박하는 주장이나 의혹에 직면해서 금방 수그러들기도 한다. 인터넷상의 커뮤니케이션은 익명의 유포자에게 최소한의 신뢰가 주어지는 전형적인 사례다. 익명이나 불확실한 전달자가 득실거리는 인터넷은 구매자 위험부담의 원칙이 제도화된 정보의 잡화점이라고 비웃음을 사기도 하지만, 실제로는 청자가 해당 정보를 빌릴 뿐이지 구매하는 건 아니다.

루머가 유포되는 방법에는 입소문을 포함해 다양한 형태가 존재하고, 각각의 형태에 따라 루머의 신뢰도에도 차이가 있다. 신뢰성의 정치학은 유포의 형태와 관련이 있다. 정보 체계는 해당 정보 체계가 뿌리를 내리는 사회제도라는 정치적 구조의 관점에서 취급된다. 참여의 개방성과 그에 따른 비용은 과학기술뿐만 아니라 그 과학기술에 존재하는 감독 가능성에 의해 차별화되는데, 감독 가능성이란 시민이 사적인 주장이나 반 제도적인 주장을 펼칠 때 그 안전성을 어느 정도까지 신뢰할 것인지에 영향을 끼치는 특징이다.

정보 과학기술은 작용하는 속도와 범위가 모두 다르다. 대중매체는 얼굴을 마주한 상태에서 커뮤니케이션하는 것보다 다양한 방식으로 정보를 이용 가능하게 만든다. 전자 매체는 다양한 사람들과 연락을 취하면서 정보를 신속하게 전달할 수 있는 (혹은 철회할 수 있는) 반면, 개인 간의 직접적인 커뮤니케이션에서는 대체로 공통점이 많은 사람들끼리 얼마나 오랜 기간 함께 했는지가 중요하다. 사람들의 입을 통해 유포되는 루머는 보편적으로 루머의 출처부터 서서히 퍼지기 때문에 시간적인 격차가 큰 편이다. 하지만 기억에서 사라지는 데도 그만큼 오래 걸린다. 각각의 매체에는 잠재적인 청자가 있으며, 이 잠재적인 청자에 따라 유포 범위가 한정된다. 일단의 과학기술이 모든 사람에게 통용되지는 않기 때문이다.

이런 상황에 따라 신뢰도 다르게 나타난다. 얼굴을 마주한 커뮤니케이션에서 신뢰는 당사자들의 교섭을 통해 결정되는데, 청자는 상대가 제공한 정보를 바탕으로 얼마나 신뢰할지 즉각적인 평가를 내릴 수 있다. 반대로 매개를 사용한 커뮤니케이션에서는 이전에 확립된 출처에 대한 평판이 신뢰의 토대가 되며, 교섭에 따른 영향은 거의 없다. 속임수는 두 가지 커뮤니케이션 영역에서 모두 행해질 수 있으며, 특히 얼굴을 마주한 커뮤니케이션의 경우 트러스티는 자신의 속임수를 간파할지도 모를 상대 앞에서(4장 참조) 다양한 비언어적인 커뮤니케이션이 누설되지 않도록 자신을 제어해야 하는(3장 참조) 난제와 직면한다.

경계

정보가 보존되는 경계는 루머의 유포와 관련이 있다. 어떤 루머가 전체 인구 중 절반에 해당하는 사람들에게 유포되는 두 사회를 상상해보자. 첫 번째 사회에서는 커뮤니케이션이 임의적이고, 어느 날 저녁 모든 시민에게 인기 있는 라디오 방송을 우연히 들은 사람들 사이에서 유포된다. 두 번째 사회는 라디오 청취가 성별과 관계가 있다. 모든 여자가 해당 루머를 들었지만 남자들 중에는 그 루머를 들은 사람이 없다. 두 사회에서 유포의 범위는 동일하지만, 루머의 역학은 큰 차이를 보인다. 두 번째 경우 단일 사회에서 발생한 현상은 지리적으로 같은 공간을 공유하지만, 정보의 범주라는 관점에서 무관한 두 사회로 나타난다.

커뮤니케이션 네트워크와 신뢰를 형성하는 인구학적 경계의 힘을 보여준 현시대의 가장 극적인 사례는 인종적 분열이다. 미국의 흑인과 백인은 인종적으로 뚜렷이 구별되는 지식 영역이 있다고 이야기된다.[18] 두 인종은 불운하게도 상대 인종의 믿음을 이해하지 못한다. 지배적인 위치에 있는 미국의 백인에게는 흑인의 매체를 직접 접해보지 않고, 어쩌면 흑인의 믿음에 관심을 둘 이유도 없다고 생각하면서 정보에 대한 아프리카계 미국인의 요구를 인식하지 못한 책임이 있다. 백인 공동체에 존재하는 루머는 단지 백인을 중심으로 한 매체가 다민족으로 구성된 대중에게 접근하기 수월하다는 이유 때문에 더 잘 알려지는 경향이 있다.

아프리카계 미국인 사이에는 사회가 어떻게 움직이는지와 관련해서 제도적으로 광범위한 음모가 존재하는 것을 시사하는 루머가 만연하다. 이런 루머를 보여주는 주목할 만한 사례 중 하나가 흑인

공동체에 존재하는 불만을 효과적으로 대변하는 흑인 지도자를 백인 엘리트가 조직적으로 폄하하거나 살해한다고 단언하는 '음모'를 둘러싼 믿음이다.[19] 마찬가지로 흑인 공동체에는 에이즈 바이러스가 정부가 주관하는 연구소에서 생물학적 무기로 개발되었다는 소문이 널리 퍼져 있다.

백인 공동체에는 다른 루머가 횡행한다. 이 루머는 일반적으로 개인이나 소집단으로 구성된 흑인이 끔찍한 범죄를 저질렀거나 저지르려고 계획 중이라는 내용이다. 허리케인 카트리나가 발생하자마자 흑인이 식인 행위를 했다는 주장이 이런 루머에 해당하며, 흑인 갱으로 성공하려는 야심을 품은 조직원이 금발의 처녀를 강간하는 것으로 경력을 시작해야 한다는 주장도 같은 맥락이다. 아프리카계 미국인 공동체에서 나타나는 루머와 달리, 백인 사이에 만연한 이런 루머는 조직적인 음모를 전제로 하지 않는다. 대신 사실과 무관한 대다수 기이한 사건이 특징이다. 백인 사이에 만연한 루머는 구조적인 음모보다 도덕적인 타락을 전제로 한다.

일치하지 않는 믿음이 발견되는 경우 공동체의 전제와 해당 공동체의 토대가 된 신뢰가 흔들린다. 공동체가 분열되고 구성원들은 서로 소원해진다. 백인 미국인은 사적인 자리에서 흑인 미국인이 인종적인 증오나 집단 학살처럼 계속된 정치적 박해로 두려움에 떨고, 그로 인해 편집증에 걸렸다고 주장한다. 반면 흑인은 백인 공동체에 퍼진 루머가 암암리에 존재하는 인종차별을 드러낸다고 주장한다. 다른 사람들이 거부한 루머를 기꺼이 수용하려는 마음은 역사의식이 중요한 역할을 하는 개연성의 정치학에 따라 좌우된다. 공동체에서 나타나는 루머는 구성원이 현재 무슨 생각을 하는지 보여준다는 점에서 최신의 집단 기억을 드러낸다.

믿음의 부재는 모든 사람이 유사한 생각을 공유한다는 의미다. 다시 말해 사악함을 묘사하는 이야기가 존재한다는 건 그 자체로 평등이 당연하게 여겨지지 않는다는 사실을 보여주지만, 최소한 모든 시민이 동일한 지식을 공유한다는 가정이 성립한다. 이런 가정을 의심하거나 부정하는 것은 모든 사람에게 사회에 참여할 수 있는 동등한 권리가 있음을 의심하는 것과 마찬가지다. 정보의 경계가 가장 두드러지게 나타나는 사회는 공동체 전반에서 신뢰 문제를 가장 솔직하게 직시해야 하는 사회다.

분열

루머의 내용은 사회적 경계와 밀접한 관계가 있다. 루머의 내용이 여러 집단을 공통된 하나의 목표로 묶어주는가, 혹은 분열을 조장하는가? 로버트 냅Robert H. Knapp은 루머를 두려움을 바탕으로 한 루머와 소망을 성취하기 위한 루머, 이간질 루머로 분류했으며, 특히 이간질 루머는 전쟁이나 민족 간 긴장이 심화된 시기에 두드러진다고 말했다.[20] 분열을 조장하는 루머는 정보 분열의 경계를 강화해 사회 분열을 심화하는 이간질 루머의 범주에 해당한다.

루머는 집단을 인구학적으로나 제도적으로 분열시킬 수 있고, 의혹을 양산해서 신뢰의 붕괴를 초래할 수도 있다. 1990년대 초 등장한 '소등'이라는 루머에 따르면 아프리카계 미국인 갱은 헤드라이트를 끄고 자동차를 운전했다. 친절한 (백인) 운전자가 헤드라이트를 깜빡여서 갱에게 헤드라이트가 꺼졌다고 주의라도 준다면, 그 인정많은 운전자는 죽음을 면치 못한다는 것이었다. 이런 주장은 한동안 젊은 흑인 남성 운전자에 대한 불신을 가중했다. 마찬가지로 성범죄자들의 강간 사건을 묘사한 루머는 남성과 여성을 갈라놓는다.

분열을 조장하는 루머는 정부의 정당성에 대한 신뢰를 떨어뜨리기도 한다. 베로니크 캠피온-빈센트^{Véronique Campion-Vincent}의 설득력 있는 주장에 따르면 대중은 엘리트 집단의 음모를 폭로하는 루머를 기꺼이 수용하려고 한다.[21] 오늘날에는 여기에 사회제도를 불신하는 외부 집단의 의혹이 더해진다. 이는 전혀 새로운 현상이 아니며 (은행가와 정치가를 둘러싼 의혹은 어제 오늘의 일이 아니다), 관련 루머는 지난 수십 년에 걸쳐 담론의 주류가 되었다. 많은 루머가 정부와 관련되거나 제도적인 진실에 의혹을 제기하고, 사회정책을 비난하는 불확실한 정보에 큰 비중을 둔다.[22] 연방수사국^{FBI}이 반체제 인사를 노린다거나, 연방통신위원회^{FCC}가 종교적인 프로그램의 방송을 곧 금지할 거라고 단언하는 루머는 정책 토론을 제도적 질서의 정당성을 질문하는 청문회로 바꿔놓는다. 아프리카계 미국인 공동체가 공언하는 것처럼 당국이 의도적으로 유색인종 공동체를 노린다는 루머는 유포의 경계를 드러내고, 세계관이 분열될 수 있음을 뚜렷이 보여준다.

그럴듯하다는 판단은 사회 분열을 초래할 뿐만 아니라 종전의 사회적인 분열에 기반을 두고 있다. 인구학적이고 제도적인 불신은 루머를 양산한다. 인구학적인 집단의 행동이나 정치제도에 대한 불신이 존재하는 사회에서는 루머가 발생하기 쉽고, 좀더 그럴듯하게 보이며, 시민의 분열된 실세계를 반영하는 것처럼 인식된다.

안정성

신뢰와 연계해서 루머의 유형을 구별할 수 있는 마지막 측면인 안정성은 정보가 시간의 흐름에 따라 어느 정도까지 신뢰할 수 있는가 하는 문제와 관련되며, 이 문제는 루머 연구의 오랜 주제였다. 루머는 변하는 속도가 제각각이다. 바틀릿Frederick Bartlett 이래로 올포트Gordon W. Allport와 포스트맨Leo G. Postman이 주축이 된 초기 연구는 기억의 역학 관계를 조사했다. 그들은 잊기(단순화 : 세부 사항이 생략되고 줄거리가 단순화됨 — 옮긴이), 강조(첨예화 : 특정한 세부 사항이 선택적으로 기억되고 전달됨 — 옮긴이), 인지 일관성(동화 : 그럴듯함을 증대하거나 감정을 개입시킴 — 옮긴이) 등의 원리를 제안하면서 어떤 과정이 루머의 내용에 변화를 주는지 의문을 제기했다.[23]

루머의 유포는 전화 게임에도 비유되는데, 이 놀이에서 아이들은 참가자들에게 일정한 구절을 속삭인다. 마지막에 전달된 내용은 원래 메시지와 전혀 다른 내용으로 바뀌었다. 정보가 왜곡될 수 있음을 인지하는 것은 아이들의 입장에서 커다란 즐거움을 주는 원천이지만, 어른들의 입장에서는 심각한 골칫거리다. 하지만 사실상 루머는 아이들의 게임에서 속삭인 구절이 잘 들리지 않아서 왜곡된 것처럼 큰 폭으로 바뀌지는 않으며, 커뮤니케이션이 조직적으로 왜곡될 수 있다는 개념은 루머 연구에서 항상 중요하게 여겨졌다.

루머가 전달 과정을 거칠수록 짧아진다는 사실이 보편적인 전제지만, 공동체 구성원 모두 특정 루머를 반기는 경우와 같이 우호적인 상황에서는 루머가 여러 사람을 거치며 살이 붙을 수 있음을 보여주는 사례도 있다.[24] 루머를 이야기하는 행동이 지위를 강화하거나 청중이 보다 자세한 정보를 갈망하는 경우, 상상에 의해 보태진 세부 사항으로 원래 이야기가 윤색되기도 한다.

루머의 안정성은 시간적인 안정성과 내용적인 안정성으로 개념화될 수 있다. 시간적인 안정성은 동일한 루머가 시간이 흘러도 회상되는가, 기억에서 희미해지고 나중에 다시 나타날 가능성은 있지만 지금 당장은 없어지는 것처럼 보이는가 하는 점에 초점을 맞추는 것이다. 내용적인 안정성은 이야기된 세부 사항이 한결같이 남아 있을 것인가 하는 점을 의미한다.

루머에 관한 자료를 살펴보면 시간적인 안정성이 없는 사례를 쉽게 찾을 수 있다. 주위를 돌아보면 수많은 루머가 사람들에게서 잊혔거나 더 이상 적극적으로 확산되지 않는다. 내용적인 불안정성은 루머가 유대인에서 아시아인으로, 케이마트에서 월마트로, 필 도나휴에서 오프라 윈프리로 옮겨가는 것처럼 루머의 대상이 변할 때 일어난다.

미덥지 못한 루머는 사회적 변화의 압력을 받는다는 점에서 안정성은 신뢰의 역학과 관련이 있다. 하지만 안정성의 결여는 엇갈린 두 가지 방식 중 하나로 해석되기도 한다. 즉 안정성의 결여는 새로운 내용을 받아들이고 새롭게 등장하는 관심사를 검토하는 등 변화에 개방적인 사회를 암시하거나, 새로운 공포가 사회질서를 압도할 것처럼 위협하고 있음을 의미하기도 한다. 이런 가설을 실험할 수 있는 기술은 아직 개발되지 않았는데, 부분적으로는 루머를 체계적으로 수집하는 데 어려움이 있기 때문이다. 루머 연구는 방법론적인 어려움을 극복하기까지 통찰력을 바탕으로 한 직감과 제공된 정보에 근거한 어림짐작에 불과할 것이다.

믿을 만한
증언

　　루머는 확실성과 어느 정도 거리가 있다. 그 점 때문에 엄밀한 의미에서 속임수를 쓰지 않고 상대를 속이고자 하는 사람들이 신뢰하려는 강한 욕구를 이용하면서 다른 한편으로 루머를 활용할 수 있는 것이다. 루머가 사실인지 조사한다고 해서 불확실한 정보의 망에서 거짓말이 매우 보편적으로 행해진다는 의미는 아니겠지만, 루머의 진실성을 확인하는 일은 속임수가 일어나고 있음이 분명하고 한 발 더 나아가 속임수가 일어나고 있을 거라는 전제를 반영한다는 점에서 중요한 의미가 있다.

　　대다수 사람들은 의도적으로 거짓말할 때 심적으로 불편하기 때문에 자신을 거짓말쟁이라고 생각하지 않으려 한다. 따라서 거짓말쟁이라는 꼬리표를 피하기 위해 '듣기로는…' '정말일까?' 같은 표현을 이용해서 자신이 이야기하고자 하는, 이야기할 필요가 있는 불확실한 내용을 전달하며 커뮤니케이션을 이끈다. 이 경우 루머는 2장에서 설명한 둘러대기를 둘러싼 논의와 연결된다. 공정한 태도를 취하는 것처럼 보이고자 타인을 기만하려는 시도에 버금갈 정도로 많은 자기기만이 일어난다. 어빙 고프먼이 언급한 농담이나 속임수, 조작, 시험 같은 해석의 토대는 거짓말을 적어도 악의가 없는 다른 어떤 것으로 바꾸도록 도와준다.[25]

　　루머에 대한 반응은 개연성(진술의 특징)과 신뢰성(화자의 특징)이 작용한 결과인데, 청자는 자신의 전제와 욕구 때문에 개연성과 신뢰성을 외면하기도 한다. 루머는 공동체 — 지식이 있고 신뢰하려는 성향을 지닌 집단 ― 를 바탕으로 하며, 집단의 고유한 사회구조와 문화가 개별적인 루머의 해석에 영향을 끼친다.

루머는 커뮤니케이션에 존재하는 하나의 특성으로 다루기보다 지역사회 구조와 연계해서 고려하는 편이 현명하다. 루머는 근본적으로 상관적이고 상징적이다. 즉 루머는 화자와 청자가 자신의 세계관에 비춰봤을 때 그럴듯하다고 생각하는 정보와 관계가 있고, 그 정보는 신뢰할 만한 출처에 따라 전달된다. 또 해당 정보의 전달자는 적절한 환경이 갖춰졌을 때 제 역할을 수행하고 정보를 제공한다. 결과적으로 정보 전달자의 신뢰성은 전달자가 어떻게 자신의 정체를 밝히고, 밝혀진 정체가 어떻게 받아들여지느냐에 따라 좌우된다.

비공식적인 커뮤니케이션이 일종의 인상을 만들려는 시도라는 것을 이해하려면 우리는 이야기하는 상대가 지향하는 바에 집중할 필요가 있다. 이 복잡한 상호 이해의 과정은 마치 배경음악 없이 춤을 추는 것과 유사하다. 사회과학자와 대중은 루머가 드러낸 평가 기준을 근거로 우리가 공유한 세상의 현실과 관련해 제기되는 다양한 주장을 판단한다. 우리는 다른 사람을 신뢰하고, 때로는 그들에게 속아 넘어간다. 하지만 어떤 가설에 거짓말이나 루머라는 꼬리표를 붙일지, 진실이라는 수식어를 붙일지 선택해야 한다.

_ 톰 루츠 Tom Lutz

스탠퍼드대학과 아이오와대학, 코펜하겐대학, 캘리포니아종합예술대학에서 강의했고 지금은 캘리포니아대학교 리버사이드 캠퍼스에서 학생들을 가르친다. 저서로 *Doing Nothing*(무위), *Cosmopolitan Vistas*(세계주의에 대한 전망), *Crying*(외침) 등이 있다. 현재 티포트 돔 스캔들(Teapot Dome scandal : 세계 최대의 경유 유전 티포트 돔에서 이득을 취하기 위해 자행된 고위 공직자 비리 사건— 옮긴이)에 대한 TV 특별 시리즈 제작에 참여하며, '주의 attention'에 관한 책을 집필하고 있다.

악어의 눈물 혹은
일상생활의 메소드 연기

톰 루츠

1장에 소개된 인도네시아 흉내쟁이 문어(이 문어는 황색 물고기나 바다뱀 혹은 말미잘처럼 보이게 하는 능력이 있다)의 행동은 일종의 자연현상인데, 나같이 한심할 정도로 불완전한 과학 지식만 있는 사람이 어리석은 질문을 하도록 만든다. 이 문어는 자신이 어떤 행동을 하는지 알까? 문어 주제에 어쩌면 그렇게 똑똑하지? 이 문어가 다른 생물의 형태를 연구하고 똑같이 모방하는 연습을 한 건 아닐까? 이 문어는 위협을 감지하거나 먹이를 노릴 때 몸을 납작하게 만들어서 넙치를 모방할 수도 있고, 몸을 길게 늘여서 장어나 뱀처럼 보이게 할 수도 있으며, 물속에서 촉수가 하늘거리게 만들어서 말미잘 흉내를 낼 수도 있는데, 버그스트롬이 말한 것처럼 다른 동물로 위장해서 이득을 취하는 여러 동물 중 하나다(1장 참조).

버그스트롬의 주장에 따르면 기만하는 능력에는 명백히 진화적인 이점이 존재한다. 하지만 같은 종에서는 정보 공유가 필수적이기 때문에 정직한 거래라고 불리는 행위도 어느 정도 필요하다. 여기에서 진화와 관련된 수수께끼가 생긴다. 동일한 종에서 협동의 필요성과 개인이 속임수를 통해 취할 수 있는 전략적 이득은 어떻게 균형을 유지하는가? 신뢰와 속임수에는 개인적이거나 집단적인 이익과 불이익이 있는데, 각각의 종은 어떻게 신뢰와 속임수의 조화를 이루는가? 버그스트롬은 가외성과 분산 제어, 그 외 다른 요소들과 관련지어 체계적인 해답을 제시하지만, 내게는 여전히 의문이 남는다. 흉내쟁이 문어는 무엇을 알고 있으며, 어느 순간에 그것을 알까?

나는 생물학적인 측면과 상관없이 그 문어가 인간의 속임수와 어떤 관련이 있는가 하는 문제에 흥미를 느낄 뿐이다. 연구원들은 기만 행위를 둘러대기와 모방, 자기기만, 왜곡, 루머, 호도, 노골적이고 의도적인 언어적 속임수로 나누는 분류학을 발전시키면서 다양한 방법으로 속임수의 본질을 밝히려고 시도해왔다. 특히 언어적 영역에 속하는 속임수는 사회적·법률적으로 가장 활발하게 행해지고, 가장 극단적인 비용이 요구되는 범주지만 개념적 영역으로서는 그다지 흥미를 끌지 못한다. 오히려 그 중간에 유죄인지 아닌지 경계가 명확하지 않은 행위들이 속임수로 바뀌어가는 영역에서 속임수를 이해하려는 탐구가 가장 큰 결실을 맺을 수 있을 듯하다.

예를 들어 문어의 의도에 대해 내가 던진 질문은 그 자체로 가벼운 속임수를 보여주는 형태다. 나는 자신을 동물의 행동을 인간적인 이해의 관점에서 생각할 수 있는 사람으로 묘사했지만, 이것은 사실과 다르다. 나는 특정한 이유 때문에 둘러댄 것이다. 요컨대 사고思考 실험을 통해 내 이야기를 듣는 사람들이 나처럼 문어에게 두뇌가 있다고 상상하도록 유도하려는 구체적인 목적을 위해 그렇게 한 것이다. 궁극적으로는 독자들에게 문어의 두뇌를 지닌 인간들을 상상해보라고, 즉 우리가 의식적인 고찰이나 의도, 윤리적인 결정, 그 외 인간에 의한 속임수의 일부라고 생각하는 측면을 고려 대상에서 제외한다면 인간들 사이에서 일어나는 속임수가 어떻게 보일지 상상해보라고 말하고 싶었다. 독자들에게 우리가 서로 저지르는 속임수를 윤리 문제가 대두되지 않는 상황을 전제로 해서 교류 시스템의 일부로 상상하도록 유도하고 싶었다. 마치 우리가 문어에게 "너는 어쩌면 그렇게 부정직하고, 기만적이고, 공정하지 않니?"라고 묻지 않는 것처럼 말이다. 결론적으로 말하면 속임수를 사용하는 문어는 가장 뛰어난 문어인 셈이다.

여기에 소개하는 내 이야기는 문어가 자신의 형태를 바꾸는 것처럼 어쩌면 무감정하다고 말할 수 있는 인간의 속임수에 관한 내용이다. 이것이 가장 진솔하고 정직하며, 인간적인 속임수다. 또 필수 불가결하고 자연스러우며, 심지어 신뢰할 만한 것이라고 주장할 수 있는 속임수다. 적어도 나는 그런 식으로 생각하고 싶다.

다음에 소개하는 이야기는 일상생활에서 속임수에 대한 근본적인 쟁점을 보여주는 개인적이지만 독특하고 보잘것없는 이야기다. 조금은 기만적인 수사학적 허세로 포장된 독자와 저자의 관계를 애초부터 시작하지 말아야 했는지도 모르겠다. 그 점에 대해서는 미리 사과한다. (이런 사과 역시 일종의 둘러대기라고 할 수 있는데, 내가 이 이야기를 글로 쓰는 행동이 정말 잘못이라고 생각했다면 편집 과정에서 이 글을 빼달라고 했을 것이기 때문이다. 따라서 내가 사과한 것은 부족한 점을 인정함으로써 독자가 적의를 품지 않게 만들고자 하는 또 다른 시도에 불과하다.)

이 이야기에서 나는 어떤 부분에서는 울음을 터뜨리고, 보편적인 기준으로 봤을 때 감정이 풍부한 사람답지 않은 주인공으로 등장한다. 내가 낯선 독자들에게 이 이야기를 해야겠다고 결심한 이유는 무엇일까? 내가 목적을 달성하려다가 눈물을 흘려본 적이 있는 남자라고 이야기하기로 한 이유가 무엇일까? 놀라울 따름이다. (내가 그 이유를 안다고 생각하는 점에서 이것도 정직하지 못한 질문이다. 이 질문은 독자에게 신뢰를 이끌어내기 위해, 즉 내가 때때로 신뢰의 의미를 확대해석 한다는 사실을 기꺼이 인정할 준비가 되었다는 점에서 신뢰할 만한 화자라는 사실을 암시하기 위해 어느 정도 직관에 반하여 의도된 계략에 불과하다. 어쩌면 당신은 내가 거짓말하기 때문에 나를 믿을 것이다. 이 이야기를 하는 이유는 내가 정직하다고 말하기 위함이고, 이것은 신뢰할 수 없는 세상의 모든 화자들이 궁극적으로 자신을 정직한 사람이라고 공표하는 것과 별다를 게 없다.)

자, 이제 이야기를 시작한다.

10여 년 전에 한 여인을 만났다. 그녀는 성공한 언론인이자, 주요 일간지와 잡지에 기고하는 기자다. 나는 인문학 분야에서 명성을 얻기 위해 힘든 시기를 경험한 수많은 사람들처럼 '더 많은 독자'를 위해 글을 쓰고 싶어서 안달했고, 그녀와 함께 수많은 아이디어에 대해 이야기를 나눴다. 하지만 그중 어떤 아이디어도 그녀가 편집 기자로 일하던 패션 잡지에 뚜렷하게 어필하지 못했다. 다만 신경 질환의 역사를 다룬 내 글을 읽어본 그녀는 구두 페티시즘—여성의 구두 페티시즘이란 신발이 수십 켤레나 있는 여성이 왜 여전히 다른 신발을 구입하느라 수백 달러를 쓰고자 하는 압도적인 충동을 느끼는가 하는 문제다 ─ 에 관한 글을 써보라고 제안했다. 그 연구 계획과 관련해서 나는 이렇다 할 성과를 보이지 못했는데, 결과적으로 내가 여성을 제대로 이해하지 못했기 때문인 것 같다.

나는 내가 이해한 줄 알았다. 막 관계가 시작되는 초기에 상대에게 자신을 알리기 위해 이야기보따리를 푸는 과정에서 우연히 내가 그 과정을 얼마나 잘못 이해하고 있었는지 깨달았고, 눈물과 속임수의 문제와도 부딪혔다. 어느 날 밤 나는 침대에 누워서 약간은 과장된 나의 출생 비화를 그녀에게 들려주었다. 그 이야기가 끝날 즈음 내 눈에 눈물이 맺혔는데, 적어도 내가 보기에는 그 이야기가 무척 감동적이었다. 하지만 무미건조한 그녀의 눈을 보고 조금 당황했다. 그녀는 냉담하다고 말할 수밖에 없는 태도를 보였다. 나는 당황해서 눈물이 흐르도록 내버려두었다.

요즘 사람들에게는 내 행동이 특별히 남자답거나 로맨틱하게 보이지 않겠지만 (나도 몇 년 뒤에 알았지만) 그처럼 눈물을 보이는 행동은 역사가 오래되었다. 고대 문화에는 연인들이 눈물을 흘리는 것과 관련된 이야기가 수두룩하다. 예를 들어 로마의 시인 오비디우스는 젊은 남자들에게 여자를 눈물로 유혹하는 법을 가르쳤고, 자연스럽게 울지 못하는 여자는 우는 흉내를 내는 법이라도 배워야 한다고 썼다. 중세의 성인들은 눈물을 신에 대한 사랑의 표시라고 생각했다. 18세기와 19세기 초만 해도 눈물은 성적인 혹은 다른 형태의 친밀함을 나타내는 상징적인 요소로 간주되었다. 예컨대 토머스 제퍼슨은 (어떤 유부녀를 유혹하면서 그리고 굳이 증명할 필요가 있을 것 같지는 않지만 불륜의 이중성이 최근에 부각된 대통령의 특징이 아님을 증명하면서) "하늘이 벌한 사람과 함께 울어주는 것보다 고귀한 기쁨이 어디 있겠소"

라고 주장했다.[1] 18~19세기 시인과 소설가들은 모두 눈물을 흘렸고, 눈물 흘리는 사람들을 묘사했다.

20세기 들어 남자들이 '여성스러운' 감정을 표현하지 않도록 자제하려고 노력하면서 울음은 주로 여성의 전유물이 되었다. 하지만 그 시대에도 스펜서 트레이시, 험프리 보가트, 그 외 남성성을 대변하는 많은 문화적 모델이 낭만적인 작품에서 때때로 눈물이 흐르도록 내버려뒀다. 20세기 후반에는 다양한 여성화의 압력과 남자들이 감정에 충실해지면서 남자 친구가 눈물 흘리는 모습은 다시 흔한 광경이 되었고, 오늘날에는 영화에서 사랑 때문에 눈물 흘리는 모습을 보여준 적이 없는 유명 남자 배우가 아예 없을 정도다. 더불어 거의 모든 남자 대통령 후보는 적절한 순간이라고 생각되면 연단에서 눈물을 흘리거나 최소한 눈시울이 붉어진 모습을 기꺼이 보여주려고 한다.

울음은 여전히 여성적인 행위로 여겨진다. 나는 20대에 몇몇 여자 친구와 함께 운 적이 있는데, 맨 처음으로 눈물을 흘린 기억 때문에 남자답지 못하다는 약점이 위로보다 조롱의 대상이 될 거라는 두려움과 공감을 얻기보다 이해받지 못할 거라는 두려움을 경험했다. 하지만 1970년대에서 1980년대로 넘어가면서 내가 흘린 눈물이 불쾌감을 주지 않았을 뿐만 아니라 나의 감정적인 성숙도와 감수성, 은밀한 속내에 대한 깨달음의 포괄적인 상태로 여겨졌으리라고 자각하기 시작했다. 이런 본질적인 깨달음을 나 자신이나 타인에게 분명하게 표현한 적은 없지만, 나는 이류 페미니스트에 불과한 주인공으로서 자신을 확실히 이해했고, 나의 개방적이고 두려움 없는 태도에 상당한 자부심을 가졌다. 또 내가 흘린 눈물로 증명된 매우 훌륭하고 심오한 인품에 여자 친구들이 보여주는 정중하고 열정적인 반응을 (적어도 내가 기억하기로는 그랬으며, 여기에는 절대 다른 의도가 내포되지 않았다) 당연하게 받아들였다.

하지만 이 여인은 냉담했으며, 회의적인 시선으로 나를 바라보았다. 그녀의 반응이 당혹스러웠으나, 가장 먼저 떠오른 생각은 하던 대로 좀더 계속해보자는 것이었다. 지금은 내 결정이 의도적이었던 것처럼 이야기하지만, 당시에는 절대 그렇지 않았다. 나는 눈물방울이 떨어지게 내버려두었고, 그 뒤에도 눈물방울이 떨어졌다. 그녀의 의심은 더욱 커졌다. 바로 그 시점에 나는 일이 어떻게 돌아가는지 깨달았고, 눈에서는 여전히 눈물이 흘렀다. 하지만 눈앞의 상황을 깨닫자 이내 눈물이 멈췄다.

나는 내면 깊은 곳에 있는 감정을 드러낸 행동이 얼마나 위선적으로 보일 수 있는지 알아차렸다. 그 여인은 위선적인 행동에 속지 않았다. 그녀는 눈물을 보이는 남자, 특히 나처럼 경험을 통해 교훈을 얻었거나 적어도 페미니즘을 보여주는 다양한 에티켓을 배운 남자를 불신한 지 오래되었다고 이야기했다. 그녀는 "있잖아요, 난 경험이 많아요. 이전에도 내게 눈물을 보인 남자들이 있었죠"라고 말했다. 그녀는 남자들이 진솔하게 자신을 드러내야 할 필요가 있을 때마다 자신의 영혼을 정직하게 파고들기보다 눈물을 보호막으로 사용하는 법을 배웠다고 생각하는 듯했다. 나는 눈물을 닦아내고 눈을 몇 번 깜빡거린 다음 그녀를 빤히 쳐다봤는데, 그녀가 양처럼 겁이 많은 사람이라고 느꼈다.

계속 이야기를 나누면서 그녀는 내가 눈물을 보이는 걸 두려워하지 않아서 기뻤으며, 눈물 몇 방울을 통해 내가 얼마나 그녀와 친밀해지고자 갈망하는지 알아서 기뻤다고 힘주어 말했다. 다만 그런 행동 때문에 내가 어떤 보상을 받을 만하다고 생각지 않았고, 당시에는 그 눈물이 내 진심을 보여주는 거라고도 생각지 않았다. 물론 그녀가 옳았다. 그 눈물은 아무리 진솔했을지라도 내가 의도한 것 이상으로 여러 가지 의미를 내포했다. 그 눈물은 내가 진술하거나 위선적이라는 의미일 수도 있고, 노이로제에 걸린 등신이거나 로맨틱한 주인공이라는, 혹은 깊은 깨달음을 얻었거나 어리석다는 의미일 수도 있으며, 그 모든 의미가 있거나 아무런 의미가 없을 수도 있다.

예를 들어 그 눈물은 내가 상대를 유혹하기 위해 눈물을 이용하면서 토머스 제퍼슨 같은 행위를 시도한다는 의미일 수도 있다. 나는 1990년대 초에 어떤 대화를 나눈 적이 있는데, 그때 30대 여성이 나와 내 친구에게 자신은 결혼한 지 3년이 되도록 남편이 눈물 흘리는 모습을 본 적이 없다고 했다. 약간 방탕아 기질이 있는 내 친구가 놀랐다. 친구는 웃으면서 "3년이 되도록 말인가요? 와우, 나는 첫 데이트에서 우는데!"라고 말했다.

지금 나는 내가 마키아벨리처럼 감정에 호소하는 책략가가 아니었고, 아첨과 눈물을 하나로 묶어서 이점을 극대화하려 하지 않았다고 생각하며, 나중에 내 아내가 될 그녀 역시 그런 점을 문제 삼지 않았다. 물론 눈물의 매력을 느끼기도 했지만, 내가 흘린 눈물은 단순히 유혹을 위한 도구가 아니었다. 나는 마음 깊은 곳에 있는 감정을 진솔하게 표현했다. 비록 그녀는 아니었지만 나는 내 이야기에 감동했다. 이는 내가 가장 참되고 진실한 자아라고 생각하는 것을 정직하게 보여주었고, 한편으로는 무의식적인 계산을 통해 그녀가 내게 반하도록 만들 어떤 방식을 택하기로 결심했으며, 그대로 시도하고 있었음을 의미한다. 내 눈물은 생존 수단의 한 형태가 작동하듯이 어떤 목적을 위해 만들어진 진실한 감정의 결과물이었다. 즉 존중받고 싶은 진실한 감정의 가장假裝인 동시에, 내가 이상적으로 그리는 자신의 모습을 보여주기 위해 고안된 가면이었다.

나는 그 상황을 곰곰이 되새기는 과정에서 다른 어떤 것이 작용했음을 나중에야 깨달았다. 내가 보인 눈물은 마치 어린아이의 눈물처럼 비록 관련이 있긴 하지만, 또 다른 욕망을 드러내는 정직한 표현이었다. 진심에서 우러난 그 바람은 어린아이와 마찬가지로 단순히 위안과 위로를 받고자 하는 욕망이었다. 내 눈물은 피난처를 찾아 감정을 공유하는 일종의 따뜻한 목욕을 시작함으로써 두려움과 의심을 씻어내고자 의도되었다. 다른 무엇보다 이제 막 시작된 관계에 대한 두려움과 의심 말이다. 나는 진심으로 그런 위안을 원했으며, 지금도 그 방식이 이기적이었다고 생각지 않는다. 그런 친밀함에는 해당 연극의 두 배우에게 주어지는 보상과 기쁨이 존재한다는 사실도 알았다.

나는 상대가 눈물 흘릴 때 위로해주고, 그 사람이 자신을 불신하거나 드러냄으로써 감정적인 혼란을 겪을 때 보호막이 되어주면서 반대편의 입장에서 그런 기쁨을 경험한 적이 있다. 때문에 우리 모두 기쁨을 누릴 가능성이 있다고 생각했고, 낭만적인 연인들이 상대에게 흔히 제공할 수 있는 일종의 상호 보완적인 감흥을 요구하고 제안한다고 생각했다. 이 점이 18세기에 함께 울어주는 행동이 가장 강렬한 기쁨의 유형으로 간주되고, 가장 고상한 인간적 교류로 여겨진 이유 가운데 하나다. 함께 울어주는 행동은 신뢰가 구축된 두 사람 사이에서 믿음이 오가도록, 기도가 통하도록, 애정이 보답을 받도록, 이기적인 두 자아가 서로 구슬리는 방법을 찾도록 만드는 방식이며, 이 방식은 앞으로 한참 동안 계속될 것이다.

게다가 그날 밤에는 미래의 내 아내가 암시한 대로 뭔가 다른, 사르트르가 제안했듯이 감정적인 경험에서 근본적이라고도 할 수 있는 어떤 일이 일어나고 있었다.[2] 눈물은 열렬하고 친밀한 관계를 의미하는 신호가 될 수 있지만, 도피를 위한 수단이 될 수도 있다. 우리는 눈물을 흘릴 때 세상일에 관심을 기울이지 않고 오직 자기 몸에서 일어나는 감각 작용에 집중하며, 그렇게 함으로써 우리에게 눈물을 쏟도록 만든 사고나 걱정, 근심, 강요에서 벗어날 수 있다. 감정은 우리의 열망에 좀더 가깝게 세상을 바꿔주는 매혹적인 생각으로 대체될 수 있다. 자신이 흘린 눈물이 강이 되고, 울음은 그 강물에 떠내려가는 이상한 나라의 앨리스처럼 그 뒤야 어떻게 되든 우리가 그 순간에서 벗어나게 도와줄 수 있다.

눈물은 집착인 동시에 탈출구다. 때로는 눈물이 친밀함도, 망각도 아닌 복종의 신호가 되기도 한다. 아이들은 부모의 노여움이나 처벌을 피하기 위한 수단으로 일찍부터 우는 법을 터득한다. 또 개가 다리 사이로 꼬리를 내리는 것처럼 사람들이 "그래, 당신이 이겼어. 난 포기야"라고 이야기하는 방법이 되기도 한다. 나는 어쩌면 내가 순종적인 사람이며, 감정적인 공격에도 열린 마음으로 기꺼이 바짝 엎드리겠다고 이야기하고 싶었는지도 모르겠다. 이를테면 내 눈물은 이렇게 말하는 중이었을 것이다. "이 자리에서 나는 눈물로 이야기하지만, 지금보다 약한 모습을 얼마든지 보여줄 수 있다오. 나는 무조건 당신의 판단에 동의하오. 그러니 이제 나에 대한 경계를 거두시오." 하지만 내 상대는 개가 꼬리를 내리는 행동에 속지 않을 만큼 현명했다. 그녀는 꼬리를 내린 개도 물 수 있다는 사실을 잘 알고 있었다.

내가 여자 친구 앞에서 눈물을 흘린 게 이때가 처음은 아니지만, 여자 친구의 불신에 자극받아서 나의 동기를 깊이 있게 검토해본 것은 이때가 처음이었다. 그런 검토 과정에서 감정은 수그러들게 마련이다. 예를 들어 숲에서 곰을 만나면 아드레날린이 폭발적으로 증가한다. 우리는 차가 있는 곳으로 달리기 시작해서 곧장 차를 몰고 숲에서 빠져나온다. 그리고 위험에서 벗어나는 순간, 문득 심장이 거의 한계까지 뛰고 있음을 느낀다. 때로는 심장이 터질 것 같은 생각이 들면서 재차 공황에 빠지기도 한다. 하지만 때로는 목에 손가락 두 개를 대고 시계를 보면서 심장박동 수를 측정한다. 더는 두렵지 않으며, 몸에서 일어나던 격렬한 반응도 점차 약해짐을 느낀다. 그리고 이런 생각이 든다. '휴, 겁나서 죽는 줄 알았네. 정말 흥분되는 순간이었어. 내가 이렇게 빨리 달린 적이 또 있을까? 진짜 죽을 뻔했네!' 이제 질식할 만큼 공포스럽지는 않는다.

여자 친구가 꼼꼼히 파헤치고 나 역시 면밀하게 재검토한 덕분에 눈물 어린 상태에서 걸린 마법이 풀리기 시작했다. 그녀는 적어도 아직까지는 그런 게임을 원하지 않았다. 테니스 치고 싶은 사람? 없어요? 우리는 라켓을 내려놓았다. 울음은 인간이 삶을 시작하는 순간부터 존재하기 때문에 필요할 수도 있고, 청중의 입장에서 볼 때 통곡이 꼭 필요한지 혹은 좀더 일시적인 흐느낌이 꼭 필요한지 애매할 수 있지만, 눈물은 그 자체로 강한 설득력을 발휘하기도 한다. 우리는 젖먹이 때부터 욕구를 알리는 데 울음의 효능을 터득한다. 하지만 눈물을 동반한 요구가 충족되지 않는 경우, 눈물을 그치는 게 유일한 대안이다. 실제로 아기들은 매몰차게 방치되면 울음을 그친다. 냉정하게 거부된 것을 계속 요구하는 것은 바보짓이다. 나는 여자 친구가 "아니오"라고 말하기까지 내가 어떤 요구를 하고 있다는 사실조차 인식하지 못했다.

고전적인 괴짜 코미디 영화 '아담의 갈비뼈Adam's Rib'에서 부부로 출연한 캐서린 헵번과 스펜서 트레이시는 반대 측 변호를 맡았다. 헵번이 피고 측 변호사고, 트레이시는 방탕한 남편에 대한 살인미수 혐의로 기소된 여인을 고소하는 원고 측 변호사다. 그들은 낮에는 법정에서 논쟁을 벌이고, 밤에는 집에서 입씨름과 화해를 반복하면서 자신의 의뢰인이 정당하고 타당한 이유가 있다고 확신한다. 어느 날 논쟁을 벌이던 중에 헵번이 울음을 터뜨리고, 트레이시가 두 손을 든다. "또 시작이군! 눈물은 엄청난 주스지! 남자다운 남자를 녹이는 데 그보다 효과적인 건 없으니까. 여인의 눈물 몇 방울은 산酸보다 독해. 하지만 이번엔 안 통해. 당신은 지금부터 배심원들이 나올 때까지 계속 울 수도 있을 거야. 그렇다고 달라지는 건 없어. 이번엔 당신이 틀렸어."

몇 주 뒤 그들이 이혼 직전에 있을 때 트레이시가 자신에게 일어난 일이 진심으로 슬퍼서 울음을 터뜨린다. 헵번이 그 모습에 감동한다. 트레이시는 자신의 눈물이 아내에게 효과가 있음을 알고 조금 더 운다. 마침내 헵번도 같이 울고, 그들은 이혼하지 않기로 한다. 나중에 트레이시는 그녀가 떠나지 못하도록 거짓으로 눈물을 흘린 거라고 주장하지만 그녀는 믿지 않는다. 그녀는 "그 눈물은 진심이었어요"라고 단언하고, 트레이시도 결국 동의한다. "물론 그 눈물은 진심이었어. 하지만 나는 마음만 먹으면 언제든지 눈물을 흘릴 수 있어. 남자들은 모두 그렇게 할 수 있지만, 그런 생각을 하지 않는 것뿐이야."

헵번이나 트레이시가 연기한 캐릭터 중 아무도 인위적으로 눈물을 흘릴 수는 없으며, 눈물을 마음대로 조절할 수 있다는 트레이시의 주장은 남자들의 전형적인 허세다. 그가 한 번도 우는 것을 생각해보지 않았다고 주장할 때는 과장이 분명한데, 그는 우는 것을 생각해본 적이 있기 때문이다. 스펜서 트레이시를 전혀 닮지 않은 내 아내 역시 눈물에 속지 않으려고 했다. 나는 그녀가 의심한 대로 내가 들려준 이야기를 통해 우리가 내 감정의 가장 깊숙한 장소에 막 도착했다는 것을, 내가 완전하고 개방적인 감정적 벌거숭이 상태로 그녀 앞에 있다는 사실을 믿어달라고 했다. 그녀는 이 요구를 허세와 과장, 성급함으로 여기면서 믿지 않을 정도로 현명했다. 우리는 겨우 한 달 남짓 사귄 상태였다. 하지만 그것이 내가 의도적으로 속임수를 썼다는 의미는 아니다. 내 눈물은 진짜인 동시에 거짓이고, 진심인 동시에 위선이고, 식언인 동시에 참말이고, 기만적인 동시에 정직했고, 의도적인 동시에 의도적이지 않았다.

마찬가지로 아내가 의사 전달과 관련된 내 작전을 부분적으로 거부했다는 사실은 그녀가 거짓 뒤에 감춰진 일부 진실을 발견하기만 했다는 의미가 아니다. 그녀도 일정한 역할을 수행했는데, 진솔하기도 하고 덜 진솔하기도 한 그 역할을 통해서 은연중에 자신이 쉽게 휘둘리지 않는 까다로운 손님이라고 이야기했다. 그녀는 내 감정을 그대로 받아들이길 거부함으로써 자기표현을 했고, 자신에 대한 생각을 내게 보여줬다. 그녀는 자신이 완벽한 회의론자며, "당신이 근거를 두 개 이상 제시하기까지 당신의 주장은 아무 의미도 없다"고 주장하는 수사관이나 닳고 닳은 사람, 완고한 기자라고 생각하는 듯했다. 모린 오설리번은 4장에서 속임수가 아무런 제지 없이 진행되도록 도와주는 '비난조의 반감'을 이야기하는데, 고집 센 사람이라는 가면을 쓰고 있는 아내에게서 그런 반감은 찾아볼 수 없었다. 하지만 그녀가 내게 보여준 모습은 깊은 곳에 숨겨진 성격 중 일부였으며, 결과적으로 그녀는 성격을 완벽하게 감추지 못했다. 나는 그녀도 흔한 브로드웨이 뮤지컬을 보며 감상에 젖어서, 이모(emo : 복잡한 기타 연주와 감성적인 선율이 특징인 음악 장르 — 옮긴이)가 없어도 아무 거리낌 없이 울 수 있다는 사실을 깨달았다. 그녀가 리메이크된 '래시Lassie'를 보면서 너무 우는 바람에 우리는 중간에 나와야 했다.

그녀가 나와 함께 울어주기를 거부한 것은 어느 정도 그녀가 이야기한 이유 때문이기도 했지만, 털어놓지 않은 다른 이유 때문이기도 했다. 그녀는 냉정한 도시 여자인 동시에, 지나치게 단호한 유인과 열망을 지닌 사람이다. 또 자기방어적이고, 진지한 관계를 시작하는 데 두려움이 있으며, 눈물을 흘리지 않는 메마른 눈동자 뒤에 숨고자 했다. 그녀는 자신을 통제하는 데 지나치게 집착하는 경향이 있어서, 절대 경계 태세를 늦추려고 하지 않았다. 냉철하고 억센 그녀는 자신이 생각하고 느끼는 바를 드러내고 감추는 어떤 배역을 글자 그대로 연기하고 있었다. 물론 그건 나 역시 마찬가지다.

그 순간에 우리가 기만적이었는지, 즉 게리 파인의 이야기처럼 우리가 '사악한 영혼의 영역'에 있으면서 자신의 의도대로 사람들을 조종하려고 거짓 주장을 하고 있었는지 명확히 규정짓는 건 불가능하다. 나는 우리가 좀더 애매한 영역에 있었다고 생각한다. 게리 파인이 '상호 이해를 위한 복잡한 춤'이라고 부른 것은 기껏해야 부분적으로 이해될 수 있을 뿐이고, 의도와 이해가 협조적으로 작용하는 동시에 적대적으로도 작용하면서 혼란스럽게 뒤얽힌 상태라고 이해될 수 있을 뿐이다. 완전한 불확실성과 취약성, 자기기만을 요구하는 친밀한 만남에서 각각의 행위자는 (귀도 묄러링이 8장에서 사용한 용어의 의미에서) 트러스터인 동시에 트러스티다.

묄러링의 주장에 따르면 내가 앞에서 언급한 상황은 상호 신뢰를 위해 필요한 믿음의 비약을 시도하는 행위로 이해될 수 있다. 나는 신뢰성을 확립하고자 손쉽게 위조될 수 없는 신호로 눈물을 이용했다. 묄러링은 그런 교류에는 지극히 허구적인 것이 존재한다고, 어느 시점에서 우리는 신뢰를 얻기 위해 '마치' 제삼자를 신뢰할 수 있는 것처럼 행동할 필요가 있다고 생각한다. 미래의 아내와 나는 마침내 상대방이 기만적이면서도 정직하고, 진솔하면서도 위선적임을 깨달았다. 또 일정 수준의 신뢰와 불신을 우리 관계의 특징으로 받아들이고, 결국 우리가 결혼하리라는 사실을 깨달았다. 우리는 그날 밤 색다른 상호 이해의 춤을 추었고, 그 춤을 좋아했으며, 각자 인위적인 자아상을 계속 상대에게 보여줌으로써 어떤 결과로 이어질지 지켜보기로 했다.

어쩌면 우리가 의미하는 '신뢰'에는 그런 순간에 존재하는 수많은 복잡성이 포함되었을지도 모른다. 이를테면 끊임없이 변하는 상호작용과 기대, 정직과 속임수의 가변성, 특정 상황에서 정직과 속임수, 신뢰와 불신 등이 의미하는 내용이 그때그때 변하기 때문이다. 따라서 케니스 필즈가 (15장에서) 우리에게 상기시키는 것처럼 셰익스피어의 소네트에 등장하는 연인들이 단순하고 일상적인 아첨의 형태로 거짓말하거나, 레넌과 오노가 사랑을 이중의 환상으로 규정한 것은 충분히 이해할 수 있는 행동이다. 다른 사람에게 그 사람이 세상에서 가장 멋진 사람이라고 이야기하는 게 무슨 의미가 있을까? 그 진술이 진실일 확률이 얼마나 될까? 미국 인구가 3억 정도라고 치면 3억 분의 1일 것이다. 그런데도 순간순간 수많은 사람들이 완전한 진심을 담아 그런 말을 한다. 설령 화자를 고문해서 화자 본인도 그 이야기를 사실이라고 생각지 않는다는 자백을 받아낸다 한들 그 자백이 무슨 의미가 있을까? 그런 찬사의 대상이 단지 상대가 '이야기하는 태도를 보고' 그의 말을 사실로 믿었다는 게 과연 중요할까? 뮐러링의 주장에 따르면 속임수는 "그 행위자의 신분이나 의도, 행동에 대한 의도적인 허위 진술이며 행위 당사자들의 관계와 관련된 사실의 왜곡"이라고 정의할 수 있다. 하지만 얼마나 의도적이어야 속임수일까? 비율로 따지면 어느 정도일까? 속임수가 없는 사랑이 과연 존재할까?

하지만 여자 친구와 내가 서로 신랄하게 비난하면서 약간은 지저분한 싸움으로 관계를 끝냈다면 우리가 그 순간에 보인 정직하지 못한 태도는 완전히 다른 의미가 되었을 것이다. 우리가 상대에게 데이트가 좋지 않게 끝난 대수롭지 않은 사람으로 기억되면서 그저 그렇게 끝났다면 전체 상황은 한없이 치사하게 드러날 것이고, 어쩌면 우리는 상대의 이야기 속에서 위선적이고 붙임성이나 인정머리도 없는, 바보 같은 인물로 비하될 수 있다. 그럼에도 상호작용과 동기의 이면에 감춰진 요소들은 동일했을 것이다. 또 우리가 그 순간에 이끌어낸 정직함이 무엇이든 거의 15년이 지난 오늘날에, 그 일이 있고 한 시간이나 하루, 한 달 뒤에는 결코 의미 없을 수도 있는 어떤 것을 의미한다는 사실은 아무런 의미가 없다.

이 모든 것이 시사하는 바는 우리가 신뢰와 속임수를 고찰하는 과정에서, 정직함과 불성실함을 이해하려고 시도하는 과정에서 강요받는 이분법적 사고는 유익하고 친밀한 만남에서 끊임없이 반복되는 동기와 이해의 다양성을 설명하는 데 실패할 수밖에 없다는 사실이다. 이중성을 검토하다 보면 그 이중성이 금방 다양성으로 흡수되는 것을 본다. 그날 저녁 아내와 나는 바로 전에 우리 사이에 일어난 일에 대해 이야기하면서 많은 주제를 빠르게 섭렵하고 지나갔다. 여기에는 소설과 영화에 등장하는 눈물이나 눈물과 관련된 집안 내력, 심리학에서 다루는 감정 이론, 감정 표현에 대한 학설, 아이들이 자신의 감정을 이용하고 남용하고 자제하는 방식 같은 주제도 포함되었다. 이 과정에서 우리는 재차 다른 행동을 보이기도 했다. 이를테면 자신의 지적이고 문화적인 교양과 박식함을 과시하고, 상대를 시험하고 저울질하며, 자신이 상대에게 미치는 영향력을 관찰하는 행동이다. 구체적인 사례는 생각나지 않지만, 우리는 둘 다 이런저런 시점에서 대화 주제의 어떤 부분에 대해 자신이 아는 것보다 많이 아는 체하는 듯한 (목소리나 몸짓이나 말하는 것으로 봤을 때) 태도를 보였다. 그 순간 우리는 자신이 실제보다 똑똑하거나 박식하거나 지혜롭게 보이도록 상대방을 기만하려고 한 것이다. 자신을 본받고 싶은 인물로 묘사해서 상대방의 존경심을 얻고자 했다.

하지만 일반적으로 우리는 평범한 사람일지라도 어느 정도 자신의 장점을 과장한다고 '믿고', 그런 경향을 감안하지 않는가? 우리는 깊은 물속과 거울의 원리, 끊임없이 껍질이 벗겨지는 양파를 추측하지 않는가? 인간의 복잡성에 대한 이해가 상대방의 진술을 어떻게 이해할지 결정한다면 우리가 저지르는 대수롭지 않은 속임수는 의례적으로 진실을 이야기하는 하나의 방식이 아닐까? 무엇이 아내－그녀는 포커에 매우 능숙하다－에게 힌트를 주었는지 누가 알겠는가? 어쩌면 나의 '미세 표정'(3장 참조)이나 '누출 단서'(6장 참조)가 내 행동의 일차적인 임무를 실패하도록 만들었는지도 모른다. 하지만 그녀가 내 눈물을 액면 그대로 받아들였다면 좀더 많거나 적은 속임수가 이어지지 않았을까?

우리가 그날 나눈 대화는 그 외에도 한 가지 다른 결과를 불러왔다. 대화를 나누다가 어느 시점에 이르자 그녀가 말했다. "바로 그거예요. 눈물에 대한 책을 써보세요." 나는 그녀의 말대로 했다. 나는 악어의 눈물과 그 외에도 눈물을 흘리는 동물들을 연구하고, 사회과학과 생리학 논문을 검토하고, 모든 슬픔에 대한 문학적이고 예술적인 기록을 엄밀히 조사한 뒤 책을 썼다.

그 모든 연구는 나에게 무척 흥미로운 영향을 끼쳤다. 덜 우는 것이다. 나는 이제 눈물을 신뢰하지 않는다. 습관적으로 눈물을 불신한다고 말하는 게 좀더 정확할 것 같다. 그리고 여기에는 겉으로 드러나지 않은 동기가 있다고 의심한다(실제로는 거의 확신에 가깝다). 나는 혹시 속임수가 있는 건 아닌지 항상 의심한다. 아내처럼 된 것이다. 어쩌다 보니 그렇게 되었다. 이렇게 말하는 게 둘러대기일까? 어쩌면 내가 칼 버그스트롬이 언급한 문어처럼 거의 무의식적으로 그녀를 흉내 내게 되었다는 게 좀더 정확한 이야기일 것이다.

PART 4

속임수와
기관

_ **포드 로언**Ford Rowan

조지워싱턴대학의 조직학 전임강사다. 현재 국립중대사건분석센터National Center for Critical Incident Analysis를 맡고 있으며, 산타페연구소 이사회에서 일한다.

_ **포드 로언**Ford Rowan

조지워싱턴대학의 조직학 전임강사다. 현재 국립중대사건분석센터National Center for Critical Incident Analysis를 맡고 있으며, 산타페연구소 이사회에서 일한다.

공중 보건의 위기 상황에서 직면하는
속임수와 진실

포드 로언

　　관료가 저지르는 호도성 진술은 정부에 대한 대중의 신뢰를 좀먹고, 비상사태에 대처하고자 하는 사회적인 노력을 방해한다. 21세기 들어 첫 10년 동안 북아메리카에서 공중 보건을 위협한 세 가지 사건─2001년 발생한 탄저병 공격, 2003년 발병한 사스SARS, 2005년 허리케인 카트리나의 여파─은 우리에게 교훈을 남겼다. 세 사건은 모두 호도성 진술과 부풀려진 확신, 다른 사람을 비난하려는 시도 등이 정부가 유능하고 믿음직스럽게 행동할 거라는 신뢰를 어떻게 떨어뜨릴 수 있는지 보여준다. 노골적인 속임수는 신뢰를 잃는 방식 중 하나일 뿐이다. 심지어 관료들이 대중을 속였다는 사실이 발각되면 공중 보건을 지키기 위한 대응 자체가 심각한 혼란에 빠질 수도 있다. 예를 들어 미국에서 최악의 생화학 테러 사건인 탄저병 공격이 발생하고 두 달 동안 미국인은 연방 공무원이 자신들을 완전히 기만했다고 생각했으며, 탄저병 공격에 대처하는 방법과 관련해서 연방정부 지도자보다 지역 공무원의 조언을 신뢰할 거라고 이야기하는 사람들이 두 배나 많았다.[1]

탄저병 사건은 극단적인 위기에 직면해 새로운 위험이 감지되고, 지도자들이 진실을 이야기하지 않는다는 의혹이 재앙을 어떻게 악화할 수 있는지 보여주는 사례다. 신뢰는 깨지기 쉽지만, 사람들이 어떻게 자신을 지키고 가족과 지역공동체를 보호해야 할지 정보가 필요한 위기 상황에는 절대적인 요소다. 특히 생화학 테러처럼 테러리스트의 공격이 있거나 유행병이 발생하는 경우 신뢰는 수많은 사상자가 발병함으로써 수반되는 물리적·심리사회적 결과에 사회가 대처할 수 있을지 판가름하는 열쇠가 되기도 한다. 사례 연구는 유행병처럼 새롭게 감지된 안전의 위협에 직면해서 인명 구조를 위한 조언을 성공적으로 전달하는 데 신뢰가 매우 중요하다는 사실을 보여준다.

미국의 정치적인 환경은 관료가 신뢰를 얻기에 적합하지 않다. 베트남전이나 워터게이트 사건, 이란-콘트라 사건, 클린턴 탄핵, 이라크전쟁 같은 논란거리들이 지난 40여 년 동안 관료의 신뢰성에 회의적인 시각을 유발해왔다. 9·11 테러 이후 미국인은 강력한 리더십에 우호적인 반응을 보였고, 알카에다와 전쟁을 벌이는 공무원에게 신뢰를 보냈다. 하지만 5년이 지난 시점에 이라크전쟁과 관련해서 많은 사람들이 속았다고 생각하기에 이르렀고, 대통령 선거에서 공화당에게 복수했다. 속임수는 합리적인 의심을 넘어 신뢰가 깨질 정도로 만연해선 안 된다는 사실에 주목해야 한다. 귀도 뮐러링은 "믿음의 비약이 신뢰를 가능케" 해주지만 기대가 충족되지 않을 때 타인을 신뢰하던 사람들은 배신감이 들고, "믿음의 비약은 곧 믿음의 소멸로 바뀔 것이다"라고 이야기한다. 그는 기대가 충족되지 않음으로써 비롯되는 단순한 실망감이 점차 극도의 좌절과 분노로 확대될 수 있다는 점에 주목한다.

무너진 기대감이 의도적인 속임수의 산물이 아닌 경우도 있을 것이다. 공무원의 잘못된 진술이나 허점이 있는 계략, 서투른 집행, 과대 선전과 과장, 대중의 순진한 기대 등 우리를 호도할 수 있는 요소는 무수히 많다. 형편없는 리더십은 우리를 호도한다. 생명이 위협받는 상황에서 형편없는 리더십과 직면하면 대중은 정부가 의도적으로 자신들을 기만했다고 생각할 수 있다. 모린 오설리번과 마크 프랭크를 포함해 이 책의 몇몇 저자들은 대다수 사람들이 속임수를 당할 때 이를 정확히 간파하기가 어렵다는 점에 주목해왔다. 이런 현상의 이면에는 사람들의 경솔한 결론이 존재하게 마련인데, 그들은 듣기 좋은 이야기로 무너진 기대감을 설명할 수 있을지 모르지만 자신들이 속아왔다는 사실에는 변함이 없다고 믿는다. 신뢰가 깨지고 위급한 상황에서 공무원의 리더십이 제 기능을 발휘하지 못하는 경우가 심심치 않게 발생한다.

이 장에서는 이전에 발생한 위기 상황에서 대중이 신뢰를 잃은 과정을 살펴보고, 관료가 어떻게 신뢰를 회복할 수 있는지 알아본다. 관료의 신뢰성은 ❶그들이 이야기하는 내용의 정직성과 정확성 ❷그들이 내리는 결정의 도덕성 ❸그들이 보여주는(혹은 보여주지 못한) 행동의 합리성에 좌우된다. 탄저병 공격과 사스, 허리케인 카트리나 같은 사건이 주는 교훈은 정부가 유익한 신뢰를 구축할 수 있도록 방법을 제시함과 동시에 대중의 신뢰를 잃게 만드는, 기만적인 수단을 사용해서 맹목적인 신뢰를 조장하는 부정적인 위험 요소를 피해갈 수 있도록 길을 제시한다.

위기 상황에서
공중 보건을 위협하는 요소

전염병 발생에 대응해 공중 보건을 지키기 위한 방책에는 응급 질환에 감염되었거나 잠재적으로 감염되었을 것으로 여겨지는 사람의 활동을 강제로 제한하거나 금지하는 조치가 포함되기도 한다. 과거의 사례를 보면 전염병이 발생하는 경우 격리, 예방접종이나 치료, 건강진단이나 검사, 여행 제한, 전염병 조사, 환자의 사생활을 침해하는 조치가 취해진다. 정부가 개입하면 사람들이 헌법에 따라 보호받아야 한다고 믿는 권리와 자유가 침해되게 마련이다. 이런 대응책은 대중과 정부 관료 사이에 긴장을 유발하기도 하며, 오늘날까지도 질병이 창궐하는 경우 대중을 가장 불안하게 만드는 요소가 되고 있다. 인권이 위태로워질 수도 있는 문제이기 때문에 관료들이 기만적으로 행동할지 모른다는 의심은 대중이 정부의 강제 조치를 수용하는 데 악영향을 미치기도 한다.

전염병이 발생해 정부 개입이 시작되면 사회 혼란과 잠재적인 폭력 사태가 주된 관심사로 떠오른다. 대중의 불안이 증가되고 우리는 공중 보건 대응책을 시행하는 데 동원될 수도 있는 인원이 인플루엔자에 감염되어 곤혹을 치를 것이 뻔하기 때문에 상당수 인적자원이 지역이나 주 정부에서 법을 집행하는 공무원뿐만 아니라 보다 광범위한 부문에서 제외되어야 할 거라는 전망에 직면한다. 법을 집행하기 위해 인력을 확충하는 과정에서 주 방위군이 중심적인 역할을 하기도 한다. 하지만 군대를 투입하면 겁에 질린 대중과 질서를 회복하려는 사람들 사이의 긴장감을 가중할 수 있다.[2]

공무원은 위험성을 축소 평가하고, 허황된 확언을 하고, 자신의 행동을 과장하고, 여론을 조작하는 등의 유혹을 느낄 수도 있다. 탄저병 공격과 사스 발병, 뉴올리언스의 허리케인 카트리나 여파는 순식간에 공중 보건을 위협하는 위험 요소의 차원을 넘어 법 집행의 위기와 인종차별적인 주장, 뉴스 매체의 공포 조장 같은 특성을 나타냈다.

전염병이 발생한 경우 대중의 부정적인 반응을 최소화하고, 전염병의 영향을 받은 공동체에게서 협조를 이끌어낼 수 있는 조치를 취하는 것이 매우 중요하다. 전국적인 전염병이 발생했을 때 사람들이 '우리는 이 일에 직면해서 모두 힘을 합쳐야 해'라고 생각할 거라는 추측이 틀리기도 한다. 따라서 해당 전염병에 걸린 사람들은 물론이고 주된 보균자 집단에 속해서 공포의 대상으로 간주되는 사람들이 다른 사람에게 핍박을 받기도 한다. 이런 비난은 회피나 격리, 학대 같은 형태로 나타나고 폭력적인 행동으로 이어지는 경우도 있다. 또 이질적이고 정신을 좀먹는 부작용이 발생할 수 있다. 친구와 가족, 이웃, 특히 이방인은 공포의 대상이 되고, 환자들이 방치되기도 하며, 보균자라고 생각되는 사람들은 기피 대상이 되거나 학대를 받는다. 사람들은 흔히 오랫동안 인종이나 사회적 인습으로 전해오는 민간 해석에 의지해서 질병에 대한 의학적인 개념을 간과한다. 이에 대해 넬킨^{Dorothy Nelkin}과 길먼^{Sander Gilman}은 다음과 같이 이야기한다.

> 우리는 사회에 존재하는 경계와 정치적 이상을 유지하기 위해 여전히 질병을 이용한다. 그리고 질병에 대한 통제가 제한될 때 자신을 보호하기 위해 여전히 다른 사람을 비난한다. 다른 집단이나 상식에서 벗어난 이상한 행동을 비난함으로써 질병과 죽음의 임의성을 회피하려 하고, 본질적인 취약성에서 벗어나려 하며, 인간이기 때문에 타고난 죽을 운명을 떨쳐버리려고 한다.[3]

토론토에서 사스가 발생했을 때 어떤 사람들은 국적이나 실질적인 사스의 위험 요소와 상관없이 동양인처럼 보이는 모든 사람을 두려워했고, 그들이 격리되기를 원했다. 사람들은 감염되면 소외되고 비난받을 거라는 두려움으로 초기 임상 증상을 외면했고, 그 때문에 의료 혜택을 받을 수 있는 시기를 놓치는 경우도 있었다. 인종 차별적인 비난은 흔히 사회적·경제적 문제를 동반하고, 이런 문제들은 내면화된 비난과 공포감을 가중한다.

사스 사례와 달리 지리적으로 광범위하게 유포되는 전염병은 한 인종 집단의 범위를 금방 뛰어넘어 전 세계 인구를 위협한다. 따라서 구체적인 인종 집단에게 질병 유포의 책임을 묻거나 감염 위험성이 높다고 비난하지는 않지만, 감염 위험성이 높은 직장에 근무하는 사람들이 핍박을 당하기도 한다. 감염된 사람들과 접촉하는 직업에 종사하는 직장인은 병을 옮길 위험성이 높은 것으로 간주되고, 그 결과 비난이나 차별적인 행동의 표적이 되기도 한다. 2003년 사스가 발생했을 때 공중 보건 관리 분야에 종사하던 사람들과 그 가족은 심각한 비난과 차별을 겪은 집단 중 하나로 확인되었다. 그들이 생명의 위협을 무릅쓰고 질병으로 고생하는 사람들을 치료한다는 사실은 질병을 옮길 가능성이 있는 사람과 직접적인 접촉을 피하려는 사람들의 부정적인 반응에서 그들을 지켜주는 데 아무런 도움이 되지 못했다.

조류독감이나 생화학 테러 등 새롭게 감지된 위험 요소는 평범한 사람들에게 새로운 문제를 야기한다. 이런 위험 요소는 사람들이 자신과 가족을 어떻게 보호할 수 있을지 전례가 없는 선택 상황을 만든다. 이와 관련하여 바루크 피쇼프^{Baruch Fischhoff}는 다음과 같이 말했다.

> 시민으로서 그들은 어떤 정책이 물리적인 안전과 경제적 활력, 시민 정신, 사회적 응집성을 기대하는 국가적인 요구에 최선인지 결정해야 한다. 사람들은 믿을 만한 정보가 없는 상태에서 이해하지 못하거나 원하지 않는 선택을 하면서 살아가는 자신의 모습을 발견할 것이다. 사람들이 자신에게 결정적인 정보가 제공되지 않는다고 느끼면서 어려운 상황은 더욱 복잡해진다. 상황은 악화되면 위험 요소를 둘러싼 진작부터 잘못된 이해는 부수적인 고통과 후회를 가중할 수 있다.[4]

공공의 이익은 보통 사람들에게 중요하고 결정적인 선택을 강요하면서 시민권에 근거한 가치와 충돌할 수도 있다. 미국인은 행동의 자유를 근본적인 권리라고 생각한다. 하지만 여행 제한과 격리가 촉발할 수도 있는 문제를 상상해보라. 그리고 시민은 그들이 할 수 없는 것을 하도록 통고받기 때문에, 특히 초기 단계에서는 정부가 하루빨리 질병이 확산되는 것을 막을 수 있는 의학적인 치료법을 찾아내기만 헛되이 기다릴 것이다. 인플루엔자를 치료할 수 있는 극히 제한된 수단은 '우리를 돕기 위해 가능한 모든 조치가 취해지지 않고 있다'는 인식에서 비롯되는 혼란과 근심이 늘어가도록 초래하기 쉽다. 의료 기관은 정부 관료나 긴급 환자, 의료계 종사자 등을 우선적으로 수용하기 위해 제한될 것이 거의 확실하다. 환자 분류는 반드시 필요한 과정이지만, 그 기준을 신뢰하지 못하는 사람이라면 아픈 아이가 아무런 치료도 받지 못하고 방치될 때 과연 어떻게 느낄까?

질병 발생에 제대로 기능하지 않는 심리적 · 행동적인 건강 반응은 질병에 대처하고자 하는 노력을 방해할 수도 있다. 예를 들어 심리적이고 정신 상태에 작용하는 고민 반응(비탄, 분노, 공포, 의기소침, 심신 질환)과 행동 변화(이를테면 손 씻기에 대한 공공 기관의 발표를 무시하는 행동)는 개인적인 능력을 약화해서 사람들이 개인적인 노출을 최소화하고, 공동체에서 질병의 전염을 최소화하기 위한 공중 보건 방침에 집중하지 못하도록 만들기도 한다. 적응성이 낮은 감정적 · 행동적 반응은 경제를 혼란에 빠뜨리고, 건강관리 조직에 과중한 부담을 지우며, 방어적으로 행동하려는 노력을 부추겨서 결국 역효과를 불러온다.[5] 그에 따른 결과를 레이스먼^{D. B. Reissman}과 동료들은 다음과 같이 정리한다.

- 심리적인 고민
- 공포와 의심

- 정신 질환

- 설명되지 않는 다양한 신체적 증상

- 비난과 인종차별

- 행동의 변화(음주, 마약 등)

- 안전과 위험에 대한 의식의 변화[6]

　1918년에 발생한 유행성 독감 보고서는 해당 질병을 둘러싸고 발생한 무서운 특징을 보여주는 설명으로 가득 채워졌다. 독감이 1차 세계대전 중에 발병했기 때문에 관료들은 쉬쉬했고, 수많은 사람들이 사망했는데도 정확한 발표조차 하지 않았다. 이렇게 호도하는 정보와 허황된 확언은 미래에 발생할 전국적인 유행병 상황에서 필요한 대중의 신뢰와 작별의 키스를 하는 꼴이 되었다. 유행병의 발병을 효과적으로 관리하고, 유행병으로 인해 발생하는 심리적인 피해를 최소화하기 위해 관련 사건을 담당하는 관리자는 반드시 다음과 같은 조치를 마련해야 한다.

- 대중의 신뢰와 커뮤니케이션의 효율성을 극대화할 것.

- 대중에게 행동의 변화를 요구할 때 그들이 적응할 수 있는 행동 변화를 유도해서 극대화할 것.

- 충성도와 친사회적 기능은 높이되, 사회적·정서적 악화를 줄일 것.

- 비상시에 대비해 반드시 필요한 사회 기반 시설에 종사하는 핵심 인원의 직업적인 성취도와 개인적인 활기를 극대화할 것.[7]

리스크 커뮤니케이션의
핵심은 신뢰

인플루엔자 유행병의 잠재력은 위험을 경고하기 위한 정보를 전달하는 데 새로운 문제를 야기한다. 우리는 지난 30여 년 동안 대중이 기업이나 정부의 진술에 속고 있다고 느끼는 상황에서 환경 보건이나 공중 보건과 관련된 논쟁을 통해 많은 것을 배웠다. 이런 교훈은 질병이 발생했을 때 적용될 수 있다. 시기적으로 적절하고 정확한 커뮤니케이션은 유행병이 발생했을 때 대중의 협조와 이해를 이끌어내는 결정적인 역할을 한다. 코벨로Vincent T. Covello와 샌드맨Peter M. Sandman은 공포나 좌절, 무력감, 격분, 걱정, 불신 같은 요소를 다루는 수단으로 보다 수준 높은 커뮤니케이션을 주장해왔다.[8] 그들은 리스크 커뮤니케이션(risk communication : 보내는 사람에게 유용한 정보뿐만 아니라 마이너스 정보와 부정적인 측면까지 리스크를 정확하게 전달하는 일 — 옮긴이)을 발전시키기 위한 네 가지 방법을 제안한다.

- 대리인은 결정을 내리고 안내문을 전달할 때 반드시 오류를 피해야 한다.
- 공무원은 정보의 출처와 관련해서 대중의 신뢰를 반드시 유지시켜야 한다.
- 뉴스 기관은 위험성을 과장하지 않도록 조심해야 한다.
- 공무원은 개인과 지역공동체, 인종 단체가 특히 방어 단계에서 대응 절차를 준수하도록 독려해야 한다.

리스크 커뮤니케이션은 30여 년 동안 과학적인 영역(위험 가능성의 수치화)에 초점을 맞추던 것에서 위험을 인지하는 데 영향을 미치는 문화적·사회적 요소도 고려하는 영역에 초점을 맞춰 발전해왔다. 미국국립과학원NAS이 1989년 밝힌 바에 따르면, 리스크 커뮤니케이션이란 법률적인 쟁점이나 제도적인 관리에 의거해 대중적인 '의견'이나 반응 같은 '위험 요소를 약간은 엄격하지 않게 대하면서 다수의 메시지'를 주고받는 일종의 '상호작용 과정'이다. NAS가 권고한 접근법은 이해 집단 지도부의 관심사와 두려움, 아이디어, 요구 등을 확인하기 위해 그들과 대화를 시도하면서 그들을 동반자로 대하고, 그런 쟁점에 대처하는 방식을 서로 합의하는 것이다.[9] 수년 동안 환경 보건과 관련된 논쟁을 벌이며 위기 상황에서 삶의 질을 비롯한 그 외 중요한 쟁점에 비해 위험을 수치화하는 작업은 그다지 중요하게 인식되지 않았다.[10]

뉴올리언스에서 발생한 허리케인 사례는 다음과 같은 점에서 우리에게 경험적인 가치를 제공한다. 첫째, 아무런 대책 없이 사람들을 대피소로 이동하도록 강요했다. 둘째, 그들에게 보장된 약속이 몇몇 사례에서 거짓으로 드러났다. 유행병이 발생해서 사람들이 도시 내부에 갇혀 집을 떠나지 말도록 통보받는 경우, 그들이 사회에서 버림받았고 차별받는다고 느끼리라는 건 상상하기 어려운 일이 아니다.

뉴올리언스에서는 홍수에 제대로 대처하지 못하는 바람에 인종차별적인 주장과 가난한 사람을 부당하게 대우한 문제가 표면화되었다. 국가적인 위기 상황에서 주 정부나 지역 정부가 수백만 명의 행동을 제한하려고 하는 모습을 상상해보라. 언론 매체가 궁지에 몰려 격분한 희생자에게 대중의 관심을 집중시키면 리스크 커뮤니케이션을 위한 노력은 완전히 수포로 돌아갈 수 있다.

권력자는 일반적으로 대중과 대화하기보다 대표자로서 발언하기를 원하고, 자신을 최고 지도자인 양 묘사하고자 한다. 커뮤니케이션은 세 가지 측면으로 정의될 수 있다. 내가 이야기하는 것, 그들이 듣는 것, 우리가 배우는 것이다. 많은 사람들이 커뮤니케이션할 때 자기중심적인 관점에서 벗어나 자신의 메시지가 청중에게 미치는 영향을 고려하지 않는다. 무슨 이야기를 할지 결정하는 것도 중요한 문제지만, 화자는 청중이 어떤 이야기를 듣고, 어떤 이야기를 기억하며, 어떤 이야기에 따라 행동하는지 반드시 관심을 기울여야 한다. 커뮤니케이션은 개인과 사회를 배워가는 쌍방향 도로이자 꼭 필요한 수로水路다. 커뮤니케이션의 목적은 정보 전달에서 교육까지, 설득에서 동기부여까지, 속임수에서 강요까지 다양하다.[11] 많은 미국인은 정보 전달자가 선택권을 주는 대신 행동을 강요할 때 동요한다. 속임수는 기만적이거나 강제적인 목표를 감추는 방법에 불과하다.

사람들은 어떤 위험을 통보받을 때 다음과 같은 질문에 명확한 답변을 요구한다. 나와 가족의 안전에는 아무런 문제가 없는가? 잠재적인 위험에 직면했을 때 대중은 학문적인 이론 따위에는 관심이 없고, 자신이 직면한 위험과 관련해 어떤 조치를 취해야 하는지 알고 싶어한다.[12] 하지만 명료하고 결정적인 답변은 좀처럼 얻을 수 없다. 불확실성과 싸우는 건 어려운 일이지만, 위기관리에서 본질적인 부분을 차지한다. 당국자들은 국민을 해당 위험에 무지한 상태로 놔두려고 할지 모르지만, 정보를 숨기는 조직은 그 문제가 드러났을 때 신뢰를 잃을 수 있다는 위험을 감수해야 한다. 아무리 사소해도 은폐 의혹은 그 뒤에 이어지는 위험을 알리려는 진솔한 노력에 장애가 될 수 있고, 대중이 다른 경로를 통해 공중 보건과 관련하여 새롭게 노출된 위협을 아는 순간 무력감과 공포, 분노를 초래할 수 있다. 사람들을 움직이는 주된 동기는 자신과 가족을 보호하는 것이기 때문에 무력감은 특히 문제가 된다. 리스크 커뮤니케이션은 기술적인 위험이나 해를 끼칠 수 있는 가능성을 단순히 전달하는 행위 이상의 의미가 있다. 이를테면 사람들의 가치 기준과 밀접한 관계가 있다. 따라서 위험과 관련된 심리적·사회적·문화적 대화가 대중의 인식을 높이고 긍정적인 행동을 이끌어낼 수 있는 방식으로 이어져야 한다.[13]

리스크 커뮤니케이션은 손실에 대한 전망이기도 하다. 스트레스가 심한 시기에 복잡하고 기술적인 보건 정보를 이해하는 건 쉬운 일이 아니다. 사람들은 자신이 그런 위험을 통제할 능력이 있는가 하는 맥락에서 위험 정보를 검토한다.[14] 스스로 초래한 위험은 강제로 주어지는 위험보다 덜 위험하게 인식된다. 개인이 통제할 수 있는 위험은 개인의 능력으로 통제되지 않는 위험보다 덜 위험하게 여겨진다. 친숙한 위험은 친숙하지 않은 위험보다 덜 위험하게 생각된다. 공평하다고 판단되는 위험은 불공평하다고 판단되는 위험보다 덜 위험하게 간주된다. 직접적인 이득을 제공하는 위험은 아무런 보상이 없는 위험보다 덜 위험한 것으로 여겨진다.

자발성과 통제성, 친숙성, 공정성, 이득 여부 등의 요소는 정보를 쥔 사람이 누구인지, 결정은 누가 하는지, 보상은 누가 하며, 누가 무엇을 얻는지에 영향을 미친다. 요컨대 이 요소들은 모두 힘과 관련된 것이다. 그리고 무력감에 빠졌을 때 삶은 매우 위험하게 보인다. 위험에 대한 인식의 이면에는 사람들이 자신을 무지하다고, 자신이 선택권을 빼앗겼다고, 통제할 수 없는 위기 상황에 강제로 내몰렸다고, 사회체제에 의해 혹사당했다고 생각하는 감정이 존재한다.[15] 정치적으로 무기력한 상태에 빠뜨리는 이런 감정은 분노를 촉발하고, 사람들이 전문가의 조언을 거부하게 만든다. 대다수 사람들은 자신에게 닥쳐온 위험이 무엇인지 학문적으로 설명하는 공무원의 이야기를 듣기보다 사회가 자신의 이야기를 듣고 자신이 걱정하는 부분을 검토하도록 하고자 한다.

성공적인 리스크 커뮤니케이션은 사람들에게 권한을 부여해서 그들이 자신과 가족에게 가해지는 위험을 줄일 수 있는 최선의 대안을 선택하도록 하는 것을 목표로 삼는다. 슬로빅^{Paul Slovic}은 리스크 커뮤니케이션의 문제가 정보 출처에 대한 신뢰의 부재에서 비롯된다고 생각한다. 위기 관리자가 신뢰를 받는다면 커뮤니케이션 문제는 상대적으로 간단해진다. 하지만 신뢰 수준이 낮으면 커뮤니케이션으로 그 틈을 메우는 건 불가능하다. 슬로빅은 신뢰를 얻고자 하는 사람들에게 다음과 같은 어려움이 따른다고 이야기했다.

- 신뢰는 만들기보다 깨기가 쉽다.
- 신뢰를 갉아먹는 부정적인 사건은 신뢰를 구축하려는 노력보다 눈에 잘 들어온다.
- 대중은 긍정적인 사건보다 신뢰를 파괴하는 사건에 비중을 둔다.
- 나쁜 뉴스는 좋은 뉴스보다 믿음직한 사실로 여겨진다.
- 불신은 일단 시작되면 점점 강화되고 영원히 사라지지 않는다.

- 불신은 선입관을 강화해서 상황 판단에 영향을 미친다.
- 신뢰가 사라지면 회복하기까지 오랜 시간이 걸린다.[16]

신뢰는 사람들이 위험을 인지하고, 전문가의 조언을 받아들이거나 거부하는 방식과 관련이 있는 듯하다.[17] 사람들은 경우에 따라 전문가를 신뢰하지만, 위험이 충분히 파악되지 않았다고 인지하기 때문에 여전히 그 위험에 대한 전문가의 조언을 거부한다.[18] 정보의 출처에 대한 신뢰성은 효율적인 리스크 커뮤니케이션을 가능케 하는 중요한 요소 중 하나다.[19] 특정한 위험에 직면해서 대중과 효율적으로 커뮤니케이션하려면 지도자가 얼마나 구체적인 전문성이 필요한가 하는 문제에는 논란이 있다.[20] 분명한 사실은 특정 정보의 출처가 어떤 위협에 정통한 전문가로 여겨질수록 그에 대한 신뢰는 해당 정보가 대중에게 얼마나 잘 받아들여지는가 하는 문제에 영향을 줄 수 있다는 점이다.

사회과학자들로 구성된 다양한 연구팀이 신뢰를 구성하는 속성을 알아내고자 노력해왔다. 이런 속성에는 전문성과 능력 외에도 보살핌과 공감, 개방적인 태도와 정직성, 공정함, 책임, 의무에 대한 헌신 등이 포함된다.[21] 또 동기부여는 능력만큼이나 중요하게 여겨지는데, 정보를 받아들이는 사람들이 속임수에 취약하기 때문이다. 폴 에크먼이 진술한 대로 사람들은 "의심하기보다는 신뢰하기를 선호한다".[22] 하지만 그들이 속았다는 사실을 깨닫는 경우 속아넘어간 희생자가 거짓말을 곧이곧대로 믿은 자신의 실수를 직시하면서 자책한다.[23] 4장에서 오설리번이 언급한 바에 따르면 사람들은 그 파급효과가 너무 커서 속임수를 간파하려는 행동에 못마땅한 태도를 보인다. 마이클 린치^{Michael Lynch}에 따르면 "거짓말은 권력을 휘두르는 매우 본질적인 행동이다". 거짓말쟁이의 득세는 희생자의 손실로 이어지게 마련이다.[24] 힘을 과시하는 데 따른 심리적인 비용은 한번 잃은 신뢰가 왜 회복되기 어려운지 보여준다.

탄저병 공격에서 얻은 교훈: 정확성이 필요

탄저병 공격은 미국에서 유례없는 사건이었으며 불확실함 투성이였다. 2001년 9월 탄저균 포자가 미국 우체국을 통해 전국의 정치 지도자와 언론기관 앞으로 발송되었다. 탄저병 감염이 확인되거나 의심되는 사례 22건이 보고되었고, 5명이 사망했다. 그에 따라 확산된 공포는 사망자 수와 비례하지 않았다. 첫 사례가 드러나자 대중은 개봉되지 않은 편지에 위험을 느끼기 시작했다. 감염된 편지가 개봉된 건물에서 일하던 의회 직원에게 가장 먼저 관심이 쏠렸다. 우체국 직원이 탄저균을 전염시킬 수도 있다는 위험성을 경계하는 단계는 좀더 천천히 찾아왔다. 탄저균 포자가 있는 편지를 개봉한 사람부터 인접한 공간에서 일하던 사람, 그 편지를 다룬 사람, 감염된 봉투와 뒤섞여 있던 편지 가운데 하나를 받은 사람까지 위험의 범주를 확실히 인지하는 데 몇 주가 걸렸다. 탄저균은 전염성이 없는데도 마치 범인에게서 편지를 받은 실제 수취인보다 훨씬 많은 사람에게 위험이 확대된 것이 분명한 듯한 공포가 확산되었다.

정부는 탄저병으로 의심되는 사례를 분석한 첫 진단이 나오기도 전에 9·11 테러로 충격에 휩싸였던 국민을 안심시키려고 노력했다. 2001년 9월 29일 토미 톰슨Tommy Thompson 보건복지부 장관은 CBS의 '60분60 Minutes'에 출연해서 미국은 생물학 공격에 완벽하게 대비되었다며 국민에게 걱정하지 말라고 공언했다. 보건복지부에서 톰슨 장관이 공언한 완벽한 대비 문제를 담당한 적이 있는 마거릿 햄버그Margaret Hamburg는 당시를 상기하면서 "우리는 그 이야기가 새빨간 거짓말임을 알았기 때문에 걱정했다"고 말했다. 햄버그는 그 대비와 관련된 톰슨 장관의 낙관적인 발언이 '희망적인 바람'에 불과하다고 일축했다.[25] 톰슨 장관의 공언은 일주일도 지나지 않아 지나치게 낙관적인 것으로 드러났다. 허황된 확언은 처절하게 빗나갔다.

10월 4일 톰슨 장관은 첫 탄저병 사례를 발표하면서 해당 사례는 시냇물을 마셔서 자연적으로 감염된 별개의 사건이며, 테러에 따른 감염이 절대 아니라고 재차 공언했다. 첫 희생자인 로버트 스티븐스를 호흡기 탄저병으로 진단한 래리 부시Larry M. Bush 박사는 톰슨 장관의 진술이 전혀 사실이 아님을 알고 있었다. 연방 정부는 모든 공식 발표를 대변인을 통해 일원화하기로 결정했고, 톰슨 장관은 보건복지부 소속 공무원에게 언론 매체와 접촉하지 말도록 지시했다. 이 결정은 질병통제센터CDC와 식품의약국FDA, 국립보건원NIH에서 일하는 전문가들이 사건 초기에 공중파 방송과 신문 지면에서 배제되는 결과를 가져왔다. 나중에야 정치적으로 임명된 고위 공무원들이 교묘히 빠져나간 기술적인 문제를 보완하기 위해 전문가들이 초빙되었다.

당국이 혼란스럽고 상반된 진술을 발표하면서 정부가 제공하는 기술적인 조언을 회의적인 시각으로 바라보는 사람들이 늘어났다. 탄저병 사건은 위험을 둘러싼 기술적인 설명을 바라보는 국민의 경계심 가득한 시각을 재확인해주었다. 탄저병 공격이 발생하기 전에 팻 카플란Pat Caplan이 진술했듯이 "해답을 제공하는 과학의 힘과 관련된 이전 세대의 믿음은 이제 의심으로 변했다. 과학자들이 스스로 합의를 도출하지 못하는 점이 첫째 이유고, 오늘날 과학이 제공하는 해답이 훨씬 더 복잡하고 불확실한 점이 둘째 이유며, '그들'이 항상 변덕을 부리는 점이 셋째 이유다".26 이런 평가는 부적격한 대변인이 제공한 어설픈 설명이 오해와 불신을 유발한 탄저병 사례를 통해 사실로 증명되었다.

정부는 다른 보건 전문가나 의료계 인사와 정보를 교환하는 데 재빠르지 못했다. CDC는 탄저병으로 첫 사망자가 발생하고 일주일이 지난 10월 12일에야 '이환율(罹患率 : 병에 걸리는 비율 — 옮긴이)과 사망률 주간 보고서Morbidity and Mortality Weekly Report, MMWR' 웹사이트에 결과물을 발표했다. MMWR의 전 편집자 로렌스 올트먼Lawrence Altman은 당시 뉴욕타임스의 통신원으로 재직 중이었는데, 10월 16일자 신문에 다음과 같은 기사를 실었다. "의사들과 의료계 종사자들이 전염병에 대한 정보를 찾기 위해 들여다보는 게시판에는 탄저병 현황을 설명하는 두 단락짜리 글이 올라왔는데, 그마저 최초 두 건의 사례와 탄저병 증상에 관한 설명이 전부였다." 올트먼은 "나는 MMWR의 전 편집자로서 그 게시판이 필요한 건강 정보를 얼마든지 신속하게 전달할 수 있음을 알고 있다"고 덧붙였다. 하지만 그 게시판의 현재 편집자인 존 워드John W. Ward 박사는 MMWR를 '이례적인 사례'라고 칭했다. 올트먼은 CDC 대변인들이(당시까지 대변인들이 언론에 자유롭게 의견을 말했다는 점을 고려할 때) 플로리다와 뉴욕에서 발생한 사례를 알지 못하는 듯 보였다고 진술했다. 대변인들은 '혼란을 가중하는 진술'을 늘어놓았고, 올트먼의 질문에 "과학적인 이치를 이해하지 못했고, 관련 내용을 전해 들은 바가 없다고 말하면서 오히려 내게 설명을 요구했다".[27]

CDC의 줄리 거버딩Julie Gerberding 박사는 탄저병 공격이 발생한 시기에 의사들이나 시의 보건복지부 직원을 포함해 아무도 CDC에서 아무런 정보도 얻을 수 없었다고 회상했다.[28] 종전의 자료들이 보건복지부 직원이나 언론 매체, 대중에 의해 항상 올바르게 해석되거나 적용된 건 아니다. 예를 들어 탄저병에 감염되려면 탄저병 포자를 1만 번은 들이마셔야 한다는 진술은 잘못된 것이다. CDC는 2001년 9월 캐나다 방위군이 봉투에 묻은 탄저균 분말이 동일한 공간에서 얼마나 빠르고 멀리 확산될 수 있는지 발표한 논문의 중요성을 인지하지 못했다. 새롭게 제기되는 과학적 의문을 확인하거나 처리하는 절차도 없었다.

엘린 구르스키Elin Gursky와 동료들은 과학적인 불확실성이 CDC에 혼란을 야기했다고 주장했다.[29] 그리고 보건복지부 직원과 언론 매체, 대중의 원만하지 못한 커뮤니케이션이 문제를 복잡하게 만들었다고 판단했다. "탄저병 공격이 발생한 초기에 CDC에서 일관성 있고 신뢰할 수 있는 지침이 나오지 않은 원인과 관련하여 여전히 납득할 만한 설명이 필요하다."[30] 빌 프리스트Bill Frist 상원의원은 사태의 위험성을 비롯해 어떤 사람들이 항생물질을 투여 받아야 하는지, 감염된 편지는 어떻게 다뤄야 하는지와 관련해 모순된 지침이

"때로는 공황에 가까울 정도로" 불신과 혼란, 공포를 초래했다고 언급했다.. 그는 공중 보건 체계의 결함이 '눈부실 정도로 명백하게' 드러났다고 말했다.[31] 예를 들어 9·11 테러 직후 CDC가 모든 주에 있는 공중 보건 부서에 생화학 테러에 대비하도록 경고문을 보냈지만, 그 경고문은 며칠 혹은 몇 주가 지나도록 지역 병원의 응급실까지 전달되지 않았다. 5분에 1에 달하는 공중 보건부 공무원이 이메일 계정조차 없었다. 질병 감시와 공동 작업에는 최신 커뮤니케이션 기술이 필요하다. 프리스트는 "지난가을 탄저병으로 야기된 공포의 시기에 목격했듯이 우리는 대중과 커뮤니케이션할 수 있는 수단을 개발하고 현대화해야 한다"고 말했다.[32]

탄저병 사건이 진행되는 동안 표면화된 오류와 모순된 언행에는 다음과 같은 내용이 포함된다.

- 9월 30일, 톰슨 보건복지부 장관이 미국은 생화학 테러에 대비된 나라라고 성명을 발표했다.

- 10월 4일, 톰슨 장관은 첫 사례가 자연적으로 발생한 탄저병 사례인 것 같다고 이야기했다.

- 감염되었을지도 모를 편지에 대한 안전성이 시작부터 거듭 강조되었다.

- 10월 18일, 워싱턴 DC 브랜트우드의 우체국 직원에게 해당 우체국이 탄저병에서 안전하다고 거듭 강조되었다.

- 발병 초기에 CDC는 탄저균 홀씨가 밀봉된 편지 봉투를 뚫고 나올 수 없다고 믿었다.

- 발병 초기에 CDC는 우체국 직원들에게 항생물질을 투여 받을 필

요가 없다고 조언했다.

- 뉴저지 트렌턴 시의 한 우체국 직원이 탄저병으로 의심되는 병변을 감춰왔다는 사실이 밝혀진 뒤에도 CDC는 해당 우체국 직원과 브랜트우드 우체국 직원을 안심시키면서 그들이 탄저병에서 안전하다고 말했다.
- 부시 행정부는 처음에 CDC에 있는 보건 전문가의 입을 막아버렸다.
- '무기화된' 탄저균 홀씨에 대한 상반된 내용이 방송되었다.
- 감염되려면 얼마나 많은 탄저균 홀씨가 필요한지에 대해 일관성 없는 정보가 주어졌다.
- 우체국 당국은 감염된 우체국 시설을 신속하게 폐쇄하는 데 실패했다.
- (대부분 백인인) 의회 직원과 (대부분 흑인인) 우체국 직원에 대한 예방 조치가 명백히 달랐다.
- 의회 직원과 우체국 직원에게 사용된 각기 다른 항생물질의 이점에 대한 정보가 불완전했다.
- 신속하게 행동하지 못함으로써 우체국 직원 두 명이 사망했다.
- 탄저균에 노출되고 나서 백신을 맞는 데 따른 위험성과 이점이 충분하게 설명되지 않았다.

백신에 대한 불충분한 정보는 우체국 직원이 탄저병에 감염되지 않도록 예방하고자 기울인 노력에서 비롯된 우울한 비화다. 12월 중순, 톰슨 장관은 탄저균 포자가 체내에 남아 있을 가능성에 대비한 추가적인 예방 조치로 종전에 항생물질을 맞아온 1만여 명에게 투약할 백신을 만들기로 결정했다. 문제의 탄저병 백신은 탄저균 포자에 노출되기 전에 질병을 예방하기 위한 용도로 승인된 것이었다. 하지만 이제는 탄저균에 노출된 뒤에도 투약하도록 권고되었는데, 이 같은 사용은 허가되지 않은 방식이었다. 더불어 환자에게는 자신이 그에 따른 위험성을 주지하고 있음을 인정하는 동의서에 서명하도록 요구했다. 이 일은 우체국 직원 사이에 폭발적인 논란을 불러일으켰으며, 그들은 정부가 자신을 실험 대상이 되도록 강요한다고 주장했다. 결국 대상자 1만여 명 가운데 130명만 백신을 맞기로 결정했다.[33] 연방 정부의 신뢰성은 땅에 떨어졌다.

탄저병이 발병한 순간부터 전국의 뉴스 매체는 연방 정부의 대응을 비판적인 시각으로 보았다. 해당 사건에 대처하는 방식이 '전혀 일원화되지 못했을'[34] 뿐만 아니라 대중에게 긴장감만 가중한다고[35] 비난했다. 2001년 11월 11일자 『내셔널 저널National Journal』은 공중 보건과 관련된 정부의 대응이 '전염성 혼란'이 되었다고 보도했다. 2002년 1월 6일자 뉴욕타임스는 정부의 조치를 '실족失足'이라고 비난했으며, 1월 12일에는 『타임Time』이 '서투른 대응'이라고 주장했다. 물론 뉴스 머리기사로 연방 정부의 대응이 형편없었다고 증명할 수 있는 건 아니지만, 주요 언론이 발표한 수많은 기사는 대중을 보호하기 위해 취해지는 조치에 의혹을 불러일으켰다. 반복되는 비판이 영향력을 발휘한 셈이다.

광범위한 여론조사를 통해 탄저병 뉴스를 둘러싼 대중의 반응이 조사되었다. 그 여론조사는 최초로 탄저병 환자가 발생하고 두 달이 지나기 전에 하버드보건대학원이 진행했으며, 로버트우드존슨 재단Robert Wood Johnson Foundation에서 기금을 지원했다. 여론조사는 미국인이 탄저병으로 공황까지 겪지는 않지만, 우편물을 다룰 때 주의하는 등 조심하기 시작했음을 보여주었다. 1000여 명을 상대로 실시된 이 조사는 오차 범위가 +/−3.74퍼센트다. 조사 대상 중 4분의 1에 해당하는 사람이 직장이나 가정에서 우편물을 개봉할 때 탄저병에 걸릴까 봐 매우 혹은 어느 정도 두려워하는 것으로 나타났다. 여론조사를 총괄한 로버트 블렌던Robert Blendon 교수에 따르면 여론조사에서 나타난 가장 인상적인 결과는 탄저병이 발생한 동안 "신뢰할 만한 정보 제공자 역할을 한 정부 인물이 아무도 없었다"는 점이다.[36] 미국인은 정치 지도자보다 보건복지부 공무원을 신뢰하고, 정부 인물보다 지방공무원을 신뢰하는 경향을 보였다. 응답자는 누구를 신뢰하는가 하는 질문에 다음과 같이 답변했다.

- CDC 지휘자 : 48퍼센트

- 공중위생국장 : 44퍼센트

- 지방이나 주의 보건 관리자 : 52퍼센트

- FBI 국장 : 33퍼센트

- 지방 경찰서장 : 53퍼센트

- 국토안보부 국장 : 33퍼센트

- 지역 소방서장 : 61퍼센트

- 개인 주치의 : 77퍼센트[37]

모든 경우에서 연방 공무원보다 지역이나 주 소속 공무원이 많은 신뢰를 받는 것으로 확인되었다. 한 가지 놀라운 사실은 질병과 관련된 정보 제공자로서 지역 소방서장이 대중의 건강을 보호해야 할 책임이 있는 연방 공무원보다 많은 신뢰를 받았다는 점이다. 지역 소방서장이 진실성은 있었을지 몰라도 CDC나 공중위생국의 지휘자처럼 전문 지식이 있었을지는 의문이다.

CDC와 보건복지부 소속 공무원은 신뢰를 회복하고자 탄저병 공격에 대처하는 과정에서 저지른 실수를 통해 배우고, 이후에는 공중 보건과 관계된 어떤 긴급사태가 발생하더라도 정확한 정보를 제공하기 위해 혼신의 노력을 기울이고 있다.

사스에서 얻은 교훈:
윤리의 필요성

최근에 겪은 중증급성호흡기증후군, 일명 사스[SARS] 사례는 공중 보건과 관련된 조치에서 윤리의 중요성을 보여준다. 토론토에서 캐나다 공무원이 해당 질병의 확산을 막고자 쏟은 노력은 우리에게 교훈을 주는데, 그들은 윤리성을 둘러싼 쟁점이 표면화되도록 일조했다. 캐나다 사람에게는 공무원이 철저한 윤리 지침에 따라 움직인다는 인식이 있으며, 그 인식 덕분에 캐나다 공무원이 사스에 대한 공포를 가중하는 조치를 취했을 때조차 대중의 두터운 신뢰를 얻었다. 중요한 사실은 캐나다 공무원이 공중 보건 업무를 수행하는 외국의 공무원을 그대로 따라 하지 않았다는 점이다. 외국의 공무원은 사스가 다른 나라에서 발견되고 있다는 사실을 숨겼고, 이는 전 세계에 사스가 확산되어 많은 문제를 야기하는 계기가 되었다.

캐나다 공무원이 취한 구체적인 조치 가운데 하나는 환자를 외부와 차단해서 다른 사람과 격리하려는 노력이다. '차단'은 전염병에 걸렸다고 확인되었거나 감염이 의심되는 사람을 다른 사람에게 병을 옮기지 못하도록 분리하고 제한하는 조치를 의미한다. 이에 비해 '격리'는 전염병에 노출되었을 가능성이 있는 사람을 특정 지역으로 격리해서 전염병의 확산을 예방하고자 하는 강제 분리와 이동 제한 조치다.[38] 따라서 격리는 질병이 발생한 경우 논란의 여지가 많은 방법이고, 생화학 테러 위협이 발생한 경우 긴급히 고려할 수 있는 방법이다. 사스와 관련된 캐나다의 경험은 미국이 전염병이나 생화학 테러 공격에 대한 방책을 계획하는 데 유용한 정보로 활용될 수 있다. 우리는 전염병이 발생하는 경우 "차단 조치를 실시해야 하는지, 어떤 사람에게 격리 조치를 내려야 하는지, 강제로 면역 프로그램을 시행해야 하는지 마지막 순간까지 알고 싶어하지 않는다. 하지만 재앙의 한복판으로 들어서기 훨씬 전부터 이런 행동 방침을 충분히 생각해두는 건 정말 중요하다"고 타라 오툴Tara O'Toole은 경고한다.[39]

행동 방침을 충분히 생각해두려면 캐나다 공무원이 2003년 사스가 발생했을 때처럼 긴박한 상황에서는 어떻게 결정하는지 살펴볼 필요가 있다. 피터 싱어Peter Singer의 지휘에 따라 토론토대학 생명윤리공동연구소가 진행한 후향성 연구(역학조사 분류의 방법으로 조사 내용이 그 시점보다 과거의 일인 경우를 의미 — 옮긴이)는 유용한 정보를 담고 있는데, 여기에는 사스가 창궐한 시기에 표면화된 윤리 문제도 포함된다.[40] 그리고 이 윤리 문제를 바라보는 수많은 윤리 이론이 제기되는데, 이를테면 결과를 중요시하는 공리주의와 책임을 밝혀내고자 하는 의무론, 가치 판단에 근거한 접근법 등이다. 가치 판단에 근거한 접근법에는 전통적인 덕목, 관계를 바탕으로 하는 가치, 행동과 경우에 따라 선례로 드러나는 가치, 직업적인 원칙 등이 포함된다.[41] 직업적인 원칙, 즉 원칙주의는 현재 생물의학 윤리에서 주류를 이루는 접근법이다. 이 접근법은 ❶자신의 건강관리에 대해 선택할 수 있는 개인의 자율성 ❷환자를 돌보는 유익성 ❸비유해성("첫째, 해를 끼치지 마라…") ❹보살핌을 베푸는 과정에서 필요한 공정성 등 네 가지 원칙을 골자로 한다.[42]

의료 행위자의 입장에서는 의사를 결정할 때 환자의 자율성이 가장 큰 비중을 차지한다. 이것은 개인적인 문제를 다루는 경우 완전한 방식이지만, 주민의 건강이 위협받는 상황에서는 한계가 있다. 개인적인 자율성은 공동체에 가해지는 위협을 다루는 과정에서는 현실적인 지침이 아니다. 자율성에 근거해서 의사 결정에 제동을 걸 수 있을지 몰라도 공중 보건의 원동력은 아닌 것이다. 사회는 공동체에 위험을 초래할 수 있는 사람들의 자유를 구속할 때 개인적인 자율성을 침해한다.[43] 의료 문제와 관련된 개인의 자율성과 위험에서 공동체를 보호하기 위한 조치 사이 어디쯤에 선을 그어야 하는가 하는 논쟁에는 의견 차이가 있을 수 있지만, 이는 지극히 당연한 일이다.[44]

공중 보건 전문가는 정부가 공중 보건과 관련해서 개인의 선택권을 무시해야 한다고 은연중에 자신의 생각을 드러내지만, 그 결정이 사회적인 파장을 불러올 수도 있을 때 마음이 불편할 수밖에 없다. 만약 강제로 격리나 백신 접종이 실시되면 숱한 논란이 일 것이다. 캐나다에서는 격리 조치가 실시됨으로써 사스에 대한 공포가 확산되었다.[45] 그처럼 난해한 문제는 위기가 극에 달했을 때보다 긴급사태가 발생하기 전에 고찰되는 것이 최선이다. 아울러 그 고찰은 각계각층 인사들이 참여한 가운데 광범위하게 진행되어야 한다. 그런 토의를 기화로 공중 보건 자체뿐만 아니라 대중의 신뢰가 강화될 수 있으며, 이는 21세기의 건강관리나 생명 윤리와도 부합한다.[46] 윤리 문제를 검토하는 과정은 공무원에 대한 신뢰를 유지하는 데 매우 중요한 요소다.

캐나다의 싱어 연구팀은 다음과 같은 '교훈'을 배웠다고 언급했다.

- 과잉 조치 금지의 원칙이란 당국이 격리와 차단을 실시할 권한이 있는데도 토론토의 사례처럼 윤리적 가치에 근거해서 우선 자발적인 방법을 강구하는 게 바람직하다는 원칙이다. 대중에게 충분한 정보가 주어지고, 그들이 최대한 공정하게 대해진다는 확신이 생기면 비상사태에 처해서도 자발적인 행동을 기대할 수 있을 것이다. 실제로 토론토의 대다수 사람들은 제한 조치에 협조했다. 구금 명령이나 감시 기술 같은 보다 강력한 강제 조치는 불복종 사례가 보고되거나, 타인에 대한 잠재적인 위해가 예상될 때를 대비해 남겨두어야 한다.
- 호혜주의라는 윤리적 가치에 근거해 격리되거나 차단된 사람에게는 고난을 극복할 수 있도록 도움이 뒤따라야 한다. 그래야 해당 조치와 관련해서 대중의 호응을 얻기에도 용이하다.
- 투명성, 정직성, 건강 문제에 대한 효과적인 커뮤니케이션이 필요하다.[47]

피터 싱어 연구팀의 보고서는 '단결을 바탕으로 한 새로운 세계적 공중 보건 윤리'가 필요하다는 주장으로 결론을 맺는다. 그들이 정의하는 단결이란 "모든 사람은 상대적으로 힘도 없고, 재산도 없으며, 건강하지도 않은 다른 사람과 공통된 목적이 있다는 감정"이다.[48]

카트리나에서 얻은 교훈 : 행동의 필요성

뉴올리언스에서 발생한 허리케인 카트리나의 사례는 인간의 실수(지연 대응), 기술적인 실패(제방 붕괴), 시스템의 기능 장애(특히 정부 부서들의 관계와 지휘 체계에서)에 집중하는 언론 매체의 관심이 복합적으로 작용하면서 자연재해가 얼마나 복잡해질 수 있는지 보여준다. 이런 문제는 카트리나가 지나간 뒤에도 끊임없이 계속된 뉴스 보도에 의해 더욱 확대되었다. 이 사례가 주는 교훈이 중요한 까닭은 서투른 대응으로 비난받았던 미국연방재난관리청FEMA이 유행병이 발생할 경우 의료적인 조치를 제외한 모든 대응을 책임지고 있기 때문이다. 여기에서 모든 대응이란 경제적 충격과 법률 집행, 집에 갇힌 사람을 위한 식량 대책, 긴급 구조대 역할을 포함한다.

카트리나에 따른 붕괴 사태의 결론은 뉴스 매체에 다음과 같이 상세하게 설명되었다.

- 뉴올리언스는 허리케인이 초래할 수 있는 홍수의 위험이 명백한데도 충분히 준비되지 않았다.

- 미국 공병단은 제방이 불완전하다는 것을 알았지만, 홍수 통제 시스템을 강화하기 위해 아무런 조치도 취하지 않았다.
- 대피를 결정하는 요건이 시 공무원과 주 공무원, 인근 카운티의 공무원마다 제각각이었다.
- 대피와 관련된 조언이 중구난방이고, 시기적으로도 늦었다.
- 일부 고속도로는 다리가 파괴되어 폭풍우 뒤 통행할 수 없는 상태가 되었다. 고속도로 중 하나는 뉴올리언스 난민이 들어오지 못하도록 인근 지역 공무원들에 의해 폐쇄되었다.
- 컴퓨터 그래픽을 동원한 뉴스 보도가 부적절한 준비와 서투른 대응에 따른 결과를 보여주었다.
- 연방 공무원은 얼마나 많은 사람이 죽었고 살아남은 사람들의 절망이 어느 정도인지 제대로 인식하지 못한 듯 보였으며, 위기 상황에 직면해서 늑장 대응을 했다.
- 연방 정부의 원조 약속이 거짓으로 드러났다.
- 병원에 대한 약탈과 총질, 습격 등이 대대적으로 발생했다.
- 언론 매체는 곤경에 처한 늙고 가난한 흑인에게만 초점을 맞췄다.
- 해당 위기에서 비롯된 병원 내 사망과 안락사에 대한 의혹이 제기되었다.
- 청소와 재건 노력이 매우 느리게 진행되고 있다.
- 거의 모든 관련자들이 상대를 비난하기에 급급하다.

카트리나가 훑고 지나간 뉴올리언스의 공중 보건 상황과 탄저병 공격, 사스 사례는 다음과 같은 공통적인 요소가 있다.

- 위기 이전보다 규정과 절차의 투명성 부재가 심각해졌다.

- 대책이 늦게 마련되고 느리게 수행되었다.

- 정부의 결정에 대해 추측이 난무했다.

- 의료 혜택을 받을 사람과 관련해서 윤리 논쟁이 표면화되었다.

- 치안 상태가 사실상 통제 불능 수준이었다.

- 소수자와 가난한 사람들이 학대받는다는 주장이 제기되었다.

- 정부 관계자는 하나같이 충동적인 결정만 내리는 듯 보였다.

- 뉴스 매체에 종사하는 사람이 희생자 입장에서 사건에 개입하면서 해당 사건에 대한 뉴스 보도에 영향을 주었다.

- 신뢰와 진실성 문제가 만연했다.

지금까지 요약한 세 가지 사례에서 속임수는 각각의 위기 상황에 대응하는 데 방해가 되었다. 탄저병 사건과 마찬가지로 카트리나 사례에서는 부정확하고 기만적인 확언이 역효과를 낳았다. 사스의 경우 외국 공무원이 거짓말하고, 해당 질병이 발생한 사례의 횟수를 경시함으로써 속임수가 광범위하게 발생했다. 뉴올리언스에서는 약속된 행동이 실질적인 결과로 나타나지 않았다. 공무원은 대중이 그들에게 보여준 신뢰를 배신했다. 그 여파는 뉴올리언스를 재건하고자 악전고투하는 사람들에게 더욱 깊은 정신적 충격이 되고 있다. 사람들은 옳은 일을 하고자 했지만 자신의 능력으로는 실현 불가능한 약속이었다고 이야기하는 공무원의 말에 수긍할지도 모른다. 하지만 그것이야말로 2장에서 샤우어와 제크하우저가 현실을 부정확하게 인지하도록 사람의 마음을 조종한다고 비난하는 둘러대기다. 그런 식으로 마음을 조종하는 건 자연재해에 직면해서 내놓을 수 있는 적당한 대응책이 아니다.

우리는 자연재해에서 무엇을 배울 수 있으며, 다른 자연재해에 대비한 방책을 수립할 때 배운 것을 어떻게 적용할 수 있을까? 이 점과 관련해서 나는 카트리나가 덮치기 하루 전에 부모님과 함께 뉴올리언스를 빠져나오면서, 그리고 9일 뒤 내가 자란 그 도시에서 물건을 챙겨 나오면서 생각해보았다. 두 번째 방문에서 내가 목격한 파괴 현장은 실로 엄청났다. 이후에도 계속 뉴올리언스의 집을 오가면서 확인했으나, 도시는 거의 나아지는 게 없었다. 폭풍이 들이닥치기 전과 홍수가 난 뒤 무엇보다 적극적인 조치가 절실했지만, 한 번도 적절한 조치가 취해지지 않았거나 너무 느리게 취해졌다는 생각이 지배적이었다.

내가 폭풍이 들이닥치기 하루 전에 부모님을 모시고 뉴올리언스에서 텍사스로 빠져나온 것은 허리케인이 올 기미가 있을 때마다 우리 가족이 그렇게 해왔기 때문이다. 80대인 부모님은 운이 좋았는데, 그것도 지난 30여 년 동안 허리케인의 위협이 있을 때마다 우리가 수십 번씩 대피하기를 반복해온 덕분이다. 우리는 가족 대피 계획이 있었고, 그 계획을 여러 번에 걸쳐 실행했으며, 막판에 크게 효과를 본 셈이다. 허리케인에 대비한 연방 정부와 주 정부, 지역 공무원의 계획이 카트리나를 겪는 동안 철저하게 실패했다는 점에서 이론의 여지가 없다. 나는 카트리나의 피해를 조사하면서 공무원이 어떻게 대중의 신뢰를 잃었는지 곰곰이 생각해보았다. 연방 정부와 주 정부, 지역 정부 공무원이 서로 비난했지만, 그 문제는 단순한 리더십의 실패가 아니라 시스템의 실패다.

신뢰의
어두운 이면

탄저병 공격과 사스 발병 때처럼 허리케인 카트리나의 여파는 거짓 확언을 하거나 위험성을 경시하고, 지키지 않을 약속을 한 공무원의 부정직함 때문에 더욱 복잡하게 나타났다. 그에 비하면 속임수는 공중 보건의 위기에서 회복을 방해한 부수적인 장애물이다. 하지만 2001년 탄저병 사건과 안타까운 카트리나 사례의 결과로 나타난 또 다른 측면을 검토할 필요가 있다. 공무원이 당면한 위험과 관련해 허위로 진술하거나 허황된 원조 약속을 한 뒤 대중의 신뢰가 땅에 떨어진 것은 당연한 일이다. 그로 인해 대중의 대응에 혼선이 빚어지기도 했지만, 대중이 기만당하고 있었다는 사실을 인식했을 때 그들의 신뢰가 떨어진 것은 건전한 반응이다. 그 속임수가 좋은 의도에서 비롯되었는지, 단지 경솔함에서 비롯되었는지, 희망적인 바람에서 비롯되었는지는 중요하지 않다. 사람들은 신뢰를 거둬들임으로써 거짓말을 응징했다. 예를 들어 탄저병 사건과 관련해 실시된 전국적인 여론조사에 따르면, 사람들은 사실을 허위로 진술한 적이 있다고 여겨지는 연방 공무원보다 탄저병과 관련해 최신 정보를 주기에는 다소 정보력이 '떨어질' 수 있지만 지방 공무원을 신뢰하는 경향을 보였다.

탄저병 사건에서 대중의 신뢰가 땅에 떨어진 사례는 사람들이 속임수를 당했을 때 인지할 수 있으며, 귀도 묄러링이 '신뢰의 어두운 이면'이라고 이야기한 것을 피할 수 있을지도 모른다는 가능성을 보여준다. 묄러링은 어떤 사람이 믿음의 비약을 거쳐서 다른 사람에게 신뢰를 주었다면 그 신뢰는 유해한 속임수가 더욱 빈번하게 일어나도록 조장할 수 있다고 경고한다. 신뢰는 자기기만을 조장하기도 하는데, 허위 정보의 청자가 화자에 대한 자신의 신뢰에 근거하여 정보를 받아들이기 때문이다. 탄저병 사건은 그런 속임수가 오랫동안 지속되지 못했고, 일반적으로 두 달도 못 가서 대중에게 발각되었음을 보여주는 사례 중 하나다.

이 장에서 살펴본 생화학 테러, 전염병, 엄청난 파괴 사례처럼 깊은 상흔을 남긴 사건이 희생자와 목격자의 정신 건강에 영향을 미칠 수 있다는 사실은 의심의 여지가 없다. 정신과 의사 바믹 볼칸 Vamik Volkan 은 공유된 트라우마(외상성신경증)가 대규모 집단의 태도를 결정할 수 있다고 경고해왔다. 그는 정치 지도자와 대중의 관계를 번잡한 거리에 비유한다. "평상시에는 지도자의 영향력과 대중의 자각 사이에서 쌍방향으로 소통 — 각종 정보나 정치적인 의사 결정, 영향력을 행사하는 수단들 — 이 원활하다. …위기나 테러 상황에 직면할 때 대중은 자신의 안위는 물론이고, 집단의 일원으로서 정체성을 지켜줄 '구원자'를 찾기 때문에 소통의 흐름은 지도자나 정부에서 대중에게 흐르는 일방적인 방식으로 집중된다."[49] 볼칸에 따르면 사람들은 트라우마를 함께 견뎌낸 경우 어린아이처럼 행동하는 퇴행 현상을 보이기도 하는데, 지도자가 추종자들을 속이고 비난받는 대상의 허물을 과장하기 때문이다. 지도자를 향한 맹목적인 신뢰는 인간의 본질적인 신뢰의 토대를 위태롭게 할 수도 있다. 맹목적인 신뢰가 신뢰를 악용하도록 이끄는 파괴적인 힘이 되기도 한다. 볼칸이 인용한 사례에는 인종적 갈등과 민족 학살 등이 있으며, 이 장에서 진행된 논의와 좀더 연관이 있는 사례로는 9·11 테러에 대처한 미국의 대응이 있다. 볼칸의 관점에서 이라크를 향한 미국의 반응은 실질적인 위협과 환상을 구별하는 데 실패했다.[50]

인간은 고통을 겪을 때 그 고통에서 의미를 찾는데, 이는 고통을 야기한 원인 제공자로 간주하고 비난할 대상을 찾는 행동이다. 그런 행동은 주어진 재앙이 허리케인이나 질병처럼 '신의 소행'인 경우 비논리적인 듯 보인다. 하지만 인간은 사건의 발단이 아니라도 최소한 부적절한 대응과 관련해 다른 사람에게 책임을 돌리길 원한다는 점에서 완고하다. 책임 전가 게임은 공상의 세계로 이끄는 공개 초대장이다. 원인 제공자라고 의심되는 대상에게 낙인을 찍는 행위에는 자기기만의 위험성이 잠복해 있다. 사회집단의 일원으로서 우리에게는 준비가 불충분했다는 데 크든 작든 책임이 있다. 과거의 악당을 처벌하기보다 향후에 좀더 잘 대응할 수 있도록 개선하려는 목적에서 위기 상황을 연구하는 편이 훨씬 바람직하다. 철저한 준비에는 비용이 들고, 신뢰를 회복하려면 비능률적인 느슨함을 인내해야 한다. 둘 다 결코 쉬운 선택은 아니다.

이제껏 살펴본 사례는 위기 상황에서 정치적인 지배력을 제한할 필요가 있음을 보여준다. 사례를 통한 교훈은 세 부분으로 나뉘며, 『수사학 On Rhetoric』에 집대성된 연설에서 아리스토텔레스가 설파하는 조언과도 일치한다. 아리스토텔레스에 따르면 화자가 설득력을 얻기 위해서는 타당한 이유를 반드시 명확히 표명해야 하고(로고스, 즉 이성), 분명한 윤리적 책임감이 있어야 하며(에토스, 즉 윤리성), 청중의 감정과 관심사를 이해해야 한다(파토스, 즉 정의).[51] 탄저병에 대응할 때는 로고스가 왜곡되었다. 사스의 경우에는 에토스가 가장 중요했다. 카트리나에 대응할 때는 정부가 혼란에 빠지면서 파토스가 도외시되었다.

토대가 건전한 대중의 신뢰는 맹목적이지 않다. 신뢰는 정확성과 윤리 기준, 시련에 처한 사람들의 파토스에 초점을 맞춘 합리적 행동이라는 이상적인 토대 위에서 구축된다. 다시 말해 설득력을 얻기 위해서는 아크로폴리스의 기수 ─ 로고스, 에토스, 파토스 ─ 세 명이 반드시 조화를 이루어야 한다. 예를 들어 내 행동이 당신의 관심사에 초점을 맞춘 윤리적 헌신을 보여줄 때 비로소 나한테는 당신을 내 편으로 끌어들일 수 있는 가능성이 생기는 것이다. 이런 과정은 내가 기만하고자 하는 의도가 있을 때, 좀더 정확히 말해서 내가 속였다고 당신이 의심할 때 오염된다.

미래에 또 다른 공중 보건 위기에 직면할 경우 이런 교훈의 중요성이 증명될 것이다. 정직하고 정확하며 시기적절한 커뮤니케이션은 사람들이 보호조치를 취하고, 위험을 줄이고, 의료 혜택과 생활 필수품의 제공을 용이하게 하고, 공동체를 유지하고, 신속하게 회복하는 데 도움이 될 수 있다.

_**브룩 해링턴**Brooke Harrington

독일 쾰른에 소재한 막스플랑크사회연구소에서 알렉산더 폰 훔볼트를 연구하는 특별 연구원이다. 그녀의 연구 분야는 금융시장에 대한 사회적인 이해도를 관찰하는 것이다. 2008년 개인투자자에 관한 저서 *Pop Finance: Investment Clubs and the New Investor Populism*(대중을 위한 재무 : 투자 클럽과 새로운 투자자 포퓰리즘)이 프린스턴대학출판사에서 출간되었으며, 현재 왕가의 부와 해외 은행 업무에 대한 연구를 지휘하고 있다.

_**브룩 해링턴**Brooke Harrington

독일 쾰른에 소재한 막스플랑크사회연구소에서 알렉산더 폰 훔볼트를 연구하는 특별 연구원이다. 그녀의 연구 분야는 금융시장에 대한 사회적인 이해도를 관찰하는 것이

13

속임수에 대한 대응 :
금융시장의 사기 사건

브룩 해링턴

나는 돈을 집 안에 쌓아두지 않으려고 노력했고, 강도에게서 안전하
게 지키려고 기껏 고심해서 주식을 샀는데 정작 그 돈을 이제는 똑똑해
져서 철도 관리원처럼 반듯하게 차려입은 강도의 손에 쥐여주고 있었
음은 상상도 하지 못했다.

랠프 월도 에머슨(Ralph Waldo Emerson), 1857[1]

21세기 경제 역사는 마치 성서에 나오는 고난으로 가득한 이야
기 같다. 다만 메뚜기나 개구리, 부스럼 대신 우리에게는 옵션백데
이팅(options backdating : 기업이 경영진 등에 부여하는 스톡옵션과 관련해 주
가가 바닥이었을 시점으로 소급 적용해 부당 이익을 취하는 비리 — 옮긴이) 추문
에 휩싸인 엔론이나 월드컴WorldCom, 타이코Tyco 같은 회사와 파산 직

전인 서브프라임 모기지 등이 있다는 점이 다를 뿐이다. 150여 년이 흘렀는데도 미국 투자자들이 에머슨과 별다를 게 없는 처지라는 사실을 인지하는 건 우리를 더욱 낙담시키기에 충분하다. 그들은 기만적인 기업 행태로 인해 결국 자신이 손해를 본다는 사실에 당혹스러워한다. 『비즈니스위크』는 금융시장에 존재하는 이런 위험을 「더 이상 누구를 믿을 수 있는가」[2]라는 머리기사로 요약했다.

앞에서 언급된 것처럼 대규모 속임수가 드러날 때 무슨 일이 벌어질까? 사회인은 자신이 속았다는 사실을 알아챘을 때 어떻게 대처할까? 밝혀진 바에 따르면 속임수와 관련해 우리가 잘못 알고 있는 사실 가운데 하나는 속임수에 당한 사람들의 경험에 관한 것이다. 사기꾼들에 대한 연구가 단편적으로 진행되어왔기 때문에 우리는 속임수의 대상이 된 사람보다 속임수를 행하는 사람에 대해 많은 연구를 해왔다. 이 장은 이처럼 누락된 부분에 초점을 맞추고, 이를 위해 미국 개인투자자들이 금융 제도에서 여전히 신뢰받는 회계 감사원과 기관의 속임수는 물론이고 자신이 투자한 회사의 속임수에 어떻게 반응하는지 관찰한다.

다른 장에서는 속임수의 정의와 윤리적인 상태, 속임수의 사용과 관련된 실용적인 요소 ― 얼굴 근육의 순간적인 움직임(3장 참조)부터 사진 위조(5장 참조), 인지 해킹(7장 참조)에 이르기까지 ― 를 살펴보았지만, 이 장에서는 속임수 이후의 과정에 초점을 맞추려고 한다. 이 과정은 '속임수에 쉽게 넘어가는 봉'이 경제활동을 비롯한 사회생활에 다시 참여하려면 반드시 거쳐야 하는 일종의 회복 작업이기도 하다. 저명한 사회학자 어빙 고프먼은 이 과정을 '실패를 수용하는 적응 과정'이라고 불렀다. 사기꾼과 사기꾼에게서 나타나는 '표시'

를 기술하면서 고프먼은 속임수로 인해 여러 가지 결과가 발생하지만, 속임수에 당한 사람 입장에서 돈을 잃는 건 자신이 능력 있고 영리한 사람이라는 자신감을 잃는 것보다 덜 괴로운 일이라고 언급했다.[3] 사기꾼에게 돈을 떼인 사람들은 좀처럼 정부 기관을 찾아가 법적인 구속책을 강구하지 않는데, 그렇게 할 경우 공개적으로 봉처럼 보일 수 있기 때문이다. 대신 이 봉들은 흔히 은밀한 수단에 의존해서 정신과 의사와 상담을 하거나, 사기꾼과 한패인 '진정시키는 사람' — 속임수의 표적이 된 사람을 위로하고, 그 사람이 당한 정체성의 피해를 치료하는 역할을 맡은 사람 — 이 제공하는 도움을 받아들인다.

불행하게도 고프먼의 분석은 '실패를 수용하는 적응 과정'에 대해 보다 포괄적인 분석을 제공하지 못한다. 그의 이론은 (믿음보다) 행동이 사회생활의 토대라고 단정하기 때문에, 그의 주된 관심은 사기꾼에게 기만당한 사람들이 어떤 행동도 취하지 않는 당혹스런 상황에 집중되었다. 이를테면 그들은 왜 경찰한테 신고하지 않았을까? 앞으로 이야기하려는 내용은 고프먼이 구축한 토대를 기반으로 하는데, 그는 속임수에 넘어간 사람들이 속임수를 발견했을 때 자신의 사회적 정체성에 가해진 피해를 복구하기 위해 취하는 행동을 자세히 관찰함으로써 이 같은 분석의 토대를 구축했다. 속임수에 당한 사람들은 권력기관을 찾아가는 대신 과연 어떤 행동을 취할까?

이를 알아내기 위해 나는 속임수에 대응하는 하나의 모델을 제시하려 하며, 이 모델은 미국 개인투자자들을 대상으로 직접 실시한 현장 조사에서 알게 된 다양한 일화를 통해 설명할 것이다. 개인투자자들은 주식시장에 활력을 제공함으로써 1990년대 호황에 기여했지만, 닷컴 버블 현상이 잦아들고 기업의 기만 행태를 폭로하는 발표가 잇따르면서 심각한 손실을 겪었다. 내가 얻은 연구 결과는 고프먼의 분석적 토대를 기반으로 하지만, 다른 한편으로는 그가 고려하지 않은 가능성에서 유래된 일단의 반응을 조명함으로써 그가 만든 원형을 확대하기도 한다. 그 가능성이란 속임수의 표적이 된 사람들이 사기 당했다는 사실을 종종 인정하지 않는 현상에서 기인한다. 이런 현상은 11장에서 묘사된 자기기만과도 밀접한 관계가 있다.

아래에서 자세히 다루겠지만, 내가 얻은 연구 결과는 속임수의 표적이 된 사람들이 자신이 속았다는 사실을 부정할 때 사용하는 두 가지 주된 방법(여기에는 고프먼의 기여가 큰 몫을 차지한다)을 보여준다. 한 가지 방법은 사기는 인정하면서도 사기의 표적으로서 자신이 수행한 역할은 부정하는 행동이다. 그런 사람은 오히려 자신이 사기꾼과 의도적으로 결탁한 거라고 주장한다. 그렇게 함으로써 죄를 뒤집어쓰는 꼴이 되지만, 희생자로 밝혀지는 데 따른 위상의 손실을 피할 수 있기 때문이다. 다른 방법은 속임수가 아예 없었다고 부인하고, 그에 따른 손실을 건전하게 노력하는 과정에서 발생한 일시적인 실패로 생각하는 행동이다. 두 가지 전략은 속임수를 당한 사람들이 계속해서 속임수 — 물론 고프먼의 이론이 관찰한 치고 빠지는 속임수와 다른 게임이다 — 에 참여하도록 도와준다.

대신 이 장은 다른 장(이를테면 12장 참조)과 마찬가지로 '바넘의 가설'이라고 불리는 견해를 지지한다. 바넘의 가설이란 속임수가 특정 제도에 자리를 잡고, 그 제도가 작용할 때 으레 나타나는 지속적인 특징이 됨으로써 일부 사기는 상습적이고 조직적이 될 수 있다는 가설이다. 하지만 주식시장은 서커스와 다르며, 잘 속는 멍청이가 1분에 한 명씩 태어날 필요도 없다. 오히려 속임수의 표적들은 위험하고 기만적인 금융 시스템에 자발적으로 참여한다.

여기에서 나는 개인이 왜 이런 사기에 참여하는지 그다지 관심을 두지 않는데, 아마도 그 동기에는 재정적인 필요나 욕심, 순진함, 위험에서 비롯되는 스릴을 즐기려는 욕구,[4] 오도된 사랑(4장 참조, 진실의 마법사조차 감정에 의해 판단이 흐려질 수 있다)도 있을 것이다. 그보다는 행위자들이 (자신을) 사취하려는 사람과 자신을 공범으로 만들면서까지 왜 그런 사기 행위에 연루되었는지 과정을 관찰하는 데 비중을 두고자 한다. 사람들은 어떤 방법을 통해 부패한 제도에 순응하고 다음 단계로 넘어갈까? 그 과정은 고프먼이 '지극히 근본적인 사회 이야기'라고 부른 것의 본질적인 부분을 형성하는데, 지극히 근본적인 사회 이야기란 표적들에게 행해지는 사기꾼의 유혹과 속임수, 위로를 의미한다.[5]

실패를 수용하는 적응과정

대대적인 경기 침체 이후 주식시장에서 빠져나간 이전 세대(특히 1929년의 주식시장 붕괴와 그 뒤 이어진 대공황을 생각나게 하는 무리)와 달리, 1990년대의 개인투자자들은 대체로 진득하게 자리를 지키고 있다. 주식시장에 투자한 미국인 비율은 1999년 이래 50퍼센트가 약간 넘어서 상대적으로 안정세를 유지해왔고, 그들 덕분에 주가가 지속적으로 유지되고 있다. 이런 현상은 여러 가지 이유에서 주목할 만하다. 첫째, 이 현상은 속임수에 대비해서 왜 우리에게 더 나은 대응 표준이 필요한지 보여준다. '실패를 수용하는 적응 과정' ― 이 경우에는 닷컴 버블 현상이 가라앉고, 그 현상을 떠받치던 부패가 폭로될 거라는 사실을 예측하지 못한 '실패'를 의미한다 ― 이라는 주제는 고프먼이 가정한 물러나기와 상처 핥기보다 훨씬 광범위한 형태로 나타난다.

둘째, 개인투자자들은 사회학적 전망이나 경제적 전망에 굴하지 않는다. 개별적인 거래에서 매수자 위험부담의 원칙이 작용하지만, 보수적인 경제학자들조차 현대자본주의 경제가 제 기능을 다하기 위해서는 시장 전반에 대한 대중의 신뢰 ― 속임수는 결국 밝혀지게 마련이고, 규정 때문이 아니라도 주가를 통해 처벌받으리라는 믿음을 포함해서 ― 가 반드시 필요하다고 한목소리를 낸다.[6] 실제로 현대 경제에서 금융시장은 단지 거래가 체결되고 이익을 만들어내는 메커니즘으로 간주되기보다 사회적인 협동 수단, 즉 독자적으로 사회질서를 유지하는 통제 시스템이자 틀로 간주된다.[7] 따라서 주식시장이 붕괴하면 사회체제 역시 위기에 처한다.

1999년 하버드대학교 졸업식 연설에서 당시 연방준비제도이사회 앨런 그린스펀Alan Greenspan 의장은 이 문제를 다음과 같이 요약했다. "신뢰는 서로 이익이 되는 거래를 기반으로 하는 모든 경제 시스템의 뿌리다. 거의 모든 거래에서 우리는 함께 비즈니스 하는 다른 사람들의 말을 신뢰한다. …상당수 경제인이 상호작용의 토대가 되는 신뢰를 저버린다면 법 조직과 경제는 교착상태에 빠질 것이다."[8] 그린스펀이 연설하고 나서 몇 년 동안 이처럼 거래의 토대라고 언급된 신뢰를 저버린 경제인에 대한 폭로가 이어졌지만, 그가 예측한 경제와 법률 시스템의 교착상태는 미국 은행들이 서로 대출을 중지한 최근까지 아직 발생하지 않았다. 다른 한편으로는 수많은 비전문가 투자자들이 주식시장을 더 이상 신뢰하지 못하고 자금을 회수할 것으로 예측되었지만, 놀랍게도 그들은 그렇게 하지 않았다. 개인투자자들이 저축이나 은퇴 자금으로 투자한 돈은 기관의 지급불능 사태와 곤두박질치는 주가에 따른 위험에도 신용위기 이전과 비교해서 대부분 그대로 주식시장에 남아 있었다.

이런 현상은 새로운 의문을 낳는다. 사람들은 순자산이 전부 위태로워질 수도 있는 상황에서 어쩌면 그렇게 확고하고 유연한 태도를 보일 수 있을까? 투자자들은 실리적인 차원에서 심각한 수준으로 부패했음이 드러난 주식시장에 왜 계속 투자할까? 어쩌면 그 이유가 사베인스-옥슬리법Sarbanes-Oxley bill처럼 주식시장에 대한 믿음을 회복하고자 취해진 규제 때문일 수도 있겠지만, 최근에 드러난 증거는 그런 조치가 대체로 효과가 없었고 실제로는 금융 사기 사건을 증가시켰을 수도 있음을 보여준다. 예를 들어 엔론과 월드컴 사건이 발생한 직후 취해진 규제 조치를 연구한 2007년 경제 보고서에 따르면 "강력한 규제는 때로 의도하지 않은 결과를 불러올 수도 있는데, 구체적인 예로 회사 실적을 보다 정확하게 공개하도록 강제하는 조치가 실제로는 속임수를 저지르고자 하는 동기를 부추길 수 있다".[9]

우리는 미국인이 자신들의 신뢰를 저버린 주식시장에 왜 계속 투자하는지 몇 가지 이유 — 부적절한 사회 안전망에 의해 비롯된 경제적인 필요성 같은 — 를 경험에 근거해서 어느 정도 추측해볼 수 있지만, 그들이 실질적으로 어떻게 그럴 수 있는지 거의 아는 것이 없다. 그린스펀을 비롯해 많은 사람들이 시장에 치명적인 영향을 미치는 요소라고 단정한 불신을 그들은 어떻게 극복하고, 속임수가 만연한 것으로 드러난 시스템에 의존해서 자신의 돈을 지속적으로 기업에게 맡길 수 있을까? 그 사람들의 '실패를 수용하는 적응 과정'은 무엇일까?

이런 의문점을 가지고 현재의 미국인 투자자들을 살펴보면 사회생활에서 빚어지는 훨씬 광범위한 난제, 즉 사람들은 자신이 부패하고 사기성이 농후하다고 알고 있는 조직에 어떻게 계속 동참할 수 있는가 같은 문제의 해답을 얻을 수 있을 것이다. 이와 유사한 주제가 이 책의 여러 장에서 등장한다. 이를테면 파인이 어떤 사람들은 자신이 거짓임을 알거나 거짓일지도 모른다고 의심하는 루머를 기꺼이 유포하려고 한다고 설명하는 부분, 뮐러링이 신뢰와 속임수를 둘 다 가능케 하는 불신의 유예를 언급하는 부분 등이다. 두 사람 모두 거짓말쟁이와 거짓말쟁이의 표적 사이에서 문제를 야기하는 복잡성을 암시하는데, 이 복잡성은 속임수의 도덕적인 상태와 관련해서 추가적인 의문을 낳는다. 때로는 사람들이 속임수에 넘어가길 원하거나 그럴 필요성을 느끼는 건 아닐까? 어쩌면 T. S. 엘리엇이 '네 개의 사중주Four Quartets'에서 쓴 것처럼 "인간이란 종족은 노골적인 진실을 감당할 수 없다"는 점이 문제일 수도 있다.[10] 그렇다면 우리가 속임수에 당해왔다는 진실과 직면함으로써 환상이 깨질 때 과연 무슨 일이 벌어질까? 우리는 어떻게 처음부터 다시 자신을 추스를 수 있을까?

'비상식적인 호황'과
새로운 투자 계층

시간이 지난 뒤 일종의 속임수가 1990년대 미국 증시 붐을 떠받치고 있었다는 신호를 거론하는 건 쉬운 일이다. 경제학자이자 역사가 존 케네스 갤브레이스 John Kenneth Galbraith가 한때 언급한 것처럼 1720년의 남해포말사건(영국 남해회사의 주가를 둘러싼 투기 사건 — 옮긴이)부터 1920년대의 폰지 사기(금융 사기꾼 찰스 폰지의 이름을 딴 사건 — 옮긴이)까지 모든 대형 사기 사건은 '사람들이 이윤을 추구하려는 욕심으로 이성이 마비되었을 때' 발생했다.[11] 갤브레이스의 관점을 증명이라도 하듯이 닷컴 버블이 붕괴되기 바로 몇 달 전에 미국 출판사들은 경쟁적으로 상승 장세를 전망하며 낙관적인 주장을 펼치는 책 세 권을 내놓았다. 그들이 제시한 자료에 따르면 1999년 5월에는 다우지수가 3만 6000포인트에 이를 것이고, 다음 달인 6월에는 4만 포인트, 9월이 되면 10만 포인트에 도달했을 것이다. 오늘날 이 책들은 도서관에서 공상과학소설 분야로 분류되어야 마땅하지만, 당시 그들이 제시한 전망은 매우 진지하게 검토되었고 거의 모든 대중적인 뉴스 토론회에서 논의되었다.

비록 꿈에서 깨어난 21세기 초반의 시각으로 도저히 믿기지 않는 이야기지만, 이 책들은 발간되기 직전 주식시장에서 나타난 놀라운 상승 장세를 반영했을 뿐이다. 예를 들어 1999년 3월 29일 다우존스산업평균지수 — 30개 기업을 표본으로 산출된 주가지수로 미국 주식시장 전체를 가늠하는 지표로 사용되었다 — 는 다우지수가 도입된 1995년 이래 처음으로 그 가치가 두 배로 뛰어 1만 포인

트를 약간 넘긴 채 장을 마감했다. 그리고 겨우 5주 만에 지수는 전
례 없이 빠른 상승세를 계속해서 1만 1000포인트를 넘어섰다. 낙관
적인 경제 전망에서 비롯된 흥분의 도가니는 2000년 1월 14일 절
정에 달해, 다우지수가 당시까지 사상 최고치인 1만 1722.98포인
트로 장을 마감했다. 하지만 이후 지수는 오를 때만큼이나 빠르게
하향 곡선을 그리기 시작했고, 불과 몇 달 만에 거의 3000포인트가
떨어졌다.

이 기간에 나타난 주목할 만한 변화 가운데 하나는 '투자자 계
층'의 변화다. 그때까지 미국에서 가장 부유한 집단으로 구성된 소
수 엘리트 — 1900년에는 주식을 소유한 성인이 1퍼센트에 불과했
고, 1952년에는 겨우 4퍼센트로 증가했다 — 에게 국한되던 주식 투
자가 대중화되었고, 20세기가 끝날 무렵에는 미국 성인 인구의 절
반이 넘는 사람들이 주식에 투자했다.[12] '민초가 시장을 지배하는
현상'은 대체로 1990년대에 일어났다. 예를 들어 1990년대 초에는
미국 성인 가운데 약 21퍼센트가 주식을 소유했고, 7년 뒤에는 두
배 이상 늘어 43퍼센트에 도달했다. 이 비율은 1999년에 53퍼센트
가 되었고, 시장 침체에도 안정세를 유지했다.[13]

투자 인구가 이렇게 증가하기까지 주식 투자 동호회들이 큰 역할
을 했다. 개인이 직접 주식에 투자하도록 도와주는 뮤추얼펀드(유가
증권 투자를 목적으로 설립된 법인 회사로, 주식 발행을 통해 투자자를 모집하고
모집된 투자자산을 전문적인 운용 회사에 맡겨 그 운용 수익을 투자자에게 배당금
의 형태로 돌려준다 — 옮긴이) 같은 회사는 초심자도 쉽게 주식을 매입
하고 시장에 대해 배워가도록 도와주었다. 주식 투자 동호회는 보
통 10~15명으로 구성되며, 회원들은 매달 모임을 통해 뉴욕증권거

래소에서 평균적으로 거래되는 주식 한 주 값에 해당하는 35달러 정도를 동호회 기금으로 납부한다.[14] 동호회는 이렇게 모인 종잣돈을 회원들이 공동으로 소유한 주식 포트폴리오에 분산투자 한다.

이런 점에서 '동호회'라는 명칭은 오해의 소지가 있다. 주식 투자 동호회가 비록 자발적인 관계로 모인 단체지만, 주식을 보유함으로써 여느 소규모 기업과 같이 법적으로나 회계적으로 과세 차원에서 책임이 있기 때문이다. 무엇보다 이들 동호회는 경제적으로 상당한 영향력을 발휘하게 되었다. 1990년대 말에는 미국인 투자자 중 대략 11퍼센트에 달하는 2000만 명이 주식 투자 동호회에 속했고, 이들은 미국 증시에 매달 수억 달러를 쏟아 부었다.[15] "기업은 투자자에게서 자금을 지원받기 위해 속임수도 불사하려는 속성이 있기 때문에" 주식 투자 동호회를 통해 이처럼 시장에 넘쳐날 듯 유입된 새로운 자금은 기업의 매력적인 표적이 되었다.[16]

사기를 당했다고 해서 개인투자자들이 비난받을 이유는 없다. 실제로 최근에 진행된 연구는 다음과 같이 결론짓는다. "기업의 부정행위에 휘둘린다고 해서 투자자들이 의사를 결정할 때 부주의하고 순진하기 짝이 없다고 주장하면서 그들을 비난하는 행위는 무의미한 짓이다. …투자자 입장에서 자금이 필요한 기업을 신중하게 감시하기보다 공개적으로 이용 가능한 정보를 신뢰하는 행동은 지극히 합리적인 결론이었을 것이다."[17] 사회학적인 관점에서 20세기 후반부터 21세기 초까지 미국의 개인투자자와 그들이 경험한 것을 살펴보면 사기의 표적이 된 사람들이 사기를 당했다고 생각하는 경우는 드물다.

고프먼에 따르면 사기 당한 사람들은 주변의 관심을 꺼리고, 자신이 피해 본 것을 은밀한 방식으로 회복하고자 한다. 하지만 사기 당한 투자자들이 피해를 복구하기 위해 선택하는 방법을 조사한 바에 따르면, 그들은 사회생활이 위축되기보다 자신이 처한 곤경을 극복하기 위해 소집단을 통한 교류에 의존하는 것으로 드러났다.[18] 그들은 자신의 정체성을 재구축하려는 포괄적인 계획을 세우면서 고프먼이 자아 구축에 관한 연구에서 전제로 삼은 상호 호응 메커니즘과 동일한 집단 과정을 채택했다.[19] 또 내가 살펴본 많은 투자자들은 자신이 기만적인 기업 행위로 인해 사기를 당했다고 인정하면서도 미국 증시에 계속 투자했다. 이런 행동의 배경에는 구조적인 이유 ─ 가장 두드러진 이유는 사기업은 물론 공기업도 안정적인 은퇴 자금을 제공하지 않기 때문이다 ─ 가 있었다. 이 부분에 대해서는 다른 곳에서 자세히 다룰 예정이다.[20] 이런 행동이 전국적인 추세기도 했다. 심지어 닷컴 버블이 붕괴되고 한참이 지난 2003년까지도 주식 투자 동호회는 1250억 달러 상당의 주식 ─ 제너럴일렉트릭이나 인텔 같은 『포춘』 선정 100대 기업의 주식을 포함해서 ─ 을 보유하고 있었고, 매달 1억 9000만 달러 정도가 새롭게 주식시장으로 유입되었다.[21]

연구 과정에서 내가 면담한 투자자들은 주요 기업의 속임수가 대대적으로 폭로된 뒤에도 주식시장에 투자하고 있었기 때문에, 주식시장에서 발을 빼기보다 계속 참여하는 편이 유리하다는 쪽으로 상황을 받아들였다. 그들이 보여준 수용적인 태도는 나의 주된 관심사가 되었는데, 신뢰가 심각하게 붕괴된 상황을 사람들이 어떻게 극복하는지 보여준 연구 보고서가 당시에는 전혀 없었기 때문이다. 내가 밝혀낸 바에 따르면 투자자들은 고프먼이나 다른 경제 이론이 제시한 가정처럼 속임수 이후 주식시장에서 철수하지 않았으며, 오히려 금융 제도에 대한 신뢰나 믿음은 없어도 계속 투자하는 전략을 사용했다.

속임수를 둘러싼 반응

개인투자자들이 보여주는 수용적인 태도를 논의하기 전에 속임수를 둘러싼 이들의 반응을 잠깐 살펴보고자 한다. 고프먼이 언급한 대로 속임수의 표적이 된 사람들은 자신이 속임수에 넘어갔다는 사실을 깨달은 뒤 공통적인 태도를 보인다. 그들은 의기소침과 현실 부정, 분노 등으로 '진정' 할 필요가 있는 지경에 이른다. 진정을 되찾는 과정은 은밀하게 진행되고, 속임수가 일어난 상황뿐만 아니라 보다 포괄적인 사회생활에서 피해자가 물러나는 것으로 끝난다. 고프먼은 속임수에 당하는 순간 상징적인 자아의 붕괴가 이어지고, 희생자는 '사회적인 죽음'을 맞는다고 주장한다.[22] 사회적인 죽음은 속임수에 당한 사람에게서 나타나는 적응 메커니즘이 어째서 사랑하는 사람의 죽음으로 비통해하는 사람에게서 나타나는 현실 부정이나 무기력함 같은 특징과 상당 부분 유사한지 설명해준다.[23]

고프먼은 필요한 행동을 취하지 않는 행동에 관심을 두었다. 속임수의 표적이 유순하거나 무기력한 상태를 보임으로써 사기꾼은 사기가 드러나지 않거나 처벌받지 않도록 보호되는 셈이다. 이와 관련하여 그는 '진정시키는 사람'의 역할에 주목한다. 진정시키는 사람이란 사기꾼과 한패로, 속임수가 마무리된 뒤 등장해서 속임수의 피해자에게 '위로의 말을 건네고 재차 삶의 방향을 설정'하도록 도와주는 완벽한 인물이다.[24] 진정시키는 사람은 속임수의 피해자가 자신의 입장을 정리하는 과정에 관여해서 피해자의 반응이 향후 사기 행각에 위협이 되지 않도록 유도한다.

1990년대 상승 장세가 무너졌을 때 금융기관과 정부 기관은 이와 유사한 메커니즘을 동원해서 증시 붐의 소멸과 함께 사기 당했음을 깨달은 수많은 투자자를 '진정'시키려고 했다. 당시 투자자를 진정시키고자 동원된 사람들이 기울인 노력은 굉장했다. 공무원은 개인투자자에게 그들이 겪은 고통을 법정에서 보상받을 수 있을 거라고 위로했고, 정책 입안자는 이자율을 낮춰서 투자자의 관심이 부동산에 쏠리도록 부추겼으며, 금융계 언론인과 전문가는 개인투자자를 증시 붕괴의 공범이라고 비난하면서 투자자들이 자신을 원망하도록 부추겼다.

개인 투자자들과
면담

2004년에 면담한 투자자들은 1997년 샌프란시스코 만 지역에 있는 주식 투자 동호회 목록에서 무작위로 선택한 표준집단에 속한 사람들이다. 나는 1997년에 샌프란시스코 만 지역에서 다양한 방법으로 대규모 연구를 진행했고, 그 결과 *Pop Finance: Investment*

Clubs and the New Investor Populism(대중을 위한 재무 : 투자 클럽과 새로운 투자자 포퓰리즘)이라는 책이 나왔다. 면담에 참여한 사람은 남자 28명과 여자 22명으로 총 50명이고, 내가 1997년 후반부터 1999년 초까지 월례 모임을 관찰한 적이 있는 7개 주식 투자 동호회에서 골고루 선택했다. 1990년대에 추적한 주식 투자 동호회 중 일부는 증시가 폭락하면서 없어졌기 때문에 연구를 시작하면서 원래 조사한 83명을 모두 면담할 수는 없었다. 많은 사람들이 샌프란시스코 만 지역을 떠났고, 다른 회원들과도 연락을 끊는 바람에 그들을 모두 추적하는 건 사실상 불가능했다. 하지만 2004년 추가 조사를 실시한 시점에 4개 동호회가 대체로 회원의 변동 없이 활동했고, 해체된 3개 동호회를 추적해서 거기에 속했던 절반이 넘는 회원을 추가로 면담할 수 있었다. 나는 이들과 재차 면담을 진행하면서 미국 기업의 금융 사기가 드러난 이후 지난 3년간 투자 방식이 변했는지, 변했다면 어떻게 변했는지 등을 집중적으로 질문했다.

그들의 입장에서 곤란한 질문 중 하나로 면담을 시작하는 것이 도움이 되었다. 2000년 중반 닷컴 버블이 붕괴했을 때 손실이 얼마인가? 여전히 활동적인 4개 동호회에 속한 사람들은 모두 자신의 현금 지출 규모에 비해 상당히 많은 돈을 날렸는데, 대다수가 닷컴 버블이 붕괴하기 전에 동호회 이름으로 보유하던 주식 투자액 가운데 3분의 1에서 2분의 1가량을 잃었다. 그들 중에는 내가 이런 수치를 확인할 수 있도록 세부적인 기록을 한 사람이 없는 게 거의 확실해 보였다. 손실이 정확히 얼마인지 모르기 때문에 주식 투자를 계속하고 있었는지도 모를 일이다. 해체된 3개 동호회 회원 가운데 면담에 응한 사람들은 주식 투자를 그만둔 건 돈과 아무 상관이 없다며 다소 격한 반응을 보였으며, 회원들 간의 약한 유대감 같은 것이 문제였다고 주장했다.

표 13.1은 추가 조사를 진행할 때 이들 동호회의 재정 상태를 요약해서 보여준다. 나는 여전히 활동적인 4개 동호회에서 당시 그들의 내부적인 연간 수익률을 가늠케 하는 자료를 얻을 수 있었는데, 그 자료란 대다수 주식 투자 동호회뿐만 아니라 금융계에서도 사용되는 표준 성과 측정 지표다. 해체된 동호회와 관련해서는 회계를 담당하던 담당자와 이야기를 나누고, 해당 동호회에서 마지막으로 작성한 대차대조표를 얻거나 담당자가 대략적으로 평가한 해당 집단의 수익을 그대로 차용했다. 담당자의 평가가 대차대조표보다 신뢰성이 떨어지는 건 분명했지만, 내 목적은 정확한 수익률을 기록하기 위함이 아니라 면담에 참여한 사람들이 의존한 적응 전략을 보여주기 위함이었기 때문에 그다지 중요한 문제가 아니었다. 표에 나온 수치를 보다 폭넓은 관점에서 이해하려면 1990년대 미국 전체 주식 투자 동호회가 보유 주식을 통해 올린 연평균 수익률이 12.6퍼센트였음을 상기할 필요가 있다. 12.6퍼센트는 지난 100년간 미국의 평균 주식 투자 수익률보다 조금 높지만, 1990년대 주식투자 수익률보다 한참 낮은 수치다. 1990년대에는 때때로 30퍼센트를 초과하는 경우도 있었다.

이 수치에 큰 의미를 두는 건 결코 현명한 일이 아니지만, 이 표는 수익률과 동호회의 참여도 사이에 상관관계가 거의 없음을 보여주었다. 말하자면 그저 그런 실적을 보이는 동호회(이를테면 캘리포니아 인베스터스)라고 해서 꼭 해체되는 것도 아니고, 재정적으로 보다나은 실적을 보이는 동호회(이를테면 불스 앤드 베어스)라고 해서 꼭 계속

동호회 이름	현재 활동 여부	동호회 개시부터 2004년 2월까지, 혹은 해체되기까지 연평균 복합 수익률
포트폴리오 어소시에이트 (Portfolio Associates)	예	24%
밸리 게이맨 투자 클럽 (Valley Gay Men's Investment Club)	예	16%
레이디스 위드 레버리지 (Ladies With Leverage)	예	3%
캘리포니아 인베스터스 (California Investors)	예	-2%
불스 앤드 베어스 (Bulls&Bears)	아니오	30%
에셋 어커뮬레이터스 (Asset Accumulators)	아니오	22%
혼성 주식 투자 동호회 (Educating Singles Against Poverty)	아니오	9%

표 13.1 증시 붐 이후 주식 투자 동호회의 실적표

활동하는 것도 아니었다. 재정적인 이익과 인내심을 바탕으로 한 끈기 있는 투자 사이에 존재하는 '느슨한 연관성' 덕분에 동호회 회원들은 기업 사기 피해자의 입장에서 자신의 경험을 재구성할 수 있는 융통성이 생겼고, 그로 인해 이전 세대가 보여준 행동과 달리 주식시장에서 철수하지 않고 적응해나갈 수 있었던 것 같다.[25] 또 복잡한 환경에 속한 조직을 연구한 결과에서 나타나듯이 조직은 주변 상황이 불안정해지고 급변할수록 적응과 생존을 위해 '카멜레온 전략’을 채택해서 조직의 정체성과 자기표현을 바꿔나갈 수밖에 없다.[26] 일반적으로 상상할 수 있는 변덕스러운 조직 환경 중 하나인 주식시장에 투자하는 집단은 자신의 정체성을 적응이 용이한 방식으로 재구성함으로써 기만적인 행위가 드러난 뒤에도 금융시장에 계속 참여할 수 있었다. 따라서 한 집단으로서 속임수의 표적이 된 피해자들은 고프먼이 예측한 것과 달리 주식시장에서 철수하는 대신 집단적으로 대응했다. 고프먼의 정체성 이론에 따르면 개인투자자들은 자신의 정체성과 밀접한 관련이 있는 교류를 통해 행동 노선을 유지할 수 있었다.

연구 결과

마비 상태 : 역사의 한가운데에서 몸이 얼다

고프먼의 연구에서 사기꾼의 표적이 된 사람처럼 내가 면담한 대다수 투자자는 자신이 속았다는 사실을 깨닫자마자 한동안 충격과 마비 상태를 겪었다. 그들은 대부분 엔론이나 월드컴을 비롯한 회사의 금융 사기 뉴스가 터졌을 때 그대로 ‘얼어붙었다’고 말했다. 그들은 주식과 관련된 가치 평가가 위축될 거라는 말이 무슨 뜻인지 불확실하고, 그런 위축이 얼마나 오랫동안 지속될지도 불확실한 가운데 주식을 매입하거나 매도하는 행위를 중지했다. 일부 피면담자는 면담이 진행된 2004년 2월까지도 주식 거래를 보류한 상태였다. 면담 당시 해체된 혼성 주식 투자 동호회 출신 칼라는 이렇게 이야기했다. “나는 어떤 사람을 믿어야 할지 모르겠어요. 우리 경제

시스템이 잘못된 것일 수도 있지만, 어쨌든 우리 경제 시스템은 기업이 내놓는 대차대조표가 여전히 신뢰할 만하다고 전제하잖아요? 기업의 이야기는 도무지 믿을 게 없다는 사실을 깨달은 지금 무엇을 어떻게 해야 할지 정말 모르겠어요."

주식시장에 부정행위가 만연하다는 인식이 점점 확대되는데도 연구에 참여한 다른 피면담자 역시 칼라처럼 자신이 당한 사기에 대해 알고 싶지 않다는 의사를 표명했다. 대다수 피면담자는 자신이 겪은 위기 때문에 분노하지 않고, 이미 발생한 손실이나 기회 가치 측면에서 발생한 잠재적인 손실로 여전히 겁에 질린 상태라고 이야기했다. 하지만 그들은 두려움에서 비롯된 행동을 보이지 않았다. 자신이 투자한 종목을 그대로 깔고 앉은 채 아무런 행동도 취하지 않았을 뿐이다. 그들은 경제 이론상 자본주의경제가 제 기능을 발휘하려면 꼭 필요한 '시스템'에 대해서 보편적이고 객관적인 신뢰를 보이지 않았지만, 주식시장에서 '자금을 회수'하기보다 그대로 묻어두는 쪽을 택했다.

투자자들이 정체 상태에 빠진 것은 주어진 상황에서 투자한 돈을 그대로 주식시장에 두는 것 외에 다른 대안이 없다고 판단했기 때문이다. 이런 교류의 토대를 구성하는 과정은 투자를 결정할 때와 마찬가지로 집단적인 논의를 통해 진행됐으며, 이 과정에서 투자자들이 객관적으로 선택할 수 있는 연방예금보험공사 FDIC가 보증하는 예금계좌나 양도성 예금증서 같은 선택권은 애초부터 배제되었다. 그 결과 피면담자들은 자기 돈을 어디에 투자할지 결정하는 데 아무런 선택권이 없는 것처럼 행동했다. 밸리 게이맨 투자 클럽의 트로이는 "우리가 달리 돈을 넣어둘 곳이 어디 있겠습니까? 그렇다고 침대 매트리스 밑에 넣어둘 수는 없는 노릇이잖아요?"라고 반문했다. 면담을 진행하는 동안 성별이나 동호회를 불문하고 이와 똑같은 이야기를 하는 사람들이 계속 등장했는데, 마치 그 이야기가 닷컴 버블의 붕괴를 견뎌낸 사람들 사이에서 모토가 되어버린 듯 느껴질 정도였다. 그들은 그런 이야기를 반복하면서 일종의 마법 주문에 걸려 주식시장에서 이탈하지 못했고, 그에 따른 결과가 그들의 행동(혹은 행동하지 않는 상태)으로 나타났을 수도 있다.

기업 사기와 그 뒤에 발생한 상승 장세의 붕괴로 동호회와 회원들이 겪은 재정적 손실을 고려할 때, 그들이 "우리가 달리 돈을 넣어둘 곳이 어디 있겠습니까?"라고 이야기하는 사실은 놀라울 따름이다. 결과적으로 그들이 돈을 침대 매트리스 밑에 두었다면 적어도 주식시장의 손실은 겪지 않았을 것이다. 그런데도 레이디스 위드 레버리지의 수장 같은 사람은 대다수 피면담자의 감정에 공감하면서 "나는 주식시장에서 발을 뺄 수가 없어요. …손실 금액을 만회해야 하거든요"라고 말했다. 그녀가 속한 레이디스 위드 레버리지는 월드컴 주식(당시 상장이 폐지되어 거의 휴지 조각에 불과했다) 62주를 여전히 보유하고, 트라이틸(TriTeal : 미국의 저명한 투자회사 모틀리풀은 이 회사에 투자한 것을 '1990년대 최악의 투자'라고 묘사했다) 공모주에 투자한 금액을 전부 날린 상태였기 때문에 새롭게 투자해서 그 돈을 만회하려는 계획은 무리수처럼 보였다. 하지만 수장의 믿음은 그녀가 한때 신뢰한 주식시장에 바탕을 두지 않고 주식 투자 동호회를 통한 교류에 근거한 듯했는데, 그 점에서는 그럴듯해 보였다. 그녀가 말했다. "나는 우리가 잘못된 결정을 내렸기 때문에 돈을 잃었다고 생각하지 않아요. 내부적으로 만연한 부정행위로 인해 시장이 침몰

했기 때문이죠." 포트폴리오 어소시에이트 회원들 역시 지난 3년 동안 발생한 손실에도 동호회를 유지하면서 주식 투자를 계속하는 이유에 대해 비슷한 이야기를 들려주었다. 그들에게 왜 함께 주식 투자를 계속하는지 묻자, 몇 명이 거의 동시에 연이어 대답했다.

> 찰스 | 타성 때문이죠.
> 데이브 | 습관 때문입니다.
> 케빈 | 우리는 일심동체입니다.
> 아널드 | 우리는 주식 시황과 관련해서 위로해줄 사람이 필요했죠.

네 사람의 대답은 모두 이전처럼 이윤을 추구하는 실체가 아니라 대응 메커니즘으로서 집단의 역할을 최우선에 두었다. 어떤 의미에서 이런 상황은 시장 환경이 요구하는 바에 따라 종전의 정체성에서 또 다른 정체성을 찾아가는 이른바 '카멜레온 전략'을 보여주는 교과서적인 사례라고 할 수 있다. 해체되지 않고 남은 모든 동호회는 이런 적응 작전을 성공적으로 수행했고, 덕분에 그때까지 버텨올 수 있었을 것이다. 정체성의 재구성 과정을 수행하지 않은 동호회 회원들이 투자를 계속하려면 개인적으로 ─ 혼자는 아니지만 주식 투자 동호회가 아닌 소규모 집단으로 ─ 정체성의 재구성 과정을 수행해야 했다(사기를 부정하고 공범으로서 자기 정체성을 만들어가는 과정에 대한 세부 내용은 이어지는 두 단락 참조).

2004년 여전히 함께 투자하는 동호회 사이에서 나타난 거래 패턴은 내가 5년 전에 관찰한 것과 매우 흡사했다. 포트폴리오 어소시에이트 회원들은 보유 주식의 가치가 100만 달러를 넘어선 뒤에도 5년 전과 마찬가지로 생산적인 논쟁을 벌이느라 떠들썩했다. 레이디스 위드 레버리지 역시 5년 전과 마찬가지로 주식을 평가할 때 회원들이 소비자로서 경험을 최우선 기준으로 꼽았다. 밸리 게이맨 투자 클럽은 조직 개편을 거치긴 했지만 원년 회원 가운에 5명이 남았고, 신입 회원 6명이 가입했으며, 6년 전 동호회를 시작할 당시 구입한 달러제너럴Dollar General, 암젠Amgen, 리어Lear, 메드트로닉Medtronic 같은 주식을 대부분 동호회의 포트폴리오로 보유하고 있었다. 남자로 구성된 캘리포니아 인베스터스는 회원은 물론 투자 전략에도 거의 변화가 없었다. 다만 동호회의 포트폴리오가 바뀌었는데, 이는 회원들이 주가가 일정한 한계치 밑으로 떨어지는 경우 자동으로 보유 주식 매도 주문을 실행하고, 부작용이나 역효과도 많은 손절매 주문을 지속적으로 사용했기 때문이다.

다시 말해 4개 동호회는 미국 주식시장에 만연한 속임수를 발견하고도 그것을 무시하거나 최소한의 가치만 부여함으로써 극복한 듯 보였다. 내가 면담한 투자자들은 속임수에 직면해서 투자 전략을 바꿔야 할 정도로 상대적으로 소수집단이다. 그들 중에는 엔론이나 월드컴 사례에서 드러난 '회계 조작' 사기가 덜할 것 같다는 이유로 부동산에 투자하기 시작한 사람도 있다. 하지만 대다수 투자자들은 상대적으로 작은 변화를 추구해서 배당금을 지급하는 회사를 선택하거나, 대중매체나 주변의 다른 정보 제공자보다 개인적으로 잘 알고 신뢰하는 사람을 통해 정보를 탐색했다. 이와 관련해 캘리포니아 인베스터스의 스탠은 "나는 배당금을 좋아합니다. 어떤 기업도 배당금을 가지고 속임수를 쓸 수는 없기 때문이죠"라고 말했다. '현금을 달라'는 반응은 밸리 게이맨 투자 클럽이나 동호회는 해체되었지만 개인적으로 계속 주식에 투자하는 불스 앤드 베어스 회원들에게도 공감을 얻었다.

어떤 투자자는 오랫동안 직접적인 인간관계를 유지해온 금융 전문가에게 조언을 구했다. 예를 들어 혼성 주식 투자 동호회의 자넷은 전문 자산 운용가인 조카에게 자신의 포트폴리오를 맡겼다. 불스 앤드 베어스의 그렉도 "이제는 오직 개인적으로 아는 사람의 추천을 바탕으로 주식을 거래한다"고 말했다. 마지막으로 언급한 두 사람은 주식시장에서 발을 빼거나 적극적으로 전략을 바꾸기보다 전술적인 적응을 채택하는 방식으로 대응했으며, 그 결과 현상을 유지하고 주식시장에 계속 투자할 수 있었다.

부정을 통한 적응

사기가 있었음을 전면 부정함으로써 적응해나간 투자자도 있는데, 그들은 애초에 속임수가 일어난 적이 없다고 주장했다. 소수의 조직화된 신앙 집단이나 기타 고립된 집단에서 비슷한 현상을 관찰해온 사회심리학자들은 이런 반응을 '몰입 상승효과'라고 부른다.[27] 시장에 대한 거의 종교적인 믿음을 가장 잘 보여준 사람은 캘리포니아 인베스터스의 스탠일 것이다. 캘리포니아 인베스터스 회원들에게 1990년대의 상승 장세가 끝났다는 사실을 언제 알았는지 묻자, 스탠이 질문의 전제 자체를 부정하고 나섰다.

나는 상승 장세가 끝났다는 말에 동의하지 않고, 시장이 하락세를 보인 적도 없었다고 믿습니다. 시장의 상승세가 몇 년 동안 주춤한 경우가 있었을 뿐입니다. 나는 사람들의 미래가 낙관적이라고 믿습니다. 사람들은 새로운 물건을 만들어낼 것이고, 자신이나 아이들에게 줄 물건을 원할 것이기 때문에 시장이란 큰 수레바퀴는 계속 돌아갈 것입니다. 상승 장세가 끝났다고 생각한다면 큰 오산입니다.

다른 피면담자들도 이와 유사한 경향을 보였는데, 그들은 당시에 진행 중이던 금융 스캔들의 충격을 의도적으로 과소평가하거나 이론에 불과한 '긍정적인 측면'으로 눈을 돌렸다. 해체된 에셋 어커뮬레이터스의 타라는 주가가 회복되는 건 시간문제이며, 자신은 계속 주식 투자에 전념할 거라고 주장했다.

증시가 폭락했을 때 남편은 주식을 전부 팔아 치우길 원했지만, 나는 그대로 갖고 있자고 그를 설득했어요. 남편은 내가 에셋 어커뮬레이터스에서 10년 동안 활동해왔기 때문에 나를 믿었고, 내가 대단한 뭔가를 알고 있을 거라고 생각했어요. 내가 설득하지 않았다면 남편은 우리가 갖고 있던 주식을 전부 팔아 치웠겠지요. 하지만 보세요. 주가가 다시 오르고 있잖아요.

타라가 자신의 경험을 이야기한 태도는 스탠처럼 극단적이지 않지만, 자본주의 이데올로기를 향한 열렬하고 확고한 믿음을 보여주기는 마찬가지다. 의외로 많은 피면담자들이 주식시장이 침체에 빠졌을 때 자신의 경험담을 들려주면서 종교적인 죄악과 속죄의 이야기에서 들을 법한 용어를 사용했다. 에셋 어커뮬레이터스의 베리는 "나는 여전히 원칙주의자입니다"라고 주장했다. 포트폴리오 어소시에이트의 스킵은 "우리는 한 번도 믿음을 잃은 적이 없습니다"라고 했다. 이들은 엔론이나 월드컴, 기타 유사한 사례에 관한 뉴스를 단순히 주식시장에 만연한 속임수를 보여주는 증거가 아닌 다른 어떤 것으로 해석한 덕분에 비록 정체 상태지만 계속 증시에 참여할 수 있었다.

자책 : 의도적으로 공범이 되는 개인투자자

면담을 진행한 투자자 중 어떤 집단은 기업 사기와 관련해서 자책하는 태도를 보였다. 그들이 보여준 태도는 금융 전문가와 기업 미디어가 열심히 부추긴 덕분이다. 어떤 투자 조언가는 자신의 고객에게 '최근 속출하는 기업 스캔들은 부패한 경영자 때문이 아니라 탐욕스런 투자자와 월스트리트의 치어리더 때문입니다'[28]라는 글을 보내기도 했다. 월드컴이 미국 역사상 최대 규모의 파산신청을 앞두고 있을 때 뉴욕타임스는 그 회사가 저지른 불법행위 중에는 100분의 1센트가 모자라서 수익률이 부족하게 나타나는 것을 피하기 위해 대차대조표를 조작한 일도 포함된다는 사실을 부각하면서 동정 여론을 자극했다. 보도에 따르면 월드컴 경영진은 수익률이 기대에 미치지 못하는 경우 기업에 내려지는 경제제재 조치를 피하려고 고심했는데, 일반적으로 100분의 1센트 같은 사소한 실적 미달도 그로 인해 제재 조치를 받으면 회사의 시장 가치를 10퍼센트씩 떨어뜨릴 가능성이 충분했다.[29] 월드컴 같은 기업은 이처럼 '나는 사회를 비난한다'는 식의 변명을 이용해서 사회적인 관심이 그들이 저지른 불법행위에서 투자자와 정책 입안자의 불합리함으로 옮겨가게 만들었다.

　놀랍게도 내가 조사한 피면담자 중 많은 사람들이 이 같은 비난에 수용적인 태도를 보였다. 많은 사람들이 마치 본인의 행동이 대차대조표를 조작하도록 부추기기라도 한 것처럼, 자신이 회계감사나 정부 관행을 문란하게 만든 장본인이라도 되는 양 상승 장세가 무너진 것에 죄책감을 느꼈다. 하지만 그런 문제는 수십 개 기업체와 수백, 수천 명에 이르는 금융 전문가가 연루된 조직적인 문제가 분명했고, 면담 과정에서 참여자들이 보인 죄책감은 자신을 향한 분노에 불과했다. 어떤 사람은 상승 장세가 지속되는 동안 자신의 생각을 묘사하면서 '망상'이란 단어를 사용했고, 어떤 사람은 일시적인 광기에 빗댄 표현을 사용했다. "나는 우리가 정말 똑똑하다고 생각했어요." "우리는 바보들의 낙원에서 살았죠." 또 어떤 사람은 예전의 교회 부흥회를 떠올리게 하는 말로 자신을 평가했다. 불스 앤드 베어스의 케이트는 "우리는 점점 욕심을 냈어요. 주식 투자가 한없이 쉽게 보였거든요. 급기야 우리는 기본적인 원칙을 무시했죠"라고 말했다. 밸리 게이맨 투자 클럽의 프랭크는 좀더 노골적으로 이야기했다. "당시 우리는 돈에 환장한 매춘부 같았죠. 1달러라도 돈이 되는 주식이라면 무조건 사들이려고 했어요."

　그들은 속죄할 때 나타나는 전형적인 말투로 자신의 과오와 타락을 고백한 뒤 예전 종교로 돌아가듯이 저평가된 기업에 투자하고, 적당한 이득을 기대하는 기본적인 원칙으로 회귀했다. 이런 측면에서 피면담자들이 동호회의 자산 운용과 개인적인 투자로 겪은 재정적인 손실은 원칙에서 벗어난 길을 걸은 행동에 대한 처벌 정도로 해석되었다. 프랭크가 이야기한 바에 따르면 밸리 게이맨 투자 클럽의 회원들은 자신이 보유했거나 매입을 고려하던 주식과 관련된 특정 사실이나 신뢰할 만한 정보를 접하는 경우 "해당 정보를 액면 그대로 받아들이지 않고 자신의 필요에 따라 왜곡해서 이해했다". 캘리포니아 인베스터스의 댄은 1990년대에 동호회 회원들이 시황 분석을 대하던 태도를 다음과 같이 요약했다. "우리는 마음을 결정했으니 사실을 들먹여서 헷갈리게 하지 마시오."

이런 자책은 기업의 부정행위에 놀라울 정도로 인내심을 발휘하는 태도와 함께 나타났다. 엔론의 재판이 진행되면서 드러난 사실 때문에 한두 명이 충격을 표시하기도 했지만, 대다수는 재판 과정에서 드러난 사실을 일상적인 경제 뉴스쯤으로 취급했다. 다음은 여성 회원으로 구성된 레이디스 위드 레버리지의 캐런이 이야기한 내용인데, 많은 사람들이 그녀와 대동소이한 관점을 드러냈다.

나는 직장에서 일한 경험을 통해 경제 분야에 종사하는 사람들이 항상 속임수를 쓴다는 사실을 진작부터 알았기에 최근 발생한 스캔들이 놀랍지 않아요. 하지만 1990년대에는 지금처럼 숫자가 정확히 들어맞는지 꼼꼼하게 들여다보지 않았죠. 좋은 뉴스밖에 없었으니까요. 그게 인간의 본성이에요. 좋은 일이 많고 많은데 굳이 나쁜 일을 들춰내려는 사람이 어디 있겠어요?

해체된 불스 앤드 베어스의 회장을 맡았던 그렉도 마찬가지로 자신이 예전에 금융시장을 맹신하는 대신 더 많이 알았어야 하는데 그렇지 못했으며, 이제는 충분히 알기 때문에 이러저러한 스캔들에도 금융시장에 참여한다고 이야기했다.

당시 나는 금융시장이 온통 속임수라는 것을 알았어요. 그런데도 버틸 수 있을 때까지 버틸 작정이었지요. 아이오메가^{Iomega} 같은 신생 기업의 가치가 제너럴모터스보다 높이 평가되었을 때 무척 놀랐던 생각이 나는군요. 신생 기업의 주가가 거래를 시작한 첫날부터 제너럴모터스 같은 회사를 능가한다는 건 정상적인 방법으로는 절대 있을 수 없는 일이지요. 나는 주식시장 전체에 모종의 속임수가 진행 중이라는 것을 깨달았어요. 그렇지 않고야 매번 특정한 사람들만 공모주를 받을 수가 없잖아요. 나는 공개시장에서만 주식을 매입할 수 있다는 점에서 내가 별 볼 일 없는 투자자라는 사실도 깨달았지요. 이 사회에서 편의를 제공받는 무리가 있는 게 분명했어요. "이제 시대가 바뀌었으니 모든 게 달라질 겁니다"라는 말은 순전히 거짓말이에요. 나는 결코 그런 이야기를 믿지 않았어요. 애초부터 금융 시스템을 신뢰하지 않았기에 새삼스럽게 스캔들 때문에 시스템에 대한 믿음이 흔들린 적도 없어요. 맞아요, 뮤추얼펀드 매니저에게서 특별한 거래를 제공받는 사람들도 있었어요. 하지만 그래서요? 나는 방위산업 분야에 종사하면서 수많은 특별 거래를 지켜봤지만, 특별 거래라고 해서 전혀 특별할 것도 없어요!

그렉과 같은 동호회에 있던 케이트 역시 (면담이 따로 진행되었는데도) 놀라울 정도로 비슷한 반응을 보였다. 그녀는 부정행위가 있음을 뻔히 알면서도 시장에 참여했다고 주장했다. "우리는 기업의 회계 장부가 조작되었다는 사실을 어느 정도 알고 있었어요. 언제고 그 때문에 문제가 발생할 거라는 사실도 알았죠." 하지만 그녀는 추상적으로나마 시스템에 대한 자신의 믿음을 재차 확인해주었다. "나는 시장에서 발을 빼는 문제를 한 번도 고려해본 적이 없어요. 여전히 주식시장을 신뢰해요. 다만 꼭대기에 있는 경영자들이 부패했을 뿐이죠.” 그녀의 이야기는 부패한 성직자를 경멸하면서도 원칙적으로는 종교 단체에 헌신적인 신도의 신앙고백을 떠올리게 한다. 이런 연상 작용에는 나름 개연성이 있는데, 경제인류학자 키스 하트Keith Hart가 지적한 것처럼 “비종교적이고 과학적인 우리 문명에서 경제는 우리의 종교가 되었기 때문이다”.[30]

검토와
암시

나는 속임수가 만연한 미국 주식시장에서 투자자가 속임수에 노출된 이후 보이는 행동을 연구하면서, 연구에 참여한 피면담자 중 아무도 고프먼이 단언한 ‘실패를 수용하는 적응 과정’을 보이지 않았다는 점에 놀라움을 금치 못했다. 그들은 이전 세대가 주식시장에서 사기가 드러난 이후 그랬던 것처럼 투자 자금을 회수하거나 주식시장에서 철수하는 대신 계속 해당 금융 시스템에 참여했다. 더욱이 그들은 심심치 않게 발생하는 심각한 금융적 손실에도 자기 입장을 고수했다. 나는 면담하면서 애초에 기대한 분노나 배신감 대신 체념과 부정, 자책 등이 복잡하게 얽혔으며, 그런 감정 덕분에 피면담자들이 부패가 드러난 주식시장에 계속 참여할 수 있었음을 깨달았다. 속임수의 표적이 된 사람들은 시장에 계속 참여하고자 자신을 속임수에 의도적으로 가담한 공범으로 인정하거나, 속임수가 있었다는 사실 자체를 부정하면서 투자 동호회를 통해 자신의 집단적 정체성을 재구성했다.

이런 결과는 고프먼이 속임수에 반응하는 표준 방식으로 예상한 것과 상당한 차이를 보였으며, 속임수를 일종의 사회적 교류로 확대해서 이해하도록 도움을 주었다. 대다수 연구가 사기꾼에게 초점을 맞춰온 반면, 이 장에서는 사회적 정체성에 관한 고프먼의 연구를 바탕으로 미국인 개인투자자 50명을 면담한 자료를 보태서 사기당한 사람들이 단순히 주식시장에서 물러나거나 '진정'하는 것 말고도 어떤 행동을 취할 수 있는지 보여주고자 했다. 소극적인 태도를 유지하는 것도 선택이지만, 내가 조사한 사람들은 자신이 겪은 사기에 반응해서 훨씬 능동적인 태도를 보였다. 그들이 자책했거나, 해당 사건을 근본적으로 건전한 금융 시스템에서 발생한 '일시적인 실패'로 재구성했거나 그것은 중요한 문제가 아니다. 중요한 건 그들이 투자를 멈추지 않았다는 사실이다.

이 장에서 소개한 속임수에 반응하는 확장된 표준 방식은 향후 속임수를 연구하려는 사람과 정책 입안자에게도 암시하는 바가 있다. 속임수가 언제나 일회성 사건으로 끝나는 건 아니며, 오히려 지속적이고 조직적일 수도 있다는 사실이다. 금융 제도의 역사를 살펴보면 투자시장에서 발생하는 속임수는 고질적이고 만성적인 현상에 가깝다. 따라서 속임수에 반응하는 우리의 표준 방식을 확장해서 사기가 드러난 뒤에도 계속 교류할 수 있도록 도와주는 반응을 추가할 필요가 있다. 반복되는 속임수의 자발적인 표적이 되도록 부추기는 동기에는 이 책에서 설명한 불가피성과 자기기만(11장 참조), 기술적인 혁신(6, 7장 참조) 등이 있을 수 있다. 사회에 만연한 속임수(4장 참조) 역시 단순한 원인일 수 있으며, 이런 점을 고려할 때 투자자는 기본적으로 "물리칠 수 없을 바에야 적극적으로 가담하라"고 자신을 설득하는 수밖에 없다.

정책 입안자에게 암시하는 바는 조금 다르다. 관련 증거에 따르면 대중이 금융시장을 신뢰할 필요가 있다는 보편적인 믿음은 근거 없는 이야기일 수 있다. 예를 들어 앨런 그린스펀은 금융시장이 제 기능을 발휘하려면 경제인에 대한 신뢰가 전제되어야 한다고 주장했지만, 내가 조사한 개인투자자들은 그들의 믿음이 다른 곳─너무 추상적이라서 분명하게 표현하지 못할 때도 있지만, 아마도 자본주의나 아메리칸드림이라고 불릴 수 있는 어떤 곳─에 있음을 거듭 확인해주었다. 그들의 믿음이 희망적인 바람에 불과할 수도 있지만, 투자자들이 주식시장에 계속 참여한 행동이 어느 개인에 대한 신뢰와 그다지 상관이 없다는 사실은 분명하다. 더불어 그린스펀은 다른 정책 입안자나 경제학자와 마찬가지로 신뢰를 저버리는 행위가 광범위하게 나타날 경우 결과적으로 경제 시스템이 붕괴할 거라고 예측했지만, 모든 관련 증거는 완전히 반대로 드러났다. 개인투자자는 모두 합해 수십억 달러를 날렸고, 주식시장에 부정행위가 만연함을 알면서도 계속 주식시장에 돈을 쏟아 붓고 있다. 은행이 대출에 제동을 걸 수도 있겠지만, 공공 정책의 느닷없는 변경으로 발생할 수 있는 사회구조적인 긴급사태나 노사 관계로 맺어진 사회계약에 변화가 생기는 상황을 감안해서라도 미국 시민에게는 계속 주식에 투자하는 것 외에 별다른 선택권이 없다. 설령 그로 인해 "이 고비만 잘 넘기면 부자가 될 수 있어"라는 실현 가능성 없는 이야기를 만들어내거나, 속임수의 표적으로서 결국 또 속을 거라는 사실을 깨닫고 지쳐서 체념하더라도 말이다.

_ 윌리엄 글레니 4세 William Glenney IV

30~50년 뒤를 대비해 혁신적인 전투 개념을 만들어낼 임무를 맡은 '해군참모총장 직

속 전략연구단체 Chief of Naval Operations' Strategic Studies Group' 부대표다.

정보 시대의 군사적 속임수 : 문제는 스케일이다

윌리엄 글레니 4세

어떤 행동이든 속임수를 사용하는 건 혐오스런 일이지만, 전쟁을 수행하는 과정에서 책략을 사용하는 행위는 칭찬할 만하고 멋진 일이다. 또 책략으로 적을 굴복시키는 사람은 무력으로 적을 굴복시키는 사람 못지않게 훌륭하다.

니콜로 마키아벨리(Niccoló Machiavelli)[1]

도덕적 고찰은 민간 생활에서 유효할 뿐이며, 그 때문에 전쟁을 준비하는 과정에 지장을 초래해서는 안 된다.

발데마르 에르푸르트(Waldemar Erfurth) 장군[2]

군사적으로 사용되는 기만은 다른 상황에서 나타나는 속임수와 근본적으로 다르며, 사기나 거짓말을 논할 때 일반적으로 이해되는 개념과도 다르다. 이는 전쟁이 인간적 · 사회적 교류와 근본적으로 다르다는 사회 전반에 걸친 인식에서 유래한다.[3] 앞에서 인용한 것처럼 마키아벨리는 *The Discourses Upon the First Ten (Books) of Titus Livy*(티투스 리비가 초기에 저술한 10권에 관한 담론)에서 전쟁 중 사용하는 기만이 충분히 수용 가능한 개인적이거나 집단적인 행동이라고 진술했다. 따라서 군사 기만은 인격적인 결함이 아니라 중요한 기술로 고려되어야 한다. 이 장에서 차차 이야기하겠지만 역사와 최근의 세계적인 사건은 군사 기만이 사회적으로 수용될 수 있음을 보여준다.

역사적으로 군사 기만의 중요성이 인정받아왔는데도 속임수에 대한 미군 내부의 이해와 인식 부족, 제한적으로 주어지는 속임수의 역할 때문에 전략적인 책략이 제대로 가치를 발휘하지 못하고 있다. 2차 세계대전에서 얻은 경험에 지나칠 정도로 의존하는 미군의 기만 원칙도 이런 현상을 부추긴다. 그 원칙이 21세기 전투 환경을 반영하지 못하기 때문이다. 더불어 미군의 기만 전략은 지도자를 둘러싼 조직의 잠재적인 역할을 도외시하고, 지도자 한 사람의 직관적인 판단에 영향을 미칠 수 있는 능력에 지나치게 초점을 맞추고 있다. 이런 전략은 군사 기만이 분초를 다투는 '경쟁'이며, 해당 분야에서 지난 60여 년간 함축성과 미묘한 차이, 시간의 중요성이 꾸준히 부각되었다는 사실을 간과한 결과다. 현재의 원칙은 속임수가 필요한 상황에서 해당 환경의 특징을 결정짓는 시간적 · 조직적 · 인식적 · 기술적 요소, 정보와 관련된 요소가 얼마나 광범위한지 과소평가하고 있다. 전쟁에서는 전술 단계와 전략 단계, 작전 단계 사이에 상호 의존성이 존재하고, 세 단계가 밀접하게 연결되기 때문에 전쟁의 매 단계에서 속임수를 이해하고 계획하고 실행하기 위해서는 새로운 접근법이 필요하다. 오늘날 같은 환경에서는 위에 언급한 어느 단계에서 행해진 속임수가 무시될 경우 나머지 두 단계에서 취해진 속임수도 위태로워질 수 있다.

종전의 군사 기만 원칙으로 설명할 수 없는 근본적인 방식으로 전투 공간과 환경을 바꾸면서 적이 지리적으로나 기능적으로 분산될 수 있다는 군사적 현실은 인간적 차원의 속임수를 더욱 복잡하게 만든다. 2차 세계대전 경험은 속임수의 복잡성이나 전략 단계와 작전 단계에서 전쟁과 속임수의 연관성을 이해하고자 할 때는 유용하지만, 시간의 척도가 1초도 되지 않는 작은 단위부터 수년에 이르는 환경에서 다양한 현대의 적을 상대로 사용할 수 있는 효과적인 기준이 아니다. 현대 실정에 맞으려면 적어도 다양한 시간의 척도를 동시에 설명할 수 있어야 한다.

군은 전쟁의 모든 단계에서 진행되는 속임수의 시간적인 척도와 환경을 설명할 수 있도록 군사 기만의 모든 측면을 충분히 고려하고 실행할 필요가 있다.

군사 기만의
정의

군사 기만은 "적을 의도적으로 호도하려는 의식적이고 이성적인 노력이다".[4] 현재의 군사 기만 원칙은 한 단체로 구성된 적에게 의도된 긴급 행동을 하도록 유발하고자 그 단체를 이끄는 지도자의 직관적인 판단에 영향을 끼치는 능력을 근간으로 한다.

하지만 현재의 원칙과 다른 관점에서 군사 기만이 보다 적절히 고려되어야 한다. 즉 특정한 상황을 설정하거나 통제함으로써 하나 혹은 다수의 적이 어떤 상황을 인지하거나 오인해서 주어진 상황을 잘못 판단하고, 그 결과 잘못된 판단에 따라 행동하도록 만들 수 있어야 한다. 그 모든 과정이 속임수의 표적 입장에서 봤을 때 일관성 있게 진행되어야 한다.

군사 기만은 사람들의 이목을 교란하기 위한 일종의 정보 경쟁이다. 이 정보 경쟁에서 한쪽은 속임수를 위해 인력과 기술을 동원하고, 다른 한쪽은 속임수를 간파하거나 그 나름대로 속임수를 수행하기 위해 인력과 기술을 사용한다. 인간은 창의적인 속임수를 가능케 하는 장점이 있지만, 그 때문에 속임수에 쉽게 넘어가기도 한다. 마찬가지로 해니 패리드가 5장에서 이야기한 것처럼 가짜 이미지를 생성할 수 있도록 가능성을 제공한 과학기술은 동시에 그런 위조물을 간파하는 수단이 된다.

군사 기만이 일반적으로 수용 가능한 행동이지만, 보편적인 서양의 관습에 따르면 전쟁에서 속임수를 사용할 때 일정한 제한이 있다. 국제법과 그와 관련된 군사적 행동처럼 효력이 있는 법실체^{法實體}는 흔히 전쟁법이나 무력 분쟁법, 제네바협정 등으로 언급된다. 이 법실체는 '배반 행위' 같은 특정한 군사 기만 수단을 금지한다. 배반 행위는 속임수 표적의 잘못된 믿음을 이용한다. 이를테면 속임수를 쓰는 측은 표적이 안전한 피난처나 은신처가 생겼다고 믿도록 만들면서도 실제로는 그 믿음을 배신하려는 의도가 있다. 배반 행위의 예로는 병원이나 종교 건물에 병력을 배치하는 행위, 적십자나 붉은 초승달(이슬람 국가의 적십자사에 해당하는 적신월사가 사용하는 상징―옮긴이) 등 보호받을 필요가 있는 상징물을 군사적 위장으로 사용하는 행위, 전쟁 중에 군인이 민간인 옷을 입는 행위 등이 있다. 이런 배반 행위 외에는 전쟁에서 전략 단계나 작전 단계에 활용되는 군사 기만 수단에 추가적인 금지 사항이 거의 없다고 봐도 무방하다.

민족국가들은 국제연합의 회원국이 되거나 다른 국제조약에 가입함으로써 제네바협정에 근거한 기준을 준수하겠다고 동의해왔다. 제네바협정은 모든 참전국이 조약에 명시된 기준을 준수할 것임을 근본적인 전제로 삼는다. 하지만 테러리스트나 반란자, 자유의 투사, 범죄자 등은 그런 기준에 구속받지 않는다. 그들은 중동전쟁과 사하라 사막 이남 지역의 아프리카 전쟁에서 보여준 것처럼 배반 행위를 수용 가능한 행위로 여길 뿐만 아니라 자신에게 주어진 이점이라고 생각한다. 그들은 목적을 달성하기 위해 적당하다고 판단되는 모든 수단을 동원한다. 미군이 종전의 국제법을 준수한다고 가정할 때 군사 기만을 대하는 미군의 접근 방식은 국제법을 준수하지 않는 적을 분석하고 그에 맞게 준비되어야 한다.

사람들은 과학기술을 지향하는 세상에 살면서 전쟁이나 군사 기만이 인간이 노력한 결과물이라는 사실을 지나치게 자주 잊어버리는 경향이 있다. 개인이나 집단, 조직의 행동에 영향을 끼치는 모든 요소(이를테면 감정이나 동기, 지도력, 신뢰, 영향력, 두려움 등)는 군사 기만에서 일정한 역할을 담당하며 신중한 고려 대상이 된다. 몸짓 언어(4장 참조)와 전제된 신뢰성(9장 참조), 온라인 관계(6장 참조) 등은 속임수를 쓰거나 속임수를 간파할 때 유용한 요소지만, 군사 기만에서는 모두 무용지물이다.

대다수 사회적 교류나 인간관계와 달리 전쟁의 주역들은 상대에게 내놓고 신뢰를 기대하지 않는다. 적대 관계에 있는 사람들이 상대를 알아가면서 암묵적인 신뢰가 생기기도 하지만, 본질적으로 적대적인 관계이기 때문에 신뢰는 한순간에 무너질 수 있다. 전쟁 당사자들은 서로 너무 잘 알아서 속임수가 끼어들 여지가 없다고 확신하기도 한다. 1941년 6월 독일이 소비에트연방을 비교적 수월하게 침공할 수 있었던 이유 중 하나는 1939년 히틀러와 체결한 독소 불가침조약을 스탈린이 맹신했기 때문이다.

군사 기만은 앞을 내다보고 행동하는 개념이다. 계획된 속임수에 따라 속이는 사람의 이후 행동이 정해진다. 계획적일 수도 있고, 아닐 수도 있는 기습과 달리 군사 기만은 항상 계획적이다. 기습은 속임수의 결과일 수도 있고, 운이나 우연에 따른 결과일 수도 있다. 2차 세계대전에서 연합군이 프랑스에 상륙작전을 펼친 기습은 타이밍이나 지리적 위치와도 관련이 있었지만, 신중하고 정교한 기만 계획에 따른 결과다. 반대로 벌지 전투에서 독일군이 벌인 기습은 카를 폰 클라우제비츠Carl von Clausewitz가 '안개'라고 묘사한 전쟁의 불확실성에 따른 결과라고 할 수 있다. 군사 기만과 군사적 기습에 사용되는 기술이나 이론에는 어느 정도 공통된 원칙이 존재하지만, 나름의 독특한 원칙도 있다. 전쟁터에서 기습이 어떤 속임수에 따른 결과물일 수 있지만, 속임수와 기습이 동일한 것은 아니다.

끝으로 군사 기만은 윤리나 도덕의 문제가 아니다. 전략 단계나 작전 단계의 군사 기만을 은폐하기 위한 개인적인 차원의 거짓말이나 속임수도 아니다. 주로 민간인과 대규모 군중에게서 집중적으로 나타나며, 흔히 진실에 근거한 전략적인 커뮤니케이션이라고 지칭되는 그 어떤 것도 아니다. 정치 지도자들이 속임수에 당하는 경우 그 결과가 군사적인 행동으로 나타날 수 있지만, 정치적인 속임수도 아니다.

전쟁의
3단계

'전쟁의 3단계'라는 용어가 군사적으로 어떤 의미인지 세부적으로 논의하는 건 이 장에서 다룰 수 있는 한계를 훌쩍 넘어선다. 그에 대한 어떤 논의도 여러 권 분량을 할애해야 할 정도다. 전쟁의 3단계라는 주제 자체가 국가 보안을 유지하고, 국정 운영의 수단으로써 군사력을 사용하는 데 중추적인 역할을 하기 때문이다.[5] 하지만 군사적인 맥락에서 속임수를 이해하려면 전쟁의 3단계에 대한 기본적인 이해가 필요하다. 전략 단계, 작전 단계, 전술 단계는 군사작전을 논의하고 계획하고 수행하는 토대가 된다. 일반적으로 전쟁의 단계는 적용된 관점, 군사작전의 의도, 군사작전을 통해 얻고자 하는 효과를 기본적인 특징으로 한다.

'전략 단계'는 국가나 다국적 실체 혹은 그와 유사한 조직이 군사력을 행사하는 행위를 비롯해 총괄적인 비전과 목표를 개발하고 실행하는 행동과 관련이 있다. 2차 세계대전이 훌륭한 본보기라고 할 수 있는데, 연합군은 독일을 위시한 추축국을 물리치고자 전략 단계에서 범세계적 관점을 보여주었다. 루스벨트, 처칠, 스탈린과 그 직속 참모들은 세계를 자신들의 전장으로 생각했고, 장기적인 차원에서 자신들의 행동이 가져올 결과를 고려했으며, 시간상수라는 측면에서 몇 달이나 몇 년 뒤에 나타날 변화를 검토했다.

'작전 단계'는 어떤 군사행동을 지휘하는 과정에서 대규모 부대 혹은 다수의 부대로 행해지는 행동과 관련이 있다. 작전 단계에서 연합군 총사령관 아이젠하워는 브래들리 장군, 패튼 장군, 몽고메리 원수 등과 긴밀히 협조하여 북아프리카와 유럽에서 해당 지역의 작전구역에 한정된 관점에서 군사행동을 수행했고, 시간상수라는 측면에서 짧게는 몇 주부터 길게는 몇 달 뒤 일어날 작전 결과를 검토했다.

'전술 단계'는 상대적으로 규모가 작은 부대 혹은 작은 집단의 병사들이 대규모 군사행동의 일부분을 수행하는 행동과 관련이 있다. 전술 단계는 하급 부대의 지휘관부터 소총수에 이르기까지 다양한 사람들이 검토한다. 그들은 지역적으로 몇 제곱미터나 몇 제곱킬로미터에 이르는 범위에서 짧게는 몇 분, 길게는 몇 시간 혹은 며칠 동안 지속되는 작전을 수행한다.

가장 기초적인 수준에서 표 14.1에 정리된 것처럼 지리적인 관심 범위, 행위가 지속되는 기간, 전장을 바꾸는 데 걸리는 시간, 부대의 규모 등을 고려함으로써 전쟁의 3단계와 각 단계의 상호 관계를 이해할 수 있다.

각 단계 사이에 차이점이 있지만, 전쟁의 3단계는 동일한 전장을 바탕으로 그 안에서 존재하고 고려된다. 전술적 행위는 작전 행위와 전략적인 행위와 마찬가지로 전장에 영향을 미친다. 하지만 전

전쟁의 단계	지리적인 관심 범위	행위 지속 기간	전장을 바꾸는 데 걸리는 시간	부대의 규모
전략 단계	지역적 혹은 전 세계적	수년에서 수십 년	몇 달에서 몇 년	수십만에서 수백만
작전 단계	수백에서 수천 제곱킬로미터	몇 주에서 몇 년	며칠에서 몇 달	수천에서 수십만
전술 단계	몇 제곱미터에서 수십 제곱킬로미터	몇 분에서 몇 달	몇 초에서 몇 주	몇 명에서 수만 명

표 14.1 전쟁의 3단계에 관한 기초적인 비교

술적 행위는 전략적 행위와 동일하지 않으며, 동일해질 수도 없다. 이 공통된 전장의 본질이 2차 세계대전 이후 격변했으며, 군사 기만과 관련해 큰 변화를 초래한 것이다.

전쟁의 단계에는 개념화나 문제 해결, 인지, 창의성, 상상력, 인간의 속성, 도덕에 이르기까지 수많은 측면이 존재한다. 각각의 측면이 속임수를 쓰기 위한 혹은 속임수를 당할 수 있는 기회나 수단이 될 수 있다. 기술과 이론의 조합은 전쟁의 3단계에서 절대 빠질 수 없는 요소며, "전쟁의 주역이 향연을 펼칠 무대로써 전쟁과 자연이라는 매개물을 이해하고 지배"하도록 요구한다.[6] 군사 기만은 반드시 인간과 과학기술의 역할을 분명하게 구분해야 하지만, 둘 중 어느 것이 속임수를 더 어렵게 혹은 수월하게 만드는지 명백하게 알 수 없다.

전쟁의 3단계가 모아지거나 나눠지지 않는다는 사실은 군사 기만을 더욱 복잡하게 만든다. 다시 말해 전쟁의 작전 단계는 단순히 전술적인 행위의 집합체가 아니다. 전쟁의 전략 단계는 단지 작전 행위를 모아놓은 것도 아니다. 마찬가지로 하나의 전략이 단순히 여러 가지 전술적 행위로 나눠질 수 없다. 전략적인 속임수가 그대로 수백만 명을 상대로 실행할 수 있는 전술적인 속임수가 되는 건 아니다. 경우에 따라 전략적인 속임수가 전술적인 행위에 별다른 영향을 끼치지 않을 수도 있다.

이 장의 나머지 부분에서 '군사 기만'이란 용어는 전략 단계와 작전 단계에서 사용되는 속임수를 의미한다.[7] 두 단계에서 속임수가 사용되는 목적은 전쟁을 예방하거나, 전쟁이 불가피한 경우에는 전쟁을 용이하게 하고, 전쟁이 확대되는 것을 억제하며, 전쟁의 전략 단계와 작전 단계에서 성공을 거두기 위해서다.[8]

군사 기만의 역사적 사례

군사 기만을 이해하기 위해서는 인간과 기술적인 측면이 모두 고려되어야 하지만, 그것이 단편적이든 종합적이든 고찰만으로 군사 기만을 완전히 이해하기에는 충분하지 않다. 역사를 돌아보면 성공적인 군사 기만 사례가 심심치 않게 눈에 띈다. 그 사례를 살펴봄으로써 군사 기만이 왜 오늘날의 환경에 맞춰 변해야 하는지 이해할 수 있을 것이다.

가장 널리 연구된 군사 기만이 1944년 암호명 '보디가드 작전

Operation Bodyguard'으로 불린 연합군의 노르망디상륙작전이다. 보디가드 작전과 관련된 역사 기록은 세부적이고 방대하게 보존되었기 때문에 군사 기만을 연구하는 건 물론이고, 이 책 전반에서 인간과 과학기술이 어떻게 작용하는지 살펴보는 데 훌륭한 사례를 제공한다. 무엇보다 보디가드 작전은 군사 기만의 중요성을 비롯해 전략 단계와 작전 단계에서 속임수를 지휘하는 어려움, 군사 기만을 성공하기 위한 계획과 실행 과정을 보여준다. 또 군사 기만을 유용한 것으로 생각하는 측면에서 미국의 절정에 달했던 믿음을 보여주기도 하는데, 그 믿음이 절대 쉽게 얻어진 것은 아니다. 마이클 듀어Michael Dewar에 따르면 "처음에는 미군조차 우세한 기동성과 화력, 물적 자원을 보유했다는 점에서 속임수를 불필요한 간교함 정도로 치부했으나 결국 그 생각을 바꿨다".[9] 보디가드 작전이 워낙 복잡하고, 규모가 크고, 중요했기 때문에 그와 관련된 세부 작전이 5개나 만들어졌다. 북쪽의 강건함이란 뜻이 있는 포티튜드 노스Fortitude North 작전과 포티튜드 사우스Fortitude South 작전, 체펠린비행선의 이름을 딴 체펠린Zeppelin 작전, 피의 복수를 의미하는 벤데타Vendetta 작전, 용감무쌍한 사람이란 뜻이 있는 아이언사이드Ironside 작전이다.[10]

'포티튜드 노스 작전'은 스웨덴을 연합군으로 끌어들이기 위해 노르웨이상륙작전을 실행함으로써 연합군이 북쪽에서 덴마크를 경유해 독일을 공격할 것처럼 보이도록 만든 작전이다. 이 속임수는 성공했다. 독일군은 견제공격을 예상하고 중앙 유럽에서 병력을 빼 20만 명이나 되는 군대를 노르웨이에 주둔시켰지만, 그들이 예상한 상황은 끝내 일어나지 않았다.

'포티튜드 사우스 작전'은 프랑스의 파드칼레Pas de Calais 지역을 침공할 것처럼 적을 현혹한 작전이다. 상륙작전을 수행할 주력 부대로 알려진 (실제로는 존재하지 않는) 가짜 부대의 사령관에 조지 패튼 장군을 임명하면서 이 작전의 신빙성이 더욱 높아졌다. 포티튜드 사우스 작전은 보기 좋게 성공해서 파드칼레에 있던 독일군은 노르망디상륙작전이 성공적으로 끝나고 연합군이 프랑스에 탄탄한 교두보를 확보하고도 한참 뒤까지 제자리를 지켰다.

'체펠린 작전'은 지중해의 동부와 중부에 배치된 연합군의 규모를 과장해서 독일군이 해당 지역의 병력을 이동시켜 중앙 유럽을 보강하지 못하도록 만든 작전이다. 이 속임수에 넘어간 독일군은 지중해 연안에 연합군 사단이 71개나 있다고 확신했다. 하지만 실제로 해당 지역에 주둔하던 연합군 사단은 38개에 불과했다.

'벤데타 작전'은 프랑스 남부에 가상의 상륙작전을 계획한 작전이다. 이 작전에는 전략적으로 미묘한 균형을 유지하는 게 중요했다. 독일군이 프랑스 남부와 이탈리아에서 북쪽의 노르망디로 이동하지 못하도록 잡아두기 위해서는 가상의 상륙작전에 투입된 병력이 대규모로 보여야 했고, 다른 지역에서 프랑스로 병력이 증원되지 않도록 적당히 소규모일 필요도 있었다.

'아이언사이드 작전'은 프랑스 비스케이 만 지역에 대한 가공의 상륙작전을 의미하는데, 해당 지역의 독일군이 북쪽으로 재배치되는 것을 막으려는 의도에서 행해졌다. 하지만 아이언사이드 작전은 연합군의 제한된 능력과 물적 자원 때문에 효과를 보지 못했다. 독일군은 비스케이 만이 상륙작전에 적합한 장소가 아니라고 생각했기에 더더욱 속임수가 성공하기 어려웠다.

보디가드 작전의 근본적인 전제와 작전이 성공할 수 있었던 가장 중요한 상황은 히틀러와 핵심 군사령관들이 이론적으로 결함이 없는 군사 원칙에 근거, 연합군의 본격적인 상륙작전이 파드칼레 인근 영국해협의 가장 좁은 지역에서 진행될 거라고 결론지었다는 사실을 연합군이 알고 있었다는 점이다. 독일의 지도자들은 유럽의 다른 지역에서 진행되는 상륙작전이 연합군의 주된 전략적 시도, 즉 파드칼레 상륙작전을 은폐하려는 양동작전이라고 단정했다. 세부적인 작전들은 독일군의 이런 편견에 확신을 주었고, 연합군의 군사행동을 위장했으며, 독일군이 의심할 여지를 줄였고, 연합군의 의도가 애매하게 보이도록 만들었다. 서부전선에 배치된 독일군이 속임수의 표적이었다면, 보디가드 작전은 전술적인 속임수가 되었을 것이다. 하지만 보디가드 작전은 그 나라의 방침을 결정할 책임이 있는 독일의 지도자들이 속임수의 대상이었다는 점에서 전략과 작전 단계의 속임수다.

전략과 작전 단계의 속임수를 보여주는 역사적인 사례를 좀더 소개하면 다음과 같다.

1차 세계대전 이후 독일의 재무장[11] | 독일 정부는 2차 세계대전이 발발하기까지 자신들이 재무장하고 있다는 사실을 감추기 위해 한편으로는 기만과 거짓말, 은밀한 행동, 은폐 같은 조직적인 방법을 사용하고, 다른 한편으로는 독일이 쇠락한 나라라는 대중적이고 국제적인 인식을 적극 활용했다.

냉전 기간 중 소비에트연방의 무기 증강[12] | 소비에트연방은 냉전 기간 내내 미사일의 우월성을 추구하는 게 그들의 목표가 아니라는 인식

을 국제사회에 조장하려고 변명을 일삼으면서, 다른 한편으로는 그들의 대륙간탄도미사일 성능을 적극적으로 개선했다. 때때로 그들은 전략적인 행동에 의존해서 소비에트연방이 무기 경쟁을 중지하고, 심지어 무기를 감축하길 원하는 것처럼 믿도록 세상 사람들을 설득하고자 했다.

한국전쟁에서 중국군이 보여준 행동[13] | 한국전쟁 당시 중국공산당은 중국군이 낮에는 은신처에 숨어 휴식을 취하고, 밤에만 움직여서 18일 동안 거의 480킬로미터를 행군하도록 함으로써 작전 단계의 기만을 펼쳤다. 이 속임수는 연합군의 기술적인 우월성과 피할 수 없을 것처럼 보이던 공중감시에도 불구하고 성공적으로 수행되었다.

아랍이스라엘분쟁[14] | 1970년 이전에 이스라엘 사람과 전 세계 사람들은 이스라엘을 나약한 국가로 인식했는데, 이는 이스라엘이 주변의 아랍 국가들을 상대로 군사적 이점을 취하려고 모든 단계에서 적극적으로 실행한 속임수 때문이다. 아랍 국가들을 상대로 계속 승리를 거둔 이스라엘은 1973년에 이르러 자신을 강대국으로 여겼고, 그때까지 군사전략의 일부였던 속임수를 그만두었다. 이와 반대로 아랍 국가들은 비슷한 시점에 군사 기만을 채택했다. 그 결과 1973년 전쟁에서 이스라엘은 무참하게 패배했고, 미국이 외부에서 지원해준 덕분에 겨우 아랍의 공격을 막아냈다.

미국의
군사 기만 원칙

미국 국방부는 '합동 발표문'을 통해 미국의 교전 '원칙'을 발표했고, 용역별로 특정 출판물을 발간해서 해당 원칙의 내용을 보완했다. 미국의 군사 기만 원칙을 요약하면 다음과 같다.

군사 기만은 ❶정보의 정확성을 떨어뜨리고 ❷정보의 완전성을 오해하도록 초래하며 ❸정보의 타당성을 오판하도록 만듦으로써 기만 대상인 표적에게 주어지는 정보의 질을 훼손한다.

전략 단계의 기만은 "전략 단계에서 의사를 결정하는 상대편 결정권자를 교란해 미국의 국가적인 이권과 목적을 심각하게 침해할 수 있는 상대의 능력을 저하시키고… 적의 지도자와 고위 군사령관의 정확한 판단 능력을 손상해서… 적의 전략적 목표와 정책, 작전을 [미국에게] 유리하도록 유도하려는 시도다".

작전 단계의 기만은 "작전 단계에서 의사를 결정하는 상대편 결정권자를 교란해 군사작전을 성공적으로 지휘하는 능력을 저하시키고… 적 작전 사령관의 판단력과 군사행동이나 대규모 작전을 지휘하는 능력을 손상해서… 전쟁 이전이나 도중 혹은 나중에 [그들의 판단을 교란해서] 전술 단계의 성과가 작전 단계에서 보장될 수 있도록 하는 것이다".

군사 기만의 목적은 "적이 (일정한 사실을 믿도록 할 뿐만 아니라) 특정한 행동을 하도록, 혹은 하지 않도록 군사행동과 자원을 집중하는 것이다".

군사 기만을 실행하는 방법에는 행위의 위장, 인지 조작, 편견 조장, 착각 유도, 반복적인 행동을 통한 감각 둔화, 혼란, 인식 능력 훼손 등이 있다.

군사 기만은 미군이 일반적으로 정보전이라고 이야기하는 것의 일부다.

군사 기만은 의도된 표적에 따라 심리전과 다르다. 심리전이 군사 기만과 동시에 일어날 수도 있고, 아닐 수도 있지만 "일반적으로 집단을 표적으로 삼는 반면, [군사 기만은] 특정한 개인을 표적으로 삼는다".[15]

요컨대 미군은 군사 기만과 관련해 개별적인 의사 결정권자를 표적으로 특정한 행동을 하도록 조장하는 데 집중할 뿐, 속임수를 실행하거나 속임수를 밝혀내는 중요한 임무를 수행하는 과정에서 조직의 역할은 간과한다. 더욱이 현재의 원칙에서는 적의 믿음을 바꾸거나 혼란을 초래해서 적을 마비시키는 방법이 얼마나 유용한지 간과되고 있다.

보디가드 작전의 성공은 다음과 같은 군사 기만 원칙을 활용한 결과다. ❶세부적인 준비 ❷신뢰할 수 있는 전제(이 전제는 적군의 편견을 부채질함으로써 더욱 신뢰할 수 있게 되었다) ❸적절한 실행 타이밍과 지속적인 실행, 특정 사건들과 연계 ❹속임수를 전파할 수 있는 모든 수단을 동원하고, 속임수의 효율성을 사후에 재검토할 것 ❺고도로 일원화된 통제 ❻작전의 보안을 유지하고, 실제 의도를 감추기 위해 융통성과 소모성을 활용할 것 ❼속임수 관련 정보를 철저히 관리해서 발각되지 않도록 할 것 ❽참모들의 세심한 조화 등이다.[16] 보디가드 작전을 세부적으로 계획하고 실행하는 과정에서 속임수의 인간적·기술적 측면이 매우 중요하게 고려되었다. 아울러 속임수가 실패하거나 적에게 발각되지 않도록 예방하는 조치와 관련해서도 두 가지 측면이 중요하게 고려되었다.

손자와 클라우제비츠

손자孫子와 클라우제비츠는 흔히 미국의 군사이론과 원칙의 토대를 제공한 인물로 평가된다. 클라우제비츠는 프로이센의 장군이자 역사가이며, 1790년대부터 1810년대까지 전쟁터에서 직접 경험하고 관찰한 내용에 근거해 『전쟁론On War』을 집필한 군사이론가다. 그는 지금까지 미군이 훈련과 교육을 수행하고 원칙과 전략적인 방침을 세우는 데 탁월한 기여를 해왔으며, 앞으로도 그럴 것이다.

클라우제비츠는 『전쟁론』 3권의 9, 10장에서 기습과 간계에 대해 논의했다. 그는 어떤 기습이든 어느 정도 속임수를 기반으로 한다고 인정했다. 하지만 오로지 속임수에 의존하는 간계는 "설득 수단이나 자신의 이익을 도모하는 수단, 무력 수단과 아무런 공통점이 없다"고 말했다.[17] 결론은 전쟁의 역사를 돌이켜봤을 때 간계와 속임수가 신통치 않은 역할을 수행해왔다는 것이다. 클라우제비츠는 속임수의 전략적 가치가 극히 미미하고, 그나마 우발적인 상황이 뒷받침되어야 효과를 발휘하기 때문에 실용적인 가치가 없다고 단언했다. 또 속임수를 시도하는 과정에서 투입되는 노력과 자원 소모가 지나치게 많고, 그로 인해 얻을 수 있는 전략 단계나 작전 단계의 성과도 보잘것없기 때문에 동일한 수준의 노력과 자원을 전투에 투입해도 얼마든지 똑같은 결과를 얻을 수 있다고 주장했다. "전략은 전적으로 교전과 교전의 방향을 설정하는 행위다. …전략가의 지시를 받는 사람들은 계략과 간계를 수행할 수 있는 기동력이 없다. …지휘관에게 근본적으로 필요한 자질은 잔꾀를 부리는 재주보다 정확하고 날카로운 이해력이다."[18] 클라우제비츠가 속임수의 가치를 등한시했기 때문에 그의 영향을 받은 미군 역시 군사 기만을 과소평가하거나 도외시한다.

손자는 군사 기만과 관련해 다른 시각을 보여준다.

모든 전쟁은 속임수를 바탕으로 한다. 그러므로 할 수 있을 때 할 수 없는 체하라. 움직일 수 있을 때 움직일 수 없는 척하라. 가까이 있을 때 멀리 있는 것처럼 보이게 하라. 멀리 있을 때는 가까이 있는 것처럼 보이게 하라. 적을 현혹할 수 있는 미끼를 제공하라. 자중지란을 가장해 적을 공격하라. …적장을 자극하고 혼란시켜라. 열등함을 가장해서 그를 자만하게 하라. 적장의 약점을 공격하라. 적장이 예상하지 못할 때 출격하라. 이 같은 전략이야말로 전략가가 승리를 거머쥘 수 있는 열쇠다.[19]

손자는 클라우제비츠와 달리 간계와 속임수가 전쟁에서 중추적인 역할을 한다고 보았으며, 적의 생각(특히 적장의 생각)에 초점을 맞춘 속임수를 강조했다. 기원전 500년경 손자는 전쟁을 치르면서 유능한 지휘관은 군사를 활용하는 데 능숙해야 하지만, 속임수를 사용하는 데도 능숙해야 한다는 결론을 얻었다.

그는 미국과 서양의 군사이론에 미미한 영향을 끼쳤고, 결과적으로 속임수는 전략 단계나 작전 단계에서 계획을 수립할 때 제한적으로 고려되었다. 반대로 중국공산당 지도자 마오쩌둥^{毛澤東}과 북베트남군의 보 구엔 지압^{Vo Nguyen Giap} 장군은 손자의 이론을 적극적으로 수용했으며, 수많은 테러리스트와 게릴라들이 손자가 저술한 책을 군사이론의 바탕으로 삼았다. 손자의 이론이 오늘날 군사적 환경을 고려할 때 실질적으로 매우 중요한 가치가 있는데도 미군은 여전히 그의 이론을 도외시한다.

클라우제비츠와 손자는 속임수에 상당한 시간과 자원이 투입되어야 한다는 사실을 똑같이 인정했다. 인간적인 측면의 노력과 관련해서 두 사람 모두 명백하게 언급하지는 않았지만, 분명히 이 책의 저자 프랭크나 오설리번과 의견을 같이했을 것이다. 개인적인 차원에서도 정직한 행동보다 속임수를 쓸 때 훨씬 많은 인지력과 주의가 필요하다고 생각했을 게 분명하다. 속임수를 계획하고, 실행하고, 유지하려는 조직 역시 엄청난 지적 노력을 감수해야 한다는 점에도 동의했을 것이다. 개인적·조직적 차원의 속임수를 더욱 복잡하게 만드는 요소가 있다. 미군이 미국 시민에게 '철저하게 정직하고 신뢰할 만한 태도를 견지'하면서 적을 기만할 수 있어야 한다고 한 조건이 바로 그것이다.[20]

오늘날
미군의 문화와 속임수

종전의 미군 문화에서 군사 기만은 사장된 기술이다. 전쟁에 존재하는 인간적인 측면이 상습적으로 경시되면서 과학기술이 모든 군사 문제를 해결할 수 있는 대안으로 부각되었다. 과학기술이 발전하면 속임수가 거의 원천적으로 봉쇄되거나, 적어도 시도되기 어려워질 거라고 주장하는 군사이론가도 부지기수다. 오늘날 현대식 군대의 특징으로 대변되는 값비싼 장비와 복합적인 기계장치는 속임수처럼 상대적으로 저렴하고 덜 유형적인 군사행동을 뒷전으로 밀어냈다.[21] 값비싼 기계장치를 선호하는 이런 경향은 고가일수록 우수하고 가치 있을 거라고 믿는 미국적인 성향을 보여준다. 압도적인 군사력이 무엇보다 중요하다고 믿는 미군은 노력과 자원을 투자해서 군사 기만을 계획하기보다 독보적인 화력과 정확성, 기동성 확보에 주력한다. 하지만 이 책의 다른 장에서 논의한 것처럼 과학기술은 양날의 검과 같아서 언제나 바람직하거나 의도된 이점만 제공하지는 않는다.

미군 사령관들은 클라우제비츠와 마찬가지로 과학기술에 의존한 전술보다 중요도나 확실성이 떨어진다고 생각되는, 실전에서 제한된 가치밖에 없다고 생각되는 행위에 시간과 자원을 투자하려고 하지 않는다. 각각의 상황에 알맞은 군사 기만이 적용되어야 하고, 어느 하나를 범용으로 사용할 수 없기 때문에 주어진 상황에 따라 매번 새로운 기술과 상상력을 동원해야 한다는 점 또한 군사 기만을 적극적으로 활용하기 어렵게 만든다. 현재 미국에는 군사 기만을 계획하고 실행할 수 있는 전문가가 거의 없다고 봐도 무방하다.

끝으로 미군은 속임수를 '제삼세계의 기술'로 여기거나, 최상의 군사력을 갖춘 군대로서 위엄에 맞지 않는 행동처럼 인식한다.[22] 속임수를 운용하면 전쟁의 전략 단계와 작전 단계에서 민첩한 기동성을 보완하기 위한 작전으로 간주되어야 하는데도 오히려 나약함을 인정하는 태도로 간주된다.

소비에트연방이 냉전 시대 내내 그랬듯이 오늘날 알카에다와 다른 적들이 속임수를 적극적으로 활용한다는 명백한 증거에도 미국이 군사 기만을 사실상 단념했다는 사실은 당황스럽다.[23] 그 결과 미군은 잠재적인 적대자에 의해 행해지는 속임수를 추측하고, 간파하고, 저지하는 데 어려움을 겪는다. 미군은 군사 기만을 도외시함으로써 속임수가 판치는 정보 분야에서 경쟁력을 잃고 있다.

개인적인 차원에서는 군 요원들이, 조직적인 차원에서는 미국 국방부가 속임수를 쓸 수 있는 환경이 제한된 나라는 미국이 유일하다. 미국 국방부는 군사작전의 일환으로 군사 기만을 활용할 수 있지만, 미국 시민은 국방부가 전쟁터를 벗어나 속임수를 사용하는 경우 용납하지 않겠다는 입장을 명백히 했다. 미국 국방부 산하의 전략영향국[OSI]이 설립되고 얼마 지나지 않아 폐쇄된 사례는 미국 시민의 그런 태도를 똑똑히 보여준다. 2001년 후반 OSI는 본연의 임무를 시작했다. 그 임무란 적국이든 우방이든 다양한 나라에서 해외 미디어나 인터넷, 비밀 작전 등을 활용한 심리전과 선전 활동을 은밀하게 주도하고, 그 나라의 여론과 정책을 조종하는 일이다.[24] 미국의 국내법을 준수하고, 군사 기만 내용과 대중에게 전달하는 정보를 명확히 구별하기 위해 미군은 오래전부터 홍보국[PAO]을 운영해왔다. PAO가 성공적으로 운영되면서 소속 장교들은 곧 대중의 신뢰를 얻었다. 군사령관은 이 신뢰를 유지하기 위해 PAO를 어떤 군사 기만에도 관여시키지 않았다.[25] 하지만 OSI의 임무와 작전은 그 신뢰를 무너뜨렸고, 미국 국방부는 군사 기만과 관련해서 미국 시민이 수용할 수 있는 한계를 침범했다. OSI는 곧 폐쇄되었다.

요약해보면 미국의 군사 원칙과 문화는 전쟁에서 군사 기만의 가치를 거의 인정하지 않으며, 시간과 자원을 투자할 가치도 없는 것으로 간주한다. 군사 기만보다 첨단 기술로 무장한 무기 체계와 무식한 화력을 최고로 친다. 군사 기만을 열등한 군대나 사용하는 것으로 치부한다. 게다가 모든 군사 기만의 주체가 국제법과 전쟁 규범을 완벽하게 준수하면서 군사 기만을 수행할 거라고 가정한다. 군사 기만이 다른 군사 활동을 고려하면서 정직하게 수행되길 요구한다. 군사 기만이 2차 세계대전 당시처럼 상대적으로 정적이고 안정적인 환경에서 진행된다고 가정한다. 그리고 하나의 군사 기만으로 모든 상황에 대처하려는 잘못된 인식이 있다. 의사 결정권자만 표적으로 삼는다. 끝으로 적에게서 눈에 띄는 행동 변화가 관찰될 때만 군사 기만의 효과를 인정한다.

오늘날의
군사 기만 환경

오늘날의 군사 기만은 시간과 규모, 강도, 적응성 등이 고려된 환경에서 실행되어야 하므로, 과거의 환경과 큰 차이가 있다. 군사 기만은 광범위한 영역에서 펼쳐지는 아이디어 경쟁이며, 적대적인 아이디어에 대항해서 지속적이고 일관성 있고 한결같은 노력이 필요하다. 다른 속임수와 마찬가지로 다양한 차원에서, 다양한 규모로 일어나는 사회적인 교류 과정을 의미한다. 이를테면 군사 기만은 첫째, 간파의 문제다. 속임수가 성공하기 위해서는 표적이 속임수 목적으로 의도된 신호를 간파해야 하기 때문이다. 둘째, 표적이 적어도 은연중에 특정 상황을 인지할 수 있어야 한다. 표적이 기만 전술의 일환으로 의도된 사진을 보거나 소리를 듣는다고 해서 의도된 대로 상황을 인지하리란 보장이 없다. 속임수를 쓰려는 사람이 자신에게 변화가 있음을 은폐하고자 현상을 유지하는 것처럼 보이려는 경우에는 특별한 속임수가 없이도 표적이 은연중에 상황을 인지하는 것만으로 충분할 수 있다. 반대로 명백한 인지가 필요할 때도 있는데, 속임수를 쓰려는 사람이 환경을 바꿔 표적의 인식에 변화를 주려고 하는 경우다. 셋째, 군사 기만은 개인적이든 조직적이든 표적이 '미끼'를 물 수 있는 능력이나 물고자 하는 의욕과 보조를 맞춰 진행되어야 한다. 넷째, 군사 기만에서는 실행하는 쪽에 유리하도록 표적이 실질적인 행동을 취할 필요가 있다. 속임수를 쓴 사람의 기대에서 벗어난 행동은 속임수의 실패로 이어지고, 바람직하지 않은 행동을 야기하면서 또 다른 문제를 초래할 수 있다.[26]

간단히 말해서 군사 기만 환경은 복잡성으로 대변된다. 개인적인 행동을 바꾸는 것과 개인이 모여 구성된 집단의 행동을 바꾸는 것은 큰 차이가 있다. 비교적 짧은 시간(몇 분이나 며칠) 뒤에 무슨 일이 벌어질지 예측하는 건 합리적으로 얼마든지 가능한 일이지만, 상대적으로 긴 시간(몇 주나 몇 달 혹은 더 긴 시간) 뒤에 무슨 일이 벌어질지 어느 정도 확신을 가지고 예측하는 건 불가능한 일이다. 인과관계는 흔히 직선적인 관계가 아닐뿐더러, 좀처럼 직접적으로 드러나지도 않는다. 군사 기만의 성공과 실패는 이처럼 복잡 적응계(외부 환경의 섭동, 다른 행위자의 행동 등에 적응하는 행위 - 옮긴이)의 여러 측면을 이해하는 데 달렸다.

미국인은 전쟁을 주로 민족국가 대 민족국가의 문제로 보는 경향이 있다. 더욱이 하나의 민족국가와 그 국가의 군대를 명확한 이해관계를 바탕으로 단일 지도자가 이끄는 뿌리가 같은 존재로 간주한다. 미국은 애초부터 단일민족에, 일관성 있는 합리적 행위자 모델을 전제로 삼거나 그런 관점에 금방 동화되는 경향이 지나치게 강하다. 이런 결점 때문에 현재 미국의 군사 기만 원칙은 난관에 봉착했다. 단순함을 지향하는 열망이 작용하다 보니 미국은 단일한 행위자에게 초점을 맞추는 데 노력을 기울이지만, 민족국가에 존재하는 비국가적인 조직이나 종전의 민족국가와 아무 관련이 없는 집단을 구별하기 위해서는 단일 행위자를 초월하는 현실적인 접근법이 필요하기 때문이다.

현재 미군의 원칙은 군사 기만의 결과로 확연히 나타나는 어떤 행동이 있어야 군사 기만 작전이 성공했다고 인정한다. 의사 결정을 지연하는 행위야말로 분초를 다투는 환경에서 유리한 고지를 선점하거나 바람직한 상황을 만들어가기 위해 반드시 필요한 요소인데, 미군은 표적의 의사 결정을 지연한 경우처럼 결과가 가시적으로 드러나지 않을 때 굳이 속임수를 써야 할 이유가 없다고 간주한다. 속도와 정보력이 10~20년 전과 비교해서 극적으로 발전해온 현실은 이 문제를 더욱 복잡하게 만든다. 논란의 여지가 있지만 시간의 문제가 지역적인 경계보다 중요할 수도 있다. 예를 들어 어느 개발도상국 지도자에게 제공된 정보가 48시간도 되지 않아서 로스앤젤레스타임스 1면에 실린 일화를 살펴보자. 해당 정보는 그 지도자를 속이려는 의도로 제공되었지만, 아무도 그 사실을 모른 채 대중에게 공개되었고, 해당 기사는 순식간에 미국 전역으로 보도되었다.

군사 기만과 관련된 규모와 정황의 문제는 생물학과 사회과학에서도 중요하게 다뤄지는 본질적인 요소다. 앞에서 논의한 전쟁의 3단계와 마찬가지로 21세기 군사 기만에도 복잡한 접근법이 필요하며, 충분히 고려되어야 할 네 가지 요소가 있다. ❶인간적인 측면에 대한 고찰 ❷변화의 지속성과 영속성 ❸정보의 이용 가능성과 움직임 ❹과학기술 등이다.

인간적인 고찰

오늘날의 군사 기만 환경에서 인간적인 측면을 고려하기 위해서는 개인과 조직, 네트워크에 초점을 맞춰야 한다. 종전의 미국 군사원칙에서는 속임수의 표적이 사령관에게 집중된다. 인식 문제를 둘러싼 논의는 현실을 바라보는 개인의 구체적인 관점, '누가 해당 행동을 수행할까(행동을 결정할 힘을 갖춘 위협적인 사령관이 누구인가)' 하는 사실과 관련이 있다.[27] 현실에서는 개인을 표적으로 군사 기만이 시도되는 경우, 군사 기만에 넘어간 개인의 행동이 즉각 그가 속한 조직에도 영향을 미쳐야 한다. 오늘날 전투 공간의 특징이기도 한 활발한 정보의 움직임과 수많은 조직적인 계획은 개인의 중요성보다 의사 결정을 내리는 조직의 중요성을 부각한다. 따라서 개별적인 지도자에게 집중하는 군사 기만 원칙만으로는 불충분하다.

의사 결정과 관련된 인지 요소들과 조직적 영향력을 세부적으로 논의하는 건 이 장에서 다룰 수 있는 범위를 넘어선다. 그레이엄 앨리슨Graham Allison과 필립 젤리코Philip Zelikow는 군사 기만을 실행하는 과정에서 개인과 조직의 무게중심을 고찰하기 위한 세 가지 토대를 설명한다. 군사 기만은 외교 문제를 결정하는 행위와 마찬가지로 사례의 독특함이나 미묘한 의미에 집중하는 '예술'이자, 보편성과 정확성을 찾아내는 '과학'이다.[28] 미국의 군사 기만 이론과 실행은 합리적인 행위자 모델을 따른다는 점에서 거의 예측 가능하다. 그런 측면에서 속임수를 당하는 데 직접적인 역할을 할 수 있는, 잘못된 결정을 조장할 수 있는, 속임수에 의한 행동을 취할 수 있는 조직이나 부속 정부 기관의 중요성을 간과한다.

잠재적인 적이 지리적 · 기능적으로 분산되었을 수도 있다는 군사적 현실은 인간적인 기준을 더욱 복잡하게 만들 뿐만 아니라, 전투 공간과 군사적 환경의 본질을 종전의 군사 기만 원칙으로는 설명할 수 없도록 근본적으로 바꿔놓았다.[29] 2차 세계대전 당시와 달리 오늘날 적들은 지리적으로 한곳에 머무르지 않으며, (제네바협정을 준수하는 차원이나 전통적인 관습을 따르는 차원에서) 합리적으로 행동하지도 않는다.

시간의 고찰

시간은 군사행동의 지속(이를테면 해당 군사행동이 얼마 동안 계속될까), 환경적인 변화의 영속성(이를테면 해당 환경이 얼마나 빨리 변할까) 같은 한시적인 요소를 설명한다. 군사 기만은 1초도 안 되는 시간부터 수년 혹은 수십 년에 이르는 기간까지 전부 아우를 수 있어야 하며, 시간적인 기준이 명확한 환경에서 실행되어야 한다. 전략 단계에서 군사 기만을 사용할 수 있는 기회가 현실적으로 오랫동안 지속되는 경우도 있다. 하지만 대부분 한순간에 지나가기 일쑤다. 속임수가 얼마나 오래 지속되는가 하는 문제와 별도로 군사 기만을 실행할 때는 몇 초 혹은 몇 분 뒤에 발생할 수 있는 사건에 촉각을 곤두세울 필요가 있다. 한순간에 놓칠 수 있는 기회를 살려 군사 기만을 성공적으로 실행할 경우, 그 효과는 애초의 의도보다 오랫동안 지속되거나 훨씬 더 클 수도 있다. '도시 괴담'이 인터넷상에서 지속적으로 주장되는 것을 생각해보라. 무가치하고 사실이 아니라고 계속 증명되었는데도 수많은 도시 괴담이 경쟁적으로 나오고 있다. 인터넷이나 다른 과학기술이 보여주는 한시적인 역학 관계, 인터넷이나 과학기술이 속임수에서 차지하는 역할에는 뚜렷한 패턴이 없다. 군사 기만은 역사에서 수시로 강조되듯이 시간적인 기준에서 몇 달이나 몇 년을 내다보고 계획해야 하지만, 한편으로는 몇 초나 몇 분, 몇 시간 뒤를 예측하고 실행할 수 있어야 한다.

전반적으로 복잡한 환경에 더해서 때로는 군사 기만을 실행하는 과정에서(혹은 적의 속임수를 분석하는 과정에서) 필요한 정보를 수집하고 종합해서 의사 결정권자에게 제공하는 조직적인 능력이 제한을 받기도 한다. 원칙대로라면 조직이 제공한 정보에 근거해 의사 결정권자들이 결정을 내리고, 그들이 내린 결정은 최종적으로 원래의 조직에 하달되어 행동으로 이어져야 할 것이다. 주어진 상황을 감지하고 반응하는 데 몇 시간 혹은 며칠이 걸리는 조직은 몇 초나 몇

분 만에 실행되는 기만적인 행위를 놓칠 수도 있다. 마찬가지로 어떤 상황을 감지하고 행동하기까지 몇 분 혹은 몇 시간이 걸리는 조직은 몇 달이나 몇 년에 걸쳐 장기적으로 진행되는 속임수는 보지 못할 가능성이 다분하다.

정보의 유효성과 움직임을 둘러싼 고찰

정보의 유효성과 움직임을 둘러싼 고찰은 유효성이나 타당성, 신뢰성, 잠복성, 오염성 등 정보와 관련된 요소에 초점을 맞추는데, 이런 요소들이 속임수를 구성하는 핵심이라고 할 수 있다. 정보를 보내고 받는 경로의 숫자와 다양성, 절대적으로 많은 정보에 내포된 함축적인 의미는 군사 기만 전문가들의 주된 관심사다. 그리고 이 과정에서 표적으로 삼은 집단과 정보를 주고받기 위해 올바른 경로를 선택하는 건 매우 중요한 일이다. 이를테면 인터넷을 기반으로 하는 블로그나 위키(인터넷 사용자들이 내용을 수정·편집할 수 있는 웹사이트 ― 옮긴이)에서 주로 활동하는 집단은 주류 신문이나 상업적인 TV가 제공하는 정보를 인정하지 않으려고 할 것이다.

정보의 타당성과 정보 제공자의 신뢰성은 해당 정보의 진위를 판단하는 데 매우 중요하다. 게리 파인이 10장에서 논의한 것처럼 타당성과 신뢰성은 적당한 사회구조라는 맥락에서 평가되어야 한다. 군사 기만 행동은 잘못된 신뢰를 유발하거나 종전의 신뢰를 무너뜨리기 위해서 타당성과 신뢰성을 기반으로 한다. 잘못된 신뢰를 유발하거나 종전의 신뢰를 무너뜨리는 행동은 혼란을 야기하고, 잠재적인 폭도에게 이권을 제공하며, 비슷한 이념을 공유하던 국가들이 소원해져서 동맹이 느슨해지도록 만듦으로써 사회 네트워크에 부정적인 영향을 끼칠 수 있다.

더구나 게리 어튼이 9장에서 결론지은 바에 따르면 엄격한 계급 조직과 정보 흐름을 통제하는 행위는 속임수가 보다 쉽게 성공하도록 만드는 두 가지 요소다. 속임수는 어떤 사람이 신뢰할 만하다는 근원적인 믿음과 결합되었을 때 좀더 수월해지는 반면, 속임수를 간파하는 일은 더욱 어려워진다. 정보 제공자가 신뢰할 만하다는 인식이 커질수록 속임수가 성공할 가능성은 높아지고, 발각될 확률은 낮아진다. 정보를 통제하는 데 오늘날 존재하는 한계를 인식하고, 그런 한계가 개연성과 신뢰성에 어느 정도 영향을 미치도록 할지 결정짓는 데 우리의 당면 과제가 있다.

오늘날 정보 분야의 특징은 급속한 아이디어 경쟁이다. 어떤 아이디어의 효과가 지속되는 기간은 아이디어에 따라 제각각이다. 아이디어는 사람처럼 죽지 않을뿐더러 배처럼 가라앉지도 않는다. 속임수를 실행하거나 차단하고 적극적인 속임수로 반격하는 등의 행위는 치열한 경쟁이며, 종전의 아이디어는 보다 신뢰할 수 있거나 보다 강력한 다른 아이디어가 등장하는 순간 대치된다. 생물학에서 유래한 바이럴 마케팅(이메일을 통한 홍보 방법—옮긴이), 전염성, 군집 같은 표현은 아이디어가 어떻게 집단에 유입되고, 그 결과 해당 집단의 행동에 어떻게 영향을 미치는지 보여준다.[30] 군사 기만 분야에서는 이런 정보의 유동성과 해당 정보가 집단행동에 미칠 수 있는 영향이 반드시 고려되어야 한다.

과거에는 의사 결정권자 한 명을 속여서 잘못된 결정과 행동을 하도록 만들려는 목적에 따라 정보의 유효성과 지속성의 합리적인 한계가 정해졌다. 군사 기만이 분초를 다투는 아이디어 경쟁이라는 점을 감안하면 의사 결정권자의 의심을 부추기거나 정신을 분산해서 지연이나 망설임을 초래할 수 있다면 전략적 기만의 목적에 부합하는 효과적인 결과라고 할 수 있다.

과학기술적인 고찰

　과학기술은 양날의 검이다. 한편으로 속임수를 실행하거나 방지하고 간파하도록, 혹은 속임수에 반응하고 반격하도록 도와준다. 다른 한편으로 속임수를 시도하는 사람의 실수를 유발하기도 한다. 이 사실은 타당한 주장인데도 흔히 무시된다. 과학기술이 우리에게 많은 혜택을 제공하지만, 신중하게 접근할 필요가 있다. 속임수를 시도하려는 사람은 과학기술이 의도한 대로 작용하지 않을 수도 있으며, 예상치 못한 개별적인 (혹은 조직적인) 행동을 초래할 수 있다는 가능성을 인식하고 인정하고 수용할 수 있어야 한다. 현대의 과학기술이 언제나 유익하고 옳다고 생각하는 사회적인 믿음, 책임을 완수하지 못한 이유에 대해 ("그게, 컴퓨터에 따르면…"처럼) 변명하려는 태도에서 잠재적인 자기기만이 비롯된다. 때로는 과학기술에 의존하다가 오히려 발등을 찍히기도 한다. 군사 기만을 시도하려면 과학기술과 인간의 장단점을 충분히 인식하고, 그 둘을 현명하고 세련되게 조화시켜야 한다.

　디지털 속임수(6장 참조)처럼 과학기술에 의존한 수단은 명확한 원형이나 규칙이 없기 때문에 군사 기만에 심각한 문제를 초래할 수 있다. 현재의 군사 기만 원칙이 '과학기술을 매개로 한 메시지'의

함축적인 의미를 제대로 인지하지 못하기 때문이다. 핸콕은 개별적인 행위자 단계에 초점을 맞추는데, 이 단계에서는 의미의 미묘한 차이나 정황, 커뮤니케이션 방법, 겉으로 중요하지 않게 보이는 요소들이 속임수를 쓰거나 간파하는 데 중요한 비중을 차지한다. 패리드는 5장에서 기술적인 수단이 사회 전반에서 속임수를 유발하거나 유지하기 위해 어떻게 사용되었는지 설명한다. 디지털 기술로 만들어진 시각 이미지는 커뮤니케이션에서 중추적인 역할을 해왔다. 패리드는 과학기술이 속임수 수단으로 사용되는 것에 대응해서 '디지털 과학수사'가 디지털 조작에 대한 반격이 될 수 있다고 주장한다. 핸콕과 패리드는 군사 기만을 둘러싼 아이디어 경쟁에 존재하는 과학기술적인 측면에 초점을 맞추고, 톰슨은 (7장에서) 인터넷 사용을 조사함으로써 이 주제를 더욱 확장한다. 나는 과학기술이 속임수를 시도하는 사람이나 속임수의 표적이 된 사람에게 이점을 제공할 수도 있다는 점을 추가하고자 한다.

군사 기만을 둘러싼 미국의 정책은 현재의 정체된 환경에서 다음과 같은 원칙과 문화로 바뀔 필요가 있다.

- 반드시 참여할 수밖에 없는 아이디어 경쟁에서 군사 기만이 효과적으로 적용되어야 한다.
- 군사 기만의 성공 가능성을 극대화하기 위해서는 충분한 지적 자원과 물적 자원, 시간이 투입되어야 한다.
- 전쟁의 전략 단계나 작전 단계에서 전반적인 군사 계획을 수립할 때 군사 기만을 일상적인 요소로 간주한다.
- 현대적인 과학기술이 군사 기만을 촉진할 것이다.

- 모든 잠재적인 적이 군사 기만을 전략의 일부로 사용할 거라고 가정한다.

- 미군은 국제법과 전쟁 규범을 철저히 준수하면서 군사 기만을 실행하지만, 적들은 국제법이나 전쟁 규범 따위에 구속받지 않을 수도 있다는 점을 염두에 둔다.

- 미군은 다른 군사행동과 병행해서 군사 기만을 수행하되 정직한 태도를 견지하고, 적들은 그런 정직성에 구애 받지 않을 수도 있다는 점을 염두에 둔다.

- 역동적이고 복잡한 환경에서 군사 기만을 실행한다.

- 군사 기만 문제를 인간이 노력한 결과물이라는 차원에서 접근한다.

- 적 의사 결정권자와 관련 조직을 군사 기만의 표적으로 삼는다.

- 군사 기만을 통해 전략 단계나 작전 단계에서 의도한 대로 상대편에게 잘못된 행동이나 망설임, 지연, 혼란을 야기한 경우 군사 기만이 성공했다고 간주한다.

결론

개략적인 독단보다 확실하게 심사숙고하는 편이 낫다.

앨프리드 머핸(Alfred Thayer Mahan)[31]

군사 기만이 발생하는 환경은 2차 세계대전 이후 극적으로 변해왔다. 하지만 미국의 군사 기만 원칙은 1945년 이래 본질적으로 바뀐 것이 없다. 오늘날 적들은 미국의 종전 원칙과 현실적인 환경 사이에 존재하는 괴리를 간파한 듯 보이며, 그 점을 이용해 전략 단계와 작전 단계에서 결정적인 이점을 취하고 있다.

간단히 말해 군사 기만의 토대라고 할 수 있는 환경, 규모, 시간, 관계 같은 요소가 복잡하게 변해왔기 때문에 여기에서 포괄적인 결론을 도출하거나, '범용적인' 접근법을 이끌어내기는 어려운 일이다. 그렇지만 미군은 인지 조작을 통해 군사 기만이 행해지는 오늘날의 전투 공간－고도로 경쟁적이고, 분초를 다투며, 정보로 가득한－을 이해하지 못함으로써 군사 기만을 성공적으로 실행할 수 있는 능력도 잃어버렸다.

군사 기만에는 표적의 인지 작용에 영향을 미쳐서 해당 표적의 행동을 유도하려는 의도가 존재한다. 따라서 군사 기만으로 최대한 효과를 얻기 위해서는 생물학자와 사회과학자들이 연구할 때 규모와 환경에 초점을 맞추듯이, 군사 기만을 시도하려는 사람이나 집단도 반드시 표적에게 맞춰서 속임수의 규모와 복잡성을 설정해야 한다. 군사 기만에도 복잡한 접근법이 필요하다는 의미다.

한 명이나 비교적 적은 사람을 속이기 위한 단일 행동이 의도적이든, 의도적이 아니든 다른 행동과 일관성이 없는 것처럼 보이면 효율성이 떨어질 수 있다. 처음에 감지되어 정보로 인지되고, 사실처럼 굳어지고, 행동의 근거가 되는 속임수가 (전투 공간에서) 그대로 수백만 명에게 노출되고 공유될 수 있는 상황에서는 군사 기만의 표적으로서 개별적인 의사 결정권자의 중요성이 떨어진다. 군대의 명령체계가 중앙집권적인 명령과 통제, 실행 방식에서 분권화된 상호 협동과 견제, 실행 방식－군 사령관을 보좌하는 주변 사람들의 네트워크를 통해서－으로 발전하면서 단일 의사 결정권자를 표적으로 하는 군사 기만 원칙은 더더욱 그 유효성을 의심받게 되었다.

군사 기만은 국가 지도자나 사령관을 기만하는 방식에서 벗어나 공동 조직－사회적 · 조직적 · 기술적 네트워크－을 기만하는 방식으로 변해야 한다. 공동 조직 안에서 지도자가 역할을 수행하고, 의사를 결정하고, 행동을 취하기 때문이다. 예를 들어 2차 세계대전에서 연합군이 프랑스에 상륙작전을 시도할 때 실행한 군사 기만은 히틀러와 몇몇 핵심 인물에게 집중되었고, 현재의 미국 군사 기만 원칙도 여전히 그 접근법을 채택하고 있다. 핵심 지도자를 표적으로 하는 군사 기만도 물론 중요하다. 하지만 알카에다 같은 조직의 군사 기만은 부시 대통령이나 미국 국방부, 미국의 지역 사령관보다는 전 세계를, 미국의 전체 안보 단체를, 미국 시민을 표적으로 삼는다. 알카에다는 군사 기만을 시도하면서 개별적인 지도자를 기만하는 능력에 상대적으로 관심을 덜 기울이는 대신 전쟁의 전략 단계와 작전 단계, 전술 단계에서 동시에 계획을 수립하고 실행할 수 있는 조직의 능력에 관심을 쏟는다.

군사 기만을 담당하는 전문가들은 지적인 면에서, 새롭게 채택되는 원칙이나 계획은 기능적인 면에서 재빠르고 적응력이 뛰어나야 한다. 군사 기만을 계획하고 실행하다 보면 언제든 예상치 못한 방향으로 환경이 변할 수도 있다. 군사 기만 작전은 군사 기만을 좌절시키기 위한 공격과 적대적인 행동을 감당할 수 있을 정도로, 적이 시도하는 군사 기만을 저지할 수 있을 정도로 탄탄해야 한다.

지난 300여 년간 전투 공간의 본질이 변해왔다. 오늘날 군대와 사령관이 감시해야 하는 지역은 가시거리(수백 미터)에서 광범위한 영역(수천 킬로미터)으로 확장되었다. 시간적인 측면에서도 전쟁의 범주가 확대되어 몇 시간에서 몇 달에 불과하던 것이 10억 분의 1초부터 수십 년에 이르기까지 다양해졌다.

과학기술 덕분에 전쟁이 1800년대 초기와 유사한 상황이 되었고, 전쟁터에서 모든 것을 볼 수 있다고 주장하는 사람들도 있다. 그들은 같은 맥락에서 과학기술이 속임수를 더욱 어렵게 만들었다고 주장한다.[32] 하지만 그것은 전혀 사실이 아니다. 실제로 오늘날의 군사 기만이 과거보다 수월하거나 어려운 것은 아니다. 단지 다를 뿐이다. 과거의 기술과 지식에 전적으로 의지해서는 오늘날의 속임수를 이해할 수 없다. 이제는 군사 기만이 전략적인 사고와 군사작전의 중심이 되어야 하며, 21세기에 맞게 바뀌어야 할 때다.

_ 케니스 필즈 Kenneth Fields

스탠퍼드대학교의 영어창작과 교수다. 시집 *The Odysseus Manuscripts*(오디세우스 초집), *Classic Rough News*(고전적인 가슴 아픈 사건들)를 발간했다. 현재 *On the Loose*(마음대로)라는 수필집을 준비하고 있다.

_ 케니스 필즈 Kenneth Fields

스탠퍼드대학교의 영어창작과 교수다. 시집 *The Odysseus Manuscripts*(오디세우스 초집), *Classic Rough News*(고전적인 가슴 아픈 사건들)를 발간했다. 현재 *On the Loose*(마음대로)라는 수필집을 준비하고 있다.

15

거짓말의 즐거움

케니스 필즈

그리스는 이 두 가지 개념에 부합하는 실제 혹은 신화적으로 살았던 두 인물을 세상에 남겼는데 바로 플라톤과 율리시스다. 플라톤은 이성을 신과 공유하고 율리시스는 여우와 공유한다. …실천이성의 역사는 인류가 동물이나 다름없이 생활하던 원시시대까지 거슬러 올라가며, 그 기간은 어림잡아도 수백만 년에 달하는 것으로 추정된다. 반면 사변思辨 이성의 역사는 문명의 역사와 맥을 같이하며, 그 기간은 대략 6000년에 달한다.

앨프리드 노스 화이트헤드(Alfred North Whitehead), *The Function of Reason*(이성의 기능) 중에서[1]

내가 거짓말을 주제로 하는 모임에 참석할 예정이라고 말하자 동료가 물었다. "당신은 거짓말을 지지하는 입장인가요, 반대하는 입장인가요?" 나는 바보가 아닌 이상 거짓말에 반대할 리 없다는 생각이 들었다. 세상에 거짓말이 존재하지 않는다면 과연 어떻게 될까? 우리는 이를테면 컨트리 듀오 벨라미 브라더스의 노래가 흘러나오는 술집에 있을 때 유쾌한 거짓말을 기대한다. "저는 의사이자 변호사며 영화배우예요." "나는 우주 비행사면서 이 술집 주인이죠." "당신의 사랑을 얻기 위해서라면 거짓말도 마다하지 않겠어요. 정말이에요." 찰스 베리스퍼드^{Charles Beresford} 경이 영국 황태자에게 보낸 전보 내용처럼 자기 고백적인 거짓말은 특히 재미있다. "참석하지 못해 정말 죄송합니다. 자세한 거짓말은 편지로 보내겠습니다." 거짓말쟁이는 청자가 필요하고, 거짓말쟁이와 청자의 관계는 일종의 계약이다. 같은 맥락에서 시인 에드거 바우어스^{Edgar Bowers}는 "속임수는 속고자 하는 욕구의 표현이다"[2]라고 말했다. 셰익스피어의 소네트 138번에서는 두 연인이 서로 거짓말하고, 상대의 거짓말을 믿고 싶어한다. "내 연인이 자기는 진실뿐이라고 맹세하면 나는 그 말이 거짓임을 알면서도 그녀를 믿어주지."

전형적인 예가 도시 괴담이다. 자신이 들려주는 괴담이 절대 거짓말이 아니라 진실이라고, 증인─그 증인은 친구가 아니라 대부분 친구의 친구다─도 있다고 맹세하면서 이야기를 시작하는 사람들을 우리는 어떻게 생각해야 할까? 민속학자는 이런 특성을 '친구의 친구^{friend of a friend}'의 머리글자를 따서 FOAF라고 부른다. 우리는 전문가가 아닌 이상 거짓말할 때 드러나는 전형적인 표시를 무시한다. 한편으로는 그 기괴한 이야기가 사실이라고 믿고 싶기 때문이며, 에드윈 알링턴 로빈슨^{Edwin Arlington Robinson}의 서사시 '미니버 치비

Miniver Cheevy'에서 언급된 것처럼 여기에는 충분한 이유가 있다.

민속학자는 직장에 들어간 쥐를 빼내기 위해 시더-시나이병원 Cedars-Sinai Hospital 응급실을 찾았다는 유명 배우를 둘러싸고 줄기차게 제기되는 괴담에 주목해왔다(게이는 종종 성적 쾌감을 위해서 직장에 쥐를 넣기도 하는데, 리처드 기어가 그런 행위를 하다가 쥐를 제거하기 위해 병원 응급실을 찾았다는 괴담이다 ― 옮긴이).

괴담을 퍼뜨린 사람은 그런 이야기를 하면서 우월감에 빠질 것이다. 게리 앨런 파인은 *Manufacturing Tales: Sex and Money in Contemporary Legends*(만들어낸 이야기들 : 도시 괴담에 등장하는 섹스와 돈)에서 맥도날드나 KFC, 코카콜라 같은 기업이 도시 괴담의 표적이 되는 이유를 사람들이 자본가가 차지하는 우월한 지위를 시샘하기 때문이라고 주장한다.[3] 영화배우들 역시 또 다른 우월한 위치를 점유하기 때문에 그 괴담 같은 시샘이 뒤따르는지도 모른다. 내 관심을 끄는 부분은 인종차별적인 괴담이 오늘날 운동선수나 영화배우에게 집중되는 반면, 동성애와 관련된 괴담에 자주 등장하는 쥐가 영화 '귀여운 여인Pretty Woman'의 백발이 되어도 여전히 잘생긴 남자 주인공 같은 사람에게 집중된다는 사실이다. 이런 사실로 봤을 때 그 영화배우와 관련된 괴담은 남성성으로 똘똘 뭉친 남자들에게 이성애에 대한 혐오를 보여주는 게 아닌가 싶기도 하다. 남자들은 여자에게 그 괴담을 들려주면서 매력 넘치는 배우가 정력이 뛰어난 남자일 수도 있지만, 알고 보면 여자처럼 순종적인 성생활을 즐기고 있었을지 모른다는 암시를 줄 수 있다. 한편으로는 남자들끼리 그런 이야기를 나누면서 그 배우가 자신들의 암컷이 될 수도 있음을 음흉하게 암시하는 것일 수 있다. 이런 이야기는 일어날 성싶지도 않고 불가능한 이야기처럼 오가지만, 사람들은 괴담을 믿고 싶어한다.

우리에게 이런 괴담이나 괴담과 관련해 진지한 경고를 보내는 사람들은 우리가 다른 괴담 사이트를 찾아보도록 유도하면 불쾌감을 표시한다. 게리 앨런 파인이 설명한 것처럼 구조적으로 불안한 사회구조에서 비롯되는 복잡한 이유 때문에 우리는 앞에서 언급한 쥐들이 원래 그들이 있어야 할 곳—영화 '귀여운 여인' 남자 주인공의 직장이나 KFC 튀김 바구니—에 그대로 머무르기 원하고(즉 그런 괴담들이 사실이기를 원하고), 거짓말이 주는 기쁨을 훼손하는 어떤 진실도 불쾌하게 받아들인다. 다른 한편으로 게리 앨런 파인의 설명처럼 코카콜라에서 쥐가 나왔다는 주장이 거짓으로 판명되었을 때 우리 중 일부는 오히려 실망하기도 하는데, 어쩌면 그런 사실이 괴담과 우리의 복잡한 관계를 설명해주는 건 아닐까?

샌프란시스코에 있는 시인 톰 건의 집은 2004년 그가 사망할 당시까지 대중에게 공개되었고, 보헤미안 히피 문화의 유물로 여겨져 많은 사람들이 그 집을 찾아왔다. 손님 중에는 프리티 짐이라고 불리는 젊은 남자가 있었다. 그는 그곳에 머무르는 동안 다른 사람과 대화하지 않다가 어느 날 갑자기 한마디로 사람들을 놀라게 했다. "신뢰는 친밀한 사람과 결탁하는 행위다." 그가 남긴 말은 그것이 전부다. 다음 날 이 사기꾼은 집에 있는 물건을 훔쳐 달아났고, 오늘날에는 시를 통해서 그를 만날 수 있을 뿐이다.[4]

그가 보이네

도둑질을 하고 있네

물건을 고르는 모습은 여유롭고

은밀한 미소는 소리가 나지 않네

그는 처음으로 감정을 드러내고

준비된 말을 남겼지

믿음을 뒤흔드는 말을.

배러Barre Toelken와 타치니Tacheeni Scott에 따르면 수많은 인디언 부족이 최고의 사기꾼이자 변화를 일으키는 존재로 여기는 코요테는 언급되는 것만으로도 복잡한 기대감을 유발한다. 코요테는 이야기로 구성된 세계 ― 달리 말하면 허구의 세계 혹은 시의 세계라고 할 수 있다 ― 를 만들어낸다.

이야기는 언어의 '표층구조' 처럼 작용한다. 예컨대 그 이야기는 나바호족 내에서 오랫동안 축적된 현실에 대한 인식을 명확한 표현으로 정확히 묘사한다. 또 윤리적으로 반대 선상에 위치한 개념 ― 선의 공안(公案 : 선불교에서 조사祖師가 깨달은 기연機緣이나 학인을 인도하던 사실을 기록하여 후세에 공부하는 규범이 된 것 ― 옮긴이)을 연상시키는 대목이다 ― 으로 구성된 크리티컬 매스(바람직한 결과를 얻기 위해 필요한 수 혹은 양을 의미 ― 옮긴이)를 종합적으로 끌어모아 진실을 바라보는 다른 관점을 제시한다. 그리고 일단의 사고思考를 문화적으로 향유할 수 있도록 상관물을 제공하는데, 그 사고는 너무나 복잡하고 심오해서 대다수 사람들은 오락물을 매개로 한 간접경험을 통해서만 그런 사고에 접근할 수 있다.[5]

아이들은 코요테의 충동적인 행동에 관한 이야기를 들으리라는 사실을 알기 때문에 이야기를 시작함과 동시에 기대감으로 키득거린다. 네즈퍼스족 인디언이자 인류학자 아치 피니Archie Phinney는 이 특징을 "또 이런 짓을 벌이다니, 이 상습범 같으니!"라고 표현한다.[6] 코요테에게 어떤 상자를 열지 말라고 지시하면 아이들은 웃음을 터뜨린다. 코요테가 그 상자를 열고자 하는 충동을 억제할 수 없음을 알기 때문이다. 코요테는 결국 상자를 열 것이다. 코요테가 등장하는 수많은 이야기가 있지만, 속임수에 당하는 건 언제나 코요테다. 칼 크로버Karl Kroeber의 수사적인 표현을 빌리면 코요테는 속이려다가 오히려 속고 마는 바보다. 거짓말쟁이이자 익살꾼이며 약삭빠른 이 사기꾼은 전능한 신 같은 존재며, 인간이 세상에 등장하기 전 태곳적부터 존재해온 신성하지만 얼빠진 존재다. 이 사기꾼은 부지중에 세상을 바꿔 인간에게 적합하도록 만드는 역할을 한다.

옐로맨Yellowman은 배러에게 "그 이야기를 통해 모든 것이 가능해진다"고 말한다. 바꾸는 존재로서 코요테의 역할이 바로 그것이다. 코요테는 거의 언제나 세상에 죽음을 몰고 오지만, 정작 그에 따른 결과는 알지 못한다. 결과를 아는 건 인간의 몫이다. 코요테는 무엇을 허락하고 무엇을 가능케 만들까? 아마도 거짓말과 속임수일 것이다. 속임수를 인지하고 실수에서 배울 수 있는 가능성일 것이다. 배러가 자신의 자료 제공자에 대해 이야기한다. "그 가치가 무엇이든 옐로맨은 코요테를 종교적인 관점에서 중요한 존재로 간주하는데, 코요테가 명령을 받는 존재가 아니기 때문입니다. 코요테는 다른 존재와 달리 모든 것을 경험에 의존합니다. 요컨대 코요테는 모든 가능성을 대변하는 존재지요." 아마도 코요테는 머리 겔만Murray

Gell-Mann이 감탄해마지 않는 다양성을 갖춘 행위자일 것이다.[7]

심지어 코요테의 동기는 딱히 어느 범주로 분류할 수 없을 만큼 복잡하기 그지없다. 어미 메추라기한테 자신이 새끼 메추라기를 사랑하고 그들과 비슷한 머리 모양을 하고 싶다고 이야기할 때, 코요테는 메추라기를 잡아먹고 싶은 마음도 있지만 한편으로는 그들을 진심으로 좋아한다. 그것이 그의 본성이다. 오디세우스와 마찬가지로 호기심은 코요테의 특징 중 하나다. 어미 메추라기가 코요테에게 자신이 새끼 메추라기에게 한 것처럼 해보라고 권한다. 삼나무로 된 쐐기를 구해서 그것을 정수리에 대고 돌멩이로 쾅 내려치는 것이다. 코요테는 어미 메추라기의 말을 그대로 실천에 옮겼고 죽음을 맞는다. 하지만 그가 돌아왔을 때(코요테는 항상 죽었다 살았다 한다) 정수리에 지식으로 가득 찬 혹이 생겨서 더욱 똑똑해졌다는 이야기를 듣는다. 그는 속임수에 넘어가고 죽음을 맞이하고 다시 나타나기를 반복하는데, 그때마다 보다 좋아진 눈과 이빨, 코, 다른 특징을 갖추고 나타난다. 메추라기나 사슴, 그 외에 코요테를 적대시하는 적들이 이 사기꾼을 기만하는 건 당연하며, 덕분에 이 사기꾼은 앨런 스티븐스 Alan Stephens가 시에서 죽음의 사자 방울뱀이 세상 물정을 알게 된다고 한 표현을 빌려 말하면 '세상 물정을 잘 알게 된' 채로 돌아온다.[8]

코요테를 규정하는 또 다른 특징 중 하나가 배설물이다. 나는 어떤 이야기를 기억하는데 아마도 캘리포니아에서 들은 것 같다. 그 이야기에서 한 인류학자는 코요테에게 코요테가 하는 이야기를 녹음하도록 허락받지만, 나중에 집으로 돌아와서 자신의 녹음기가 코요테의 배설물로 가득 찬 것을 발견한다. 한편 오리건 주에서 들은 이야기에서 코요테는 자신의 배설물에게 자주 자문을 구하는데, 배설물은 코요테에게 '엑스파일The X Files'의 "진실은 저 바깥에 있다"는 맺음말을 뒤집는 조언을 들려준다. 즉 코요테에게 진실은 언제나 그의 내부에 있다고 조언한다. 예이츠에 따르면 코요테는 진실이 무엇인지 모르면서도 진실을 구체적으로 보여준다.

코요테의 충동적인 기질과 약삭빠른 특징은 19세기가 끝나갈 무렵 애리조나 남부에서 프랭크 러셀Frank Russell이 기록한 피마족의 노래 중 첫 번째 회색 메추라기 구절이 두 번째 파란색 메추라기 구절로 넘어가는 부분에서 상당 부분 드러난다.[9] 이 노래에는 메추라기 두 무리가 등장한다.

회색 메추라기가 무리 지어 있었네,

코요테가 달려와 지켜보았네.

파란색 메추라기가 무리 지어 있었네,

코요테가 그들에게 곁눈질했네.

사기꾼과 관련된 매력적인 이야기가 많은데, 사기꾼은 인간처럼 묘사되어도 인간이 아니라는 사실을 알아야 한다. 때때로 무시무시한 사기꾼도 있다. 오리건의 클랙커미스 치누크Clackamas Chinook 부족의 '실Seal과 그녀의 남동생이 그곳에 함께 살았다'는 유명한 이야기에서 실의 남동생은 집에 아내를 맞아들인다.[10] 그 집에서 유일하게 의심이 많은 실의 어린 딸은 엄마에게 숙모가 소변을 볼 때 남자처럼 소리를 낸다고 이야기한다. 실은 딸에게 터무니없는 소리 말라고 타이른다. 이 이야기에서는 전반적으로 신체 기능과 관련된 표현이 완곡하다. 델 하임스 Dell Hymes 는 이 이야기에 그런 표현이 매우 풍부하다고 이야기한다. 이야기에 등장하는 완곡한 표현(따옴표로 표시)에는 소변을 의미하는 '밖으로 나가다', 성행위를 의미하는 '잠자리' '행위' 등이 있다.

어린 딸은 삼촌 침대 아래 있는 침대를 사용했는데, 얼굴에 뭔가가 떨어지는 걸 느끼고 엄마에게 이야기하자 엄마가 말한다. "쉿! 삼촌과 숙모가 '행위'를 하고 있단다." 소녀가 '툭툭' 뭔가가 떨어지는 소리가 들린다고 말하자, 엄마는 처음과 마찬가지로 그녀를 조용히 시킨다. 참다못해 자리를 박차고 일어나서 횃불을 밝힌 소녀는 삼촌의 목이 잘렸음을 발견하고, 자신이 직접적으로 느낀 감각적 인식과 반대로 이야기한 엄마의 완곡한 표현을 책망하며 눈물을 흘린다. 한편 엄마는 남동생의 재산과 사회적 지위에만 관심을 보인다.

내가 요약한 내용으로 이 이야기의 느낌을 완전하게 전달하기에는 무리가 있지만, 속임수와 관련된 측면에서 사회적 관습(완곡한 표현, 남자 가족 구성원을 대하는 전통의 차이, 재산, 사회적 지위 등)이 생명을 앗아간 치명적인 속임수를 부추겼다는 점에 주목할 필요가 있다. 우리는 대부분 선천적으로 속해 있거나 처음 길들여진 문화를 바탕으로 한 사고방식에 익숙하며, 그런 사고방식은 관습과도 밀접한 관련이 있다. 하지만 이 이야기는 관습이 우리를 기만할 수도 있다는 측면을 보여준다. 소녀 ─ 여기에서 소녀를 묘사하기 위해 사용된 기능적인 비유는 '가장 어리고 똑똑하다'는 것이다 ─ 는 직접 조사한다. 즉 '세상 물정을 가장 잘 아는' 사람이다. 소변과 정액, 피와 관련된 이야기에서 소녀는 울음을 통해 자신의 몸에서 눈물을 만들어내고, 그 이야기는 성적으로 성숙해지고 엄마의 권위에 도전하기 시작한 소녀의 이야기가 된다.

하임스는 그 이야기가 살인을 저지른 성도착자에 관한 내용이라는 의견에 반대하며 설득력 있는 주장을 내놓는다. 좀더 정확히 말하면 하임스는 그 '아내'가 실제로는 사기꾼, 즉 여기에서는 사람을 잡아먹는 귀신처럼 탐욕스럽고 잔인한 존재며, 그런 존재는 사람을 속이거나 죽이기 위해 특별한 동기가 필요하지 않다고 이야기한다. 여기에서 속임수는 우리가 맹목적인 문화적 상황에서 조심하도록 해준다. 교활한 딕(닉슨 대통령의 별칭 — 옮긴이)은 국민에게 "나는 사기꾼이 아닙니다"라고 말했다. 악의로 가득 찬 또 다른 전설적인 인물 체인 디키Chain Dickey, 즉 딕 체니는 술도 마시지 않은 채 멀쩡한 정신으로 친구의 얼굴에 총질을 했다. 그런데도 그의 유명무실한 두목 그루비 슈럽Grubby Shrub, 즉 조지 부시는 충분히 합법적이거나 그와 유사한 이유가 없었다면 자신의 왕국을 전쟁으로 이끌지 않았을 것이다. 이야기 세계에 등장하는 가공의 인물은 거짓말을 인지하는 우리의 능력을 날카롭게 다듬어줄 책임이 있다. 그것은 책임을 넘어 의무라고도 할 수 있다.

지금부터 소개하는 또 다른 이야기는 아치 피니에게서 들은 것이다. 그는 네즈퍼스 어를 연구한 언어학자이자 인류학자며, 프랜츠 보애스(Franz Boas : 미국의 문화인류학자 — 옮긴이)에게 사사했다. 그는 이 이야기를 어머니에게서 들었다고 한다. 이야기의 제목은 '붉은 버드나무'다.[11] 이 이야기에는 사기꾼이 등장하지 않지만 묵시적인 대중의 목소리를 위안이 되는 방식으로 들려주며, 속임수를 둘러싼 비밀스럽고 심오한 암시가 있다.

한 소년의 약혼녀가 소년에게 비전을 얻기 위해 길을 떠나야 한다고 이야기한다. 그리고 이 말을 하는 부분에서 그녀가 소년에게 이야기하는지 아니면 자기 자신에게 말하는지, 그 소년이 엿듣는 상황인지 아니면 직관으로 아는 것인지 명확하지 않다. "비전을 얻기 위한 여행은 10일 정도 걸리는데, 그 안에 내가 돌아오지 않으면 죽음을 당했다고 생각하세요." 소년은 약혼녀를 뒤따라가 죽이고, 그녀를 죽이는 데 사용한 화살은 버드나무가 무성한 덤불 속에 감춘다. 소년은 집으로 돌아와서 약혼녀의 죽음을 애도한다. 그런데 소년의 남동생이 자꾸만 "내 약혼녀여!"라고 외치며 과녁을 향해 화살을 쏜다. 어린 아들이 흉내 내는 모습을 본 소년의 어머니는 남편에게 아들이 자기 약혼녀를 죽인 것 같다고 이야기한다. 한편 죽은 소녀의 어머니는 촉촉한 눈으로 산을 바라보는데, 갑자기 파리 한 마리가 그녀의 입속으로 날아든다. 나이 지긋한 여인은 파리를 질끈 깨물고, 입안에는 고약한 냄새가 퍼진다. 그녀는 돌연히 "내 딸이 죽었다"고 말한 뒤 수색대를 모집한다. 수색대는 딸의 주검을 발견하지만 화살은 찾지 못했고, 살인범이 누구인지도 알 수가 없다. 그 뒤에 버드나무는 소녀의 피로 붉게 물들고, 이야기는 그렇게 끝난다.

칼 크로버는 그 이야기가 어떤 민족학에서도 발견할 수 없지만, 실제로 일어난 문제를 다룬다고 말한다. 게다가 순간적으로 연상되는 깨달음만으로도 우리는 그 이야기가 무엇에 관한 것인지 알 수 있다고 이야기한다(다른 사람들도 내가 그랬던 것처럼 "우리가?"라고 말할지도 모르겠다). "우리는 소년이 약혼녀를 죽인 이유를 추측하지만, 정작 그 이유가 무엇인지 입 밖에 내길 주저한다." 왜 그런지는 수수께끼고, 심사숙고해봐야 할 문제다.

크로버의 또 다른 수필을 보면 네즈퍼스 부족에서는 5~10세 소년, 소녀들이 어린 나이에도 자신의 영적인 수호자를 찾아 혼자서 여행했다는 사실을 알 수 있다.[12] 그 여행을 통해 비전을 얻지 못하는 건 치욕으로 여겨졌다. 여행에서 돌아온 아이는 아무에게도 말할 수 없었고, 자신이 얻은 비전을 춤으로 표현했으며, 어른들은 아이가 추는 춤의 본질을 추측하고 그 춤이 진짜인지 아닌지 판단했다. (약혼자를 살해한 소년의 어머니를 생각해보라. 소년의 어머니는 작은아들이 "내 약혼녀여!"라고 노래하면서 형의 행동을 따라 하는 모습을 관찰했다.) 그런 살인은 발각될 경우 피의 복수를 불러올 게 뻔했다. 크로버의 설명에 따르면 그 이야기는 비전 여행을 둘러싼 우려와 위험을 구체적으로 보여준다. 소녀는 비전을 얻지 못할 바에야 죽기를 원했을까? 그래서 소년이 약혼녀를 죽였을까, 아니면 소년이 약혼녀의 비전을 시샘해서 죽였을까? 그녀가 찾은 비전은 혹시 소년이 자신을 죽이는 게 아니었을까? 가장 충격적인 추측을 해본다면 소년의 비전이 약혼녀를 죽이는 건 아니었을까? 아무리 심사숙고해도 이 이야기는 크로버가 미국 인디언 문학을 논하면서 모순되는 감정의 '가지에 가지를 치는 복잡성'이라고 부른 것을 보여주고, 우리가 속임수 문제를 이분법적인 관점으로 보지 않도록 도와줄 뿐이다.

어른들은 진실이 밝혀짐으로써 또 다른 아이가 죽길 원하지 않지만, 예이츠의 말에 따르면 어린 남동생이 무엇이 진실인지도 모른 채 진실을 구체적으로 표현한다. 사회 구성원으로서 양쪽 부모는 진실을 알고 있다. 그것은 대자연도 마찬가지인데, 이 이야기의 제목인 '붉은 버드나무'가 그 증거다.

이 이야기에서 버드나무가 어쩌다가 붉게 변했는지는 중요하지 않다. 중요한 것은 대자연이 버드나무를 붉게 만들어서 진실을 밝혔는데도 인간은 모든 사람에게 최선이라는 이유로 그것을 무시하기로 결정했다는 점이며, 그런 이유를 단테는 시에 존재하는 '아름다운 거짓말'이라고 묘사했다.

멕시코 원주민 나와틀족의 아름다운 노래는 500년 동안 속임수에 둘러싸여 있었다. 존 비어호스트 John Bierhorst 는 잉카제국의 키푸에 관한 게리 어튼의 연구를 보완할 수도 있는 *Cantares Mexicanos: Song of the Aztecs*(멕시코의 노래)을 연구했다. 그의 이야기에 따르면 이 훌륭한 노래들이 지금까지 전해 내려올 수 있었던 것은 아즈텍 사람들이 스페인 정복자들에게 그 노래가 고대 전쟁과 제례를 묘사하기 위해 스페인 정복 이전에 만들어진 역사적인 노래라고 주장했고, 스페인 정복자들이 그 주장을 수용했기 때문이라고 한다.[13] 아즈텍 사람들이 가톨릭 신부에게 들려준 노래 중에는 아즈텍의 유명한 왕들 — 네사우알코요틀 Nezahualcoyotl 왕이 그중에서도 가장 유명하다 — 이 직접 만든 것도 있다. 시인은 모두 거짓말쟁이라는 이유로 시인을 국가에서 추방하고자 했던 플라톤의 예는 시와 거짓말이 매우 밀접한 관계에 있었음을 보여준다. 비어호스트는 아즈텍의 왕이 노래를 지었다는 아무런 증거도 없으며, 그 노래들이 스페인 정복 이후에 만들어졌다고 주장한다. 다만 감쪽같은 속임수로 위장되어 스페인 신부조차 아즈텍 사람들이 교회 마당에서 그 노래를 부르도록 허락했다는 것이다. 더불어 신부들은 노랫말만 가톨릭 용어로 바꿨을 뿐 이 노래를 그대로 모방한 노래를 만들었고, 아즈텍 출신의 젊은 수련 수사들도 노랫말 중간에 가톨릭 성자를 삽입하여 그 노래를 모방했다. 하지만 오늘날 스페인 사람 베르나르디노 데 사하군^{Bernardino de Sahgun}은 그 노래 안에 "많은 과오와 이단적인 내용이 감춰져 있다"고 말한다.

비어호스트가 고심해서 만든 복잡하지만 정선된 암호 체계에 따르면 이 노래는 스페인 정복에 반감을 표시하면서 아즈텍 사람들이 펼친 부흥 운동의 한 갈래를 보여주는 증거며, 아즈텍 사람들은 예전의 전사들이 화려한 새나 만개한 꽃처럼 부활해서 정복자들을 몰아낼 날을 기원하며 이 노래를 불렀다. 스페인 정복자들은 이 노래에 그런 의미가 있는 줄 몰랐고, 20세기 후반까지 우리도 모르기는 마찬가지였다. 이처럼 기원이 담긴 노래 의식은 운디드 니^{Wounded Knee}에서 기병대에 의해 거의 전멸되다시피 한 북아메리카 원주민의 교령춤(아메리카 인디언이 죽은 사람의 혼과 통하기 위해 추는 종교적 춤—옮긴이) 의식과 유사하다. 지금까지 멕시코시티의 높은 장대에서 날아 내려온다고 여겨지는 화려한 옷을 입고 날개를 단 볼라도레^{voladores}는 의식적으로든 아니든 그 전통을 계승하고 있을 것이다. 확실히 과달루페 의식은 이런 부흥 운동에서 유래했고, 이 부흥 운동의 승리는 아즈텍 여신을 가톨릭 방식으로 숭배하는 시점에 이르러 절정에 달했다.

억압적인 권력에 대항해서 거짓말하는 건 용감한 행동이다. 스페인 신부들은 젊은 아즈텍 청년에게 우세한 상대를 기지로 물리치는 이솝이야기를 번역하도록 지시했고, 비어호스트는 그들이 번역한 이야기를 모아서 *Doctor Coyote*(코요테 박사)라는 책으로 내놓았다.[14] 젊은 아즈텍 청년은 이솝이야기에 등장하는 주인공을 사기꾼 코요테로 바꿨다. 조엘 해리스^{Joel Chandler Harris}가 수집한 우화 가운데 '리머스 아저씨Uncle Remus'에서는 아프리카 흑인을 대변하는 사기꾼 브레어 토끼가 주인공으로 등장하는데, 그 토끼는 브레어 여우가 자신을 죽이려고 하자 절대 찔레 덤불(찔레 덤불은 그 토끼에게 안마당이나 다름없다)에는 던지지 말아달라고 애걸한다. "차라리 절 구워버리거나 목을 매달거나 물에 빠뜨려주세요. 가죽을 벗기고… 눈을 뽑아버리세요. 내 귀를 송두리째 찢고 다리를 잘라버려요. 하지만 브레어 여우님, 제발 절 찔레 덤불에 던지지는 말아주세요." 노예제도가 이런 것이라고 여실히 보여주듯이 브레어 여우가 토끼를 곧장 찔레 덤불에 던지자, 사기꾼 토끼가 도망가며 외친다. "브레어 여우야, 난 찔레 덤불에서 자랐어. 찔레 덤불에서 태어났다고." 그리고 마치 타다 남은 장작더미에서 살아난 귀뚜라미처럼 활기찬 모습으로 찔레 덤불 속으로 사라진다.[15]

속임수와 거짓말, 도둑질, 조롱 등을 옹호하는 신이 있다면 과연 누구일까? 그리스인이 볼 때 헤르메스가 바로 그런 신이었다. 사기꾼 헤르메스는 태어난 지 하루 만에 요람에서 나왔고, 아폴론의 소를 훔쳐 달아나면서 신발을 거꾸로 신어 아폴론의 추격을 따돌렸다. 헤르메스는 훔친 소를 요리해 먹었고, 아폴론이 그를 찾아내자 시치미를 뗐다. 화가 난 아폴론은 헤르메스를 제우스에게 끌고 갔지만, 헤르메스는 제우스에게 자신은 소가 뭔지도 모르며 어제 태어났을 뿐이라고 말했다(헤르메스에게 바치는 호메로스의 찬가에 등장하는 이 표현은 이때 처음 사용된 게 분명하다). 헤르메스의 당돌한 거짓말에 제우스가 웃음을 터뜨렸고, 헤르메스는 제우스를 웃게 만든 덕분에 신들과 어깨를 나란히 할 수 있는 지위를 얻었다.

비범한 거짓말쟁이 오디세우스는 소도둑이자 거짓말쟁이 신 헤르메스의 아들이면서 '외로운 늑대'라는 이름이 있는 아우톨리코스 Autolycos에게서 '골칫거리'라는 이름을 얻는다. 「오디세이아」에는 아가멤논 Agamemnon이 심심치 않게 등장하는데, 그는 오랫동안 집을 떠났다가 아내를 만나기 위해 서둘러 집으로 돌아왔지만("여보, 내가 돌아왔소!") 아내와 아내의 정부에 의해 살해되었다. 오디세우스는 좀 더 간교했다. 그는 이타카에 돌아와 만나는 거의 모든 사람들에게 거짓말을 하고, 심지어 자신을 보살펴주는 여신 아테나에게도 거짓말을 한다. 아테나는 오히려 그가 자신을 속인 것에 기쁨을 표시한다. 여기에 그들이 만나는 과정을 나름의 관점으로 소개한다. 이 글은 내가 1981년에 쓴 *The Odysseus Manuscripts*(오디세우스 초집)의 일부다.[16]

아테네

또 거짓말을? 그리고 변장까지? 대단하군!

오디세우스, 난 누구보다 당신을 사랑해요.

아직 요람에 있고,

'어제 갓 태어난' 소도둑이자 사기꾼이고,

아폴론에게 거짓말하고 심지어 제우스에게도 거짓말한,

그들을 웃게 만들어서 곤경을 면하고,

신들과 어깨를 나란히 할 수 있는 지위를 얻은

헤르메스처럼,

내게 거짓말을 하는 당신은 최고의 인간이며,

의심도 많고 신중하죠. 현인들은 말해요,

"인간은 망설이는 동물이다."

지옥에서 당신은 검은 그림자에게서 이야기를 들었어요,

아가멤논이 얼마나 어리석고, 충동적인 지도자인지.

숱한 고통을 경험하고 나서―

당신도 익히, 어쩌면 더 많이 알고 있겠지만―열망에 휩쓸려 집으
로 달려가고

지나칠 정도로 반기는 아내에게 달려가, 결국 최후를 맞았지요.

지금 당신은 그 모든 열망을 접어두고, 내게 거짓말을 하고 있어요.
현명한 남자여,

짧게 깎은 머리는 황금 옥수수가 무엇인지 보여줘요.

활과 수금은 아폴론의 능력과 영혼을 상징하고,

머리가 긴 아폴론은 그것들을 조심스럽게 다루고,

그것들을 완전하게 만들어주는데, 성스러운 햇빛처럼

지금 당신의 머리는 생기가 넘치고 있어요. 그리고 황금 옥수수가
돌아오고,

시간이 흐르면서 여물어가죠. 당신은 그런 남자고,

나는 그런 남자인 당신 자신이에요. 즉 당신이 한평생

축적해온 지혜랍니다. 조만간

당신은 준비가 될 테고, 그때가 되면 더 이상 망설이지 않겠지요.

당신의 완전한 의지로 채워진 곡식 창고를

소모할 줄 밖에 모르는 사람들을 두려워할 필요가 없어요.

곧 당신은 그들에게 노력과 오랜 인내로

탄생한 영감을 보여줄 거예요. 비바람이 몰아치든 맑은 날이든

당신은 그들에게 햇빛을 내려줄 거예요. 음악에 정신이 팔린 것처럼

그들은 너무 늦게 정직함을 배우겠지요, 운명처럼 뒤얽힌

숱한 고난과 정의, 평범한 노래에서 나오는

정직함을 말이죠.

나는 이 글의 도입부에서 인용한 셰익스피어의 소네트로 돌아가 시작한 곳에서 끝을 맺으려 한다. 내 연인이 나와 참사랑을 맹세하는 경우, 비록 그녀가 여러 남자와 잔다는 사실을 알지라도 나는 그녀를 신뢰한다. 아이로니컬하게도 영어의 '속이다^{lie}'라는 동사는 '자다'라는 뜻도 있다. 셰익스피어의 소네트는 영어로 된 작품 중에서 최고의 사랑 표현을 담았다고 여겨지며, 오늘날에도 전 세계 곳곳에서 연인들이 그 책을 주고받는다. 소네트에는 "진실한 두 마음의 결합에 장애물을 허락하지 마소서!" 같은 구절도 있지만, 배신과 모욕, 자기혐오, 상호 비방, 의기소침, 노화, 질투에 관한 이야기도 있다. 조금만 생각해보면 이런 요소도 지극한 사랑의 표현이라는 것을 알 수 있다. 셰익스피어는 연인이 자신에게 충실하다거나 자신이 늙지 않았다는 이야기가 모두 거짓임을 깨닫고 우울한 기쁨으로 결말을 짓는다. "비록 내 나이가 한창때를 지난 줄 그녀도 알지만"이란 말보다 가슴에 사무치는 표현이 있을까?

내 연인이 참사랑을 맹세하면

거짓말인 줄 알면서도 그녀를 믿노니,

세상의 거짓에 익숙하지 않으면

풋내기 청년으로 생각하길 바라노니.

내 나이 한창때를 지난 줄 그녀도 알지만

나를 젊게 보도록 헛되이 바라면서,

바보처럼 그녀의 허황한 말을 믿지만

둘 다 뻔한 진실을 감추고 있으면서.

왜 그녀는 정결하지 않노라 털어놓지 않으려 하는가?

왜 나는 이제 늙었다고 인정하지 않는가?

도대체 사랑의 습관은 나이 따위는 따지지 않는가.

그래서 나는 그녀와 눕고 그녀는 나와 누워 있노라

결점투성이인 거짓말에 만족하노라.

거짓말은 본질적으로 진실을 감추는 듯 보이지만 실제로는 진실을 드러내기도 하고, 관능적이고 심리적이며 사회·문화적인 날카로운 분석을 가능케 하기도 한다. 악어의 눈물에 관한 톰 루츠의 소론은 모든 사람에게 있는 내면적인 속임수의 복잡성을 보여준다. 게다가 거짓말은 일반적으로 재미있다. 거짓말이 없다면 우리는 무슨 일을 하고 있을까? 이 책은 어떻게 되었을까?

결말 :
잡다한 사고의 편린

'관계에 대한 재빠른 인지는 천재의 특징'이고, 에즈라 파운드는 아리스토텔레스를 제외함으로써 이 말을 증명했다. 미국의 여성 작가 그레이스 페일리Grace paley는 이렇게 말했다. "하나의 이야기는 그것이 두 이야기가 되지 않는 한 이야기가 아니다." 시인 리처드 윌버Richard Wilbur는 "예술 작품들은 유사한 다름이 매력이다"라고 말했다. 아테네

에서는 대중교통을 은유와 유사한 의미인 '메타포레이metaphorai'라고
부른다.

케니스 필즈, 잡다한 생각

모든 진실을 말하되 비스듬히 말하라.

에밀리 디킨슨(Emily Dickinson)

프랑스 시인 폴 발레리Paul Valéry는 질서와 무질서라는 두 가지 재
앙이 세상을 끊임없이 위협해왔다고 믿었다. 더불어 "정신이 외부
사물을 변형해 인식하는 기능을 수행하기 위해서는 반드시 무질서
가 필요하다! …그리고 정신은 무질서가 있을 만한 곳에서 무질서
를 찾는데, 그곳은 자신의 내면이나 외부 환경 어디든 될 수 있다.
온도 차이가 기계나 다른 어떤 현상에도 본질적인 요소로 작용하듯
정신이 제 기능을 발휘하려면 차별적인 질서와 무질서가 존재해야
한다!"고 말했다.[17] 내게는 글렌 벤그리Glenn Bengry라는 트럼펫 선생님
이 있었는데, 그분은 어떻게 음의 중심을 찾아 최적화된 소리를 낼
수 있는지 가르쳐주었다. "음이 윙윙거리는 소리를 (마음에 들지 않더
라도) 내도록 약하게 불어야 한단다. 트럼펫 중간 부분에서 윙윙거
리는 소리가 가장 잘 나지. 그 부분에서 약간만 위치를 조정하면 가
장 좋은 소리를 낼 수 있는 거야." 그 방법은 음이 맞았는지 틀렸는
지 각각의 음을 구분하느라 생각이 분산되지도 않고 훨씬 도움이
되었다.

초기 문화에서 우리와 너무나 멀리 떨어진 듯 보이는 그 세상은
실제로 우리와 매우 가까이 있는 경우가 많다. 독특한 사람(말을 거꾸

로 타거나 여름에 모닥불 옆에 앉아서 춥다고 불평하는 사람)이나 광대, 마녀(동등한 존재가 아니라 어쩌면 사회구조적으로 봤을 때 비슷한 존재)는 조화로운 사회구조의 중심과 가장자리 사이 어디쯤에서 문화를 기준으로 구분한 인간 범주로 나뉜다. 나바호족의 밤의 성가는 너무나 신성해서 노래를 하거나 모래 그림을 그리다가 자칫 실수라도 하는 날에는 8박 9일 동안 진행되고, 기쁨에 찬 합창의 밤에 이르러 절정에 달하는 치료 의식 전체가 물거품이 될 수 있다. 그런데도 가장 중요한 순간에는 살수 장치를 한 신격화된 인물이 광대로 등장해 춤꾼을 비웃고, 춤의 스텝을 무시하고, 거꾸로 춤을 추면서 유흥을 제공한다. 과거에 이 의식을 행할 때는 상스러운 이야기를 나누거나 심지어 성적인 방종이 허락되기도 했다.[18]

질서를 중요시한 대표적인 철학자 플라톤은 마치 주신酒神 바커스를 추종하는 상스러운 사람처럼 취해서 머리를 리본과 꽃으로 장식한, 소크라테스가 반인반수의 사티로스 같은 인물이며 꾸며내는 사람이라고 찬사를 늘어놓는 젊은 알키비아데스Alkibiades가 등장하자 아름다움을 주제로 세심하게 준비한 향연(symposium : 토론회)을 중단해야 했다. 술 취해 떠드는 사람들이 더 등장하고, 손님들이 대부분 곤드레가 되면서 향연은 혼란에 빠졌다. 밤새도록 마시고도 정신이 멀쩡하던 소크라테스는 혼란의 틈바구니에서도 몇몇 청중에게 "희극을 쓰는 사람이라도 비극을 쓸 수 있으며, 비극을 쓰는 시인도 희극작가가 될 수 있다는 사실을 인정하라"고 강요했다. 이 이야기를 제공한 아리스토데모스Aristodemus는 이 대화의 처음 부분을 거의 듣지 못했고, 대화가 진행되는 도중에도 반쯤은 잠에 취해 있었던 게 분명하다.[19]

알렉산더 네하마스_{Alexander Nehamas}에 따르면 소크라테스는 희극과 비극에 반어적 입장을 취했고 플라톤마저 그를 완전하게 이해하지 못했지만, 혼란스럽고도 매우 중요한 유물을 남겼다.

> 플라톤의 입장에서 이것은 근본적으로 완전히 새로운 아이러니다. 에이론(eiron : 반어법을 사용하는 사람)은 더 이상 교활하고 속임수만 쓰려고 하는 단순한 위선자가 아니며, 완벽한 속임수를 구사해서 아무도 속임수를 알아차리지 못하게 하려는 혹은 그렇게 해야 하는 사기꾼도 아니다. 이제는 일부 청중에게 암시를 줘서 자신이 하는 말을 곧이곧대로 믿지 않도록 일러주고, 사람들이 자신의 위선적인 행동을 알아차려도 전혀 개의치 않는 훨씬 더 미묘한 인물이 된 것이다. 적어도 자신이 이야기를 들어주는 청중 앞에서 행하는 위선은 더 이상 비밀이 아니다. 아이러니에 대한 이 새로운 이해는… 소크라테스에 의해 기틀이 갖춰지고 모양을 갖추었다.[20]

소크라테스의 아이러니라는 측면에서 볼 때 우리는 코요테와 예술의 왕국에 살며, 같은 맥락에서 마크 프랭크는 우리에게 자료로 배포한 글에서 "거짓말 능력은 창조적이고 지적인 위대한 승리라는 천에서 잘라낸 동일한 천 조각이다"라고 묘사했다. 모린 오설리번이 속임수를 분석하면서 진실의 마법사를 언급한 것도 이와 매우 유사한 측면을 보여주는데, 진실의 마법사라는 이름 자체가 지적이고 직관적인 재능의 복합체를 암시하기 때문이다. 마크 프랭크나 모린 오설리번의 주장은 거짓말쟁이 입장에서, 거짓말쟁이의 창작물을 어떻게 해석할지 어느 정도 아는 사람의 입장에서 모두 맞는 말이다. 거짓말쟁이와 진실의 마법사는 추론과 암시의 그물망을 잘 이해하고, 사회적 관습을 날카롭게 인식하며, 사회적 관습에 위축되지 않는다.

미국 소설가 겸 시인 허먼 멜빌Herman Melville은 자신의 작품에 등장하는 순진하고 불운한 빌리 버드를 언급하면서 그 인물은 세상에서 살아남으려면 반드시 필요한 '사악한 교활함'이 부족하다고 말한다. 멜빌의 말은 단순히 사악함에 대처하는 기술을 의미할 뿐만 아니라, '왼손잡이가 오른손도 능숙하게 사용하는 것'처럼 상반적인 그 이상의 의미를 내포한다. 우리는 질서를 유지하고자 노력하면서, 다른 한편으로는 바바라 밥콕아브라함스Barbara Babcock-Abrahams가 사기꾼을 사물의 갈라진 틈을 노리고 미끄러져 들어오는 '빈틈을 메우는 존재'라고 표현한 것을 높이 평가하지 않을 수 없다. 세상에 존재하는 빈틈을 노리고 잠입하는 '틈새 인간'으로 표현하는 밥콕아브라함스의 묘사를 인정할 수밖에 없다. 나는 그녀의 책 제목 *A Tolerated Margin Mess*(용인되는 사기꾼의 여백)에서 어떤 문체상의 위로를 얻는다.[21]

수많은 이야기에서 사기꾼으로 등장하는 코요테나 거미, 까마귀 등은 일종의 브리콜라주(bricolage : 닥치는 대로 써서 만든 것 — 옮긴이)다. 또 그들은 주변에서 쉽게 이용할 수 있는 것을 사용하기 때문에 풍자나 불시의 공격으로 브리콜라주를 행하는 주체다. 사기꾼은 다양성을 구체화하는 불가사의한 존재다. 최초의 문명은 이런 이야기를 알고, 이야기 유형에 대한 감각을 얻는 것이 생존하는 데 매우 중요한 문제라고 이야기한다. 해니 패리드와 차를 마시던 중 그가 젊었을 때는 문학을 중요하게 생각하지 않았다고 말하고, 잠시 후 리처드 파인만 Richard Feynman을 과학자로서 좋아한다고 말했을 때 나는 문득 두 가지가 떠올랐다. ❶덱스터 고든의 걸작 앨범 「타워 오브 파워 송 The Tower of Power song」에 수록된 '당신은 아직 젊은 남자다 You're Still Young Man (Baby)'라는 노래와 ❷『파인만 씨, 농담도 잘하시네 Surely You're Joking, Mr. Feynman?』라는 책이다. 파인만처럼 문학에 헌신한 인물이 또 있을까? 그는 다방면에 걸쳐 다양한 작품을 썼다. 그중에는 대학교 1학년 때 작문 수업을 들으면서 쓴 수필도 있고, 자유분방한 학창시절에 만난 바텐더와 사기꾼, 술집 아가씨에 대한 이야기도 있다. 프리먼 다이슨 Freeman Dyson이 '50퍼센트는 익살꾼이고 50퍼센트는 천재'라고 부른 누군가는 나중에 이것을 수정해서 '100퍼센트 익살꾼이자 100퍼센트 천재'라고 불렀는데, 코요테 명예의 전당에 들어갈 만한 사람이다.

Notes & Index

Notes

서문

산타페연구소는 생물학과 컴퓨터, 사회학, 정치학 등에 관한 적응적 복합계의 여러 학문 분야에서 연구를 진행하며, 이 책 역시 산타페연구소에서 진행한 일련의 연구회를 통해 만들어졌다. 산타페연구소의 독특한 환경에서 평범하지 않은 학자들이 모여 폭넓은 공통 관심 주제에 대해 의견을 나눈다. 산타페연구소가 없었다면, 제프리 웨스트Geoffrey West 소장과 크리스 우드Chris Wood 부소장이 없었다면, 과학운영위원회가 없었다면 결코 이 책이 나올 수 없었을 것이다. 우리는 이 프로젝트와 관련해 영감을 준 스탠퍼드대학의 퍼시 디아코니스Persi Diaconis 교수와 기금을 지원해준 산타페연구소 이사회의 빌 밀러Bill Miller 회장에게 깊이 감사한다. 끝으로 이 책의 모든 저자는 산타페연구소에서 무척 유쾌하고 유익한 시간을 만들어준 웨인 코트Wayne Coté와 기니 그링거Ginny Greninger, 로리 이니스Laurie Innes에게 감사를 표한다.

1 Leó Szilárd, *His Version of the Facts: Selected Recollections and Correspondence,* ed. Spencer Weart and Gertrud Szilárd (Cambridge, MA: MIT Press, 1979), xii.

2 St. Thomas Aquinas, "Question 110: On Lying," *Summa Theologiae: Vol. 41, Virtues of Justice in the Human Community* (Cambridge: Cambridge

University Press, 2006), 147–68.

3 Plato, *The Republic,* trans. Benjamin Jowett (New York: Vintage, 1991), 3.389.

4 Winston Churchill, *The Second World War: Closing the Ring,* vol. 2 (New York: Houghton-Mifflin, 1951 [1943]), 4.

5 Sissela Bok, *Lying: Moral Choice in Public and Private Life* (New York: Pantheon Books, 1999). See also, Sissela Bok, *Secrets: On the Ethics of Concealment and Revelation* (New York: Pantheon Books, 1989).

6 Lawrence Henderson, "Physician and Patient as a Social System," *New England Journal of Medicine* 212 (1935): 49.

7 Carl Bergstrom and P. Godfrey-Smith, "Pure Versus Mixed Strategists: The Evolution of Behavioral Heterogeneity in Individuals and Populations," *Biology and Philosophy* 13 (1998): 205–31. See also M. Lachman, S. Számadó, and C. Bergstrom, "Cost and Conflict in Animal Signals and Human Language," *Proceedings of the National Academy of Sciences, USA* 98 (2001): 13189–94.

8 Bella DePaulo and D. Kashy, "Everyday Lies in Close and Casual Relationships," *Journal of Personality and Social Psychology* 74 (1998): 63–79.

9 R. Feldman, J. Forrest, and B. Happ, "Self-Presentation and Verbal Deception: Do Self-Presenters Lie More?" *Journal of Basic and Applied Social Psychology* 24 (200) : 163–70.

10 G. Steiner, *After Babel: Aspects of Language and Translation* (New York: Oxford University Press, 1998).

11 François de La Rochefoucauld, *Maxims,* trans. Leonard Tancock (New York: Penguin, 2001 [1665]), 48.

12 Joan Didion, *Slouching Towards Bethlehem: Essays* (New York: Farrar, Strauss & Giroux, 1990 [1968]), 143.

13 James March and Herbert Simon, *Organizations* (New York: Wiley, 1958).

1장

1 "Oh what a tangled web we weave / When first we practise to deceive!" Sir Walter Scott, *Marmion*, canto vi, stanza 17.

2 J. Maynard Smith and E. Szathmáry, *The Major Transitions in Evolution* (Oxford: Oxford University Press, 1995).

3 E. Szathmáry and J. Maynard Smith, "The Major Evolutionary Transitions," *Nature* 374 (1995): 227–32.

4 J. R. Krebs and R. Dawkins, *Animal Signals: Mind Reading and Manipulation* (Oxford: Blackwell Scientific, 1984), chap. 15, 380–402.

5 M. Lachmann, G. Sella, and E. Jablonka, "On the Advantages of Information Sharing," *Proceedings of the Royal Society of London, B* 267 (2000): 1287–93.

6 Letter: Thomas Jefferson to Isaac McPherson (August 13, 1813) in *The Writings of Thomas Jefferson*, vol. 13 (Washington, DC: Thomas Jefferson Memorial Association of the United States, 1903), 333–34.

7 Anglerfish: T. W. Pietsch and D. B. Grobecker, "The Compleat Angler: Aggressive Mimicry in an Antennariid Anglerfish," *Science* 201 (1978): 369–70; flycatcher: C. A. Munn, "Birds that 'Cry Wolf,'" *Nature* 319 (1986): 143–45; bluegill sunfish: W. J. Dominey, "Maintenance of Female Mimicry as a Reproductive Strategy in Bluegill Sunfish (Lepomis macrochirus)," *Environmental Biology of Fishes* 6 (1981): 59–64; mimic octopus: M. D. Norman, J. Finn, and T. Tregenza, "Dynamic Mimicry in an Indo-Malayan Octopus," *Proceedings of the Royal Society of London, B* 268 (2001): 1755–58; fireflies: James E. Lloyd, "Aggressive Mimicry in Photuris: Firefly Femmes Fatales," *Science* 149 (1965): 653–54; fiddler crab: P. R. Y. Backwell, J. H. Christy, S. R. Telford, M. D. Jennions, and N. I. Passmore, "Dishonest Signalling in a Fiddler Crab," *Proceedings of the Royal Society of London, B* 267 (2000): 719–24; caterpillars: T. Akino, J. J. Knapp, J. A. Thomas, and G. W. Elmes, "Chemical Mimicry and Host Specificity in the Butterfly Maculinea Rebeli: A Social Parasite of Myrmica Ant Colonies," *Proceedings of the Royal Society of London, B* 266 (1999): 1419–26; stomatopods: R. Steger and R. L. Caldwell, "Intraspecific Deception by

Bluffing: A Defense Strategy of Stomatopods (Arthropoda, Crustracea)," *Science* 221 (1983): 558–60.

8 J. Maynard Smith and D. G. C. Harper, "Animal Signals: Models and Terminology," J*ournal of Theoretical Biology* 177 (1995): 305–11.

9 M. Lachmann and C. T. Bergstrom, "The Disadvantage of Combinatorial Communication," *Proceedings of the Royal Society of London, B* 271 (2004): 2337–43.

10 '정당한 참여자'란 처음부터 교류에 동참함으로써 신호체계를 형성하는 데 직접적인 책임이 있는 사람들을 간단히 지칭하는 용어다.

11 P. Resnick and R. Zeckhauser, "Trust among Strangers in Internet Transactions: Empirical Analysis of eBay's Reputation System," in *The Economics of the Internet and E-Commerce*, ed. M. R. Baye (Amsterdam: Elsevier Science, 2002); J. Boyd, "In Community We Trust: Online Security Communication at eBay," *Journal of Computer-Mediated Communication* 7, no. 3 (2002).

12 eBay, "Spoof Email Tutorial," http://pages.ebay.com/education/spooftutorial/index.html (accessed vember 2007).

13 A. M. Spence, "Job Market Signalling," *Quarterly Journal of Economics* 87, no. 3(1973): 355–74; A. M. Spence, "Time and Communication in Economic and Social Interaction," *Quarterly Journal of Economics* 87, no. 4 (1973): 651–60; A. Zahavi, "Mate Selection: A Selection for a Handicap," *Journal of Theoretical Biology* 53 (1975): 205–14; A. Zahavi, "The Cost of Honesty (Further Remarks on the Handicap Principle)," *Journal of Theoretical Biology* 67 (1977): 603–5.

14 Contra: G. W. F. Davis and P. O'Donald, "Sexual Selection for a Handicap: A Critical Analysis of Zahavi's Model," *Journal of Theoretical Biology* 57 (1976): 345–54; J. Maynard Smith, "Sexual Selection and the Handicap Principle," *Journal of Theoretical Biology* 57 (1976): 239–42; M. Kirkpatrick, "The Handicap Mechanism of Sexual Selection Does Not Work," *American Naturalist* 127 (1986): 222–40. Pro: N. Nur and O. Hasson, "Phenotypic Plasticity and the Handicap Principle," *Journal of Theoretical*

Biology 110 (1984): 275–97; A. Grafen, "Biological Signals as Handicaps," *Journal of Theoretical Biology* 144 (1990): 517–46; J. Maynard Smith, "Honest Signalling: The Philip Sidney Game," *Animal Behaviour* 42 (1991): 1034–35.

15 자하비가 체계화한 초기의 불이익 원칙은 현대에 다르게 해석되며, 이 책은 현대적인 관점을 따른다. 둘 사이에는 이런 차이가 있다. 불이익 원칙과 관련된 자하비의 논문에 따르면 다양한 불이익을 감수해야 하는 송신자는 자연선택을 통해 보다 강력한 '검열' 과정을 거치기 때문에 불이익이란 요소가 매우 신뢰할 만한 것으로 간주된다. 달리 말해 불이익을 감수하고도 끝까지 살아남으면 이는 해당 개체가 얼마나 우월한 존재인지 보여주는 통계적인 신호로 작용한다. 하지만 오늘날 대다수 생물학자는 송신자가 비용이 많이 드는 신호를 생성하는 문제에 직면해서 그런 신호를 만들어내는 비용과 그 신호를 수용하는 수신자의 반응에서 얻을 수 있는 이점을 모두 고려하면서 어느 정도 불이익까지 감수할지 전략적인 선택을 한다고 가정한다. 전략적인 선택이 반드시 송신자의 의도적인 결정이나 계산에 따른 것은 아니라고 본다. 유전자에 암호화되어 각인된 결정 원칙에 따른 선택이나 자연선택에 따른 행동인 경우도 있다. 우월한 개체는 열등한 개체보다 적은 비용으로 큰 불이익을 감수할 수 있기 때문에, 상대적으로 긴 꽁지깃을 만들 것이다. 이와 같이 각각의 개체가 선택하는 불이익의 크기는 해당 개체가 얼마나 우월한 존재인지 보여주는 신뢰할 만한 신호로 작용한다. 마찬가지 이유로 수신자 역시 상대적으로 큰 불이익을 감수하는 송신자를 선호한다.

16 C. T. Bergstrom, S. Számadó, and M. Lachmann, "Separating Equilibria in Continuous Signalling Games," *Philosophical Transactions of the Royal Society of London* 357 (2002): 1595–606.

17 Nur and Hasson, "Phenotypic Plasticity"; M. Lachmann, S. Számadó, and C. T. Bergstrom, "Cost and Conflict in Animal Signals and Human Language," *Proceedings of the National Academy of Sciences, USA* 98 (2001): 13189–94.

18 C. T. Bergstrom and M. Lachmann, "Signalling among Relatives, Vol. 1: Is Costly Signalling Too Costly?" *Philosophical Transactions of the Royal Society of London Series B* 352 (1997): 609–17.

19 S. Rohwer, "The Social Significance of Avian Winter Plumage Variability," *Evolution* 29 (1975): 593–610; D. P. Whitfield, "Plumage Variability, Status Signalling and Individual Recognition in Avian Flocks," *Trends in Ecology and Evolution* 2 (1987): 13–18; J. Maynard Smith and D. G. C. Harper, "The Evolution of Aggression: Can Selection Generate Variability?" *Philosophical Transactions of the Royal Society of London, Series B* 319 (1988): 557–70.

20 Rohwer, "The Social Significance of Avian Winter Plumage Variability"; S. Rohwer, "Status Signaling in Harris Sparrows: Some Experiments in Deception," *Behavior* 61 (1975): 107–29; A. P. Moller, "Social Control of Deception among Status Signalling House Sparrows Passer domesticus," *Behavioral Ecology and Sociobiology* 20 (1987): 307–11.

21 Lachmann, Számadó, and Bergstrom, "Cost and Conflict in Animal Signals and Human Language."

22 Ibid.

23 Ibid.

24 Lachmann and Bergstrom, "The Disadvantage of Combinatorial Communication."

25 P. Hammerstein, ed., *Genetic and Cultural Evolution of Cooperation* (Cambridge, MA: MIT University Press, 2003); C. T. Bergstrom, J. L. Bronstein, R. Bshary, R. C. Connor, M. Daly, S. A. Frank, H. Gintis, L. Keller, O. Leimar, R. Noë, and D.C. Queller, "Interspecific Mutualism: Puzzles and Predictions Regarding the Emergence and Maintenance of Cooperation between Species," in *Dahlem Conference Report: Genetic and Cultural Evolution of Cooperation,* ed. S. Bowles and P. Hammerstein (Cambridge, MA: MIT University Press, 2003).

26 Resnick and Zeckhauser, "Trust among Strangers in Internet Transactions."

27 C. Anderson, "The Long Tail," *Wired* 12, no. 10 (2004).

28 L. R. Gooding, "Virus Proteins that Counteract Host Immune Defences," *Cell* 71 (1992): 5–7; D. M. Haig, "Subversion and Piracy: DNA Viruses and Immune Invasion," *Research in Veterinary Science* 70 (2001): 205–19.

29 A. Liston and S. McColl, "Subversion of the Chemokine World by Microbial Pathogens," *BioEssays* 25 (2003): 478–88.

30 바이러스는 가짜 면역 신호와 거짓 신호 수용 기관을 만들어서 속임수를 실행할 뿐만 아니라, 일종의 속임수에 의해 속임수 능력 자체를 보유하게 되었다. 바이러스가 숙주의 면역 체계를 모방할 때 사용하는 유전자는 대부분 바이러스의 진화 역사 초기에 숙주의 염색체에서 가져온 것이다. 바이러스는 숙주세포 내에서 숙주의 유전 장치를 이용해 복제되기 때문에 숙주의 모든 염색체에 '접근' 할 수 있으며, 수정된 형태의 숙주 유전자를 자신의 고유한 바이러스 유전자와 결합시킬 수 있다.

31 우리가 흔히 아는 척추동물의 적응 면역계는 생물계에서 진화한 수많은 면역계 중 하나에 불과하다. 예를 들어 박테리아는 바이러스 DNA를 찾아 파괴하기 위해서 제한과 변형 시스템으로 알려진 단순한 유사 면역 방식에 의존한다. 효모부터 식물이나 곤충에 이르기까지 많은 진핵생물은 세포가 바이러스에 감염되는 것을 막기 위한 면역반응의 형태로 RNA 간섭[RNAi]을 이용한다. 식물이나 동물은 태어나면서부터 다양하고 광범위한 면역 메커니즘을 발전시킨다. 일부 면역계는 집단적인 형태로 작용하기도 한다. 이를테면 군집 생활을 하는 곤충은 개별적인 면역계와 별도로 냄새를 이용해서 같은 무리의 구성원과 잠재적으로 위험한 다른 무리를 구별한다.

32 C. T. Bergstrom and R. Antia, "How Do Adaptive Immune Systems Control Pathogens while Avoiding Autoimmunity?" *Trends in Ecology and Evolution* (January 2006).

33 Ibid.

34 R. C. Dorf and R. H. Bishop, *Modern Control Systems,* 10th ed. (Upper Saddle River, NJ: Prentice Hall, 2004).

35 H. Kitano, "Computational Systems Biology," *Nature* 420 (2002): 206–10.

36 S. Kaech and R. Ahmed, "Memory CD8+ T Cell Differentiation: Initial Antigen Encounter Triggers a Developmental Program in Naive Cells," *Nature Immunology* 2 (2001): 415–22; R. Antia, C. T. Bergstrom, S. Pilyugin, S. M. Kaech, and R. Ahmed, "Models of CD8+ Responses. 1. What Is the Antigen-Independent Proliferation Program?" *Journal of Theoretical Biology* 221 (2003): 585–98.

37 C. T. Bergstrom and R. Antia, "How Do Adaptive Immune Systems Control Pathogens while Avoiding Autoimmunity?" *Trends in Ecology and Evolution* (January 2006).

2장

1 Immanuel Kant, "On a Supposed Right to Tell Lies from Benevolent Motives," in *Kant's Critique of Practical Reason and Other Works on the Theory of Ethics*, ed. Thomas K. Abbott (London: Longmans, Green, 1898); Immanuel Kant, in *The Metaphysics of Morals*, ed. Mary Gregor (Cambridge: Cambridge University Press, 1996); Aristotle, *Nicomachean Ethics* Bk. IV (1127a): 28 – 30; Augustine, "Against Lying," in *Treatises on Various Subjects*, ed. R. J. Deferrari (New York: Fathers of the Church, 1952); Thomas Aquinas, *Summa Theologiae*, vol. 41 (2a2ae 110): 3.

2 Sissela Bok, *Lying: Moral Choice in Public and Private Life* (New York: Pantheon Books, 1978).

3 Jeremy Bentham, *The Theory of Legislation*, ed. C. K. Ogden (New York: Harcourt, Brace, 1931), 170.

4 이런 효과는 일반적으로 희생자가 거짓말쟁이의 진술이 진술하다고 믿을 때만 발휘되기 때문에 희생자의 믿음 역시 거짓말을 구성하는 별도의 요소로 규정될 수 있다.

5 대다수 교수들이 겪는 다음과 같은 상황을 생각해보자. 한 여학생이 환한 얼굴로 교수를 찾아와 그 교수가 자신을 추천해준 덕분에 취업할 수 있게 되었다고 혹은 대학원에 들어갈 수 있게 되었다고 감사의 마음을 전한다. 하지만 교수는 그 학생을 위해 추천서를 보낸 적이 없다. 이 경우 교수가 그 학생에게 다행이라고, 심지어 "천만에"라고 이야기한다면 그는 둘러댄 것이다. 물론 교수가 거짓말한 것은 아니다.

6 칸트는 거짓말이 끼치는 해악과 관련해서 거짓말쟁이에게 초점을 맞추었으니 그에게 인과관계는 그다지 중요한 문제가 아니었을 것이다. 하지만 그런 부분을 제외하고는 거짓말의 실질적인 해악이 거짓말을 듣는 사람에게 잘못된 믿음을 갖게 하거나 잘못된 믿음이 굳어지도록 만드는 것이라고 설명했으며, 여기에는

아무런 반론의 여지가 없어 보인다.

7 Larry Alexander and Emily Sherwin, "Deception in Morality and Law," *Law and Philosophy* 22 (2003): 393 – 450.

8 오늘날 매사추세츠 주 케임브리지에서 집을 판매할 때 매도인은 관례적으로 질문서에 답해줘야 한다. 질문서에는 최근 들어 그 집에 물이 샌 적이 있는가 하는 질문도 포함된다. 그 질문에 집주인이 '몇 년 전 비가 억수같이 온 여름에 지하실에서 약간, 그래 봐야 한 컵 정도 물이 샌 적이 있습니다'라고 쓴 경우를 생각해보라. 그 후로도 지붕에서 물이 계속 새고 있다면 이 대답은 둘러대기다. 집주인이 그렇게라도 대답하면 잠재 고객은 별다른 의심을 품지 않는다. 하지만 그 질문에 아예 답을 적지 않고 공란으로 남겨두면 고객은 의심을 품고, 지붕에서 누수가 생기는 경우 소송을 제기할 거라고 명백히 이야기해둘 것이다.

9 예로 든 문제와 관련해서 부모는 자녀가 부모의 뜻대로 결정하도록 종용하며, 이 경우 아무리 똑똑한 아이라도 항상 부모의 뜻에 동의하지 않을 수도 있다.

10 특히 그런 진술을 하는 사람들의 사회적인 지위 — 자동차 판매 사원이나 카펫 영업 사원 등 — 는 해당 진술 내용을 듣는 수신자로 하여금 촉각을 곤두세우게 만든다.

11 로버트 솔로Robert Solo는 미시간주립대학의 존경받는 경제학자지만, 자신보다 훨씬 유명한 MIT의 로버트 솔로Robert Solow와 단지 이름이 비슷하다는 이유로 사람들이 그에게서 깊은 인상을 받을 때면 자기 이름에 있는 철자 하나를 생략해서 둘러대기를 하고 싶은 유혹을 강하게 느꼈음이 분명하다.

12 Amos Tversky and Daniel Kahneman, "Judgment under Uncertainty: Heuristics and Biases," *Science* 211 (1974): 1124 – 30; Amos Tversky and Daniel Kahneman, "Availability: A Heuristic for Judging Frequency and Probability," *Cognitive Psychology* 5 (1973): 207 – 32.

13 이 책의 11장을 참조하자. 톰 루츠는 호도나 거짓 행동과 말의 사회적인 파장에 대해 설명한다. 예컨대 그는 여자 친구 앞에서 눈물을 흘렸고 나중에 그의 아내가 된 그녀는 그 눈물이 악어의 눈물임을 간파했는데, 이것이 그들의 관계에 중요한 작용을 했다고 이야기한다.

14 조지 워싱턴과 관련된 이 지극히 교육적인 이야기는 그 자체가 일종의 둘러대기로 발전한 것일 수도 있다. 교사나 부모는 해당 이야기의 출처가 불분명하다고 의심하지만, 아이들에게 교훈을 주는 데 도움이 되기 때문에 그 이야기의

사실성 여부를 파헤치는 대신 불확실성을 묵인한다.

15 예를 들어 그 나무가 병에 걸렸을 가능성도 있다. 어쩌면 어린 조지는 비록 병든 나무지만 자신이 그 나무를 베어버린 건 단지 재미를 위해서였음을 은폐하기 위해 그 나무가 무슨 병에 걸렸는지 정확히 설명할 수도 있었을 것이다.

16 빌 클린턴은 상황을 오판했음이 분명하다. 그리고 거기에는 수적인 우위라는 측면에서 그가 오럴 섹스와 직접적인 성관계를 다르게 생각하는 사람들의 숫자를 과대평가한 점도 일정 부분 작용했다고 할 수 있다. 그렇더라도 클린턴은 두 행위를 지극히 다른 범주라고 생각했다는 여전히 믿기 어렵지만 전혀 말이 안 되는 건 아닌 변명을 늘어놓았고, 바로 그 점에서 부인권의 핵심적인 개념을 흐리고 있다.

17 이런 해악은 다양한 형태로 나타나는데, 특히 둘러대기와 거짓말은 그 둘러대기나 거짓말과 전혀 상관없는 사람들에게 해를 끼치기도 한다. 진실이 아닌 말이 난무할수록 정직한 중고차 딜러나 카펫 영업 사원처럼 진실을 말하는 사람들은 점점 더 신뢰를 얻기 힘들어진다. 이 경우 정직한 사람들은 불신에서 비롯되는 고통을 감수하거나, 신뢰를 얻기 위해 중재자를 고용하거나, 특별한 보장을 제공하거나, 검증에 필요한 비용을 부담하는 등 부수적인 비용을 부담해야 한다..반면 그들과 같은 직종에 있더라도 거짓말쟁이나 둘러대는 사람들이 드문 환경에서 일하는 사람은 좀처럼 그런 비용을 부담할 필요가 없다.

18 이를테면 1933년 증권법Securities Act of 1933 12조 2항은 '구체적인 사실에 대한 부정확한 진술 행위'뿐만 아니라 '진술이 오해를 유발하지 않고 정직하게 이루어지는 환경을 고려하여 진술에 필요한 구체적인 사실'을 누락하는 행위도 금지한다.

19 See *Restatement (Second) of Torts* §550 (1977) (literally true statements intentionally creating misimpressions); §527 (partial truths); see, generally, W. Page Keeton, Dan B. Dobbs, Robert E. Keeton, and David G. Owen, *Prosser and Keeton on the Law of Torts,* 5th ed. (St. Paul, MN: West, 1984), 725–38.

20 See *Model Penal Code* §223.3.

21 마찬가지로 도둑도 유사한 이유로 유인이 증가한다. 마을에 도둑이 증가하면 주민은 경계를 강화하거나 방범 장치를 확대하고, 경찰은 순찰 횟수를 늘릴 것이다. 요컨대 도둑이 늘어날수록 도둑질하기가 어려워진다. 반대로 도둑이 줄

어들수록 도둑질은 수월해진다.

22 물론 거의 모든 메시지에는 이중성이 존재하기 때문에 메시지를 거부하는 정도에 따라 오류의 상쇄율이 증가할 수도 있다. 경우에 따라서는 제1종 오류를 범하지 않고 솎아낼 수 있을 정도로 비교적 간파하기 쉬운 둘러대기도 존재한다. 제2종 오류를 피하려다가 오히려 제1종 오류를 범할 가능성이 증가하기 때문에 두 오류 유형의 값을 나타내는 가능성 곡선은 그래프의 원점을 향해 배가 불룩한 형태를 보인다.

23 이 악질적인 장사꾼의 사례는 어째서 평범한 사람들의 생각과 달리 소매상이 개인 파산을 선언한 사람들의 명단을 알아내고, 그들에 대한 정보를 추적하고자 그토록 애쓰는지 보여준다. 그런 상황에 처한 사람들은 일반적으로 신용이 불량하기 때문에 그들과 거래하는 데 위험이 따르지만, 그 위험을 감수함으로써 얻는 이익률은 모든 잠재적인 손실을 상쇄할 수 있다. 대다수 소매상이 중요하게 생각하는 것은 개인 파산을 선언한 적이 있는 사람들이 특히 구매 유혹에 취약하고, 수입을 초과해서 지출하는 경향이 있다는 사실이다.

24 See Frederick Schauer, *Profiles, Probabilities, and Stereotypes* (Cambridge: Harvard University Press, 2003), 311-28.

25 See Frederick Schauer and Richard Zeckhauser, "On the Degree of Confidence for Adverse Decisions," *Journal of Legal Studies* 25 (1996): 27-52.

26 신뢰 구축과 관련하여 이베이가 거둔 성공은 상당 부분 그들의 평판 등급 시스템 덕분이다. 이베이는 개별적인 거래가 끝나면 구매자에게 자신이 거래한 판매자에 대해 평가하도록 요청하고, 그 평가를 곧바로 평판 등급 시스템에 반영한다. *The Economics of the Internet and E-Commerce*, ed. M. R. Baye (Amsterdam: Elsevier Science, 2002), 127-57에 소개된 폴 레즈닉 Paul Resnick과 리처드 제크하우저의 "Trust Among Strangers in Internet Transactions: Empirical Analysis of eBay's Reputation System(이방인이 인터넷 거래에서 보여주는 신뢰 : 이베이의 평판 시스템에 대한 경험적 분석)" 참조.

3장

1 Charles Darwin, *The Expression of the Emotions in Man and Animals*, 3rd ed., with commentary by Paul Ekman (New York: Oxford, 1998 [1872]).

2 Mark L. Knapp and Judith A. Hall, *Nonverbal Communication in Human Interaction* (London: Thomson Learning, 2002).

3 Bella M. DePaulo, Deborah A. Kashy, Susan E. Kirkendol, Melissa M. Wyer, and Jennifer A. Epstein, "Lying in Everyday Life," *Journal of Personality and Social Psychology* 70, no. 5 (1996): 979–95.

4 Maureen O'Sullivan, "The Fundamental Attribution Error in Detecting Deception: The Boy-Who-Cried-Wolf Effect," *Personality and Social Psychology Bulletin* 29, no. 10 (2003): 1316–27.

5 Hee Sun Park, Timothy R. Levine, Steven A. McCornack, Kelly Morrison, and Merissa Ferrara, "How People Really Detect Lies," *Communication Monographs* 69, no. 2 (2002): 144–57.

6 Robert S. Feldman, James A. Forrest, and Benjamin R. Happ, "Self Presentation and Verbal Deception: Do Self-Presenters Lie More?" *Basic and Applied Social Psychology* 24, no. 2 (2002): 163–70.

7 Suzanne Hala, Michael Chandler, and Anna S. Fritz, "Fledgling Theories of Mind: Deception as a Marker of Three-Year-Olds' Understanding of False Belief," *Child Development* 62, no. 1 (1991): 83–97.

8 Thomas Suddendorf and Andrew Whiten, "Mental Evolution and Development: Evidence for Secondary Representation in Children, Great Apes, and Other Animals," *Psychological Bulletin* 127, no. 5 (2001): 629–50.

9 Todd K. Shackelford, "Perceptions of Betrayal and the Design of the Mind," in *Evolutionary Social Psychology,* ed. Jeffry A. Simpson and Douglas T. Kenrick (Hillsdale, NJ: Erlbaum, 1997), 73–108.

10 Jeffrey J. Haugaard and N. Dickon Repucci, "Children and the Truth," in *Cognitive and Social Factors in Early Deception,* ed. Stephen J. Ceci, Michelle DeSimone-Leichtman, and Maribeth E. Putnick (Hillsdale, NJ: Earlbaum, 1992).

11 Paul Ekman, *Telling Lies: Clues to Deceit in the Marketplace, Politics, and Marriage,* 3rd ed. (New York: Norton, 2001).

12 Ibid.

13 Mark Curriden, "The Lies Have It," *ABA Journal* 81 (1995): 68–72.

14 Suddendorf and Whiten, "Mental Evolution and Development."

15 Ekman, *Telling Lies.*

16 Park et al., "How People Really Detect Lies."

17 Paul Ekman and Mark G. Frank, "Lies That Fail," in *Lying and Deception in Everyday Life,* ed. Carolyn Saarni and Michael Lewis (New York: Guilford, 1993); John E. Hocking and Dale G. Leathers, "Nonverbal Indicators of Deception: A New Theoretical Perspective," *Communication Monographs* 47, no. 2 (1980): 119–31.

18 Bella M. DePaulo, James J. Lindsay, Brian E. Malone, Laura Muhlenbruck, Kelly Charlton, and Harris Cooper, "Cues to Deception," *Psychological Bulletin* 129, no. 1 (2003): 74–118.

19 Bella M. DePaulo, Julie Stone, and Daniel Lassiter, "Deceiving and Detecting Deceit," in *The Self and Social Life,* ed. Barry R. Schlenker (New York: McGraw-Hill, 1985), 323–70; Paul Ekman, W. V. Friesen, and K. Scherer, "Body Movement and Voice Pitch in Deceptive Interaction," *Semiotica* 16, no. 1 (1976): 23–27.

20 Stephen Porter and John C. Yuille, "Credibility Assessment of Criminal Suspects Through Statement Analysis," *Psychology, Crime & Law* 1, no. 4 (1995): 319–31.

21 Udo Undeutsch, "The Development of Statement Reality Analysis," in *Credibility Assessment,* ed. John C. Yuille (New York: Kluwer Academic / Plenum, 1989).

22 John C. Yuille, *Credibility Assessment* (New York: Kluwer Academic / Plenum, 1989).

23 Miron Zuckerman and Robert E. Driver, "Telling Lies: Verbal and Nonverbal Correlates of Deception," in *Multichannel Integrations of Nonverbal Behavior,* ed. A. W. Siegman and S. Feldstein (Hillsdale, NJ: Erlbaum, 1985).

24 Ekman, *Telling Lies.*

25 Paul Ekman, "Strong Evidence for Universals in Facial Expression: A Reply to Russell's Mistaken Critique," *Psychological Bulletin* 115, no. 2 (1994):

268–87; Paul Ekman, *Emotions Revealed* (New York: Henry Holt, 2003); Nico H. Frijda, *The Emotions* (Cambridge: Cambridge University Press, 1986).

26 Paul Ekman, Robert W. Levenson, and Wallace V. Friesen, "Autonomic Nervous System Activity Distinguishes between Emotions," *Science* 221, no. 4616 (1983): 1208–10; Robert W. Levenson, Paul Ekman, and Wallace V. Friesen, "Emotion and Autonomic Nervous System Activity in the Minangkabau of West Sumatra," *Journal of Personality and Social Psychology* 62, no. 6 (1992): 972–88.

27 Carroll E. Izard, "Innate and Universal Facial Expressions: Evidence from Developmental and Cross-Cultural Research," *Psychological Bulletin* 115, no. 2 (1994): 288–99.

28 Paul Ekman, Wallace V. Friesen, and Maureen O'Sullivan, "Smiles When Lying," *Journal of Personality and Social Psychology* 54, no. 3 (1988): 414–20.

29 Paul Ekman, *Emotions Revealed: Recognizing Faces and Feelings to Improve Emotional Life* (New York: Henry Holt, 2003); Alan J. Fridlund, *Human Facial Expression: An Evolutionary View* (San Diego: Academic Press, 1994); Andrew Ortony and Terence J. Turner, "What's Basic About Basic Emotions?" *Psychological Review* 97, no. 3 (1990): 315–31.

30 Darwin, *The Expression*.

31 Ekman, *Emotions Revealed*.

32 Darwin, *The Expression*.

33 Ekman, "Strong Evidence"; Izard, "Innate and Universal Facial Expressions"; Robert Plutchik, *The Emotions: Facts, Theories, and a New Model* (New York: Random House, 1962).

34 Frijda, *The Emotions*.

35 Ekman, *Emotions Revealed*.

36 Ekman, "Strong Evidence"; Ekman, *Telling Lies*; Paul Ekman, Wallace V. Friesen, Maureen O'Sullivan, Anthony Chan, Irene Diacoyanni-Tarlatzis, Karl Heider, Rainer Krause, William Ayhan LeCompte, Tom Pitcairn, Pio E. Ricci-Bitti, Klaus Scherer, Masatoshi Tomita, and Athanase Tzavaras,

"Universals and Cultural Differences in the Judgments of Facial Expressions of Emotion," *Journal of Personality and Social Psychology* 53, no. 4 (1987): 712–17; Dacher Keltner, "The Signs of Appeasement: Evidence for the Distinct Displays of Embarrassment, Amusement, and Shame," *Journal of Personality and Social Psychology* 68, no. 3 (1995): 441–54; Carroll E. Izard and O. Maurice Haynes, "On the Form and Universality of the Contempt Expression: A Challenge to Ekman and Friesen's Claim of Discovery," *Motivation and Emotion* 12, no. 1 (1988): 1–16; Kenneth M. Prkachin, "The Consistency of Facial Expressions of *Pain*: A Comparison Across Modalities," *Pain* 51, no. 3 (1992): 297–306.

37 Paul Ekman and Wallace V. Friesen, "Felt, False, and Miserable Smiles," *Journal of Nonverbal Behavior* 6, no. 4 (1982): 238–52; Mark G. Frank and Paul Ekman, "Not All Smiles Are Created Equal: The Differences Between Enjoyment and Nonenjoyment Smiles," *Humor: The International Journal for Research in Humor* 6, no. 1 (1993): 9–26.

38 Paul Ekman, Wallace V. Friesen, and Sonia Ancoli, "Facial Signs of Emotional Experience," *Journal of Personality and Social Psychology* 39, no. 6 (1980): 1125–34; Ekman et al., "Autonomic Nervous System Activity"; Robert W. Levenson, Paul Ekman, and Wallace V. Friesen, "Voluntary Facial Action Generates Emotion-Specific Autonomic Nervous System Activity," *Psychophysiology* 27, no. 4 (1990): 363–84; Levenson et al., "Emotion and Autonomic Nervous System Activity."

39 Ekman, *Emotions Revealed*.

40 Adolf Miehlke, *Surgery of the Facial Nerve* (Philadelphia: Saunders, 1973); Ronald E. Myers, "Comparative Neurology of Vocalization and Speech: Proof of a Dichotomy," *Annual Review of the New York Academy of Sciences* 280, no. 1 (1976): 745–57; K. Tschiassny, "Eight Syndromes of Facial Paralysis and their Significance in Locating the Lesion," *Annual Review of Otology, Rhinology, and Laryngology* 62 (1953): 677–91.

41 Alf Brodal, *Neurological Anatomy: In Relation to Clinical Medicine* (New York: Oxford University Press, 1981); L. J. Karnosh, "Amimia or Emotional

Paralysis of the Face," *Diseases of the Nervous System* 6 (1945): 106 – 8.

42 William DeMyer, *Technique of the Neurological Examination* (New York: McGraw-Hill, 1980).

43 Ekman and Friesen, "Felt, False, and Miserable Smiles"; William E. Rinn, "The Neuropsychology of Facial Expression: A Review of the Neurological and Psychological Mechanisms for Producing Facial Expressions," *Psychological Bulletin* 95, no. 8B (1984): 52 – 77.

44 Guillaume B. Duchenne, *The Mechanism of Human Facial Expression or an Electro-Physiological Analysis of the Expression of the Emotions,* trans. A. Cuthbertson (New York: Cambridge University Press, 1990 [1862]).

45 Ekman and Friesen, "Felt, False, and Miserable Smiles."

46 Ibid.

47 눈가 주름은 은은한 미소를 동반할 때 즐거움을 나타내는 신뢰할 만한 지표가 된다. 그렇지만 과장된 미소를 지으면서 즐거움을 가장할 때도 볼 근육이 움직여서 눈가에 주름이 생길 수 있다. 기술적으로 정확한 것은 아니지만, 간단명료함을 추구하는 차원에서 눈가에 주름이 생기는 경우 무조건 즐거움에서 비롯된 미소로 간주한다.

48 Mark G. Frank, "Getting to Know Your Patient: How Facial Expression Reveals True Emotion," in *The Clinical Application of Facial Measurement: Methods and Meanings,* ed. Mary Katsikitis (Dordrecht: Kluwer, 2003); Frank and Ekman, "Not All Smiles Are Created Equal."

49 Mark G. Frank, Paul Ekman, and Wallace V. Friesen, "Behavioral Markers and Recognizability of the Smile of Enjoyment," *Journal of Personality and Social Psychology* 64, no. 1 (1993): 83 – 93.

50 Ekman et al., "Smiles When Lying."

51 Paul Ekman, Richard J. Davidson, and Wallace V. Friesen, "The Duchenne Smile: Emotional Expression and Brain Physiology II," *Journal of Personality and Social Psychology* 58, no. 2 (1990): 342 – 53.

52 Nathan A. Fox and Richard J. Davidson, "Patterns of Brain Electrical Activity During Facial Signs of Emotion in 10 – Month-Old Infants," *Developmental Psychology* 24, no. 2 (1988): 230 – 36.

53 Daniel S. Messinger, Alan Fogel, and K. Laurie Dickson, "All Smiles Are Positive, But Some Smiles Are More Positive than Others," *Developmental Psychology* 37, no. 5 (2001): 642–53.

54 Klaus R. Scherer and Grazia Ceschi, "Criteria for Emotion Recognition from Verbal and Nonverbal Expression: Studying Baggage Loss in the Airport," *Personality and Social Psychology Bulletin* 26, no. 3 (2000): 327–39.

55 Veikko Surakka and Jari K. Hietanen, "Facial and Emotional Reactions to Duchenne and non-Duchenne Smiles," *International Journal of Psychophysiology* 29, no. 1 (1998): 23–33.

56 Klaus Schneider, "Achievement-Related Emotions in Preschoolers," in *Motivation, Intention, and Volition,* ed. F. Halisch and J. Kuhl (Springer: Berlin, 1987).

57 Willibald Ruch, "Exhilaration and Humor," in *The Handbook of Emotion,* ed. M. Lewis and J. M. Haviland (New York: Guilford Publications, 1993).

58 George A. Bonanno and Dacher Keltner, "Facial Expressions of Emotion and the Course of Conjugal Bereavement," *Journal of Abnormal Psychology* 106, no. 1 (1997): 126–37.

59 Daphne B. Bugental, Jay Blue, and Jeffrey Lewis, "Caregiver Cognitions as Moderators of Affective Reactions to 'Difficult' Children," *Developmental Psychology* 26, no. 4 (1990): 631–38.

60 Howard Berenbaum and Thomas F. Oltmanns, "Emotional Experience and Expression in Schizophrenia and Depression," *Journal of Abnormal Psychology* 101, no. 1 (1992): 37–44; Mary Katsikitis and Issy A. Pilowsky, "A Controlled Quantitative Study of Facial Expression in Parkinson's Disease and Depression," *Journal of Nervous and Mental Disease,* 179, no. 11 (1991): 683–88.

61 Rainer Krause, Evelyne Steimer, Cornelia Sanger-Alt, and Gonter Wagner, "Facial Expressions of Schizophrenic Patients and Their Interaction Partners," *Psychiatry* 52, no. 1 (1989): 1–12.

62 F. Steiner, "Differentiating Smiles," in *FACS in Psychotherapy Research,* ed.

E. Branniger-Huber and F. Steiner (Zurich: Department of Clinical Psychology, Universitat Zurich, 1986).

63 Paul Ekman, David Matsumoto, and Wallace V. Friesen, "Facial Expression and Affective Disorders," in *What the Face Reveals: Basic and Applied Studies of Spontaneous Expression using the Facial Action Coding System (FACS)*, ed. Paul Ekman and Erika L. Rosenberg (New York: Oxford University Press, 1997).

64 Harold A. Sackheim, Ruben C. Gur, and M. C. Saucy, "Emotions Are Expressed More Intensely on the Left Side of the Face," *Science* 202, no. 4366 (1978): 434–36; Martin Skinner and Brian Mullen, "Facial Asymmetry in Emotional Expression: A Meta-Analysis of Research," *British Journal of Social Psychology* 30, no. 2 (1991): 113–24; but see also Paul Ekman, Gowen Roper, and Joseph C. Hager, "Deliberate Facial Movement," *Child Development* 51, no. 3 (1980): 886–91.

65 Paul Ekman, Joseph C. Hager, and Wallace V. Friesen, "The Symmetry of Emotional and Deliberate Facial Actions," *Psychophysiology* 18, no. 2 (1981): 101–6.

66 Alf Brodal, *Neurological Anatomy: In Relation to Clinical Medicine* (New York: Oxford University Press, 1981).

67 Frank, "Getting to Know Your Patient."

68 Friedbert Weiss, Gerald S. Blum, and Lisa Gleberman, "Anatomically Based Measurements of Facial Expressions in Simulated Versus Hypnotically Induced Affect," *Motivation and Emotion* 11, no. 1 (1987): 67–81.

69 Daphne B. Bugental, "Unmasking the 'Polite Smile': Situational and Personal Determinants of Managed Affect in Adult-Child Interaction," *Personality and Social Psychology Bulletin* 12, no. 1 (1986): 7–16.

70 Mark G. Frank, Paul Ekman, and Wallace V. Friesen, "Behavioral Markers and Recognizability of the Smile of Enjoyment," *Journal of Personality and Social Psychology* 64, no. 1 (1993): 83–93.

71 Kathryn L. Schmidt, Jeffrey F. Cohn, and Yingli Tian, "Signal Characteristics of Spontaneous Facial Expressions: Automatic Movement in Solitary and Social Smiles," *Biological Psychology* 65, no. 1 (2003): 49–66.

72 Ursula Hess and Robert E. Kleck, "Differentiating Emotion Elicited and Deliberate Emotional Facial Expressions," *European Journal of Social Psychology* 20, no. 5 (1990): 369–85; Ursula Hess, Arvid Kappas, Gregory J. McHugo, Robert E. Kleck, and John T. Lanzetta, "An Analysis of the Encoding and Decoding of Spontaneous and Posed Smiles: The Use of Facial Electromyography," *Journal of Nonverbal Behavior* 13, no. 2 (1989): 121–37.

73 Hess and Kleck, "Differentiating Emotion."

74 Frank et al., "Behavioral Markers."

75 Ekman, *Telling Lies.*

76 Paul Ekman, Gowen Roper, and Joseph Hager, "Deliberate Facial Movement," *Child Development* 51, no. 3 (1980): 886–91.

77 Ekman and Friesen, "Felt, False, and Miserable Smiles"; Frank et al., "Behavioral Markers"; Frank and Ekman, "Not All Smiles Are Created Equal," 9–26; Frank, "Getting to Know Your Patient"; Schmidt et al., "Signal Characteristics."

78 Ekman, *Telling Lies*; Ekman et al., *Face, Voice, and Body*; Mark G. Frank and Paul Ekman, "The Ability to Detect Deceit Generalizes across Different Types of High Stake Lies," *Journal of Personality and Social Psychology* 72, no. 6 (1997): 1429–39.

79 Ekman, *Telling Lies.*

80 Frank and Ekman, "Ability to Detect Deceit."

81 Ekman, *Telling Lies*; Ekman et al., "Smiles When Lying."

82 Frank and Ekman, *The Ability to Detect Deceit*; Mark G. Frank and Paul Ekman, "Appearing Truthful Generalizes Across Different Deception Situations," *Journal of Personality and Social Psychology* 86, no. 3 (2004): 486–95.

83 Klaus R. Scherer and Harald G. Wallbott, "Evidence for Universality and Cultural Variation of Differential Emotion Response Patterning," *Journal of*

Personality and Social Psychology 66, no. 2 (1994): 310–28.

84 Lynn A. Streeter, Robert M. Krauss, Valerie Geller, Christopher Olson, and William Apple, "Pitch Changes During Attempted Deception," *Journal of Personality and Social Psychology* 35, no. 5 (1977): 345–50.

85 Klaus Scherer, "On the Nature and Function of Emotions: A Component Process Approach," in *Approaches to Emotion,* ed. Klaus Scherer and Paul Ekman (Hillsdale, NJ: Erlbaum, 1984).

86 See a review by Knapp and Hall, *Nonverbal Communication.*

87 Paul Ekman and Wallace V. Friesen, "Nonverbal Leakage and Clues to Deception," *Psychiatry* 32, no. 1 (1969): 88–105.

88 Paul Ekman and Wallace V. Friesen, "Detecting Deception from the Body or Face," *Journal of Personality and Social Psychology* 29, no. 3 (1974): 288–98.

89 Ekman, *Telling Lies.*

90 Fred E. Inbau, John E. Reid, and Joseph P. Buckley, *Criminal Interrogation and Confessions* (Baltimore, MD: Williams and Wilkins, 1986).

91 DePaulo et al., "Cues to Deception."

92 Ekman, *Telling Lies.*

93 Ekman and Friesen, "Detecting Deception"; Aldert Vrij, Lucy Akehurst, and Paul M. Morris, "Individual Differences in Hand Movements During Deception," *Journal of Nonverbal Behavior* 21, no. 6 (1997): 87–102.

94 Robert M. Krauss, "Why Do We Gesture When We Speak?" *Current Directions in Psychological Science* 7, no. 2 (1998): 54–60.

95 Ekman, *Telling Lies.*

96 Stan B. Walters, *Principles of the Kinesic Interview* (Boca Raton, FL: CRC Press, 1998).

97 DePaulo et al., "Cues to Deception."

98 DePaulo et al., "Deceiving and Detecting Deceit."

99 Reviewed in Frank, "Getting to Know Your Patient."

100 Aldert Vrij, Katherine Edward, and Ray Bull, "Police Officers' Ability to Detect Deceit: The Benefit of Indirect Deception Detection Measures,"

Legal and Criminological Psychology 6, no. 2 (2001): 185–96.

101 Ekman, *Telling Lies.*

102 Ibid.

103 DePaulo et al., *Deceiving and Detecting Deceit*; M. Zuckerman, Bella M. DePaulo, and Robert Rosenthal, "Verbal and Nonverbal Communication of Deception," in *Advances in Experimental Social Psychology,* vol. 14, ed. Miron Zuckerman, Bella M. DePaulo, and Robert Rosenthal (San Diego, CA: Academic Press, 1981).

104 Mark G. Frank, John D. Yarbrough, and Paul Ekman, "Improving Interpersonal Evaluations: Combining Science and Practical Experience," in *Investigative Interviewing: Rights, Research, Regulation* (Portland, OR: Willan, 2006).

105 Bella M. DePaulo and Roger L. Pfeifer, "On-the-Job Experience and Skill at Detecting Deception," *Journal of Applied Social Psychology* 16 (1986): 249–67; Paul Ekman and Maureen O'Sullivan, "Who Can Catch a Liar?" *American Psychologist* 46, no. 9 (1991): 913–20; Paul Ekman, Maureen O'Sullivan, and Mark G. Frank, "A Few Can Catch a Liar," *Psychological Science* 10, no. 3 (1999): 263–66; Robert E. Kraut and Donald Poe, "Behavioral Roots of Person Perception: The Deception Judgments of Customs Inspectors and Laymen," *Journal of Personality and Social Psychology* 39, no. 5 (1980): 784–98.

106 Frank et al., "Improving Interpersonal Evaluations."

107 Christian A. Meissner and Saul M. Kassin, " 'He's Guilty!': Investigator Bias in Judgments of Truth and Deception," *Law and Human Behavior* 26, no. 5 (2002): 469–80.

4장

1 Gideons International, *The Holy Bible* (Nashville, TN: Gideons International, 1985).

2 Charles F. Bond, Jr., and Bella M. DePaulo, "Accuracy of Deception

Judgments," *Personality and Social Psychology Review* 10, no. 3 (2006): 214–34.

3 성경 속 이야기는 여자가 남자보다 쉽게 속는다는 사실을 암시하지만, 남자가 여자보다 거짓말을 잘 간파한다는 연구 결과는 아무 데도 없다.

4 John Strausbaugh, "When Barnum Took Manhattan," *New York Times* (November 9, 2007), E-31.

5 Edward Munnich (personal communication, September 17, 2007).

6 William I. Miller, *Faking It* (Cambridge: Cambridge University Press, 2003).

7 애덤 필립스Adam Phillips의 *On Flirtation* (Cambridge, MA: Harvard University Press, 1994) 참조. 그 밖에 남녀의 수작이나 속임수, 자기기만의 역할에 관한 연구 결과들은 모린 오설리번의 *Mating Intelligence: Sex, Relationships, and the Mind's Reproductive System*, ed. Glenn Geher and Geoffrey Miller (New York: Erlbaum, 2008)에서 "Deception and Self-Deception as Strategies in Short and Long-Term Mating(짧거나 긴 짝짓기 전략에서 속임수와 자기기만)"을 참조하자.

8 로맨틱한 사랑에 대한 인지의 형성 과정을 다룬 이론적인 분석은 로버트 솔로몬의 *About Love: Reinventing Romance for Our Time* (New York: Simon & Schuster, 1988)에서 찾을 수 있다. 시대와 문화에 따른 로맨틱한 사랑의 다양한 생각을 관찰한 경험적인 연구에는 수잔 스프레처Susan Sprecher와 아서 아론Arthur Aron, 일레인 해트필드Elaine Hatfield, 앤서니 코르테스Anthony Cortese, 엘레나 포타포바Elena Potapova, 애나 레비츠카야Anna Levitskaya가 공동 집필한 *Personal Relationships* 1 (1994): 349–69의 "Love: American Style, Russian Style, and Japanese Style", 수잔 스프레처와 샌드라 메츠Sandra Metts가 공동 집필한 "Romantic Beliefs: Their Influence on Relationships and Patterns of Change over Time," *Journal of Social and Personal Relationships* 6 (1999): 387–411 등이 있다.

9 F. Scott Fitzgerald, "The Crack-Up," *Esquire* 5 (February 1936).

10 David Dunning, Chip Heath, and Jerry M. Suls, "Flawed Self-Assessment: Implications for Health, Education, and the Workplace," *Psychological Science in the Public Interest* 5 (2004): 69–106; Brent W. Pelham, Mauricio M. Carvallo, and Andrew J. T. Jones, "Implicit Egotism," *Current*

Directions in Psychological Science 14 (2005): 106 – 9.

11 Geoffrey Miller (personal communication, January 30, 2006).

12 Paul Ekman, Wallace V. Friesen, Maureen O'Sullivan, and Klaus R. Scherer, "Relative Importance of Face, Body and Speech in Judgments of Personality and Affect," *Journal of Personality and Social Psychology* 38, no. 2 (1980): 270 – 77; Maureen O'Sullivan, Paul Ekman, Wallace V. Friesen, and Klaus R. Scherer, "What You Say and How You Say It: The Contribution of Speech Content and Voice Quality to Judgments of Others," *Journal of Personality and Social Psychology* 48, no. 1 (1985): 54 – 62.

13 Bella M. DePaulo and B. M. May, "Deceiving and Detecting Deceit: Insights and Oversights from the First Several Hundred Studies" (address to the American Psychological Society, Washington, DC, 1998); Samantha Mann and Albert Vrij, "Police Officers' Judgments of Veracity, Tenseness, Cognitive Load and Attempted Behavioral Control in Real-Life Police Interviews," *Psychology, Crime and Law* 12, no. 3 (2006): 307 – 19.

14 Richard Byrne and Andrew Whiten, eds., *Machiavellian Intelligence: Social Expertise and the Evolution of Intellect in Monkeys, Apes, and Humans* (Oxford, UK: Oxford University Press, 1988). See also Carl Bergstrom's chapter in this volume.

15 Ziva Kunda, "The Case for Motivated Reasoning," *Psychological Bulletin* 108, no. 3 (1990): 480 – 98; Douglas S. Krull and Darin J. Erickson, "Judging Situations: On the Effortful Process of Taking Dispositional Information into Account," *Social Cognition* 13, no. 4 (1995): 417 – 38.

16 Daniel Kahneman won the Nobel Prize in 2002 for the application of his work on judgment uncertainty to economic decisions. A representative publication is Amos Tversky and Daniel Kahneman, "Judgment under Uncertainty: Heuristics and Biases," *Science* 185 (1974): 1124 – 31.

17 Jennifer Steinhauer, Cheryl Camp, and Alain Delaqueriere, "Posing as Family, Sex Offenders Stun Schools and the Neighbors," *New York Times* (February 1, 2007), 1.

18 Hee Sun Park and Timothy R. Levine, "A Probability Model of Accuracy in Deception Detection Experiments," *Communication Monographs* 68 (2001): 201 – 10. The study testing this model is described in Timothy R. Levine, Rachel K. Kim, Hee Sun Park, and Mikayla Hughes, "Deception Detection Accuracy Is a Predictable Linear Function of Message Veracity Base-Rate: A Formal Test of Park and Levine's Probability Model," *Communication Monographs* 73 (2006): 243 – 60.

19 이노센스프로젝트는 일반적으로 DNA 증거 하나 때문에 유죄 선고를 받은 범죄자의 결백을 입증하는 데 집중하는 합법적인 활동이다. 폴 에크먼은 속임수와 관련된 편견을 밝히고 거짓말을 간파하기 위한 연구 프로그램을 진행하고 있으며, *Telling Lies: Clues to Deceit in the Marketplace, Politics, and Marriage*, 3rd ed. (New York: Norton, 2001)에서 관련 정보를 확인할 수 있다. 훈련과 교육 덕분에 많은 미국 수사관들이 속임수에 대한 편견을 상당 부분 버렸지만, 학자들은 여전히 '수사관의 반응 편견'이라고 꼬리표를 붙인 현상에 주목하고 있다. 수사관의 반응 편견이란 상대가 속임수를 쓸 거라고 전제하고 심문에 임하는 수사관들의 경향을 일컫는 말이다. 그럼에도 속임수에 대한 편견과 관련된 이 새로운 꼬리표는 단지 수사관들에게 적용된다. Christian A. Meissner, Saul M. Kassin, "'He's Guilty!' : Investigator Bias in Judgments of Truth and Deception," *Law and Human Behavior* 26, no. 5 (2002): 469 – 80 참조.

20 전문 치료사와 비전문 치료사가 정보를 접했을 때 보이는 반응과 관련된 예는 Thomas Anstadt, Joerg Merten, Burkhard Ullrich, Rainier Krause, "Affective Dyadic Behavior, Core Conflict Relationship Themes, and Success of Treatment," *Psychotherapy Research* 7, no. 4 (1997): 397 – 417에서 찾을 수 있다. 같은 경찰이라도 거짓말을 간파하는 정확성은 집단별로 차이를 보이며, 이와 관련된 정보는 모린 오설리번의 'Home Runs and Humbugs: A Comment on Bond and DePaulo(2008)," *Psychological Bulletin* 134, no. 4 (2008), 493 – 97에서 확인할 수 있다.

21 Lee Ross and Richard Nisbett, *The Person and the Situation: Perspectives of Social Psychology* (New York: McGraw-Hill, 1991); Emily Pronin, Daniel Y. Lin, and Lee Ross, "The Bias Blind Spot: Perceptions of Bias in Self versus

Others," *Personality and Social Psychology Bulletin* 28, no. 3 (2002): 369–81; Vincent Y. Yzerbyt, Olivier Corneille, Muriel Dumont, and Kirsten Hahn, "The Dispositional Inference Strikes Back: Situational Focus and Dispositional Suppression in Causal Attribution," *Journal of Personality and Social Psychology* 81, no. 3 (2001): 365–76.

22 Maureen O'Sullivan, "The Fundamental Attribution Error in Detecting Deceit The Boy-Who-Cried-Wolf Effect," *Personality and Social Psychology Bulletin* 29, no. 10 (2003): 1316–27.

23 Miron Zuckerman, Richard Koestner, Michelle J. Colella, and Audrey O. Alton, "Anchoring in the Detection of Deception and Leakage," *Journal of Personality and Social Psychology* 47, no. 2 (1984): 301–11; Maureen O'Sullivan, Paul Ekman, and Wallace V. Friesen, "The Effect of Comparisons on Detecting Deceit," *Journal of Nonverbal Behavior* 12, no. 3 (1988): 203–15.

24 Susan T. Fiske, "Thinking Is for Doing: Portraits of Social Cognition from Daguerreotype to Laser Photo," *Journal of Personality and Social Psychology* 63, no. 6 (1992): 877–89.

25 Paul Ekman, Wallace V. Friesen, and Maureen O'Sullivan, "Smiles When Lying," *Journal of Personality and Social Psychology* 54, no. 3 (1988): 414–20; Mark G. Frank, Paul Ekman, and William V. Friesen, "Behavioral Markers and Recognizability of the Smile of Enjoyment," *Journal of Personality and Social Psychology* 64 (1993): 83–93; David Matsumoto and Bob Willingham, "The Thrill of Victory and the Agony of Defeat: Spontaneous Expressions of Medal Winners at the 2004 Athens Olympic Games," *Journal of Personality and Social Psychology* 91 (2006): 568–81.

26 Paul Ekman, *Emotions Revealed: Recognizing Faces and Feelings to Improve Emotional Life* (New York: Henry Holt, 2003).

27 Robert J. Sternberg, ed., *Handbook of Intelligence* (Cambridge: Cambridge University Press, 2000); Maureen O'Sullivan, "Emotional Intelligence and Detecting Deception: Why Most People Can't 'Read' Others, but a Few Can," in *Applications of Nonverbal Communication,* ed. Ronald E. Riggio and Robert S. Feldman (Mahwah, NJ: Erlbaum, 2005).

28 Maureen O'Sullivan and Paul Ekman, "The Wizards of Deception Detection," in *The Detection of Deception in Forensic Contexts,* ed. Pär Anders Granhag and Leif A. Strömwall (Cambridge: Cambridge University Press, 2004).

29 Paul Ekman and Maureen O'Sullivan, "Who Can Catch a Liar?" *American Psychologist* 46, no. 9 (1991): 913–20; Paul Ekman, Maureen O'Sullivan, and Mark G. Frank, "A Few Can Catch a Liar," *Psychological Science* 10, no. 3 (1999): 263–66.

30 Herbert A. Simon and William G. Chase, "Skill in Chess," *American Scientist* 61, no. 4 (1973): 394–403.

31 K. Anders Ericsson, "The Acquisition of Expert Performance: An Introduction to Some of the Issues," *The Road to Excellence: The Acquisition of Expert Performance in the Arts and Sciences, Sports, and Games* (Mahwah, NJ: Erlbaum, 1996).

32 Maureen O'Sullivan, "Unicorns or Tiger Woods? Are Expert Lie Detectors Myths or Rarities? A Response to: 'On Lie Detection Wizards' by Bond and Uysal," *Law and Human Behavior* 30, no. 1 (2007): 117–23.

5장

이 글과 관련하여 구겐하임 연구원과 어도비시스템즈, 마이크로소프트가 자료를 제공했다. 미 공군의 승인(FA875006–C–0011)과 법무지원국Bureau of Justice Assistance 의 승인(2005–DD–BX–1091), 국토안보부의 심의(2006–CS–001–000001)를 받았고, 다트머스대학의 보안기술연구소에서 지원을 받았다. 이 장에서 제공하는 관점과 의견은 저자의 개인적인 관점과 의견일 뿐, 미국 법무부나 국토안보부, 그 밖에 다른 단체의 공식적인 입장이 아님을 밝힌다.

1 Micah K. Johnson and Hany Farid, "Exposing Digital Forgeries by Detecting Inconsistencies in Lighting," in *Proceedings of the 7th Workshop on Multimedia and Security,* ed. Ahmet M. Eskicioglu, Jessica J. Fridrich, and Jana Dittmann (New York: ACM Press, 2005).

2 Micah K. Johnson and Hany Farid, "Exposing Digital Forgeries through Specular Highlights on the Eye," in *Proceedings* (9th International Workshop on Information Hiding, Saint Malo, France, June 11–13, 2007).

3 Ko Nishino and Shree K. Nayar, "The World in an Eye," in *Proceedings* (2004 IEEE Computer Society Conference on Computer Vision and Pattern Recognition, Washington, DC, June 27–July 2, 2004).

4 Alin Popescu and Hany Farid, "Exposing Digital Forgeries by Detecting Duplicated Image Regions" (technical report, Department of Computer Science, Dartmouth College, TR2004–515, 2004).

5 Jessica Fridrich, David Soukal, and Jan Lukas, "Detection of Copy-Move Forgery in Digital Images," in *Proceedings* (Digital Forensic Research Workshop, Cleveland, Ohio, 2003).

6 Woo Suk Hwang et al., "Evidence of a Pluripotent Human Embryonic Stem Cell Line Derived from a Cloned Blastocyst," *Science* 303, no. 5664 (2004): 1669–74.

7 Donald Kennedy, Editorial Retraction, *Science* 211, no. 5759 (2006): 335.

8 Helen Pearson, "Image Manipulation: CSI: Cell Biology" *Nature* 434 (2005): 952–53.

9 Alin Popescu and Hany Farid, "Exposing Digital Forgeries in Color Filter Array Interpolated Images," *IEEE Transactions on Signal Processing* 53, no. 10 (2005): 3948–59.

10 Hany Farid, "Digital Image Ballistics from JPEG Quantization" (technical report, Department of Computer Science, Dartmouth College, TR2006–583, 2006).

11 Jan Lukas, Jessica Fridrich, and Miroslav Goljan, "Digital Camera Identification from Sensor Noise," *IEEE Transactions on Information Security and Forensics* 1, no. 2 (2006): 205–14; Jan Lukas, Jessica Fridrich, and Miroslav Goljan, "Detecting Digital Image Forgeries Using Sensor Pattern Noise," in *Proceedings* (SPIE Electronic Imaging, Photonics West, San Jose, California, January 2006).

12 Hany Farid and Mary J. Bravo, "Photorealistic Rendering: How Realistic Is It?" (presented at Vision Sciences, Sarasota, Florida, 2007).

13 Siwei Lyu and Hany Farid, "How Realistic Is Photorealistic?" *IEEE Transactions on Signal Processing* 53, no. 2 (2005): 845 – 50.

14 Maryanne Garry and Kimberly Wade, "Actually, a Picture Is Worth Less than 45 Words: Narratives Produce More False Memories than Photographs," *Psychonomic Bulletin and Review* 12 (2005): 359 – 66; Dario Sacchi, Franca Agnoli, and Elizabeth Loftus, "Doctored Photos and Memory for Public Events," *Applied Cognitive Psychology* 21 (2007): 1005 – 22; Kimberly Wade, Maryanne Garry, J. Don Read, and D. Stephen Lindsay, "A Picture Is Worth a Thousand Lies," *Psychonomic Bulletin and Review* 9 (2002): 597 – 603.

15 Wade et al., "A Picture Is Worth a Thousand Lies."

16 Garry and Wade, "Actually, a Picture Is Worth Less than 45 Words."

17 Sacchi, Agnoli, and Loftus, "Doctored Photos and Memory for Public Events."

6장

1 Patricia Wallace, *The Psychology of the Internet* (Cambridge: Cambridge University Press, 1999).

2 John W. Thibaut and Harold H. Kelly, *The Social Psychology of Groups* (New York: Wiley, 1959).

3 Fred B. Schneider, *Trust in Cyberspace* (Washington, DC: National Academy Press, 1999).

4 Herbert H. Clark and Susan E. Brennan, "Grounding in Communication," in *Perspectives on Socially Shared Cognition,* ed. Lauren B. Resnick, John M. Levine, and Stephanie D. Teasley (Washington, DC: American Psychological Association, 1991).

5 Federal Trade Commission, "Prepared Statement of the Federal Trade Commission on 'Unsolicited Commercial Email' " (presented to the U.S. Senate Committee on Commerce, Science and Transportation, 2003).

6 Markus Jakobsson, "The Human Factor in Phishing," *Privacy and Security*

of Consumer Information (2007), www.informatics.indiana.edu/markus/pa
pers/aci.pdf(accessed January 23, 2008).

7 Daniel E. Slotnik, "Too Few Friends? A Web Site Lets You Buy Some (and
They're Hot)," *New York Times* (February 26, 2007), www.nytimescom/2007/02
/26/technology/26fake.html.

8 Jeffrey T. Hancock, "Digital Deception: When, Where, and How People Lie
Online," in *Oxford Handbook of Internet Psychology* (Oxford: Oxford
University Press, 2007).

9 John A. Bargh, Katelyn Y. A. McKenna, and Grainne M. Fitzsimons, "Can
You See the Real Me? The Activation and Expression of the 'True Self' on
the Internet," *Journal of Social Issues* 58 (2002): 33–48; Joshua Berman and
Amy Bruckman, "The Turing Game: Exploring Identity in an Online
Environment," *Convergence* 7 (2001): 83–102; Joseph B. Walther and
Malcolm R. Parks, "Cues Filtered Out, Cues Filtered In: Computer-Mediated
Communication and Relationships," in *Handbook of Interpersonal
Communication*, 3rd ed. (Thousand Oaks, CA: Sage, 2002).

10 Sherry Turkle, *Life on the Screen: Identity in the Age of the Internet* (New
York: Simon & Schuster, 1995).

11 Judith S. Donath, "Identity and Deception in the Virtual Community," in
Communities in Cyberspace (New York: Routledge, 1998).

12 Amotz Zahavi, "The Fallacy of Conventional Signaling," *The Royal Society
Philosophical Transaction* 340 (1993): 227–30.

13 Walther and Parks, "Cues Filtered Out, Cues Filtered In."

14 Donath, "Identity and Deception in the Virtual Community."

15 Berman and Bruckman, "The Turing Game"; Susan C. Herring and Anna
Martinson, "Assessing Gender Authenticity in Computer-Mediated
Language Use: Evidence from an Identity Game," *Journal of Language
and Social Psychology* 23 (2004): 424–46; Turkle, *Life on the Screen.*

16 Jeffrey T. Hancock, Catalina Toma, and Nicole Ellison, "The Truth about
Lying in Online Dating Profiles," in *Proceedings of the ACM CHI 2007
Conference on Human Factors in Computing Systems* (New York: ACM Press,

2007), 449 – 52.

17 Ralph Keyes, *The Post-Truth Era: Dishonesty and Deception in Contemporary Life* (New York: St. Martin's, 2004), 198.

18 Bella M. DePaulo, James J. Lindsay, Brian E. Malone, Laura Muhlenbruck, Kelly Charlton, and Harris Cooper, "Cues to Deception," *Psychological Bulletin* 129 (2003): 74 – 118.

19 Jeffrey T. Hancock, Michael Woodworth, and Saurabh Goorha, "See No Evil: The Effect of Communication Medium and Motivation on Deception Detection," *Group Decision and Negotiation* (in press).

20 For a more complete treatment on what factors are important in deception detection in mediated communication, see John R. Carlson, Joey F. George, Judee K. Burgoon, Mark Adkins, and Cindy H. White, "Deception in Computer-Mediated Communication," *Group Decision and Negotiation* 13 (2004): 5 – 28.

21 Adam N. Joinson and Carina B. Paine, "Self-Disclosure, Privacy, and the Internet," in *Oxford Handbook of Internet Psychology,* ed. Adam Joinson, Katelyn McKenna, Tom Postmes, and Ulf-Dietrich Reips (Oxford: Oxford University Press, 2007).

22 Nora C. Schaeffer, "Asking Questions about Threatening Topics: A Selective Overview," in *The Science of Self-Report: Implications for Research and Practice* (Mahwah, NJ: Erlbaum, 2000).

23 Wallace, *The Psychology of the Internet.*

24 Thibaut and Kelly, *The Social Psychology of Groups.*

25 Bargh et al., "Can You See the Real Me?"

26 Adam N. Joinson, "Self-Disclosure in Computer-Mediated Communication: The Role of Self-Awareness and Visual Anonymity," *European Journal of Social Psychology* 23 (2001): 177 – 92.

27 Herbert H. Clark, *Using Language* (Cambridge: Cambridge University Press, 1996).

28 Jeffrey T. Hancock, Jennifer Thom-Santelli, and Thompson Ritchie, "Deception and Design: The Impact of Communication Technologies on

Lying Behavior," *Proceedings of Conference on Computer-Human Interaction* 6 (New York: ACM Press, 2004), 130–36; Jeffrey T. Hancock, Jennifer Thom-Santelli, and Thompson Ritchie, "What Lies Beneath: The Effect of the Communication Medium on the Production of Deception" (presented at the annual meeting of the Society for Text and Discourse, Chicago, 2004).

29 Bella M. DePaulo, Susan E. Kirkendol, Deborah A. Kashy, Melissa M. Wyer, and Jennifer A. Epstein, "Lying in Everyday Life," *Journal of Personality and Social Psychology* 70, no. 5 (1996): 979–95.

30 Tom Postmes, Russell Spears, and Martin Lea, "The Formation of Group Norms in Computer-Mediated Communication," *Human Communication Research* 26 (2000): 341–71.

31 Clark, *Using Language*.

32 Adam N. Joinson and Beth Dietz-Uhler, "Explanations for the Perpetration of and Reactions to Deception in a Virtual Community," *Isocial Science Computer Review* 20, no. 3 (2002): 275–89.

33 Avner Caspi and Paul Gorsky, "Online Deception: Prevalence, Motivation, and Emotion," *Cyberpsychology and Behavior* 9 (2006): article 1.

34 Nicole Ellison, Rebecca Heino, and Jennifer Gibbs, "Managing Impressions Online: Self-Presentation Processes in the Online Dating Environment," *Journal of Computer-Mediated Communication* 11 (2006): article 2, http://jcmc.indiana.edu/vol11/issue2/ellison.html (accessed September 2, 2006).

35 Hancock, Thom-Santelli, and Ritchie, "Deception and Design" and "What Lies Beneath."

36 Hancock, Toma, and Ellison, "The Truth about Lying."

37 Kimberly J. Mitchell, David Finkelhor, and Janis Wolak, "Risk Factors and Impact of Online Solicitation of Youth," *Journal of the American Medical Association* 285 (2001): 3011–14.

38 Jonathan Knight, "The Truth about Lying," *Nature* 428 (2004): 692–94.

7장

1 George Cybenko, Annarita Giani, and Paul Thompson, "Cognitive Hacking: A Battle for the Mind," *IEEE Computer* 35, no. 8 (2002): 50 – 56.

2 Peter Sayer, "Clever Fake of WTO Web Site Harvests E-mail Addresses," *NetworkWorldFusion* (October 31, 2001), www.networkworld.com/news/2001/1031wto.html (accessed January 31,2008).

3 Markus Jakobsson and Steven Myers, eds., *Phishing and Countermeasures: Understanding the Increasing Problem of Electronic Identity Theft* (Hoboken, NJ: Wiley, 2007), 1.

4 Bill Mann, "Emulex Fraud Hurts All," *The Motley Fool* (August 28, 2000), www.fool.com/news/foolplate/2000/foolplate000828.htm (accessed January 31, 2008).

5 Cybenko et al., "Cognitive Hacking."

6 Brian Krebs, "E-Mail Scam Sought to Defraud PayPal Customers," *Newsbytes* (December 19, 2001), www.mail-archive.com/cybercrime-alerts@topica.com/msg00613.html (accessed January 31, 2008); James E. Combs and Dan Nimmo, *The New Propaganda: The Dictatorship of Palaver in Contemporary Politics* (New York: Longman, 1993).

7 Dorothy Denning, *Information Warfare and Security* (Reading, MA: Addison-Wesley, 1999).

8 Lina Zhou, Douglas P. Twitchell, Tiantian Qin, Judee K. Burgoon, and Jay F. Nunamaker, "An Exploratory Study into Deception in Text-Based Computer-Mediated Communications," *Proceedings* (36th Hawaii International Conference on Systems Sciences, Big Island, Hawaii, January 6– 9, 2003).

9 네트워크정보연합은 '학술적인 커뮤니케이션의 발전과 지식의 생산성 향상을 위한 네트워크 정보 기술의 변화를 지원하는 조직'이다. www.cni.org 참조 (2008년 2월 1일 접속).

10 Clifford Lynch, "When Documents Deceive: Trust and Provenance as New Factors for Information Retrieval in a Tangled Web," *Journal of the American Society for Information Science and Technology* 52, no. 1 (2001): 12–17.

11 Frederick Mosteller and David L. Wallace, *Inference and Disputed Authorship: The Federalist* (Reading, MA: Addison-Wesley, 1964).

12 Douglas Biber, *Dimensions of Register Variation: A Cross-Linguistic Comparison* (Cambridge: Cambridge University Press, 1995); Douglas Biber, "Spoken and Written Textual Dimensions in English: Resolving the Contradictory Findings," *Language* 62, no. 2 (1986): 384–413; Jussi Karlgren and Douglass Cutting, "Recognizing Text Genres with Simple Metrics Using Discriminant Analysis," in *Proceedings* (15th Conference on Computational Linguistics, 2, Kyoto, Japan, August 5–9, 1994).

13 Brett Kessler, Geoffrey Nunberg, and Hinrich Schütze, "Automatic Detection of Genre," *Proceedings of the 35th Annual Meeting of the Association for Computational Linguistics and 8th Conference of the European Chapter of the Association for Computational Linguistics* (San Francisco: Morgan Kaufmann, 1997), 32–38.

14 Zhou et al., "An Exploratory Study."

15 James Thornton, *Collaborative Filtering Research Papers,* http://jamesthornton.com/cf/ (accessed January 31, 2008); R. Yahalom, B. Klein, and Th.Beth. "Trust Relationships in Secure Systems — A Distributed Authentication Perspective," in *Proceedings* (IEEE Symposium on Research in Security and Privacy, Oakland, California, May 24–26, 1993); Chrysanthos Dellarocas, "Building Trust On-line: The Design of Reliable Reputation Reporting Mechanisms for Online Trading Communities," Center for eBusiness@MIT, paper 101 (2001).

16 Josyula R. Rao and Pankaj Rohatgi, "Can Pseudonymity Really Guarantee Privacy?" *Proceedings* (9th USENIX Security Symposium, Denver, Colorado, August 14–17, 2000).

17 International Association of Forensic Linguists, www.iafl.org (accessed January 31, 2008); *Forensic Linguistics: The International Journal of Speech Language and the Law* (Birmingham, UK: University of Birmingham, 1994–), www.equinoxjournals.com/ojs/index.php/IJSLL (accessed November 16, 2008). This journal was founded in 1994 as *Forensic Linguistics* and changed to its present title in 2003.

18 Donald W. Foster, "Policing Anonymity," *Ideas in American Policing* 5 (December 2001), www.policefoundation.org/pdf/foster_anonymity.pdf (accessed January 31, 2008).

19 James W. Pennebaker, Martha E. Francis, and Roger J. Booth, *Linguistic Inquiry and Word Count (LIWC): LIWC2001* (Mahwah, NJ: Erlbaum, 2001).

20 Harold Love, *Attributing Authorship: An Introduction* (Cambridge: Cambridge University Press, 2002).

21 Gabriel Mateescu, Masha Sosonkina, and Paul Thompson, "A New Model for Probabilistic Information Retrieval on the Web" (paper presented at the 2nd SIAM International Conference on Data Mining [SDM 2002] Workshop on Web Analytics, Arlington, Virginia, April 11–13, 2002).

22 David B. Buller and Judee K. Burgoon, "Interpersonal Deception Theory," *Communication Theory* 6, no. 3 (1996): 203–42; Karen M. Cornetto, "Identity and Illusion on the Internet: Interpersonal Deception and Detection in Interactive Internet Environments" (PhD thesis, University of Texas at Austin, 2001); Judee K. Burgoon, J. P. Blair, Tiantian Qin, and Jay F. Nunamaker, "Detecting Deception through Linguistic Analysis," *NSF / NIJ Symposium on Intelligence and Security Informatics, Lecture Notes in Computer Science* (Berlin: Springer-Verlag, 2003), 91–101.

23 Zhou et al., "An Exploratory Study."

24 Jinwei Cao, Janna M. Crews, Ming Lin, Judee K. Burgoon, and Jay F. Nunamaker, "Designing Agent99 Trainer: A Learner-Centered, Web-Based Training System for Deception Detection," *NSF / NIJ Symposium,* 358–65; Joey F. George, David P. Biros, Judee K. Burgoon, and Jay F. Nunamaker, "Training Professionals to Detect Deception," *NSF / NIJ Symposium,* 366–70.

25 Lina Zhou, Judee K. Burgoon, and Douglas P. Twitchell, "A Longitudinal Analysis of Language Behavior of Deception in E-mail," *NSF / NIJ Symposium,* 102–10; Zhou et al., "An Exploratory Study."

26 Hsinchun Chen, Daniel D. Zeng, Jenny Schroeder, Richard Miranda, Chris Demchak, and Therani Madhusudan, eds., *NSF / NIJ Symposium.*

27 Paul Thompson, "Semantic Hacking and Intelligence and Security Informatics," *NSF / NIJ Symposium,* 390.

28 J. B. Bell and B. Whaley, *Cheating and Deception* (New Brunswick, NJ: Transaction, 1991).

29 Martin Libicki, "The Mesh and the Net: Speculations on Armed Conflict in an Age of Free Silicon" (National Defense University McNair Paper 28, 1994).

30 *Proceedings* (2nd International Workshop on Adversarial Information Retrieval on the Web — AIRWeb 2006, Seattle, August 10, 2006).

31 Robert H. Anderson, Thomas Bozek, Tom Longstaff, Wayne Meitzler, Michael Skroch, and Ken Van Wyk, *Research on Mitigating the Insider Threat to Information Systems #2*: *Proceedings of a Workshop Held August 2000,* RAND Technical Report CF163 (Arlington, Virginia, August 30 – September 1, 2000).

32 J. C. Munson, and S. Wimer, "Watcher: The Missing Piece of the Security Puzzle" (paper presented at the 17th Annual Computer Security Applications Conference [ACSAC '01], New Orleans, Louisiana, December 10 – 14, 2001).

33 Office of Science and Technology Policy and National Science Foundation, "Behavioral, Psychological and Physiological Aspects of Security Evaluations: Report on a Series of Workshops," 2007.

34 Paul Thompson, George Cybenko, and Annarita Giani, "Cognitive Hacking and the Economics of Misinformation," in *The Economics of Information Security,* ed. L. Jean Camp and Stephen Lewis (London: Springer, 2004): 255 – 87.

35 Jakobsson and Myers, *Phishing and Countermeasures.*

8장

패트릭 애스퍼스, 존 부스, 브룩 해링턴, 사샤 뮈니크, 리처드 프리엠, 사빈 스텀프, 안토이네트 바이벨, 니콜라스 휠러, 그 밖에 2007년 3월 산타페연구소에서 속임수를 주제로 개최된 연구회에서 많은 도움과 조언을 아끼지 않은 모든 분들에게 고마움을 전한다.

1 Sheldon Rampton and John Stauber, *Weapons of Mass Deception: The Uses of Propaganda in Bush's War on Iraq* (New York: Tarcher / Penguin, 2003); see also Nicholas J. O'Shaughnessy, *Politics and Propaganda: Weapons of Mass Seduction* (Ann Arbor: University of Michigan Press, 2004).

2 Onora O'Neill, *A Question of Trust* (Cambridge: Cambridge University Press, 2002), 4–19.

3 Georg Simmel, *The Sociology of Georg Simmel* (New York: Free Press, 1950 [1908]), 313.

4 Erving Goffman, *The Presentation of Self in Everyday Life* (London: Penguin, 1959), 65; Paul Ekman, "Why Don't We Catch Liars?" *Social Research* 63, no. 3 (1996): 801–17, 806.

5 Denise M. Rousseau, Sim B. Sitkin, Ronald S. Burt, and Colin Camerer, "Not So Different after All: A Cross-Discipline View of Trust," *Academy of Management Review* 23, no. 3 (1998): 393–404, 395.

6 See Guido Möllering, *Trust: Reason, Routine, Reflexivity* (Amsterdam: Elsevier, 2006), 111, for a detailed elaboration of this understanding of trust.

7 나의 관점은 사회적인 인간관계에 국한될 뿐 행동 능력과 관련해 특정한 의도나 기대, 일정 수준의 자율성이 없는 실체의 신뢰나 속임수에 대한 이야기가 아니다. 어린아이나 동물, 생명이 없는 실체의 신뢰나 속임수 문제를 언급하는 것이 타당하고 타당하지 않고는 우리가 그들을 작인으로서 인정하는지 여부에 따라 결정된다.

8 The insight that the deceiver's true knowledge and intentions are unknown to the deceived has been noted, for example, by Simmel, *Sociology of Georg Simmel,* 312; and Paul Ekman, *Telling Lies: Clues to Deceit in the Marketplace, Politics, and Marriage* (New York: Norton, 2001 [1985]), 41.

9 Goffman, *The Presentation of Self.* Goffman's view is still very topical, as can be seen, for example, in research on the role of deception in the workplace by David Shulman, *From Hire to Liar: The Role of Deception in the Workplace* (Ithaca, NY: Cornell University Press, 2007).

10 For core contributions to the rational choice perspective on trust, see Partha Dasgupta, "Trust as a Commodity," in *Trust: Making and Breaking*

Co-Operative Relations, ed. Diego Gambetta (Oxford: Basil Blackwell, 1988), 49–72; James S. Coleman, *Foundations of Social Theory* (Cambridge, MA: Harvard University Press, 1990); Russell Hardin, *Trust and Trustworthiness* (New York: Russell Sage Foundation, 2002).

11 See the ethnographic studies by James M. Henslin, "Trust and the Cab Driver," in *Sociology and Everyday Life,* ed. Marcello Truzzi (Upper Saddle River, NJ: Prentice Hall, 1968), 138–58; and Diego Gambetta and Heather Hamill, *Streetwise: How Taxi Drivers Establish Their Customers' Trustworthiness* (New York: Russell Sage Foundation, 2005).

12 Roger C. Mayer, James H. Davis, and F. David Schoorman, "An Integrative Model of Organizational Trust," *Academy of Management Review* 20, no. 3 (1995): 709–34.

13 Michael Bacharach and Diego Gambetta, "Trust in Signs," in *Trust in Society,* ed. Karen S. Cook (New York: Russell Sage Foundation, 2001), 148–84, 159. Their argument takes up issues raised by Dasgupta, *Trust as a Commodity.* The specific theoretical background is signaling theory, A. Michael Spence, *Market Signaling: Informational Transfer in Hiring and Related Screening Processes* (Cambridge, MA: Harvard University Press, 1974). In his chapter on deception in biology in this volume, Carl Bergstrom also uses signaling theory and the idea that honesty occurs when deception is too costly.

14 See Georg Simmel, *The Philosophy of Money* (London: Routledge, 1990 [1907]), 179; Guido Möllering, "The Nature of Trust: From Georg Simmel to a Theory of Expectation, Interpretation and Suspension," *Sociology* 35, no. 2 (2001): 403–20.

15 Möllering, *The Nature of Trust,* 414.

16 *Aufheben* captures the dialectical principle of synthesis, transcending thesis and antithesis and thereby simultaneously preserving and rescinding them; see Georg W. F. Hegel, *Phänomenologie des Geistes* (Frankfurt: Suhrkamp, 1973 [1807]), 94.

17 Kevin D. Mitnick and Willam L. Simon, *The Art of Deception: Controlling* *the Human Element of Security* (Indianapolis, IN: Wiley, 2002), 41.

18 Goffman, *The Presentation of Self,* 65.

19 See, for example, Peter Fleming and Stelios C. Zyglidopoulos, "The Escalation of Deception in Organizations," Working Paper 12/2006 (Cambridge: Judge Business School, 2006).

20 Simmel, *Sociology of Georg Simmel,* 348.

21 See, for example, Eric M. Uslaner, *The Moral Foundations of Trust* (Cambridge: Cambridge University Press, 2002).

22 J. David Lewis and Andrew J. Weigert, "Trust as a Social Reality," *Social Forces* 63, no. 4 (1985): 967–85, 969, 971 (emphasis in original).

23 Robert W. Mitchell, "The Psychology of Human Deception," *Social Research* 63, no. 3 (1996): 819–61, 840.

24 Niklas Luhmann, *Trust and Power: Two Works by Niklas Luhmann* (Chichester: Wiley, 1979), 32.

25 Ibid., 62; see also Anthony Giddens, "Risk, Trust, Reflexivity," in *Reflexive Modernization,* ed. Ulrich Beck, Anthony Giddens, and Scott Lash (Cambridge: Polity Press, 1994), 184–97.

26 Mitchell, *Psychology of Human Deception,* 841.

27 Alfred Schutz, *The Phenomenology of the Social World* (Evanston, IL: Northwestern University Press, 1967 [1932]), 98.

28 These examples are taken from Thomas C. Schelling, "The Mind as a Consuming Organ," in *The Multiple Self,* ed. Jon Elster (Cambridge: Cambridge University Press, 1986), 177–95.

29 David Shapiro, "On the Psychology of Self-Deception," *Social Research* 63, no. 3 (1996): 785–800, 799.

30 Luhmann, *Trust and Power,* 32.

31 William James, *Essays in Pragmatism* (New York: Hafner Press, 1948 [1896]), 107.

32 On the relationship between trust and control, see Guido Möllering, "The Trust / Control Duality: An Integrative Perspective on Positive Expectations of Others," *International Sociology* 20, no. 3 (2005): 283–305.

33 See, for example, the Special Topic Forum on "Repairing Relationships Within and Between Organizations," *Academy of Management Review* 34, no. 1 (2009).

34 See, for example, Unni Kjærnes, Mark Harvey, and Alan Warde, *Trust in Food:A Comparative Institutional Analysis* (Basingstoke, UK: Palgrave Macmillan, 2007).

35 바론 뮌하우젠 남작은 18세기 독일 역사에 등장하는 인물이다. 그는 친구들에게 과장해서 이야기하길 좋아했지만, 문학적인 캐릭터로 인기를 끈 것은 다른 사람들이 그가 했다고 알려진 이야기를 책으로 펴낸 이후다. 그들은 바론의 모험에 대해 이야기하면서 그 이야기가 사실이라고 주장했으며, 그들이 발표한 이야기 중에는 바론이 지어내지 않은 이야기도 다수 존재한다. 바론 남작이 자신의 머리채를 잡아당겨서 자신과 자신이 타고 있던 말을 늪에서 구해내는 일화도 그중 하나다. 특히 고트프리드 뷔르거^{Gottfried A. Bürger}의 『허풍선이 남작의 모험^{Münchausen}』 (Ditzingen: Reclam, 2004 [1786])을 참조하라. 뷔르거의 책에는 늪지대에서 일어난 이 곡예에 가까운 일화가 등장하지만, 뮌하우젠 남작의 이야기를 가장 대중적으로 소개하는 루돌프 에리히 라스페^{Rudolf E. Raspe}의 영문판 책에는 그 부분이 빠졌기 때문이다.

9장

이 논문은 원래 2005년 4월 1~3일 뉴멕시코 산타페연구소에서 브룩 해링턴이 주최한 '속임수 : 수단과 동기, 환경 그리고 그에 따른 결과'라는 회의를 위해 준비된 자료다. 처음 발표된 뒤 보완하는 과정을 거쳤으며, 2007년 3월 2~4일 열린 산타페연구소의 이후 모임에서 좀더 완벽한 형태로 발표되었다. 산타페연구소에서 진행된 훌륭한 모임에 초대해준 브룩에게 진심으로 감사하며, 두 번에 걸친 모임에서 이 글에 관심을 보이고 질문과 논평을 해준 다른 동료들에게도 감사한다. 또 2005년 처음 완성된 원고를 읽고 조언을 아끼지 않은 아내 줄리아 마이어슨에게 감사한다. 특히 캐리 브레진^{Carrie Brezine}에게 감사한다. 그녀는 2002~2005년 하버드대학에서 키푸 데이터베이스화 프로젝트를 위해 관리자로서 역할을 해주었고, 이 논문에 사용된 자료를 수집하고 분석하는 데 도움을 제공했다. 끝으로 키푸 데이터베이스화 프로젝트(2002-3: BCS-0228038; 2003-4: BCS-0408324; and 2006-7: BCS-

0609719)를 진행할 수 있도록 해준 미국 국립과학재단[NSF]에 감사를 표하며, 2001~2005년 잉카제국의 키푸 연구와 관련하여 재정적인 지원을 해준 맥아더재단에도 감사의 말을 전한다.

1 Kathryn Burns, "Notaries, Truth, and Consequences," *The American Historical Review* 110, no. 2 (2005): 350–79.

2 Frank Salomon, *The Cord Keepers: Khipus and Cultural Life in a Peruvian Village* (Durham and London: Duke University Press, 2004).

3 Pedro de Cieza de León, *El Señorío de los Incas* (Lima: Instituto de Estudios Peruanos, 1967 [1551]), 36 (my translation).

4 For a discussion of how such cumulative, synthetic accounts may have been structured, see Gary Urton and Carrie J. Brezine, "Khipu Accounting in Ancient Peru," *Science* 309 (2005): 1065–67; and G. Urton and C. J. Brezine, "Information Control in the Palace of Puruchuco: An Accounting Hierarchy in a Khipu Archive from Coastal Peru," in *Variations in the Expression of Inka Power,* ed. Richard L. Burger, Craig Morris, and Ramiro Matos Mendieta (Washington, DC: Trustees of Dumbarton Oaks, 2007).

5 See M. Ascher and R. Ascher, *Mathematics of the Incas: Code of the Quipus* (New York: Dover, 1997 [1981]); and Gary Urton, *Signs of the Inka Khipu: Binary Coding in the Andean Knotted-String Records* (Austin: University of Texas Press, 2003).

6 Friar Martín de Múrua, *Historia General del Perú* (Madrid: Dastin Historia, 2001 [1613]), 361.

7 Gary Urton, "Khipu Archives: Duplicate Accounts and Identity Labels in the Inka Knotted String Records," *Latin American Antiquity* 16, no. 2 (2005): 147–67.

8 Tristan Platt, " 'Without Deceit or Lies': Variable Chinu Readings during a Sixteenth-Century Tribute-Restitution Trial," in *Narrative Threads: Accounting and Recounting in Andean Khipu,* ed. Jeffrey Quilter and Gary Urton (Austin: University of Texas Press, 2002); and Gary Urton, "From Knots to Narratives: Reconstructing the Art of Historical Record-Keeping in the Andes from Spanish Transcriptions of Inka Khipus," *Ethnohistory* 45, no. 3 (1998): 409–38.

9 Guido Möllering, "The Trust / Control Duality: An Integrative Perspective on Positive Expectations of Others," *International Sociology* 20, no. 3 (2005): 284.

10 Ibid., 287–88.

11 Ibid., 288–89.

12 Photos and observations on khipu samples may be viewed at http://khipu kamayuq.fas.harvard.edu/; http://instruct1.cit.cornell.edu/research/quipuas cher/.

13 For general works on khipu structures, see Ascher and Ascher, *Mathematics of the Incas*; William J. Conklin, "A Khipu Information String Theory," in Quilter and Urton, *Narrative Threads*; Carlos Radicati di Primeglio, *Estudios sobre los Quipus*, intro. and ed. Gary Urton (Lima: Fondo Editorial Universidad Nacional Mayor de San Marcos, 2006); Gary Urton, "A New Twist in an Old Yarn: Variation in Knot Directionality in the Inka Khipus," *Baessler-Archiv Neue Folge* 42 (1994): 271–305; and Urton, *Signs of the Inka Khipu*.

14 L. L. Locke, *The Ancient Quipu, or Peruvian Knot Record* (New York: American Museum of Natural History, 1923); and Hugo Pereyra, "Notas sobre el Descubrimiento de la Clave Numeral de los Quipus Incaicos," *Boletín del Museo de Arqueología y Antropología* 4, no. 5 (2002): 115–23.

15 Locke, *The Ancient Quipu*.

16 Ascher and Ascher, *Mathematics of the Incas*; and Urton, *Signs of the Inka Khipu*.

17 Ascher and Ascher, *Mathematics of the Incas*, 151–52.

18 Gary Urton, "A Calendrical and Demographic Tomb Text from Northern Peru," *Latin American Antiquity* 12, no. 2 (2001): 127–47; and Gary Urton, "Recording Signs in Narrative-Accounting Khipu," in Quilter and Urton, *Narrative Threads*.

19 Salomon, *The Cord Keepers*; and Gary Urton, *The Social Life of Numbers: A*

Quechua Ontology of Numbers and Philosophy of Arithmetic (Austin: University of Texas Press, 1997).

20 Cieza de León, *El señorío de los Incas*, 67 (my translation and emphasis).

21 José de Acosta, *Natural and Moral History of the Indies* (Durham and London: Duke University Press, 2002 [1590]), 343 (my emphasis).

22 Garci Diez de San Miguel, *Visita hecha a la Provincia de Chucuito* (Lima: Ediciones de la Casa de la Cultura del Perú, 1964 [1567]), 89.

23 Juan Pérez Bocanegra, *Ritual Formulario e Institucion de Curas para Administrar a los Naturals de Esta Reyno los Santos Sacramentos...* (Lima: Geronymo de Contreras, 1631); see Regina Harrison, "Pérez Bocanegra's Ritual Formulario: Khipu Knots and Confession," in Quilter and Urton, *Narrative Threads*; Bruce Mannheim, *The Language of the Inka since the European Invasion* (Austin: University of Texas Press, 1991), 146.

24 Cited in Harrison, "Pérez Bocanegra's Ritual Formulario," 280.

25 Cited in Carlos Sempat Assadourian, "String Registries: Native Accounting and Memory According to the Colonial Sources," in Quilter and Urton, *Narrative Threads*, 138.

26 Archivo General de Indias (Seville, 1579), 409v (my translation and emphasis).

27 José de Acosta, *Natural and Moral History*, 343 (my emphasis).

28 John Hemming, The *Conquest of the Incas* (New York: Harcourt Brace Jovanovich, 1970).

29 El Inca Garcilaso de la Vega, *Royal Commentaries of the Incas*, trans. H. V. Livermore, 2 vols. (Austin: University of Texas Press, 1966 [1609]), 331 (my emphasis).

30 Diez de San Miguel, *Visita hecha a la Provincia...*, 64, 74.

31 Garcilaso de la Vega, *Royal Commentaries*, 275.

32 Hernando Pizarro, "A los Señores Oydores de la Audiencia Real de Su Magestad," in *Informaciones sobre el Antiguo Perú*, Colección de Libros y Documentos Referentes a la Historia del Perú, vol. 3, 2nd series (Lima: Sanmarti y Ca., 1920 [1533]), 175, 178.

33 Urton, "Khipu Archives."

34 Ibid., 150 – 51.

35 Urton and Brezine, "Information Control in the Palace of Puruchuco."

36 Möllering, "The Trust / Control Duality," 286.

37 Anthony Giddens, *Central Problems in Social Theory: Action, Structure and Contradiction in Social Analysis* (London: Macmillan, 1979); R. Garud and P. Karnøe, "Path Creation as a Process of Mindful Deviation," in *Path Dependence and Creation* (Mahwah, NJ: Erlbaum, 2001).

38 Möllering, "The Trust / Control Duality," 287.

39 Ibid., 295 – 96.

40 Ibid., 296.

41 Garcilaso de la Vega, *Royal Commentaries*, 276 – 85, 552 – 55, 556 – 58.

42 이 주장은 키푸와 관련된 다른 두 가지 기술과 상반된 것처럼 들릴 수도 있다. 첫째, 가르실라소 데 라 베가는 자신이 쿠스코에서 어린 시절을 보냈기 때문에 키푸를 해독할 줄 알았고, 자기 부친의 땅에서 일하던 인디언은 스페인 사람이 스페인 문자로 기록한 납세 정보를 믿지 않았기에 보통은 인디언의 요청에 따라 인디언이 기록한 납세 정보를 자신이 해독했다고 진술하고 있다. 이것은 실제로 이 유명한 메스티소 역사가가 증언한 내용의 요지이기도 하다. 하지만 가르실라소는 키푸를 해독하는 법과 관련해서 우리가 참고할 만한 세부적인 기록을 전혀 남기지 않았다. 그가 어떤 식으로든 그런 기록을 남겼다면 오늘날 현존하는 키푸 샘플을 해독하려는 우리의 노력은 좀더 많은 성과를 거둘 수 있었을 것이다. 둘째, 안토니오 데 라 칼란차Antonio de la Calancha는 *Crónica Moralizada del Orden de San Agustín en el Perú con Sucesos Ejemplares en Esta Monarquía* 6 vols. (Lima: Universidad Nacional Mayor de San Marcos, 1974 [1638]), 206에서 전형적인 키푸에 암호화되어 있던 정보를 비교적 자세하게 해독한다. 하지만 칼란차 역시 실제로 키푸를 해독하지 못하며, 원주민 정보 제공자가 설명해준 대로 키푸에 정보를 기록하는 방법을 설명할 뿐이다. 가르실라소의 설명과 칼란차의 기록은 이를테면 마르티 파르시넨Martti Pärssinen이 쓴 *Tawantinsuyu: The Inca State and Its Political Organization*, Studia Historica 43 (Helsinki: Societas Historica Finlandiae, 1992)처럼 키푸를 해독하는 데 필요한 기준이나 패러다임을 제시하지만, 우리가 현존하는 키푸 샘플을 오로지 그가 제시한 방법에 의존해서 해독하기에는 여전히 어려움이 많다.

43 Garcilaso de la Vega, *Royal Commentaries,* 331.

44 Platt, "Without Deceit or Lies"; and Urton, "From Knots to Narratives."

45 Juan de Solórzano y Pereyra, *Política Indiana,* Biblioteca de Autores Españoles 2 (Madrid: Lope de Vega 1972 [1736]), 308–9 (my translation and emphasis).

46 Cited in Platt, "Without Deceit or Lies," 239.

47 Cited in Harrison, "Pérez Bocanegra's Ritual Formulario," 275.

48 Ibid., 277.

49 Cited in ibid., 282–83.

50 See Platt, "Without Deceit or Lies."

51 Steven Stern, *Peru's Indian Peoples and the Challenge of Spanish Conquest* (Madison: University of Wisconsin Press, 1993).

52 Felipe Guaman Poma de Ayala, *El Primer Nueva Corónica y Buen Gobierno,* critical edition by John V. Murra and Rolena Adorno; trans. and textual analysis Jorge L. Urioste, 3 vols. (Mexico City: Siglo Veintiuno, 1980 [1615]).

53 Ibid., 655, 694.

54 Burns, "Notaries, Truth, and Consequences," 350–79.

55 Ibid., 352.

56 Ibid., 353.

57 Cited in ibid., 361.

58 Ibid., 365.

59 Jeffrey Quilter and Gary Urton, *Narrative Threads.*

60 Cited in Sempat Assadourian, "String Registries," 134.

61 Möllering, "The Trust / Control Duality," 300.

10장

1 Patricia Turner, *I Heard It through the Grapevine: Rumor in African-American Culture* (Berkeley: University of California Press, 1993), 165.

2 Ralph L. Rosnow and Gary Alan Fine, *Rumor and Gossip: The Social*

Psychology of Hearsay (New York: Elsevier, 1976), 11.

3 Erving Goffman, *Frame Analysis: An Essay on the Organization of Experience* (Cambridge, MA: Harvard University Press, 1974).

4 Linda Dégh, *Legend and Belief: Dialectics of a Folklore Genre* (Bloomington: Indiana University Press, 2001).

5 J. L. Austin, *How to Do Things with Words* (Cambridge: Harvard University Press, 1975).

6 C. Wright Mills, "Situated Actions and Vocabularies of Motive," *American Sociological Review* 5 (1940): 904–13; Marvin Scott and Stanford Lyman, "Accounts," *American Sociological Review* 33 (1968): 46–62.

7 Tamotsu Shibutani, *Improvised News: A Sociological Study of Rumor* (Indianapolis: Bobbs-Merrill, 1966), 31.

8 Linda Dégh and Andrew Vázsonyi, "Legend and Belief," in *Folklore Genres*, ed. Dan Ben-Amos (Austin: University of Texas Press, 1976), 93–123.

9 A. Chorus, "The Basic Law of Rumor," *Journal of Abnormal and Social Psychology* 48 (1953): 313–14.

10 Gary Alan Fine, *Manufacturing Tales: Sex and Money in Contemporary Legends* (Knoxville: University of Tennessee Press, 1992); Frederick W. Koenig, *Rumor in the Marketplace: The Social Psychology of Commercial Hearsay* (Dover, MA: Auburn House, 1985).

11 Deirdre Boden, "The World as It Happens: Ethnomethodology and Conversation Analysis," in *Frontiers of Social Theory: The New Synthesis*, ed. George Ritzer (New York: Columbia University Press, 1990), 185–213.

12 Dégh and Vázsonyi, "Legend and Belief"; Robert Georges, "Toward an Understanding of Storytelling Events," *Journal of American Folklore* 82 (1969): 313–28.

13 Eviatar Zerubavel, *Social Mindscapes: An Invitation to Cognitive Sociology* (Cambridge, MA: Harvard University Press, 1997).

14 Jean-Noël Kapferer, *Rumor: Uses, Interpretations, and Images* (New Brunswick,NJ: Transaction Publishers, 1990); Nicholas DiFonzo and Prashant Bordia, *Rumor Psychology: Social and Organizational Approaches*

(Washington, DC: American Psychological Association, 2007).

15 Raymond A. Bauer and D. B. Gleicher, "Word-of-Mouth Communication in the Soviet Union," *Public Opinion Quarterly* 17 (1953): 297–310.

16 Herbert C. Kelman, "Violence without Moral Restraint: Reflections on the Dehumanization of Victims and Victimizers," *Journal of Social Issues* 29 (1973): 25–61.

17 Pamela Donovan, *No Way of Knowing: Crime, Urban Legends and the Internet* (New York: Routledge, 2004); Gary Alan Fine and Patricia Turner, *Whispers on the Color Line: Rumor and Race in America* (Berkeley: University of California Press, 2001).

18 David Maines, "Information Pools and Racialized Narrative Structures," *Sociological Quarterly* 40 (1999): 317–26; Fine and Turner, *Whispers on the Color Line.*

19 Turner, *I Heard It through the Grapevine,* chap. 4.

20 Robert H. Knapp, "A Psychology of Rumor," *Public Opinion Quarterly* 8 (1944): 22–27.

21 Véronique Campion-Vincent, "From Evil Others to Evil Elites: A Dominant Pattern in Conspiracy Theories Today," in *Rumor Mills: The Social Impact of Rumor and Legend,* ed. Gary Alan Fine, Véronique Campion-Vincent, and Chip Heath (New Brunswick, NJ: Aldine / Transaction, 2005), 103–22.

22 Barry O'Neill, "The History of a Hoax," *New York Times Magazine* (March 6, 1994): 46–49.

23 Gordon Allport and Leo G. Postman, *The Psychology of Rumor* (New York: Holt, 1947); Frederick Bartlett, *Remembering* (Cambridge, MA: Cambridge University Press, 1932).

24 Warren Peterson and Noel Gist, "Rumor and Public Opinion," *American Journal of Sociology* 57 (1951): 159–67.

25 Goffman, *Frame Analysis.*

11장

1 Thomas Jefferson, *Papers,* vol. 10 (Princeton, NJ: Princeton University Press, 1950), 450.

2 Jean-Paul Sartre, *The Emotions: Outline of a Theory* (New York: Philosophical Library, 1948).

12장

1 R. J. Blendon, J. M. Benson, C. M. DesRoches, W. E. Pollard, C. Parvanta, M. J. Herrmann, "The Impact of Anthrax Attacks on the American Public," *Medscape General Medicine* 4, no. 2, www.medscape.com/viewarticle/4301 97 (accessed March 20, 2002).

2 Stephen Prior, Robert Armstrong, Ford Rowan, and Mary Beth Hill-Harmon, *Weathering the Storm: Leading Your Organization Through a Pandemic* (Washington, DC: Center for Technology and National Security Policy, National Defense University, 2006). My chapter builds on material I wrote for this volume.

3 Dorothy Nelkin and Sander Gilman, "Placing Blame for Devastating Disease," *Social Research* 55, no. 3 (1988).

4 Baruch Fischhoff, "Evaluating the Success of Terror Risk Communications," *Biosecurity and Bioterrorism* 1, no. 4 (2003), 255.

5 Prior et al., *Weathering the Storm,* 24–27.

6 D. B. Reissman, E. A. Whitney, and T. H. Taylor, Jr., "One-Year Health Assessment of Adult Survivors of Bacillus Anthracis Infection," *Journal of the American Medical Association* 291 (2004): 1994–98.

7 Prior et al., *Weathering the Storm,* 25.

8 Vincent T. Covello and Peter M. Sandman, "Risk Communication: Evolution and Revolution," in *Solutions to an Environment in Peril,* ed. A. Wolbarst (Baltimore, MD: Johns Hopkins University Press, 2001), 164–78; Peter M. Sandman, "Hazard Versus Outrage in the Public Perception of Risk," in *Effective Risk Communication: The Role and Responsibility of Government* *and Nongovernment Organizations,* ed. V. T. Covello, D. B. McCallum, and M. T. Pavlova (New York: Plenum Press, 1989), 45–49.

9 National Research Council, *Improving Risk Communication* (Washington, DC: National Academy Press, 1989), 21.

10 Prior et al., *Weathering the Storm.*

11 Ibid.

12 D. Powell and W. Leiss, *Mad Cows and Mother's Milk: The Perils of Poor Risk Communication* (Montreal: McGill-Queen's University Press, 1997).

13 R. E. Kasperson, O. Renn, P. Slovic, H. S. Brown, J. Emel, R. Goble, J. X. Kasperson, and S. Ratick, "The Social Amplification of Risk: A Conceptual Framework," *Risk Analysis* 8, no. 2 (1988): 177–87.

14 Peter M. Sandman, "Definitions of Risk: Managing the Outrage Not Just the Hazard," in *Regulating Risk: The Science and Politics of Risk,* ed. T. A. Burke, N. L. Tran, J. S. Roemer, and C. J. Henry (Washington, DC: International Life Sciences Institute, 1993).

15 Prior et al., *Weathering the Storm.*

16 Paul Slovic, "Perceived Risk, Trust and Democracy," *Risk Analysis* 13 (1993): 675–82.

17 M. Siegrist, G. Cvetkovich, and C. Roth, "Salient Value Similarity, Social Trust and Risk / Benefit Perception," *Risk Analysis* 20, no. 3 (2000): 353–62.

18 L. Sjoberg, "Factors in Risk Perception," *Risk Analysis* 20, no. 1 (2000): 1–11.

19 M. Siegrist and G. Cvetkovich, "Better Negative than Positive? Evidence for a Bias for Negative Information about Possible Health Dangers," *Risk Analysis* 21, no. 1 (2001): 199–206.

20 L. Sjoberg, "Limits of Knowledge and the Limited Importance of Trust," *Risk Analysis* 21, no. 1 (2001): 189–98.

21 Vincent T. Covello, "Risk Perception, Risk Communication and EMF Exposure: Tools and Techniques for Communicating Risk Information," in *Risk Perception, Risk Communication, and Its Application to EMF Exposure: Proceedings of the World Health Organization / ICNRP International Conference,* ed. R. Matthes, J. H. Bernhardt, and M. H. Repacholi (Vienna,

Austria: International Commission on Non-Ionizing Radiation Protection, 1998), 179–214; R. G. Peters, V. T. Covello, and D. B. McCallum, "The Determinants of Trust and Credibility in Environmental Risk Communication: An Empirical Study," *Risk Analysis* 17, no. 1 (1997): 43–54; R. E. Kasperson, O. Renn, P. Slovic, H. S. Brown, J. Emel, R. Goble, J. X. Kasperson, and S. Ratick, "The Social Amplification of Risk: A Conceptual Framework," *Risk Analysis* 8, no. 2 (1988): 177–87.

22 Paul Ekman, *Telling Lies: Clues to Deceit in the Marketplace, Politics, and Marriage,* 3rd ed. (New York: Norton, 2001).

23 Ibid., 343–44.

24 M. P. Lynch, *True to Life: Why Truth Matters* (Cambridge, MA: MIT Press, 2005), 152.

25 Quoted by P. Thomas, "The Anthrax Attacks," Century Foundation's Homeland Security Project (2003), www.tcf.org/list.asp?type=PB&pubid=221 (accessed October 29, 2008).

26 P. Caplan, *Risk Revisited* (London: Pluto Press, 2000), 21.

27 *New York Times* (October 16, 2001).

28 *Newsday* (October 8, 2002).

29 E. Gursky, T. V. Inglesby, T. O'Toole, "Anthrax 2001: Observations on the Medical and Public Health Preparedness," *Biosecurity and Bioterrorism: Biodefense Strategy, Practice and Science* 1, no. 2 (2003): 97–110.

30 Ibid., 104.

31 Bill Frist, *When Every Moment Counts* (New York: Rowman and Littlefield, 2002).

32 Ibid., 164.

33 M. W. Thompson, *The Killer Strain: Anthrax and a Government Exposed* (New York: HarperCollins, 2003), 184.

34 *New York Times* (October 18, 2001).

35 *Time* magazine (October 29, 2001).

36 Blendon et al., "The Impact of Anthrax Attacks."

37 Ibid.

38 J. Barbera, A. Macintyre, L. Gostin, T. Inglesby, T. O'Toole, C. DeAtley, K. Tonat, and M. Layton, "Large-Scale Quarantine Following Biological Terrorism in the United States: Scientific Examination, Logistic and Legal Limits, and Possible Consequences," *Journal of the American Medical Association* 286 (2001): 2711–17.

39 Quoted in N. Ethiel, ed., *Terrorism: Informing the Public* (Chicago: McCormick Tribune Foundation, 2002), 99.

40 P. A. Singer, S. R. Benatar, M. Bernstein, A. S. Daar, B. Dickens, S. MacRae, R. Upshur, L. Wright, and R. Z. Shaul, *Ethics and SARS: Learning Lessons from the Toronto Experience,* working paper of the University of Toronto Joint Center for Bioethics (2003), www.utoronto.ca/jcb/SARS_workingpaper. asp (accessed March 4, 2004).

41 T. Beauchamp and L. Walters, *Contemporary Issues in Bioethics,* 6th ed. (Belmont, CA: Wadsworth, 1999).

42 T. Beauchamp and J. Childress, *Principles of Biomedical Ethics,* 5th ed. (Oxford: Oxford University Press, 2001).

43 D. E. Beauchamp, "Community: The Neglected Tradition of Public Health," *Hasting Center Report* 15 (1985), 28–36

44 L. C. Leviton, "Health Risk Notification in a Small Town," in *Confronting Public Health Risks: A Decision Maker's Guide,* ed. L. C. Leviton, C. E. Needleman, and M. A. Shaprio (Thousand Oaks, CA: Sage, 1998), 119.

45 B. Pearson, F. Sy, K. Holton, B. Govert, and A. Liang, "Fear and Stigma: The Epidemic within the SARS Outbreak," *Emerging Infectious Diseases* 10, no. 2 (2004).

46 J. F Childress, R. Faden, R. Gaare, L. Gostin, J. Kahn, R. J. Bonnie, N. Kass, A. C. Mastroinanni, J. D. Moreno, and P. Nieburg, "Public Health Ethics: Mapping the Terrain," *Journal of Law, Medicine and Ethics* 30 (2002); J. D. Moreno, *In the Wake of Terror: Medicine and Morality in a Time of Crisis* (Cambridge, MA: MIT Press, 2003).

47 Singer et al., *Ethics and SARS.* The quotations are from the working paper (see note 40). The Toronto group published its final paper at: www.bmj.com

/cgi/content/full/327/7427/1342?maxtoshow=&HITS=10&hits=10&RESULT
FORMAT=1&title=SARS+ethics&andorexacttitle=and&andorexacttitleabs
=and&andorexactfulltext=and&searchid=1&FIRSTINDEX=0&sortspec=rele
vance&resourcetype=HWCIT (accessed October 28, 2008)

48 Ibid. The solidarity recommendation did not survive in the final version.

49 Vamik Volkan, *Blind Trust: Large Groups and Their Leaders in Times of Crisis and Terror* (Charlottesville, VA: Pitchstone, 2004), 13.

50 Ibid., 166.

51 Aristotle, *On Rhetoric: A Theory of Civic Discourse,* trans. G. A. Kennedy (New York: Oxford University Press, 1991).

13장

1 Ralph Waldo Emerson, "Journal entry," in *Selected Writings of Ralph Waldo Emerson,* ed. William H. Gilman (New York: Signet, 1857), 160.

2 *Business Week* (January 28, 2002).

3 Erving Goffman, "On Cooling the Mark Out: Some Aspects of Adaptation to Failure," *Psychiatry* 15 (1952): 451–63.

4 Hersh Shefrin and Meir Statman, "The Disposition to Sell Winners Too Early and Ride Losers Too Long: Theory and Evidence," in *Advances in Behavioral Finance*, ed. Richard Thaler (New York: Russell Sage Foundation, 1993). See also Hersh Shefrin and Meir Statman, "Behavioral Portfolio Theory," *Journal of Financial and Quantitative Analysis* 35 (2002): 127–51.

5 Goffman, "On Cooling the Mark Out," 452.

6 Friedrich Von Hayek, "The Pretence of Knowledge" (Nobel Prize address, Stockholm, 1974).

7 Albert Hirschman, *The Strategy of Economic Development* (New Haven, CT: Yale University Press, 1967).

8 June 10, 1999; the full text of the commencement address is available at www.federalreserve.gov/boarddocs/speeches/1999/199906102.htm.

9 Paul Povel, Rajdeep Singh, and Andrew Winton, "Booms, Busts and Fraud,"

Review of Financial Studies 20 (2007): 1220.

10 T. S. Eliot, Four Quartets (Orlando, FL: Harcourt, 1971 [1943]), 2.

11 John Kenneth Galbraith, *A Short History of Financial Euphoria* (New York: Penguin, 1994), 52.

12 Charles Geist, *One Hundred Years of Wall Street* (New York: McGraw-Hill, 1999).

13 National Association of Securities Dealers (NASD), *National Investor Survey* (Washington, DC: Peter D. Hart Research Associates, 1997).

14 Richard Thaler, *The Winner's Curse* (Princeton, NJ: Princeton University Press, 1994).

15 NASD, *National Investor Survey.*

16 Povel, Singh, and Wilton, "Booms, Busts and Fraud," 1249.

17 Ibid., 1250.

18 Brooke Harrington and Gary Fine, "Opening the 'Black Box': Small Groups and Twenty-First-Century Sociology," *Social Psychology Quarterly* 63 (2000): 312–23.

19 Erving Goffman, "The Nature of Deference and Demeanor," *American Anthropologist* 58 (1956): 47–85.

20 Brooke Harrington, *Pop Finance: Investment Clubs and the New Investor Populism* (Princeton, NJ: Princeton University Press, 2008).

21 National Association of Investors Corporation (NAIC), *NAIC Factbook* (2002), www.better-investing.org/about/fact.html; figures as of December 31, 2002.

22 Goffman, "On Cooling the Mark Out," 460.

23 Elisabeth Kubler-Ross, *On Death and Dying* (New York: Scribner, 1969).

24 Goffman, "On Cooling the Mark Out," 454.

25 John Meyer and Brian Rowan, "Institutionalized Organizations: Formal Structures as Myth and Ceremony," *American Journal of Sociology* 83 (1977): 340–63.

26 Mark Peyrot, "Institutional and Organizational Dynamics in Community-Based Drug Abuse Treatment," *Social Problems,* 38 (1991): 20–33.

27 Barry Staw, "Knee-Deep in the Big Muddy: A Study of Escalating Commitment to a Chosen Course of Action," *Organizational Behavior and Human Performance* 16 (1976): 27–44.

28 Gregory Curtis, "Corporate Crooks and Investor Trust," *Greycourt White Paper Series* 22 (Pittsburgh, PA: Greycourt, 2002), 1.

29 Alex Berenson, "Tweaking Numbers to Meet Goals Comes Back to Haunt Executives," *New York Times* (June 29, 2002), A1.

30 Keith Hart, "The Idea of Economy: Six Modern Dissenters," in *Beyond the Marketplace,* ed. R. Friedland and A. F. Robertson (New York: Aldine de Gruyter, 1990), 120.

14장

이 장의 내용은 2007년 3월 2~4일 뉴멕시코 산타페연구소에서 '속임수: 수단과 동기, 환경 그리고 그에 따른 결과'라는 주제로 개최된 연구회에서 발표되었다. 해당 글의 내용은 저자의 개인적인 관점을 반영하며, 해군참모총장 직속 전략연구단체, 미국해군대학Naval War College, 미 해군성Department of the Navy의 승인을 받은 내용이 아님을 밝힌다.

1 Niccoló Machiavelli, *The Discourses Upon the First Ten (Books) of Titus Livy,* bk. 3, chap. 40, www.constitution.org/mac/disclivy (accessed on February 1, 2007).

2 발데마르 에르푸르트 장군의 *Surprise,* Stefan T. Possony, Daniel Vilfroy 번역(Harrisburg, PA: Military Service, 1943), 51 참조. 에르푸르트 장군이 독일인인데도 미군은 장교들에게 전략을 교육하면서 그의 저서를 교재로 사용했다.

3 21세기에 세계의 평화와 전쟁을 구분하는 행위는 정확할 수 없거니와 유용하지도 않음을 인지해야 한다. 전략 단계와 작전 단계의 기만행위를 포함한 군사행동이 전시와 평시는 물론이고 전시나 평시가 아닌 다양한 상황에서도 발생한다. 더욱이 한 국가는 하나의 국가를 상대로 전쟁을 수행하는 동시에, 다른 여러 나라들과 긴장 관계를 초래할 수 있다. 이 장 전반에서 사용되는 전쟁이란 용어는 주로 무력행사를 포함하는 군사행동을 의미한다. 그리고 전쟁이라는 맥락에서만

군사 기만이 용인된다. 반면 본질적으로 평화롭고 무력이 주된 수단으로 사용되지 않는 군사작전에서는 일반적으로 군사 기만이 용인되지 않는다.

4 John Gooch and Amos Perlmutter, eds., *Military Deception and Strategic Surprise* (Totowa, NJ: Frank Cass, 1982), 1.

5 See, for example, Milan Vego, *Operational Warfare* (Newport, RI: Naval War College, 2000); Milan Vego, *Operational Warfare Addendum* (Newport, RI: Naval War College, 2002); and Milan Vego, "Operational Deception in the Information Age," *Joint Force Quarterly* (Spring 2002): 60–66, among others.

6 Brian R. Reinwald, "Forsaken Bond: Operational Art and the Moral Element of War" (unpublished monograph, School of Advanced Military Studies, U.S. Army Command and General Staff College, Fort Leavenworth, Kansas, 1998), 8.

7 군사 기만이라는 용어를 사용하는 이유는 단순함과 명백함을 위해서다. 하지만 이 제한적인 정의가 군사작전을 수행하는 과정에 기습이나 선전 활동, 위장, 전략적 커뮤니케이션 등을 포함하지 않는다는 의미는 아니다. 군사작전에서 협력에 따른 군사 기만이나 정보전, 심리전, 전략적 커뮤니케이션이 필요치 않다는 의미도 아니다. 정보가 커다란 영향을 미치는 환경에서 경쟁을 위한 모든 활동에는 긴밀한 협력이 필요하다.

8 Department of the Army, *Field Manual 90-2, Battlefield Deception* (Washington, DC: Department of the Army, 1988), 2-9 (hereafter FM 90-2).

9 Michael Dewar, *The Art of Deception in Warfare* (New York: Sterling, 1989), 69.

10 Ibid., 69–77. For a more complete discussion about military deception in World War Ⅱ and as part of Operation Overlord, see Anthony Cave Brown, Bodyguard of Lies (New York: Harper and Row, 1975).

11 Gooch and Perlmutter, *Military Deception and Strategic Surprise,* 36–37.

12 Ibid., 90.

13 Bradley K. Nelson, *Battlefield Deception: Abandoned Imperative of the 21st Century* (unpublished monograph, School of Advanced Military Studies, U.S. Army Command and General Staff College, Fort Leavenworth, Kansas, 1997), 20.

14 Gooch and Perlmutter, *Military Deception and Strategic Surprise,* 124.

15 Department of Defense, *Joint Publication 3-13.4, Military Deception* (Washington, DC: Joint Chiefs of Staff, 2006), Ⅰ-2, Ⅰ-4, Ⅰ-8, Ⅱ-1, Ⅱ-3 (hereafter

JP 3-13.4).

16 Dewar, *Art of Deception in Warfare,* 68–69.

17 Carl von Clausewitz, *On War,* ed. and trans. Michael Howard and Peter Paret (Princeton, NJ: Princeton University Press, 1976), 202.

18 Ibid., 202–203.

19 Sun Tzu, *The Art of War,* trans. Samuel B. Griffith (New York: Oxford University Press, 1971), 66–70.

20 This obvious dilemma between military deception and honesty, unlike in other social interactions, was pointed out to me by Dr. Brooke Harrington after her review of an earlier version of this chapter.

21 *FM 90-2,* 1-1.

22 Nelson, *Battlefield Deception,* 22.

23 See, for example, Richard H. Shultz and Ruth Margolies Beitler, "Tactical Deception and Strategic Surprise in Al-Qai'da's Operations," *Middle East Review of International Affairs* 8, no. 2 (June 2004), http://meria.idc.ac.il/jou rnal/2004/issue2 (accessed December 21, 2006); and Devin D. Jessee, "Tactical Means, Strategic Ends: Al Qaeda's Use of Denial and Deception," *Terrorism and Political Violence* 18 (2006): 367–88, www.international.ucla.edu (accessed December 21, 2006).

24 See, for example, Caitlin Hall, "The Office of Strategic Deception," *Arizona Daily Wildcat* (February 27, 2002), http://wc.arizona.edu/papers/95/ 109/03_2 (accessed December 21, 2006); Vernon Loeb and Dana Milbank, "New Defense Office Won't Mislead, Officials Say," *Washington Post* (February 21, 2002), www.washingtonpost.com/ac2/wp-dyn/A42427- 2002Feb20 (accessed on March 31, 2007); and James Dao and Eric Schmitt, "A 'Damaged' Information Office Is Declared Closed by Rumsfeld," *New York Times* (February 27, 2002), http://query.nytimes.com/gst/fullpage.html?res= 9906E6DB1431F934A15751C0A9649C8B63 (accessed on March 31, 2007).

25 이라크에서 경험한 것에 근거해서 미군의 진실성과 속임수에 대한 논쟁 이 재발했다. 관련 사례는 Julian E. Barnes, "Pentagon Weighing News and Spin," *Los Angeles Times*(April 18, 2007), www.latimes.com/news/printediti

on/asection/la-na- pentagon (accessed May 17, 2007) 참조.

26 군사 기만에는 의도하지 않은 결과가 발생할 수 있으며, 그 결과가 1980년대 초 포클랜드전쟁에서처럼 군사적인 영역을 벗어날 수도 있다. 포클랜드전쟁에서 영국은 아르헨티나 정부를 겨냥한 전략적인 신호로 영국 해군의 잠수함이 남대서양에 실제로 배치되기 훨씬 이전부터 해당 지역에 배치되었다고 발표함으로써 군사 기만을 시도했다. 이 속임수의 목적은 영국의 군사력을 내세워 전쟁을 벌이지 않고 아르헨티나 정부의 지도자들을 굴복시키기 위함이었다. 하지만 영국의 허위 발표를 그대로 믿은 아르헨티나 국민이 폭동을 일으켰고, 아르헨티나 정부는 여론에 밀려서 영국을 상대로 전쟁을 선포할 수밖에 없었다. Max Hastings, Simon Jenkins, *The Battle for the Falklands* (New York: Norton, 1983), 60－67 참조.

27 *FM 90-2*, 4-6, 4-9.

28 그레이엄 앨리슨Graham T. Allison과 필립 젤리코Philip D. Zelikow, *Essence of Decision*: *Explaining the Cuban Missile Crisis*, 2nd ed. (New York: Longman, 1999), x－xi 참조. 저자들은 쿠바의 미사일 위기와 관련해서 '합리적인 행위자, 조직적인 행동, 정부의 정책'이라는 세 가지 틀을 제시한다. 전략 단계와 작전 단계의 속임수에서도 유사한 메커니즘이 작용한다.

29 정보의 움직임과 현대 기술은 지난 10~15년 극적인 변화를 거치면서 군사적인 능력이 한층 더 개발될 수 있는 환경을 제공했다. 일반적으로 네트워크를 중심으로 한 전쟁이라고 불리는 전쟁 환경의 지리적 · 기능적 · 시간적인 본질은 군사 기만의 근본적인 원칙과 방법을 바꿔놓았다. 제프리 케어스Jeffrey Cares는 *Distributed Networked Operations*: *The Foundation of Network Centric Warfare* (Lincoln, NE: iUniverse, 2005)에서 네트워크를 중심으로 한 전쟁에 대한 이론과 실행을 주제로 한 설득력 있는 논의를 보여준다.

30 이를테면 병원균이 사람들 사이에서 어떻게 전염되는지 연구하는 바이러스학이나 세균학의 원칙을 적용해보는 것은 특정 관념이 사람들 사이에서 어떻게 전파되는지 살펴보는 유용한 방법이 될 수 있다. 세균학에서 빌려온 원칙을 집단행동의 원칙과 연계해서 고찰할 때 우리는 집단행동이나 사회 네트워크에 따른 행동, 조직적인 행동 등을 더욱 잘 이해할 수 있다. 정보 흐름이나 집단행동과 관련된 개념은 군사 기만에서 매우 중요하지만, 현재 미국의 군사 기만 원칙은 두 가지 요소를 도외시하고 있다.

31 Alfred Thayer Mahan as quoted in Milan Vego, *Operational Warfare* (Newport, RI: Naval War College, 2000), 619.

32 Dewar, *Art of Deception in Warfare,* 20.

15장

1 Alfred North Whitehead, *The Function of Reason* (Boston: Beacon Press, 1970 [1929]), 10, 40.

2 Edgar Bowers, *Collected Poems* (New York: Knopf, 1999), 154. "The Prince" is one of the poems growing out of Bowers's service in Army intelligence in Germany, as part of the post-WWII de-Nazification project.

3 Gary Alan Fine, *Manufacturing Tales: Sex and Money in Contemporary Legends* (Knoxville: University of Tennessee Press, 1992), 141–59.

4 Thom Gunn, *Collected Poems* (New York: Farrar, Straus & Giroux 1993), 290–91. Used with permission.

5 Barre Toelken and Tacheeni Scott, "Poetric Retranslation and the 'Pretty Languages' of Yellowman," in *Traditional Literatures of the American Indian: Texts and Interpretations,* 2nd ed., ed. Karl Kroeber (Lincoln and London: University of Nebraska Press, 1997), 128.

6 Jarold Ramsey, *Coyote Was Going There* (Seattle and London: University of Washington Press, 1977), 36.

7 Toelken and Scott, "Poetric Retranslation," 102, 109.

8 Alan Stephens, "Moments in a Glade," *Between Matter and Principle* (Denver, CO: Swallow Press, 1963). This poem can be found in Yvor Winters and Kenneth Fields, *Quest for Reality: An Anthology of Short Poems in English* (Chicago: Swallow Press, 1969), 181–82.

9 Frank Russell, *The Pima Indians* (Tucson: The University of Arizona Press, 1975, 1980), 312. Originally published as part of the *Twenty-sixth Annual Report of the Bureau of American Ethnology,* 1904–05.

10 Ramsey, *Coyote Was Going There,* 100–101, 272; Dell Hymes, *In Vain I Tried to Tell You* (Lincoln and London: University of Nebraska Press, 2004).

11 Kroeber, *Traditional Literatures*, 11–18.

12 Karl Kroeber, "The Wolf Comes: Indian Poetry and Linguistic Criticism," in Brian Swann, *Smoothing the Ground: Essays in Native American Oral Literature* (Berkeley, Los Angeles, London: University of California Press, 1983), 106.

13 John Bierhorst, "Part One: General Introduction," *Cantares Mexicanos: Songs of the Aztecs* (Stanford: Stanford University Press, 1985), 3.122. This work is of utmost importance for the study of Aztec poetics. It is a superb account, too, of a wholesale religious deception that worked for nearly 500 years.

14 John Bierhorst, *Doctor Coyote: A Native American Aesop's Fable* (New York: Macmillan, 1987).

15 Joel Chandler Harris, *Uncle Remus: His Songs and His Sayings*, intro. Robert Hemenway (New York: Viking Penguin, 1982). Hemenway's introduction throws a good deal of light on our subject.

16 Kenneth Fields, *The Odysseus Manuscripts* (Chicago: Elpenor Books, 1981), 34–35.

17 Paul Valéry, *Idée Fixe*, trans. David Paul (New York: Pantheon Books, 1965).

18 "The Night Chant: A Navajo Ceremonial," in *Four Masterworks of American Indian Literature*, ed. John Bierhorst, trans. Washington Matthews (Tucson: University of Arizona Press, 1974), 281–347.

19 Plato, "Symposium," in *The Collected Dialogues of Plato*, ed. Edith Hamilton and Huntington Cairns; trans. Michael Joyce (New York: Pantheon, 1961), 574.

20 Alexander Nehamas, *The Art of Living: Socratic Reflections from Plato to Foucault* (Berkeley, Los Angeles, London: University of California Press, 1998), 50.

21 Barbara Babcock-Abrahams, "A Tolerated Margin of Mess: The Trickster and His Tales Reconsidered," *Journal of the Folklore Institute* 11, no. 3 (1975): 147–86.

Index